KB262864

한국 도끼문화의 탐구

안동준

　경상대학교 국어교육과를 졸업하고 한국학중앙연구원 한국학대학원에서 고전문학연구로 석사와 박사학위를 받았다. 서울대학교 종교학과에서 도교 강의를 한 적이 있으며 도교 관련 저술로 《대단환》(편저), 《도교와 여성》(번역) 등이 있다. 현재 경상대학교 국어교육과 교수로 일하면서 배달말교육에 힘쓰는 한편, 한국도교문화학회와 남명학연구소의 편집위원, 배달말학회의 이사직을 맡고 있다.

한국 도교문화의 탐구

초판 제1쇄 인쇄　2008. 7. 5.
초판 제1쇄 발행　2008. 7. 10.
지은이　안동준
펴낸이　김경희
펴낸곳　㈜ 지식산업사
　　　　본사: 경기도 파주시 교하읍 문발리 520-12
　　　　서울사무소: 서울시 종로구 통의동 35-18
　　　　전화　본사: (031)955-4226~7　서울사무소: (02)734-1978
　　　　팩스　본사: (031)955-4228　　서울사무소: (02)720-7900
　　　　인터넷한글문패　지식산업사
　　　　인터넷영문문패　www.jisik.co.kr
　　　　전자우편　jsp@jisik.co.kr
　　　　등록번호　1-363
　　　　등록날짜　1969. 5. 8.

책값은 뒤표지에 있습니다.

ISBN 978-89-423-6034-5　　93150

이 책을 읽고 문의하고자 하는 이는 지식산업사 전자우편으로 연락 바랍니다.

한국 도교문화의 탐구

안동준

지식산업사

책머리에

　돌이켜보면 이 길을 30년 동안 홀로 걸어온 것 같다. 1978년에 학부 학생 신분으로 〈단학의 원리와 사상〉이란 소논문을 경상대학교 교지 《개척자》에 발표한 뒤, 도교학의 길을 꾸준히 걸어오면서 남긴 여러 논문을 모아 이제 세상에 선보인다. 이 논문들은 한국문화에서 도교는 어떤 얼굴로 어떤 자리에 있을까 하는 물음을 여러 각도에서 제기하고 탐구해 온 흔적들이다.

　그러나 도교만이 나의 관심 분야는 분명히 아니었다. 학부 때 주전공을 문학으로 택했기 때문에 고전문학과 국어교육, 그리고 비교문학까지 두루 섭렵할 수 있었다. 그리고 그 쪽에서 얻은 내공으로 도교학 연구의 기초를 다져나갈 수 있었다. 도교학에 대한 열정을 주전공 분야에 쏟아야 제대로 학문을 할 수 있다고 질책하신 분들은 모두 내 처지에 만나서 가르침을 청하기 어려운 큰 스승들이었고, 그분들 덕분에 적어도 도교학 분야에서만큼은 어느 정도 학문적 기여를 할 수 있었다고 자부한다. 덤으로 얻은 행운은 학계를 은퇴하신 그분들도 이제는 나의 도교학에 대한 열정을 이해하신 점이다.

　수록된 논문 가운데 〈소태산 일원상의 도교적 고찰〉을 뺀 나머지는 모두 국내외 학회에서 발표한 글들이다. 국내에서 주목받지 못한 논문이 해외 학회에서 호평을 받은 것도 있고, 해외 학회에서 발표한 글을 우리말로 뒤쳐서 실은 것도 있다. 그러나 이 논문들을 거리를 두어 평가한다면, 연암 박지원이 지은 〈허생전〉의 주인공처럼 이제 조그만 시험을 해본 것에 지나지 않는다. 자료를 소개하고 가능성을 제기하는 데 그친 느낌이 있기 때문이다. 지리산을 등반하고 나서 안나푸르나 등정을 준비해야 하는 처지와 같다. 그래서 이 책은 장차 펼쳐질 긴 여정에 대한 중간보고서의 성격을 지닌다.

지식산업사 김경희 사장님께서 여러 차례 격려를 하여 거친 글을 모아 세상에 내보인다. 김 사장님의 배려에 깊이 감사한다. 그리고 이 책 출간을 많은 분들이 기뻐할 것 같다. 대부분은 이미 저쪽 세상으로 넘어가 계신다. 그 많은 분들 가운데 철부지 학부생을 지음(知音)으로 받아주셨던 전북대학교 국문학과 최삼룡 선생께 깊이 고개 숙인다.

2008년 6월
지리산 자락에서
안동준

차 례

고조선 지역의 무교가
중원 도교문화에 미친 영향

1. 문제 제기

여기서 말하는 고조선 지역은 넓게는 중국 동북 지역 발해 연안 일대를 가리키며, 좁게는 요하를 중심으로 한사군(漢四郡) 지역을 수복한 부여와 고구려 강역을 이른다.

중국 동북 지역은 중원 도교문화에 결정적인 영향을 미친 지역이다. 중원에 내단학의 요체(要諦)인 금단법을 전수한 유해섬(劉海蟾)의 고향이 요서(遼西) 광녕(廣寧)에 있고, 원말명초의 무당산(武當山) 도사 장삼봉(張三峰)의 출신지는 요하(遼河)에 가까운 창무(彰武)이다. 멀리 후한(後漢) 시대 중원에서 백화(帛和)로 알려진 백중리(白仲理)와, 요동선인(遼東仙人) 정영위(丁令威)의 고향도 요양 일대에 있다. 《포박자》에서 갈홍(葛洪)은 한족(漢族)의 시조인 황제(黃帝)가 청구(靑丘)에 가서 자부선인(紫府仙人)에게 도를 물었다고 했고, 《요사(遼史)》에서는 요동 지역을 선향(仙鄕)이라고 일컫기도 했다. 뿐만 아니라 태평도의 발원지로 추정되기도 한다.[1] 그럼에

---

1) 정재서, 〈태평경의 성립 및 사상에 관한 시론〉, 《논총》 제59호, 이화여자대학교, 1991.

도 이러한 고조선 지역이 원시도교의 진원지로서 구체적으로 어떤 의미를 지니고 있는지에 대한 학계의 관심과 본격적인 논의는 뜻밖으로 부족한 실정이다.[2]

중국 학계의 통설로 도교는 후한 시대 장도릉(張道陵)에서 비롯한다고 이른다. 그 이전의 도교적 성향의 조직을 원시도교라고 하는데, 진한(秦漢) 시대의 방선도(方仙道)가 그 대표적인 사례이다. 샤머니즘으로 알려진 무교(巫敎)는 방선도 이전의 원시종교로서 도교(道敎)에 지속적으로 영향을 미친 것으로 알고 있다. 특히 중국 서남 지역의 무교가 오두미교(五斗米敎)로 널리 알려진 천사도(天師道)에 영향을 미쳤는데,[3] 그 점은 무교의 영향이 이른바 토생토장(土生土長)이라고 하는 중국 도교의 성립에 크나큰 구실을 했다는 사실을 뜻한다. 그러나 동북 지방의 대표적인 무교인 살만교(薩滿敎)가 중원 도교문화의 형성에 어떻게 이바지 했는지는 현재까지 논구된 바가 없다.[4]

고조선 지역의 원시도교 문화권은 살만교 문화권과 겹치는 지역이다. 이러한 사실에 착안하여 중국 동북방에 위치한 고조선 문화를 무교적 관점에서 재해석하고 이를 도교문화와 관련지어 논의해 볼 필요를 느낀다.

동아시아의 문화를 거시적인 관점에서 조망할 때, 진한(秦漢) 시대 변방의 지식인[方外之士]들인 방사(方士) 집단이 중원 도교문

---

2) 최근 정재서의 《한국도교의 기원과 역사》(이화여대출판부, 2006), 69쪽~92쪽에서 이 문제를 본격적으로 거론하면서 동아시아 문화 연구에서 인식의 전환이 필요하다고 했다.

3) 이에 대한 대표적인 논문으로는 장택홍(張澤洪)의 〈洪雅瓦屋山道敎與蜀中少數民族〉(《宗敎學硏究》 2000年 第3期, 53쪽~59쪽)을 들 수 있다.

4) 柳存仁은 〈薩滿與南巫〉(《道敎史探源》, 北京大學出版社, 2000), 15쪽~26쪽에서 고대 무교로서 살만교를 도교 기원의 문제와 관련지어 다룰 필요가 있다는 주장을 개진하였으나, 구체적으로 그 관련성을 논의하는 데까지 나아가지 않았다.

화의 성립에 커다란 영향을 끼쳤던 것처럼 변방의 문화가 중심권 문화에 수렴되기도 하고, 유교의 예악(禮樂) 문화가 조선에도 고스란히 남아 전하는 것처럼 중심권 문화가 정치적 변동으로 해체되면서 주변부 문화에도 그 흔적을 남기기 마련이다. 도교문화도 예외가 아니다. 송 대 신소파(神霄派) 도사 임영소(林靈素)는 고려에서 보내준 청우(靑牛)를 타고 노자의 자기동래설(紫氣東來說)을 새롭게 음미하기도 했다.5) 도교문화가 중심권 문화라고 한다면 무교문화는 변방의 문화이며, 방선도가 중간부 문화라고 한다면 무교 문화는 주변부 문화이다. 그러나 변방의 관점에서 보면 주변부 문화인 무교는 엄연히 중심 문화이다. 문화의 중심권이 중원으로 이동하면서 무교문화도 해체되어 소수민족의 무속으로 전락했지만, 고대 무교문화의 본래 면목은 남아 있는 신화에서 재발견할 수 있다. 특히 문헌으로 남아 전하는 고조선 지역의 건국신화는 정교일치(政敎一致) 시대 무교 문화의 옛 모습을 복원하는 소중한 자료가 아닐 수 없다.

이 글에서는 고대 중원문화와 북방 유목민 문화에 남아 있는 북방계 신화의 파편들을 수습하여 고조선 지역 신화의 원형을 재구성하고, 정치적 후원 세력이 사라진 신화적 상상력이 어떻게 변용되어 중원 도교문화에 영향을 미치고 있는지를 고찰해 보고자 한다. 이를 위해 문헌적 기록보다 고분(古墳)에서 발굴된 도상적(圖像的) 기록을 주로 활용했는데, 이는 외부로 공개될 수밖에 없는 문헌적 담론이 정치적 목적으로 곡필(曲筆)되었을 가능성이 있는 데 견주어, 무덤 속에서 작업하는 장인(匠人)들의 도상적 담

---

5) 《歷代眞仙體道通鑑》 卷五十三, 〈林靈素〉, “政和七年七月, 高麗國果進靑牛到京. 帝不勝欣喜, 百官拜賀. 帝卽賜先生, 乘騎入朝. 先生遂作靑牛歌一篇. 首句有云, 政和丁酉西風秋, 天子賜以騎靑牛. 成篇進奏, 帝大悅.”

론은 비교적 그 가능성이 적다는 판단에 말미암는다. 이와 같은 작업은 뼈대만 남은 고대 담론에 살을 붙이고, 피부를 이식하고 의복과 장신구를 입혀서 그 시대의 모습으로 부활하게 하는 주술적인 행위와 일치한다.

고조선 지역의 서사적 구조 곧, 뼈대만 놓고 보면 보잘것없다고 치부되기도 하지만 이러한 과정을 거쳐 드러난 모습은 오랜 세월 동안 잊혀졌던 '거대 서사(敍事)의 부활'이라 하여도 무리는 없을 것이다.

2. 무교와 고대 신화

고대 문헌기록 등을 살펴보면 무(巫)의 신분과 직능이 대단했던 것으로 추측된다. 천재지변이나 군사(軍事)에 관련된 중대사에 자문 노릇을 하면서 국가의 중대사에 간여했으며, 인간과 초월세계를 소통시키는 주요 구실을 맡았다. 게다가 천제(天祭)와 같은 국가 행사에 제사장으로서 소임을 다하였고, 농사의 시기를 결정하거나 초기의 사관(史官)으로서 부족의 신화 전승에 중요한 구실을 하는 존재였다. 진한(秦漢) 시기를 거쳐 제자백가(諸子百家) 출신의 지식인 집단이 등장하기 전까지는 고대사회의 실권을 무사(巫師) 집단이 장악하고 있었으며, 그들은 고대국가를 경영하는 통치자에게 필요한 농경·수렵의 지식과 군사 정보 및 전략을 제공하는 지식계층으로서 사회적 지위도 높았던 사실이 여러 문헌에서 입증된다. 《산해경》에 등장하는 십무(十巫)의 존재가 바로 그 대표적인 증거이다. 《사기》〈봉선서(封禪書)〉 색은(索隱)에, 십무의 한 사람인 무함(巫咸)이 은나라 신하의 이름이라고 언급된 바가 있다.6) 그러나 진한(秦漢) 이후로 유교와 불교계 지식인층이 대거 등장하면서 무(巫)의 세력은 방사(方士) 세력과 합류하고 그 일부는 도교 문화에 수용되기도 했다.

하지만 전통적으로 무(巫)가 장악하고 있는 지식은 매우 다양하며 복잡하다. 치병(治病)의 기술 말고도 신령(神靈)의 명칭과 제례의 절차, 산천 지리에 대한 지식을 비롯해서 절기(節氣)의 시작과 영농의 시기를 잘 알고 있거나 예언할 수 있어야 하며 그에 따라 천문지식도 두루 갖추어야 했다. 또한 성씨(姓氏)의 출현에 따른 역사적 지식에도 통달해야 했다.

이러한 무교적 시각에서 고조선과 고구려 건국신화를 살펴보면 몇 가지 흥미로운 사실을 발견하게 된다. 먼저 고조선의 단군신화를 살펴보면, 두루 알려진 바와 같이 이야기의 층위는 세 가닥으로 이루어져 있다.7) 첫째는 환인 계열의 천신(天神) 이야기이고, 둘째는 환웅 계열의 농경신(農耕神) 이야기이며, 마지막으로 단군 계열의 산신(山神) 이야기가 그것이다. 그런데 고조선 신화를 대표적인 곰 신화로 간주한다면 웅녀의 이야기도 따로 독립된 신화소(神話素)로 다룰 수 있을 것이다.

하지만 웅녀의 이야기를 독립된 신화소로 여기지 않는 이유는 무속적 사유에 근접해 있기 때문일 것이다. 그리고 "아사달에 숨어 산신이 되었다"는 결말에서 읽을 수 있듯이, 단군신화가 고조선 건국 초기의 모습으로 전해진 것이 아니라 멸망한 뒤에 채록되었던 것도 또 하나의 이유가 될 수 있을 것이다. 그러나 웅녀는 무교의 관점에서는 본래부터 웅신(熊神) 신앙에 바탕을 둔 신성한

---

6) "按尙書, 巫咸殷臣名, 伊陟贊告巫咸, 今此云, 巫咸之興自此始."
7) 홍기문, 《조선신화연구》, 지양사, 1989, 132쪽.

〈그림 1〉 우하량 여신묘에서 발굴된 곰의 아래턱(왼쪽 사진)과 발톱

존재이다. 오늘날 채록된 동북아의 곰 문화에서 곰 토템의 신성한 의미를 발견하는 것처럼, 고대 발해만 연안의 곰 토템에도 이미 신격이 부여되어 있었다.[8] 우하량 여신묘에서 출토된 신석기 시대의 것으로 추정되는 곰 소상(塑像)은 바로 그러한 흔적이다.

중원의 고대 신화에서도 웅신 신앙의 흔적이 황제(黃帝) 신화와 곤(鯀) 신화의 곳곳에서 발견된다. 이러한 인접 문화와의 관계에서 유추할 수 있는 점은 웅녀가 이미 토착 세력의 무속신으로서 권능을 가진 존재로 드러난다는 것이다. 여기서 곰이 인간이 되었다는 것은 환웅과 결합하여 단군을 잉태하기 위한 혼사 장애의 한 모습인 점에 주목할 필요가 있다. 자의든 타의든 웅녀에게는 축복이 아니라 시련인 것이다. 그 점은 주몽을 낳으려 해모수와 결합한 유화부인의 시련에서도 확인할 수 있다.

이러한 곰 토템이 천신 계열의 신화와 결합한 경위는 일찍이

---

8)　葉舒憲, 〈熊圖騰神話源流〉, 2006年 5月 北京大學比較神話學國際硏討會 發表文.

〈그림 2〉 중국 산동성 가상현 무씨사 화상석 그림

김재원(金載元)이 산동성 가상현(嘉祥縣) 무씨사(武氏祠) 화상석각
(〈그림 2〉)을 단군신화와 대비시켜 밝혀 놓은 글에서 단서를 찾을
수 있다.9)

이 그림을 보면 뇌공(雷公)이 수레를 타고 좌측에서 우측으로
나아가고 있는데, 뒤에는 풍백(風伯)이 따르고 우사(雨師)가 물병을
들고 앞서 가고 있다. 이러한 형상은 환웅이 풍백(風伯)·우사(雨
師)·운사(雲師)를 거느리고 내려오는 모습과 상당히 비슷하며, 풍
백·우사·운사를 거느릴 만한 위치에 환웅이 있다면, 그의 정체는
뇌신(雷神) 또는 뇌공(雷公)임을 짐작할 수 있다. 그런데 산동성 임
기(臨沂)에서 출토된 〈그림 3〉의 한(漢) 대(25~220년) 화상석에는
뇌공의 모습을 옹신으로 묘사해 놓고 있다

하지만 뇌신을 최초로 형상화한 모습은, 《산해경(山海經)》〈해
내동경(海内東經)〉에 "뇌택(雷澤) 가운데 뇌신이 사는데, 용신(龍身)

---

9) 金載元, 《檀君神話의 新研究》, 정음사, 1976, 61쪽~93쪽.

〈그림 3〉 곰 모습을 한 뇌공(雷公)

에 사람 머리 형상을 하고 배를 두드려 천둥소리를 낸다"[10]라고
했듯이 주로 용(龍)의 몸을 가지고 있지만, 한(漢) 대 화상석에서
는 사람 몸을 한 뇌신을 보여준다. 그러나 이러한 자료들은 곰과
뇌신의 관계에 대한 설득력이 있는 논리를 갖추지 못하고 있다.
이에 견주어 단군신화는 뇌신 신앙과 웅신 신앙이 결합한 형태로
나타난 전형적인 신화이다. 뇌신 신앙과 곰 토템의 구체적 결합
과정에 대한 문헌적 기록이 동아시아 문화에서는 단군신화에서
만 유일하게 나타난다는 사실에서, 고조선 지역 신화 해석의 새
로운 실마리를 찾을 수 있을 것이다.

한편, 이규보의 〈동명왕편〉에 인용된 《구삼국사》〈동명왕본
기〉의 고구려 건국신화도 무교적 관점에서 살펴보면, 해모수 계
열의 천신(天神) 신화와 주몽 계열의 지신(地神) 신화 및 하백 계열
의 수신(水神) 신화로 크게 나뉜다.[11] 단군 신화와 마찬가지로 여

---

10) "雷澤中有雷神, 龍身而人頭, 鼓其腹則雷."

기서도 유화부인의 이야기를 독립된 신화소로 읽을 필요가 있다. 〈동명왕본기〉에 따르면 해모수와 신혼(神婚)을 거친 유화부인은 어느 순간 곡신(穀神)으로서 비둘기를 사자(使者)로 부리는 신모(神母)로 승격된다. 하백의 딸인 유화는 마땅히 수신 계열이고 어별(魚鼈)을 토템으로 삼아야 한다. 그런데 해모수와 신혼(神婚)을 거친 뒤 주몽을 낳으면서 새(鳥) 토템과 관련이 있는 신모로 격상한 것이다. 문헌 기록으로 보면, 주몽의 신이한 능력을 해모수와 하백으로 상징되는 천신과 수신이 결합한 결과로 해석할 수 있지만 유화의 신격이 변모한 점은 설명하지 못한다. 그러나 단군신화에 견주어 천신의 모습이 좀 더 구체적으로 묘사된 해모수 신화를 도상(圖像)으로 이해하면, 이 문제를 쉽게 이해할 수 있다. 나아가서 집안 오회분(集安 五盔墳)의 벽화와 낙양에서 발굴된 서한(西漢) 복천추(卜千秋) 고분벽화가 해모수 신화와 동명왕 신화를 그림으로 나타낸 것이라는 놀라운 사실까지 발견하게 된다.

해모수는 익히 알고 있다시피 절풍(折風)과 비슷한 오우관(烏羽冠)을 쓰고 오룡거(五龍車)를 타고 지상에 내려온다. 한 대 화상석을 검토하면 오룡거는 뇌공이 타는 뇌거(雷車)이다.[12] 단군신화에서 환웅이 풍백·우사·운사를 거느리는 존재로 그 신격을 간접적으로 암시하고 있다면, 해모수 신화에서는 뇌거를 통해 해모수의 신격이 뇌공임을 에둘러 설명한다. 그리고 오우관은 그의 신격이 태양신과 관계있는 어떤 것임을 짐작하게 한다. 여기서 신격화한 까마귀를 태양조인 삼족오(三足烏)로 이해할 수도 있고, 진신(電神)

---

11) 천(天)·지(地)·수(水)는 오두미교(五斗米敎) 삼관신앙(三官信仰)의 신학 체계와 비슷한 점이 주목된다.

12) 이외에 姚福均의 《鑄鼎余聞》 卷1에 인용된 《開元占經》 〈石氏中官占〉에서 "五車東南星名曰司空, 其神名曰雷公."이라고 했다.

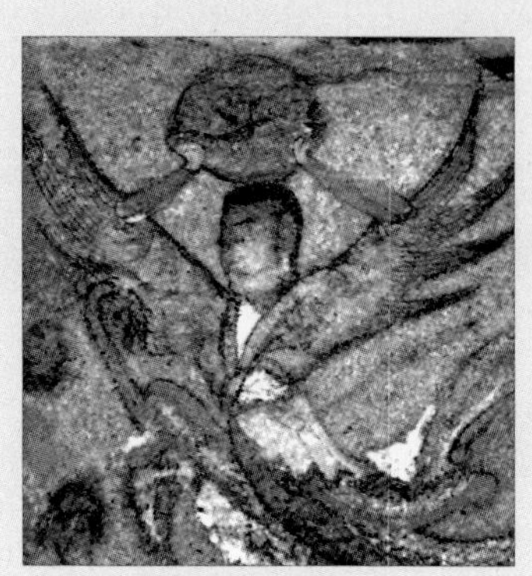

〈그림 4〉 태양신 삼족오

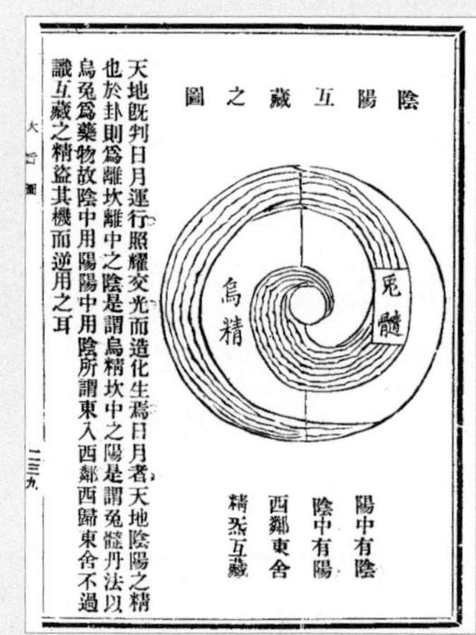

〈그림 5〉 음양호장도(陰陽互藏圖)

의 상징인 봉조(鳳鳥)로 이해할 수도 있다. 이러한 이미지는 집안 오회분 4호묘와 5호묘에 그려진 복희(伏羲)·여와(女媧) 그림 가운데 삼족오를 머리에 이고 있는 〈그림 4〉의 복희 도상과 들어맞는다.

그러나 이 그림을 고매신(高媒神)인 복희와 여와를 표현한 것으로 해석하는 데는 좀 더 신중하게 생각할 필요가 있다. 왜냐하면 도교에서는 삼족오의 도상적 의미를 감리교구(坎離交媾) 과정의 한 요소인 오정(烏精)으로 설명하기 때문이다.13) 내단(內丹)의 원리를 설명하는 〈그림 5〉 음양호장도(陰陽互藏圖)14)에서 보여주듯이, 감괘(坎卦; ☵) 속의 **양효**(陽爻)가 음중양(陰中陽)을 상징한 것이라면, 이괘(離卦; ☲) 속의 **음효**(陰爻)는 양중음(陽中陰)을 상징한다. 달 가운데의 두꺼비와 해 가운데의 까마귀는 각각 그러한 점을 형상화한 것이다. 그런데 도교의 감리교구는 순음(純陰)과 순양(純陽)의 신화(神化) 과정을 제시한 것으로서, 그 과정에서 감괘의 양효와 이괘의 음효가 서로 맞바

---

13) 태양 속의 삼족오는 양기 속에 있는 음기를 가리킨다. 후천의 감괘와 이괘가 선천의 건괘와 곤괘로 환원되기 위해서는 감괘와 이괘의 기운이 교류되어야하는데, 이를 '감리교구'라 한다. 이때 이괘 속의 음효는 '삼족오'를 상징하며, 음양의 정기가 각각의 상대편에 있다는 점을 '음양호장도'에서 보여준다.

14) 陸西星의 《方壺外史》(自由出版社, 臺北, 1982)에 수록된 〈金丹大旨圖〉에서 인용.

〈그림 6〉 복천추 고분벽화

뀐다. 다시 말해 유화가 해모수의 삼족오를 얻는 연금술 과정을
거쳐서 신격이 한 차원 상승하게 되는 것이다.

그 점은 〈그림 6〉의 낙양 복천추 고분벽화에 잘 설명되어 있다.
복천추 고분벽화는 1976년 6월 낙양 북망산(北邙山) 남쪽 기슭
에서 발견되어 그 발굴보고서가 1977년에 공개되었다.[15] 낙양박
물관의 발굴보고서에 따르면 묘장(墓葬)의 연대는 후한의 소제(昭
帝)와 선제(宣帝) 연간(B.C 86~49)으로 추정된다. 벽화를 직접 보고
논문을 쓴 손작운(孫作云)은, 이 벽화의 특징이 위로는 춘추(春秋)
말기의 초종묘(楚宗廟) 벽화와 아래로는 위진남북조 초기의 집안
통구 고구려 고분벽화 사이를 잇는 다리 구실을 하는 것이라고
결론 내린 바 있다.[16] 이 벽화의 특이한 점은 삼두조(三頭鳥)를 탄

---

15) 《文物》 1977年 第6期에 洛陽博物館, 〈洛陽西漢卜千秋壁畫墓發掘簡報〉; 陳少丰·宮大中,
　　〈洛陽西漢卜千秋壁畫藝術〉; 孫作云, 〈洛陽西漢卜千秋壁畫考釋〉 등 3편의 논문이 실려
　　있다.
16) 孫作云, 〈洛陽西漢卜千秋壁畫考釋〉, 《文物》 1977年 第6期, 22쪽.

〈그림 7〉 삼족오를 안고 있는 여선(부분 확대)

여선(女仙)이 삼족오를 안고 있으며, 그 바로 아래에 활을 든 선인
이 배[舟] 모양의 긴 뱀을 타고 태양 반대편으로 나아가고 있는
점이다. 이 점에 대해, 발굴에 참여한 중국 측은 고대 도교사상을
반영한 것이라는 데 의견을 모았지만, 동명왕 신화와의 관련성에
대해서는 언급하지 않았다.

그러나 흥미로운 사실은 수면 위의 물결을 묘사하면서 그 배경
이 강이나 호수였을 것이라고 지적한 점이다.[17] 그렇다면 이는
무엇을 뜻하는가. 중국 측 해석에 한계가 있다면 고조선 지역의
고대 신화와 연관지어 해석해 볼 필요가 있다. 해모수와 유화의
신혼(神婚) 과정을 설명한 것으로 생각해 볼 수 있는 것이다. 삼두
조를 탄 〈그림 7〉의 여선의 모습은 신혼 과정을 거쳐 해모수로부
터 삼족오를 얻은 유화와 똑같다.

이런 맥락에서 활을 들고 용주(龍舟)를 타고 있는 인물은 자연

---

17) 陳少丰·宮大中, 〈洛陽西漢卜千秋壁畫藝術〉, 앞의 책, 15쪽.

〈그림 8〉 사천성 간양3호 후한 석관 그림(왼쪽)
〈그림 8-1〉 하남성 남양 기린강 한묘 화상석(오른쪽)

히 주몽으로 해석된다. 용주는 물 위에 길게 늘어진 어별교(魚鼈橋)의 또 다른 형상으로 볼 수 있기 때문이다.

또한 사천성 간양(簡陽) 3호 후한(後漢) 석관에 새겨진 〈그림 8〉을 보면, 여와와 복희는 지역에 따라 현무 계열의 수신과 삼족오 계열의 천신으로 표현되기도 한다는 사실을 알 수 있는데, 여와의 뒷편에 삼족오가 있는 점으로 미루어 신혼 직후의 경상(景象)을 묘사한 것으로 여겨진다. 그리고 〈그림 8-1〉에서처럼 하남성 남양(南陽) 기린강(麒麟崗)에서 출토된 후한 시대 화상석에서는, 거북의 등에 앉아 있는 신인(神人)이 무엇을 천으로 덮어서 들고 가는데 꼬리의 형상을 보면 봉(鳳)으로 해석할 수 있다. 엄숙하고 단정한 자태에서 복천추 벽화의 그것과 비슷한 신혼의 모습으로 해석할 수 있다.

이렇게 낙양 복천추 고분벽화의 도상적 의미를 이해하면, 집안 오회분의 의미도 자연스럽게 풀린다. 집안 오회분 4호묘와 5호묘 모두 일월신(日月神), 곧 감리교구 이후의 경치를 묘사한 것이라고

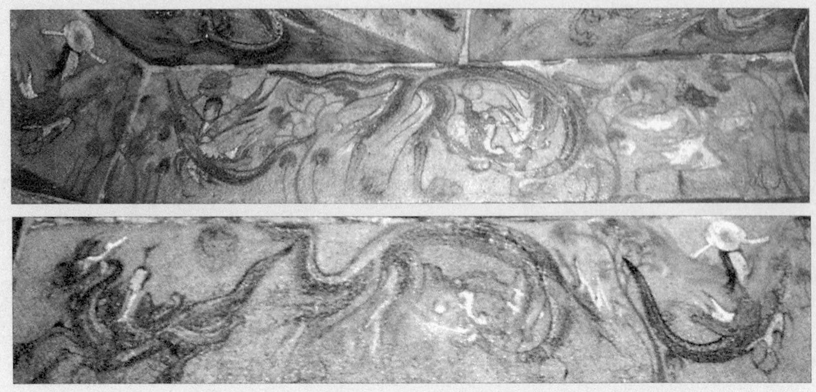

<그림 9> 집안 오회분 4호묘의 일월신과 농사신

볼 수 있는데, 해모수와 유화 좌우에 소의 머리를 한 농신(農神)과 용마(龍馬)를 탄 선인이 그려져 있는 점을 눈여겨볼 필요가 있다.

앞서 낙양 복천추 벽화를 감안하면 집안 오회분 4호묘와 5호묘에 그려진 용마를 탄 신선은 신혼의 결과로 나타난 주몽으로 여겨진다. 그리고 농사신(農事神)으로 알려진 우두선인(牛頭仙人)도 마찬가지로 신혼의 결과와 관련이 있음을 짐작할 수 있다. 곧 유화부인이 주몽을 얻는 과정에서 신격이 변모하여 곡신(穀神)으로 나타난 것이라고 해석할 수 있다.

살만교에서 새 토템은 솟대 신앙에서 엿볼 수 있듯이 농경 생활에 필요한 주술적 행위와 관련이 있다. 새 토템이 삼족오와 어떠한 연관이 있는지는 현재 잘 알 수 없지만, 고대 살만교의 새 토템은 무사(巫師)의 대신모(大神帽)에서도 발견된다. 대표적인 살만교 학자 부육광(富育光)의 조사에 따르면, 샤먼의 모자는 마귀를 쫓고 정령들을 제어하는 주술적 권능을 드러내는 무구(巫具)로, 대신모에 앉아 있는 새의 숫자에 따라 명망과 권위의 척도를 가

늠한다고 한다.[18] 고대 중국 동북 지역의 무교와 삼족오의 관련성도 새 토템을 중심으로 고찰해 볼 여지가 있을 것이다.

3. 고대 신화의 도교적 변주

해모수 신화에서 천신과 수신의 연금술적 결합 과정과 그 결정체로 삼족오의 의미를 찾아낼 수 있듯이, 단군 신화에서도 천신과 지신이 결합하는 과정에서 새로운 의미를 발견할 수 있을 것이다.

널리 알려진 바와 같이 방상씨(方相氏)는 곰 가죽을 덮어쓰고 창과 방패를 들고 있는 괴수(怪獸)이다. 후대로 오면서 귀면(鬼面)만으로도 방상씨를 상징하기도 한다. 그런데 〈그림 10〉과 같이, 1960년 호북성 형문(荊門)에서 출토된 전국(戰國) 후기의 '병피태세(兵避太歲)' 과(戈)에 방상씨와 유사한 도상이 새겨져 있어서 흥미롭다.

이러한 병피태세의 형상은 태일신앙(太一信仰)과 관련된 것으로 논의되는데,[19] 눈길을 끄는 바는 관모(冠帽)에 새 깃털을 꽂아 두 갈래로 드리우고 있는 모습이다. 이를 고대 무사(武士)의 장식인 갈관(鶡冠)으로 해석하기도 하는데,[20] 무엇보다도 이러한 형상은 고구리 절풍과 비슷할 뿐만 아니라, 〈그림10-1〉과 같은 한 대의 화상석에서 머리 위에 맥궁(貊弓)을 꽂고 있는 것과 대비된다. 산동성 화상석에서 발견되는 한대의 방상씨는 대개 갑옷을 입은 웅

---

18) 富育光, 《薩滿論》, 遼寧人民出版社, 2000, 238~252쪽.
19) 李零, 〈'太一'崇拜的考古研究〉, 《中國方術續考》, 中華書局, 2006, 167쪽~175쪽.
20) 李零, 앞의 책, 168쪽.

〈그림 10〉(위) 병피태세 과(戈)
〈그림 10-1〉(아래) 기남(沂南)
한묘(漢墓) 화상석

신(熊身)이며 네 발은 각각 여러 종류의 병기(兵器)를 잡고 있어서 전신(戰神)인 치우(蚩尤)의 형상을 보여준다. 이에 견주어 해와 달을 두 발로 밟고 용을 양손에 움켜쥔 병피태세의 형상은 천신과 지신의 토템이 결합하는 초기의 모습을 알려준다 하겠다.

방상씨의 원형을 동이족 신화의 치우라고 생각한다면, 치우는 처음에는 뇌고(雷鼓)를 두드리는 곰의 모습에서 점차 병장기를 갖춘 전신의 모습으로 변형된 것으로 짐작할 수 있다. 그러나 그 원형은 어디까지나 곰 토템과 천신 계열의 토템[鳥神]이 결합한 것으로서, 고조선 멸망 뒤 치우 신화가 점차 약화되면서 일반 민간신앙에서는 방상씨의 모습으로, 민간 도교신앙에서는 천제사자(天帝使者)로 변용된 것으로 헤아려 볼 수 있다. 1959년 10월 신강성 투르판 고분의 천제신부(天帝神符)에 왼손에 삼지창과 오른손에 대도(大刀)를 들고 서 있는 도교 부적(符籙)이 발견되었는데, 서위(西魏) 대통 17년(551)의 것으로 추정되었다.[21]

〈그림 11〉과 같은 종류의 부적은 대개 역귀(疫鬼)를 물리치는 주술에 사용하는 것

---

21) 王育成, 〈文物所見中國古代道符述論〉, 《道家文化研究》 第9輯, 上海古籍出版社, 1996, 290쪽~291쪽.

인데, 치우의 형상이 변모하여 도교 민간신앙에 남아 있는 흔적이라고 하겠다.

그런데 무엇보다도 고구려 고분벽화에 자주 등장하는 별자리와 귀면(鬼面)은 이러한 태일신앙과 일정한 연관이 있을 것으로 생각된다. 도교의 초제(醮祭) 의식에서는 제단을 마련하는 것이 중요하고 이러한 제단은 신령에게 제사를 지내는 장소로 사용된다.[22] 고구려 고분을 제단이라고 단정하기는 어렵지만, 고분벽화 천정의 일반적인 양식은 널리 알려진 바와 같이 왼쪽과 오른쪽에 각각 일월(日月)이 있고 위아래로 남두성(南斗星)과 북두성(北斗星)이 있어서 태일신(太一神)을 모시는 도교 제단의 배치 방식과 같은 점이 눈길을 끈다.[23]

〈그림 11〉 투르판에서 발견된 천제신부

당(唐) 고조가 624년에 천존상을 보내오기 전에 이미 고구려 국인(國人)이 다투어 오두미교를 신봉했다는 《삼국유사》 기록으로 미루어 오두미교의 '오두(五斗)'와도 관련지어 해석할 여지가 있는데,[24] 고구려 각처에서 귀신을 숭배하는

---

22) 도교 제단의 성격과 종류에 대해서는 張澤洪의 〈論道敎齋醮儀禮的祭壇〉(《中國道敎》 2001年 第4期)을 참고하기 바람.

23) 허손(許遜; 239~374)의 《銅符鐵券》 〈壇台直義〉에 따르면, 황정(黃正)의 토(土)를 취하여 천지인 삼재(三才)의 원리에 따라 단(壇)을 삼층으로 나누어 쌓되, 상층에 28수(宿)의 상(象)을 그리고, 대(台) 위에 태을신단(太乙神壇)을 설치하는데, 청룡·백호·주작·현무의 사상(四象)을 위에 그리고 12월장(月將)의 별자리를 배열하며, 대들보의 동서에 일월(日月)의 금오(金烏)와 옥토(玉兔)를 표시한다고 한다.

24) 《隋書》 〈東夷傳〉과 《北史》 〈고구려전〉에 나오는 고구려의 세법에 최하층민의 세금으로 '五斗'를 걷는다는 기록이 있는데 이 점은 오두미교의 세법과 일치한다.

사옥(祠屋)이 있었다는 기록들은 고구려에서 신봉하던 신격의 정체가 태일성신(太一星神)이 아닌가 여겨진다.

오두미교의 오두는 동·서·남·북·중두와 같이 다섯 방위 별자리를 가리킨다.[25] 중두는 북극성 곧 태일성(太一星)을 포함한 북두칠성을 이르며 오두미교의 주된 숭배대상이다. 그래서 천사도(天師道)를 오방성신(五方星辰)을 숭배하는 무사(巫師) 집단이라고 하는 것이다.[26]

오늘날 북두칠성 위쪽으로 밀려나 있는 태일성은 상고시대에서는 북극성이다. 지구의 세차 운동으로 현재의 북극성이 사보(四輔)의 하나인 구진성(句陳星)이라면, 한(漢) 대의 북극성은 천추성(天樞星)이고, 그 이전 시대의 북극성은 태일성인 것이다. 고대 천문 관련 고고학 자료를 보면 5천 년 또는 6천 년 전에는 북두칠성과 북극성이 일치하여 북극성이 북두의 괴성(魁星) 중앙에 자리 잡았다.[27] 그 시대의 북두성은 지금처럼 7성이 아니라 5성으로 인식되었던 것이다. 북극성을 괴(魁) 4성 안에 실어서 북두 4성을 제거(帝車)라 하는데 산동성 무씨사(武氏祠) 화상석에 나타난 뇌신은 뇌거와 유사하고, 뇌신이 본래 북극성, 곧 태일을 상징한 것으로 여겨진다.

그 점에서 단군신화의 환인과 환웅은 천제(天帝)이면서 태일의 화신으로 볼 수가 있다. 또한 최근에 요녕성 우하량 홍산문화에서 발굴된 방총(方塚)과 원총(圓塚) 적석총을 실측한 결과, 환구(圜丘)와 방구(方丘)임이 밝혀졌다.[28] 상고 시대에 이미 북극성[太一

---

25) 卿希泰, 〈有關五斗米道的幾個問題〉, 《中國哲學》 제4집.
26) 王純五, 《天師道二十四治考》, 四川大學出版社, 1996, 47쪽.
27) 陸思賢·李迪, 《天文考古通論》, 紫禁城出版社, 北京, 2000, 101쪽.
28) 馮時, 《中國天文考古學》, 社會科學文獻出版社, 北京, 2001, 343쪽~355쪽.

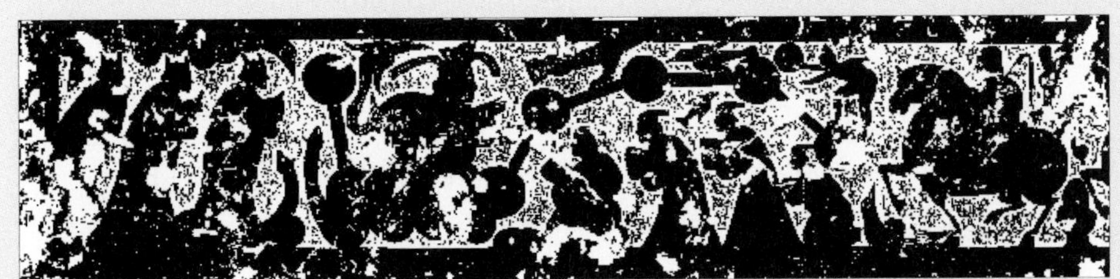

〈그림 12〉 산동성 무씨사 화상석(후한 186년)

星]을 중심으로 천체를 정밀하게 관측하고 그 자료를 근거로 천
제(天祭)를 지냈다는 사실로 미루어 고조선 지역에는 일찍부터 태
일신앙이 존재했던 것으로 추정된다.

여기서 주목할 만한 사실은 오두미교와 비슷한 후한 장각(張角)
의 태평도에서도 '중황태일신(中黃太一神)'이라 하여 태일성신을
믿었다는 것이다. 태평도의 주요 경전은 《태평청령서》인데, 일반
적으로 《태평경》으로 알려져 있다. 갈홍 《신선전》의 일문(佚文)
에 요동선인 백화가 간길(干吉)에게 《태평경》을 전수하였다고 하
고, 이러한 《태평경》의 발생 지역을 발해만 연안으로 추정하는
주장도 있다.29) 다른 시각에서는 오두미교 전파 이전에 태일 신
앙을 형성한 고조선 지역의 원시도교인 서성산파(西城山派)가 강
소성 모산파(茅山派)의 성립에 일정한 영향을 끼쳤을 가능성도 헤

─────────────

29) 정재서는 앞의 논문 외에, 《상상》 1996년 가을호에 〈고구려 고분벽화의 신화·
   도교적 제재에 대한 새로운 인식〉이란 논문에서 해모수 신화와 태평경의 관련성
   을 《태평경》 권99의 〈乘雲駕龍圖〉을 그 증거로 주장한 바가 있다.

아려 볼 수 있다.[30]

4. 고구려 신화와 고대 한류

한편, 《옥추경》을 보면 부려원시천존(浮黎元始天尊)의 아들로 뇌성보화천존(雷聲普化天尊)이 등장한다. 〈그림 13〉과 같은 도교 신선화(神仙畵)에서는 일반적으로 머리를 풀고 맨발로 기린말을 탄 북방계 뇌신의 모습으로 그려진다.

그런데 뇌부중신(雷府衆神)을 표현한 이 그림의 좌측 아랫부분에 있는 검은 깃발 속의 작은 글자가 '勅詔萬神'이라는 사실이 뇌성보화천존의 의미를 새롭게 해석할 단서를 제공한다. '勅詔萬神'이 백가도(帛家道)의 중심 경전인 《삼황문(三皇文)》의 '劾召鬼神'과 같은 뜻으로 통용된다면, 그것은 고구려계 도교와 나름의 관련이 있기 때문이다. 다시 말해 백가도는 요동 출신 선인(仙人)인 백화를 조사(祖師)로 받드는 초기 도교의 한 조직이고, 백화는 환인현 오녀산에서 수도한 인물이기 때문이다.[31]

또한 뇌성보화천존이 천상계의 뇌부중신을 거느리고 내려오는 모습은, 이승휴가 《제왕운기》에서 기술한 "환웅이 귀신 삼천을 거느리고 태백산 신단수 아래로 내려오는[率鬼三千而降太白山頂神檀樹下]" 것과 비슷한 점이 눈에 띈다. 〈그림 14〉의 《옥추경》 삽화에서 엿볼 수 있듯이, 도교 뇌신 신앙의 배경설화로 사람들의

---

30) 안동준, 〈고구려계 신화와 도교〉, 《백산학보》 제54호, 백산학회, 2000; 〈북방계 신화의 신격 유래와 도교신앙〉, 《도교문화연구》 제21집, 한국도교문화학회, 2004, 참조.
31) 안동준, 〈고구려계 신화와 도교〉, 《백산학보》 제54호, 백산학회, 2000, 20쪽.

뇌성보화천존(명대 도교화)

입에 오르내리는 뇌성보화천존의 이야기는 풍백과 우사 등이 등
장하는 서사적 구도의 측면에서 살피면 고조선 지역의 신화를 집
약한 것으로 여겨진다. 왜냐하면 앞서 살핀 바와 같이, 환인과 치
우가 뇌신과 관련이 있는 것으로 미루어 태일신앙을 배경으로 하
는 동이계 신화는 풍(風)·운(雲)·뇌(雷)·우(雨)의 신화석 상징체계
를 갖추고 있기 때문이다.[32] 단군신화에서 환웅은 풍백·우사·운

---

32) 《道法會元》 卷31의 북두칠성 그림에서 풍(風)·운(雲)·뇌(雷)·우(雨)를 각각 북두(北
斗) 괴성(魁星)의 사성(四星)과 배대시키고 있는데, 풍백·우사·운사 등이 고대 북극
성인 태일(太一)과 관련 있는 성신(星神)이라는 점을 시사한다.

사를 거느리고 하계로 내려오고, 《산해경》〈대황북경〉에 기술된 전쟁신화에서 치우가 풍백과 우사를 청하여 황제(黃帝)와 싸우고 있는 사실에서 그 점을 확인할 수 있다. 이 밖에 뇌성보화천존의 형상도 승교(乘轎)의 관점에서 본다면 기린마를 타고 천상으로 올라가는 동명왕의 모습과 크게 다르지 않다.

동명왕 신화의 주요 특징은 살만교의 주술적 행위가 영웅의 신이한 능력으로 묘사되고 있는 점인데, 그것은 사실상 농경·수렵·군사(軍事) 등에 사용되는 뇌법(雷法)과 다를 바가 없다. 주몽의 주술적 행위를 〈동명왕편〉에서 몇 가지 찾아보면, 지상의 오작교(烏鵲橋)인 어별교(魚鼈橋)를 놓아 부여 군사의 추적을 따돌리는 대목과,33) 송양의 비류국을 삽시간에 물바다로 만들고 그 물을 없애는 대목 등을 들 수 있다.34) 여기서 동원되는 도구는 활과 채찍이

---

33) 1926년에 요양(遼陽)에서 간행된 《遼陽古蹟遺聞》 권2에 다음과 같은 태자하(太子河) 전설이 실려 있다. "청 태조가 명나라를 정벌하려고 하는데 배가 없어서 강을 건너지 못했다. 태자를 시켜 강의 결빙(結氷) 상태를 알아보았지만 긍정적인 대답을 듣지 못해 그를 죽이고 다시 둘째 아들을 보냈더니 얼어 있었다 보고하여 건넜는데, 병마를 이동시키고 돌아보니 강 얼음이 살아서 움직이며 흘러갔다. 자세히 보니 거북과 자라와 게(蟹)였다. 게 껍질에 있는 말발굽 무늬는 그때의 흔적이라고 한다. 청 태조는 태자를 강 언덕에 장사지내고 그 강 이름을 태자하라고 했다." 칠월 칠석에 머리가 벗겨진 까마귀 이야기나 말발굽 흔적이 남은 게 이야기를 대비해 보면, 고조선 지역에 구전하는 태자하 전설이 지상에 옮겨온 또 하나의 은하수 이야기임을 유추할 수 있고, 그 인근 지역의 어별교 설화는 두 이야기의 다리 구실을 하고 있다는 것을 짐작할 수 있다.

34) 앞의 책, 〈普安門上龍王〉條에 태자하의 범람을 막아주는 피수(避水) 설화가 있다. 그 대략의 내용은 다음과 같다. "요양성 보안문은 고려 사신이 그 문으로 출입했다 하여 '고려문(高麗門)'이라 하기도 하는데, 성문 위 묘당(廟堂)에 동쪽을 바라보고 서서 오른손에 채찍을 잡고 물을 가리키는 있는 용왕의 상(像)이 있다. 전하는 말에 따르면 채찍 끝에는 피수주(避水珠)가 있어서 그로 말미암아 강물이 서쪽으로 흘러 성벽을 들이치지 못했다. 근년에 묘당과 용왕상이 파괴되고 난 뒤에 물이 마침내 서쪽으로 옮겨왔다 한다." 고조선 지역에 구전하는 이러한 이야기는 채찍과 관련된 피수 설화라는 점에서 주목된다. 주몽의 경우와 같이 채찍으로 금을 그어 물을 없애는 주술적 행위의 연원을 시사하기 때문이다. 그 점

다. 이 둘의 공통점은 유목민의 무기(武器)이면서 동시에 무구(巫具)라는 사실이다.

특히 채찍은 고대 살만에서 제사와 출정(出征), 수렵과 먼 여행 때에 휴대하는 구마(驅魔) 기능을 가진 법기(法器)이다.[35] 주몽이 채찍을 휘둘러 조화를 보인 이러한 술법은 본래 북방 유목민의 주술법이기도 하다.[36] 《옥추경》의 삽화에는 은하수를 건너오며 뇌성보화천존이 편뢰(鞭雷)를 구사하는 것으로 표현되었다. 편뢰는 '채찍번개〔鞭霆〕'로 뇌법을 쓰며, 채찍번개는 천존(天尊)의 호령(號令)이다.[37] 엄체수(淹滯水)에서 주몽이 채찍으로 하늘을 가리키면서 "나는 천제의 손자요 하백의 외손이다〔我天帝之孫 河伯之甥〕"고 하며 주법(呪法)을 시행하는 것은 천존을 대신하여 뇌법을 시행하는 것과 같은 의미이다.[38] 따라서 보현사판《옥추보경(玉樞寶經)》삽화에 묘사된 뇌성보화천존의 형상은 주몽의 그것과 거의 비슷하다고 말할 수 있다.

뇌성보화천존은 태일 신앙에서 유래한 뇌부(雷府)의 지배자이다. 《옥추보경》의 내용으로 미루어,[39] 뇌성보화천존은 기린말을 타고 산발(散髮)한 채 맨발로 차가운 얼음을 밟고 서 있는 북방계 천신으로 이야기된다. 적에게 쫓기는 절박한 상황에서 도탄재(塗

은 〈그림 13〉에서 표현된 뇌성보화천존이 홍수(洪水) 퇴치 설화의 대표적인 영웅인 '이랑신(二郎神)'의 얼굴 모습을 한 데서 재확인된다.

35) 富育光, 앞의 책, 282쪽.

36) 주몽의 주술을 도교의 뇌법으로 이해하면 어별교는 빙뢰(氷雷)를, 비류국의 홍수는 수뢰(水雷)를 구사한 것이 된다.

37) 《九天應元雷聲普化天尊玉樞寶經集注》卷下; "嘯風鞭霆, 乃天尊之號令也."

38) 참고로, 뇌법을 시행하는 과정에서 주술자의 권능을 강조하고자 "吾是天帝之子" 또는 "吾是太上之子"라고 이르는 말은, 《太上元始天尊說北帝伏魔神呪妙經》권3 및 《北帝伏魔經法建壇儀》 등에서 찾아 볼 수 있다.

39) 《九天應元雷聲普化天尊玉樞寶經集注》卷下; "九天普化君, 化形十方界. 披髮騎麒麟, 赤脚踏層氷."

〈그림 14〉 보현사판(普賢寺板)《옥추보경(玉樞寶經)》 삽화

炭齋)처럼 무교적 도교제의를 펼친 것이, 후대에 북방계 신(神)의
전형이라 할 이러한 모습으로 표현되었다고도 해석할 수 있다.
무엇보다도 뇌부를 지배하는 천신으로서 북방 유목민의 기마(騎
馬) 무기인 경편(硬鞭)을 가지고 편뢰를 쓰고 있는 점에서 주몽의
주술법과 깊은 관련이 있다. 〈동명왕편〉을 살펴보면, 본디 말채
찍은 해모수가 오룡거를 부를 때 사용하던 것인데 어느새 유화의
손에 넘어와 준마를 고르는 데 사용되고, 주몽이 뇌법을 펼칠 때
사용되었다. 주몽 사후(死後)에 같이 안장되었다는 옥편(玉鞭)이 바
로 그러한 뇌법을 발휘하는 데 필요한 무구(巫具)라고 하겠다.
　일반인들에게 호풍환우(呼風喚雨)의 도술로 알려진 뇌법은 사실
상 무교의 영향이 가장 짙게 드러나는 제의도교의 법술이다. 도
교 뇌법의 백과사전이라고 할 수 있는《도법회원(道法會元)》권
250에 다음과 같은 의미심장한 구절이 나온다,

　　뇌법에는 두 가지 종류가 있는데, 하나는 정도(正道)이고 하나

는 사도(邪道)이다. 천뢰(天雷)·용뢰(龍雷)·신뢰(神雷)·수뢰(水雷)·사령
뇌(社令雷) 및 사사(四司)의 병졸은 정법(正法)이고, 천뢰(天雷)·지
뢰(地雷)·요뢰(妖雷)·귀뢰(鬼雷) 및 악병(嶽兵)을 운용하여 행하는
것은 사무(師巫)의 사법(邪法)이다.[40]

　여기서 굳이 도교 정통 법술을 사무의 사법과 구분해서 적대시
해야 하는 이유는, 바로 뇌법이 위·진(魏晉) 시대까지 중원에서는
발견되지 않고 있으며[41] 당·송(唐宋) 이후에 비로소 오뢰법(五雷
法)이라는 명칭으로 도교문화에 수용된 북방 유목민 고유의 주술
법이기 때문이다.[42]

　몇 차례 고구려 원정에 실패한 수 양제가 패전의 원인을 천재
지변과 질병의 탓으로 돌리고 있는 점이 눈길을 끄는데, 패전의
공포감이 《무향요동랑사가(無向遼東浪死歌)》[43]라는 수나라 민요에
잘 드러나 있듯이, 이러한 의식은 《태상동년신주경(太上洞淵神呪
經)》과 같은 도교 경전에서 '오환(烏丸)'을 공포의 귀왕(鬼王)으로
지목하고 있는 사실과도 무관하지 않다.[44] 널리 알려진 바와 같
이 오환은 고구려와 함께 후한을 공격하여, 한사군이 차지한 고

---

40) 《道法會元》 권(卷)250; "雷法有二門, 一正一邪. 天雷·龍雷·神雷·水雷·社令雷, 兵有四司,
　　此乃正法也. 天雷·地雷·妖雷·鬼雷及用嶽兵兼行, 此乃師巫邪法也."
41) 李零, 앞의 책, 53쪽.
42) 박원길, 《유라시아 초원제국의 역사와 민속》, 민속원, 2001, 367쪽~389쪽 참고.
43) 7세기 초에 수나라가 고구려와의 전쟁에서 크게 패한 뒤, 산동성 추평현(鄒平縣)
　　의 왕박(王薄)이라는 인물이 지은 노래로서 남송(南宋) 증조(曾慥)의 《유설(類說)》에
　　실려 전하는데, 그 가사는 다음과 같다. "長白山前知事郎, 純荐红羅飾背襠. 長槊侵天
　　半, 輪刀耀白光. 上山吃獐鹿, 下山吃牛羊. 忽聞官軍至, 提刀向前蕩. 譬如遼東死, 斬頭何所
　　傷."
44) 《太上洞淵神呪經》 卷3; "世有烏丸鬼王, 身長七尺, 八尺, 各有九千萬人赤兵, 月月下來, 取
　　人炁命, 令天下人枉死.……鬼王烏丸與地下赤炁殺人, 人多瘟病, 病者門門, 十有三四死矣. 奈
　　何, 奈何."

조선의 옛 터전을 수복한 동이계 유목민족이다. 그런데 5세기 초의 저작으로 알려진 《태상동년신주경》이 3세기 초에 위나라 조조(曹操)에게 섬멸된 오환족에 대한 공포감을 그려내고 있다는 사실은 그야말로 납득하기 어려운 대목이 아닐 수 없다. 당시 북방에는 오환의 뒤를 이어 고구려가 웅거하고 있었던 역사적 사실로 미루어 《태상동년신주경》의 '오환'은 고구려를 뜻하는 것으로 이해해도 무리가 없을 것이다.

요컨대 수나라 민중들이 요동 정벌 자체를 살아 돌아오기 어려운 땅으로 가는 것이라 인식한 이면에는 북방 유목민족에 대한 지울 수 없는 공포감이 깊이 자리한 때문이라고 생각할 수 있다. 호풍환우와 같이 기후를 조작하는 고구려 무사(巫師)들의 주술법에 속수무책으로 수나라 군사가 당할 수밖에 없었다는 민간 인식을 반영한 것으로 해석할 여지가 있는 것이다. 《수서(隋書)》〈우작전(虞綽傳)〉을 보면, 수 양제는 고구려를 정벌하면서 그 지역을 선인들이 노니는 '선도(仙都)'라고 찬탄한 바도 있고, 도참(圖讖) 사상이 절정에 이른 그 무렵에 대표적인 제의도교(祭儀道敎)인 모산파에 깊이 빠져 있었던 것도[45] 그러한 해석을 뒷받침한다.

일찍이 부여와 고구려에서는 태일성(太一星)에 천제(天帝)라고 하는 신격을 부여했는데,[46] 이러한 천제사상이 북방계 신화의 사상적 근원으로 작용하면서 제의도교의 태일신앙으로 이어지는 점을 감안한다면, 송 대에 등장한 신소파(神霄派) 계열의 《옥추경(玉樞經)》은 고조선 지역의 신화에 남아 있는 무교적 요소를 도교적으로 변용하였다고 볼 수 있을 것이다.

---

45) 卿希泰 編, 《中國道敎史》 第2卷, 四川人民出版社, 1992, 2~28쪽.
46) 안동준, 〈북방계 신화의 신격 유래와 도교신앙〉, 《도교문화연구》 제21집, 한국
  도교문화학회, 2004, 12쪽~32쪽.

　　현재 널리 알려진 신소파의 본산은 강소성 소주(蘇州) 현묘관(玄妙觀)으로, 옛날부터 운하(運河)가 발달한 곳이다. 그 인근 지역인 진강시(鎭江市) 단도현(丹徒縣)에 전해 오는 전설은 다음과 같은데 고구려 문화에 대한 한인(漢人)의 외경심을 잘 드러내고 있다.

　　[진강부(鎭江府)] 성(城) 서남쪽 50리에 또한 구려산(句驪山)이란 산이 있고 구려(句驪) 산신묘(山神廟)가 있다. 〈명산기(名山記)〉에 이르기를, 고구려 국녀(國女)가 여기에 올 때, 해신(海神)이 배를 타고 술과 단술을 보내어 초대했다. 여인은 해신을 따르지 않고 거룻배를 뒤집어버려 술이 곡아(曲阿; 지금의 단양현)로 흘러들어 (이곳에서 빚은) 술맛이 좋다고 한다.[47]

　　최근 탐문해 본 바에 따르면, 이 이야기는 자취도 없이 사라졌고 '고구려산'이란 지명만 남아 있다. 이야기의 내용을 보면, 배를 타고 해신이 영접하러 왔다고 하는 점으로 미루어 고구려의 배가 이곳까지 드나들었음을 짐작할 수 있다. 그런데 흥미로운 점은 중국 해신과 고구려 여인의 대결 양상이다. 신과 인간의 대결이라면 당연히 신의 승리가 예상되고, 중국인과 변방 고구려의 대결이라고 해도 중국 측으로 승산이 기울기 십상이다. 그것도 중국에서 일어난 일이니 해신의 초대에 응할 수밖에 없는 상황인데도 결과는 반대로 드러난다. 더군다나 고구려 여인과 중국 해신의 대결에서 중국 해신은 처참한 패배를 맛보았지만, 그 결과에 아랑곳없이 오히려 진강(鎭江)의 술맛이 좋다고만 하니 고구려

---

47) 《古今圖書集成》〈職方典〉 제725권; "在城西南五十里, 亦名句驪山. 有句驪山神廟. 名山記云, 高句驪國女來此, 海神乘船致酒醴聘之. 女不從海神, 撥舟覆, 酒流入曲阿, 故酒美."

국녀에 대한 숭배가 도를 넘어섰다고 해도 지나친 말이 아니다. 나아가 고구려 국녀(國女)를 기념하여 산신묘까지 세웠다고 한다.

이러한 이야기의 수용 의식은 남조(南朝) 시대 중국 연안 지역에 미치는 고구려 문화의 영향력을 고려하지 않고서는 이해되지 않는다. 이는 고대에도 한류(韓流)가 존재했다는 부인할 수 없는 증거 가운데 하나가 될 것이다.

북방계 신화의 신격 유래와 도교신앙

1. 들머리

이 글에서 북방계 신화[1]에 내재한 천제(天帝) 신앙의 본질을 도교적 관점에서 접근하여 고찰하고자 한다. 두루 알려진 바와 같이 이규보의 〈동명왕편〉에 해모수가 스스로 천제(天帝)의 아들이라고 말하고, 하백(河伯)이 이를 시험한 뒤 그를 천제의 아들로 인정하였다는 기록이 전한다. 부여왕 해부루는 천제의 말을 듣고 도읍을 옮겼다. 전통적으로 고대국가의 큰일에는 군사와 제천행사가 높은 비중을 차지하며, 도읍을 옮기는 일은 이보다 더 중요한 국가적 행사였다. 그런데 해부루는 천제의 말에 따라 도읍을 옮기는 일을 결행하였다. 이는 국론의 상위 개념에 천제신앙이 자리 잡고 있었다는 사실을 뜻한다.

여기서 이르는 천제는 누구인가? 막연히 원시신앙에서 이르는 하느님으로만 볼 수 없는 이유는 천제의 수명(受命) 사실을 검증하는 일정한 절차가 있기 때문이다. 누구나 천제의 뜻임을 내세

---

1) 동이계 신화라 하지 않고 북방계 신화라 일컫는 까닭은, 중국 학계에서는 산동 지역까지 동이(東夷)의 범주에 포함시키고 있어서 이를 구분하고자 하였기 때문이다.

워 사사로운 일을 추진하려고 들면 반드시 그 신분과 능력을 검증하고 그에 합당하지 않으면 주살하는 것이 고대의 율법이었다. 나라 무당을 따로 두는 것이 단적인 예가 될 것이다. 그러한 점에서 부여의 천제신앙은 공인된 신격이라고 여겨진다.

이 글에서는 북방계 신화, 곧 부여와 고구려 신화에 나타나는 천제(天帝)의 연원과 그 유래를 도교문화적 관점에서 조명해 보고자 하는데, 여기서 논의하는 도교문화의 개념은 후한(後漢) 시대 장도릉이 주창한 교단 조직을 갖춘 제의도교보다 더 포괄적인 뜻으로 다루어질 것이며, 엄밀히 말해서 도교적인 색채를 지닌 원시 도교문화를 의미한다고 할 수 있다. 앞으로 전개할 논의는, 부여와 고구려 도교의 실체를 밝히는 작업이면서, 고구려 문화의 사상적 체계를 모색하는 일환으로 시도되었다는 점에서 그 의의를 찾을 수 있다.

2. 북방계 고대신앙과 도교문화

부여 관련 역사 기록을 보면 부여는 영고(迎鼓)라는 공식적인 제천행사를 지냈다고 하는데, 일반적으로 제천행사는 조상신을 모시는 제사가 아니고 천신(天神)을 모시는 제사의례이다. 아래에 열거한, 부여가 제천행사에서 숭배한 천신은 해모수 신화의 천제와 일정한 관련이 있을 것으로 추정된다.

> (가) 부여에서는 12월에 제천의식으로 영고가 있으며, 군사(軍事)에 관한 일이 있을 때에도 하늘에 제사를 지내고 소를 잡아 그 발굽으로 점을 친다고 하였다(《후한서》 〈동이전〉).

(나) 은나라에서 정월이 되면 하늘에 제사를 지내는 것을 영고
라 하며, 군사의 일이 있으면 하늘에 제사를 지내고 소를 잡아
점을 친다고 한다(《삼국지》〈동이전〉).
(다) 군사를 일으킬 일이 있으면 소를 잡아 하늘에 제사를 지
냈다고 한다[《진서(晉書)》〈사이전(四夷傳)〉].

위의 사례에서 군사의 일이 있으면 하늘에 제사를 지낸다고 하
는 공통점이 발견된다. 군사와 관련하여 천제에게 고하는 일은
주(周) 무왕이 은나라를 칠 때에도 있었던 일이다. 이때 숭배하는
신격은 상제(上帝)였다.

상제에게 제사를 지내고 있었다는 흔적은 이 밖에 부여의 창고
에서 옥벽(玉璧)이 발견되었다는 《삼국지》〈동이전〉의 기록에서
도 확인된다. 은나라 이후로 옥벽은 상제에게만 올리는 제물이었
기 때문이고,2) 후대 발해 지역에서 옥인(玉印)과 옥벽(玉璧)을 지닌
채 태상황제(太上皇帝)를 자칭하고 다니다가 주살된 사람이 있다
는 기록이 이를 뒷받침한다.3)

한편으로 부여왕이 죽을 때 한나라에서 옥갑(玉匣)을 보내어 장
사를 지냈다는 기록도 눈길을 끄는 대목이다. 하지만 더 정확한
사실은 한나라 시절 부여의 장례 풍습에 왕의 수의(壽衣)로 옥의
(玉衣)를 사용했다고 보는 것이 타당하다는 것이다. 당시 한나라
의 능력으로는 오랜 시간과 숙련된 기술, 그리고 엄청난 옥이 소
비되는 옥의(玉衣)를 제작할 수 없었고, 무엇보다도 주된 옥(玉) 생

---

2) 王宇信, 〈殷人寶玉, 用獄及對玉文化研究的幾点啓示〉(《中國史研究》 2000년 1월호)에 은
   나라에서 옥(玉)을 상제에게 올리는 제물로 썼다는 논의를 펼쳤다. 벽(璧)이 상제
   에게 바치는 제물이라는 기록은 《고려사》 제59권 吉禮大祀에 있다.
3) 《後漢書》 桓帝 延熹 8年(166년), "勃海妖賊盖登等稱 太上皇帝 有玉印珪璧鐵券 相署置 皆
   伏誅."

산지가 지금의 신강성이나 요동 지역에 있었다는 점이다.4) 추측
하건대 진시황이 천하를 통일하고도 화려한 옥의를 마련하지 못
하였던 결정적인 이유는 진(秦)의 강역이 요동까지 미치지 못한
데 있었다고 할 것이고, 이에 따라 화씨벽(和氏璧)으로 알려진 초
나라 변화(卞和)의 고난은 중국산 옥의 품질을 인정받으려는 처절
한 노력이라고 밖에 볼 수 없다.5)

그러나 부여의 역사 기록은 소략하여 천제의 신격이 상제였을
것이라는 사실을 추정하는 외에, 제천행사의 신격을 구체적으로
파악하는 데는 어려움이 있다. 이에 부여를 계승한 고구려의 다
음과 같은 풍습 자료에서 신격을 파악하는 작업이 요구된다.

(가) 고구려는 귀신과 사직과 영성(零星)에 제사 지내기를 좋아
한다고 하였다. 10월이면 동맹(東盟)이란 제천행사를 지냈다고
한다(《후한서》〈동이전〉).

(나) 귀신에게 제사를 지내고, 또 영성(靈星)과 사직에도 제사를
지낸다고 한다. 그리고 여러 대가들이 따로 사자(使者)와 조의(皂
衣), 선인(先人)을 두어 이들의 이름을 모두 왕에게 아뢴다고 한
다. 10월에는 역시 동맹이란 제천행사를 지냈다고 한다(《삼국
지》〈동이전〉).

(다) 고구려의 풍속을 다루면서, 귀신에게 제사를 지내고 영성
(零星)과 사직에도 제사를 지낸다고 하며, 10월에 '동명(東明)'이
란 제천대회를 연다고 하였다[《양서(梁書)》〈제이전(諸夷傳)〉].

---

4) 한(漢) 대 출토된 옥의 성분을 검토하면 그 대다수가 新疆省 和田玉과 岫岩玉으로
 드러나는데, 岫岩玉은 요녕성 鞍山市 岫岩縣의 옥(玉)을 이른다.
5) 부여가 요동지방 경영을 중시하였다고 하는 역사 기록이 있는데, 이는 천신(天
 神) 제사에 필요한 제물로써의 玉과, 이러한 옥의 제작을 가능하게 하는 대량의
 岫岩玉을 확보하려는 차원에서 이해된다.

(라) 고구려는 귀신을 공경해서 음사(淫祠)를 좋아하고 부여신
(夫餘神)과 등고신(登高神)을 모시는 신묘(神廟)가 있다고 한다. 부
여신은 나무로 부인의 모양을 깎아 만든 것이고 등고신은 부여
신의 아들로 그들의 시조를 이르는데, 이 두 신묘는 하백의 딸
과 주몽을 위하는 것이라 한다[《주서(周書)》〈이역전(異域傳)〉과
《북사(北史)》〈고구려전〉].

(마) 풍속에 음사가 많아 영성(靈星)과 해와 기자(箕子)와 가한신
(可汗神)에게 제사를 드린다고 한다(《唐書》〈고구려전〉).

(가)와 (다)의 기록을 대조해 보면, 동맹(東盟)이란 말은 동명(東
明)과 그 발음이 아주 비슷한데, 후대 동명신(東明神)은 10월에 열
린 제천행사에서 숭배한 신격으로 이해된다. 사직은 국가제례의
성격을 띤 것으로 짐작되고, 공통적으로 드러난 사실은 귀신과
영성에 제사를 지냈다고 하는 것인데 이에 대하여 면밀히 살펴볼
여지가 있다.

먼저 영성(零星)은 영성(靈星)과 같은 뜻으로 이해되며,《한서(漢
書)》에서는 이를 풍년을 기원하는 천전성(天田星)으로 풀이하지만,
이는 적절한 해석으로 보기 어렵다. 유교의 영성문(欞星門), 도교
의 영성문(靈星門) 등의 용례에서 보이는 영성(欞星)과 영성(靈星)은
모두 천상의 별들이 운집하는 중심의 별인 북신(北辰), 곧 북극성
이나 괴성(魁星)으로 풀이되고 있고, 그 실제의 운용도 농사와 무
관하게 이루어진다.

무엇보다도 오두미교(五斗米敎)의 제의(祭儀)와, 속도(俗禱)라고
일컫는 백가도(帛家道)의 제의는 공통적으로 별자리와 귀신을 숭
배하였는데, 이러한 것들은 고구려의 풍습과 관련이 있다.《삼국
유사》의 기록을 보면 당(唐) 고조가 624년에 천존상을 보내오기

전에 이미 고구려 국인(國人)이 다투어 오두미교를 신봉했다고 한
다. 《수서(隋書)》〈동이전(東夷傳)〉과 《북사(北史)》〈고구려전〉에
나오는 고구려의 세법에 최하층민의 세금으로 오두(五斗)를 걷는
다는 기록이 있는데, 당시 고구려인들이 신봉하던 오두미교의 세
법과 일치하는 점이 있다. 이러한 오두미교는 초기에는 귀도(鬼道)
라 하였으며 그 주된 신격은 북두신(北斗神)으로 고대에 귀제(鬼帝)
라고 불렸다. 고구려 고분벽화에서 자주 등장하는 별자리 그림과,
통구 사신총 현실 천정 남북쪽과 안악 3호분 묘주(墓主)의 손에
들린 부채 안에 있는 귀면(鬼面), 그리고 집안 4호분에 있는 귀모
(鬼母) 등은 이러한 귀신 숭배 사상과 일정한 연관이 있을 것으로
생각된다.

그런데 오두미교의 오두를 어떻게 해석할 것인가 하는 문제는
간단하지 않다. 오두미교의 이름이 오방성두(五方星斗)와 관련이
있다는 주장이 일찍이 제기된 바가 있다.[6] 오두는 계량단위로서
'다섯 말'로 흔히 인식하지만, 달리 동·서·남·북·중두(東·西·南·
北·中斗)와 같이 오방(五方) 28수(宿)의 성신(星辰)을 가리키기도 한
다. 중두(中斗)는 북극성, 곧 태일성(太一星)을 포함한 북두칠성을
이르며 오두미교의 주된 숭배대상이다. 그래서 천사도(天師道)를
오방성신(五方星辰)을 숭배하는 무사(巫師) 집단이라 하는 것이다.[7]

북방계 민족의 영성(靈星) 숭배사상과 관련하여 주목할 만한 사
실은 오두미교와 비슷한 후한 장각의 태평도에서도 "中黃太一神"
이라 하여 태일성신을 믿었다는 것이다. 태평도의 주요 경전은
《태평청령서》인데, 일반적으로 《태평경(太平經)》으로 알려져 있

---

6) 卿希泰, 〈有關五斗米道的幾個問題〉, 《中國哲學》 제4집.
7) 王純五, 《天師道二十四治考》, 四川大學出版社, 1996, 47쪽.

다. 갈홍 《신선전》의 일문(佚文)에 요동선인 백화(帛和)가 간길(干
吉)에게 《태평경》을 전수하였다고 하고, 이 《태평경》은 부여 건
국신화와 밀접한 관련이 있다.[8] 그러나 초기 도교의 발생 문제와
관련하여 북방계 신화와 이에 관련된 북방계 도교의 존재 여부는
지나쳐버릴 수 없는 중요한 의미를 지니고 있는 것이지만 기존의
도교사에서는 제대로 언급되지 못했다.[9] 이는, 비교적 체계화한
도교사 자료를 진(晉) 대에 갈홍이 집대성하면서 정치적 변란으로
말미암아 동북 지역의 자료를 수습할 수 없었던 사정과도 무관하
지 않다.

이 밖에 오두미도 또는 태평도와 관련지을 수 있는 북방계 도
교의 흔적은 다음과 같은 하구중(瑕丘仲)의 일화에 드러난다.

> 하구중은 영인(甯人)이다. 백여 년 동안 영(甯)에서 약을 팔아
> 남들이 장수한다고 여겼다. 지진이 나서 집이 붕괴될 때, 하구중
> 의 집과 물가에 있는 수 십 채 가옥이 무너졌고 하구중도 죽었
> 다. 마을사람들이 하구중의 시체를 거두어 물속에 버리고 그의
> 약을 수습하여 팔았는데, 하구중이 갖옷을 입고 찾아와 약을 거
> 두었다. 하구중을 내다버린 사람은 머리를 땅에 박고 애걸하였
> 다. 하구중이 이르기를, "남들로 하여금 나를 알게 한 것이 한스
> 러울 뿐이다. 나는 떠난다."고 말했다. 나중에 부여호왕(夫餘胡王)

---

8) 정재서 교수는 태평경의 발생 지역을 발해안 연안으로 추정하였다. 그리고 《상
   상》 1996년 가을호에 〈고구려 고분벽화의 신화·도교적 제재에 대한 새로운 인
   식〉이란 논문에서 《태평경》 권99의 〈乘雲駕龍圖〉을 그 증거로 들어 해모수 신화
   와 태평경의 관련성을 주장하였다.
9) 안동준, 〈고구려계 신화와 도교〉, 《백산학보》 제54호, 2000. 3. 필자는 북방계
   도교의 흐름을 서성산파(西城山派)로 규정하여 후한의 초기 도교가 북방계 신화와
   밀접한 관련을 가진다는 주장을 구체화한 바가 있다.

의 역사(驛使)가 되어 다시 와서 영(甯)에 이르렀다. 북방에서는
그를 일러 귀양 온 신선이라고 하였다.[10]

　요동 출신 약장수로서는 최초의 인물이 하구중이고, 그 다음이
백화(帛和)이다. 요동 출신 선인들이 한결같이 약장수를 한다는
사실은, 고대 중국 동북 지역의 연단술이 상당한 수준에 이르고
있었음을 말해준다. 또한 《상청구진중경내결(上淸九眞中經內訣)》
에는 "신선의 법을 구하려면 마땅히 태일군에게 제사를 올려야
한다. 제사를 올리지 않으면 약을 완성시키지 못하고 약을 만들
었다고 해도 효험이 없다[求神仙之法　當祭太一君　不祭者作藥皆不成
縱成　服之無益]"고 하여 태일군에게 초제(醮祭)를 올릴 것을 강조
하였는데, 성신(星辰) 신앙이 외단법(外丹法)에도 크게 영향을 미치
고 있음을 알 수 있다.
　기록을 남긴 유향(B.C 77~B.C 6)의 생몰 연대에 비추어, 하구중
이 부여왕의 역사(驛使)가 된 시기는 한나라 신작 3년(기원전 59년)
에 해모수가 등장한 시기와 비슷한 연대로 짐작된다. 이 무렵 하
구중이 신분을 숨겨 살던 곳인 영(甯)은 지금 산서성 수무현(脩武
縣)으로 추정된다.[11] 백여 세에 이르도록 약장수를 하였다는 사실
도 흥미롭지만, 가사(假死) 상태로 물속에서 한동안 버틸 수 있는
능력을 지닌 점에서 물속에서 탈출하는 능력을 지닌 부여의 해모
수와 같은 계열의 신격(神格)으로 간주된다. 연개소문이 물속에서
태어났다는 전설과 주몽이 하백(河伯)의 외손이라는 신화의 내용

---

10) 劉向, 《列仙傳》 卷上; "瑕丘仲者甯人也. 賣藥於甯百餘年. 人以爲壽矣. 地動舍壞. 仲及里中
　　數十家屋臨水. 皆敗. 仲死. 民人取仲尸棄水中. 收其藥賣之. 仲披裘而從詣之取藥. 棄仲者懼.
　　叩頭求哀. 仲曰, 恨汝使人知我耳. 吾去矣. 後爲夫餘胡王驛使復來至甯. 北方謂之謫仙人焉."
11) 《水經注》 권9에 "脩武　故甯也."으로 추정된다.

에 비추어 북방계 신선설화는 하백 수신(水神)과 관련이 있는 현무신계(玄武神系) 설화로 볼 수 있는데, 현무신계 설화는 북신(北辰) 구성(九星)을 포괄하는 동이(東夷) 신선신앙의 연원으로 인식된다.[12] 여기서 현무신이 태일신에서 파생된 신격이라는 점에서[13] 부여계 성신신앙의 성격을 태일(太一)을 중심으로 고찰할 필요가 있다. 물론 이러한 북방계 초기 도교의 양상은 노자를 교조로 하는 일반적인 도교 전통과는 구분된다.[14]

3. 북두신앙과 태일성

도교에서 거행하는 별자리 제사 의식에는 제단을 마련하는 것이 중요하고 이러한 제단은 신령에게 제사를 지내는 장소로 사용된다.[15] 고구려 고분을 놓고 제단이라고 단정하기는 어렵다. 하지만 평양 약수리 벽화분·대안리 1호분·쌍영총·덕호리 1호분·덕화리 2호분을 비롯하여 집안의 무용총·삼실총·장천 1호분·통구 사신총·오회분 5호묘·오회분 4호묘 등의 5세기 고구려 고분 벽화의 천장에 나타난 공통된 양식은, 사신도(四神圖) 위에 각각 왼쪽과 오른쪽으로 일월(日月)과 위아래로 남·북두성(南北斗星)이 자리 잡고 있다. 그리고 이러한 사신도와 특정한 별자리와의 연계성은 고구려인의 천문 관념 체계에서 나타난 대표적인 특징으로 알려

---

12) 張思齊, 〈論太一生水的生神圖系〉, 《中國道敎》 2000년 제5기 총59기.
13) 張思齊, 앞의 논문 참조.
14) 산서성 개휴시(介休市) 대라궁(大羅宮)과 요녕성 본계수동(本溪水洞)에서 유전되는 홍균노조(洪鈞老祖) 신앙은 그러한 흔적으로 이해된다.
15) 도교 제단의 성격과 종류에 대해서는 張澤洪, 〈論道敎齋醮儀禮的祭壇〉(《中國道敎》 2001년 제4기 총64기)을 참고하기 바람.

져 있다.[16] 현재까지 알려진 고구려 고분벽화는 45기 정도로 추산되는데, 이 가운데 사신도가 그려진 무덤은 모두 34기로서[17] 고구려 고분의 중심 사상이 사신도(四神圖)와 중요한 연관이 있음을 시사한다. 이러한 양식은 무엇보다도 태일신(太一神)을 모시는 도교 제단의 배치 방식과 같은 점이 주목된다. 허손(許遜; 239~374)의 《동부철권(銅符鐵券)》〈단대직의(壇台直義)〉에 따르면, 황정(黃正)의 토(土)를 취하여 천지인(天地人) 삼재(三才)의 원리에 따라 단(壇)을 삼층으로 나누어 쌓되, 상층에 28 수(宿)의 상(象)을 그린다고 한다. 대(台) 위에 태을신단(太乙神壇)을 설치하는데, 청룡·백호·주작·현무 등의 사상(四象)을 위에 그리고 12월장(月將)의 성신(星辰)을 배열하며 옥첨(屋簷)의 동서에 일월(日月)의 금오(金烏)와 옥토(玉免)를 그린다고 한다.[18]

이러한 태을신단은 사방에 청룡·백호·주작·현무 등 사상(四象)을 배치한다는 점에서 비슷한 시기의 고구려 고분 벽화의 구성과 관련이 있을 뿐만 아니라 태평도의 신앙과도 관련이 있다. 위나라 조조가 황건적을 토벌할 때 조조에게 보낸 황건적의 격서 내용 가운데, "예전에 제남에서 신단(神壇)을 파훼하였는데 그 도(道)는 중황태을(中黃太乙)과 같다. 도(道)를 아는 것 같지만 지금 다시 미혹하니 한(漢) 왕조의 운수는 다하고 황가(黃家)가 설 차례이다"[19]라고 한 대목이 있다. 여기서 음사(淫祀)를 조장한다고 제남 일대에서 훼손한[20] 신단이 곧 태을신단 임을 짐작할 수 있고, 또

---

16) 김일권, 〈고구려 고분벽화의 천문관념체계 연구〉, 《진단학보》 82호, 1996. 참고.
17) 전호태, 《고구려 고분벽화 연구》, 사계절, 2002, 235쪽.
18) "畵靑龍白虎朱雀玄武四象于上 布十二月將之星辰 屋簷之東西 畵日月金烏玉免之明."
19) 陳壽, 《三國志》 권1, 〈魏書 武帝紀〉에 인용된 王沈의 〈魏書〉; "昔在濟南 毁壞神壇 其道乃與中黃太乙同 似若知道 今更迷惑 漢行已盡 黃家當立."
20) "太祖到 皆毁壞祠屋 止絶官吏民不得祠祀 及至秉政 遂除奸邪鬼神之事 世之淫祀由此遂絶."

당시 황건적이 민간에 유포된 태일신앙에 의지하고 있음이 드러
난다. 여기서 산동성 제남은 태평도가 유행하던 지역이고, 그 태
평도는 요동선인 백화가 전수한 《태평경》에서 비롯된 초기 도교
라는 사실에 주목할 필요가 있다.

 고구려 곳곳에 귀신을 숭배하는 사옥(祠屋)이 있었다는 기록들
은 초기 도교신앙의 형태와 관련지을 때 북위(北魏) 이후로 혁파
된 태일성신(太一星神)을 숭배한 흔적이라고 볼 수 있다. 부여와
고구려로 이어지는 북방계 도교와 관련이 깊은 백가도와 태평도
및 오두미도의 교리에서 태일신앙이 중시되었다는 점과, 북방계
도교의 특징인 외단법에서도 태일신앙이 중시된 점에서 고구려
에서 신봉하던 신격의 정체가 태일성신으로 추정된다. 후대 정명
도에서 태일신앙의 흔적을 읽을 수 있었듯이, 현재 명맥이 끊긴
초기 도교의 행법 가운데 하나인 존사법(存思法)을 통해 태일신앙
의 흔적을 살펴보면, 상청파(上淸派)의 일월존사(日月存思)와 영보
파(靈寶派)의 남북두(南北斗) 존사(存思), 신소파(神霄派)의 오뢰법(五
雷法) 등은 모두 태일신(太一神) 또는 태일성(太一星)과 관련되고,
이러한 것들은 모두 북방계 도교와 일정한 관계를 유지하고 있
다. 더욱이 1994년 5월에 강원도 철령, 곧 강원도 고산군과 회양
군 경계 지역 고구려 문화층에서 기마 모형이 2차에 걸쳐 다른
유물과 함께 대량 출토되었는데, 그 가운데 고구려 벽화에서 볼
수 있는 청룡·백호·주작·현무 등 사신(四神) 형상의 주물이 나와
주목을 끌었다.21) 기마 대형의 주변에 사신을 배치하는 것은 전
쟁터에서 사신의 보호를 기원하는 뜻으로 해석되었지만, 사신이
실제로는 옛 북극성인 태일성신을 보좌하는 별자리라는 사실을

---

21) 김영진, 《고구려유물편》, 사회과학출판사, 2002, 62~68쪽 참조.

알면 사정이 다르다. 태일성신은 인성(仁星)이라 하여 이 별이 비치는 곳에 병란이 발생하지 않는다고 하며, 《사기(史記)》〈효무본기(孝武本紀)〉에 "남월을 치고자 하여 태일성에 제사를 지냈다(爲伐南越 告禱太一)"는 글귀가 있는 것처럼 고려와 조선에 있어서도 행군(行軍)할 때 제사를 지내는 대상이었기 때문이다.[22] 앞서 부여에서는 군사(軍事)가 있을 때 하늘에 제사를 지낸다고 했는데, 당시 천제(天祭)의 대상은 이러한 태일성신으로 추정되는 것이다.

이밖에 다른 증거로 고구려 유리왕 19년 가을의 기사를 보면, 천제(天祭)에 쓰이는 돼지를 잡다가 실수로 손상을 입혔다고 신하를 죽인 사건을 들 수 있다.

> 19년 가을 8월에 제물로 쓰일 돼지가 도망쳤다. 왕은 탁리와 사비로 하여금 돼지를 추적하도록 했다. 장옥택(長屋澤)에 이르러서야 돼지를 잡았는데 칼로 돼지다리 근육을 잘라버렸다. 왕이 이 사실을 알고 진노하여 "어찌 하늘에 제사를 올리는 희생물에 상처를 낼 수 있다는 말인가?" 하며 두 사람을 구덩이에 던져 죽였다.[23]

이러한 기록에서 고구려 초기에 천신(天神)에게 돼지를 제물로 바쳤다는 사실을 유추해 낼 수 있다. 돼지다리의 근육을 손상케 했다는 사건은 어찌 보면 지극히 사소한 일이다. 그런데 두 신하를 죽일 수밖에 없는 곡절은 이 돼지가 천제(天祭)의 희생물이라는 데서 그 이유를 찾을 수 있다. 돼지는 전통적으로 북두신(北斗

---

22) 이능화, 《朝鮮道敎史》, 〈太淸觀沿革〉조 참고.
23) 《三國史記》 卷13, 〈琉璃明王〉 條; "十九年秋八月 郊豕逸 王使託利斯卑追之 至長屋澤中得之 以刀斷其脚筋 王聞之怒曰 祭天之牲 豈可傷也 遂投二人坑中殺之."

神), 정확히 말하면 제거(帝車) 안에 자리한 태일성신에게 바치는 희생이며 북두신(北斗神)을 상징한다.[24] 그래서 희생물을 훼손한 책임을 엄중히 물었던 것으로 보인다.

오늘날 북두칠성 위쪽으로 밀려나 있는 태일성(太一星)은 상고 시대에는 북극성으로 추정되었다. 지구의 세차 운동으로 현재의 북극성이 사보(四輔)의 하나인 구진성(句陳星)이라면, 한대(漢代)의 북극성은 천추성(天樞星)으로 알려져 있다. 그 이전 시대의 북극성은 태일성으로 알려지는데, 정밀한 연도를 추정하면 기원전 2263년에 태일성이 하늘의 중심인 북극성 위치에 있었다고 한다.[25] 고대 천문 관련 고고학 자료를 보면 5천 년이나 6천 년 전에는 북두칠성과 북극성이 일치하여 북극성이 북두의 괴성(魁星) 중앙에 자리 잡았던 시대도 있었다고 한다.[26] 그 때의 북두성은 지금의 7성이 아니라 5성으로 인식되었던 것이다. 북극성을 괴(魁) 4성 안에 실어서 북두 4성을 제거(帝車)라 하는 곡절이 여기에 있는 것이다.

현재 민간 도교신앙에 북두성은 옥황상제 신앙과 밀접한 관련이 있고 북극성을 옥황상제라 일컫기도 하여 별자리와의 연관성이 혼란되어 있다. 그러한 이유는 세차 운동에 따라 변화되어 온 민간신앙의 흔적을 말해 주는 것이라고 생각된다. 태일성을 옥황상제의 별로 인식해 온 까닭도 상고 시대의 북극성이 바로 태일성이기 때문이었을 것이다.

---

24) 陸思賢·李迪, 《天文考古通論》, 紫禁城出版社, 北京, 2000, 101~104쪽 참조.
25) 馮時, 《中國天文考古學》, 社會科學文獻出版社, 北京, 2001, 96쪽.
26) 陸思賢·李迪, 앞의 책, 101쪽.

4. 북방계 신화의 도교적 연변

현재 중국 도교학회에서는 옥황상제의 연원을 부려원시천존(浮黎元始天尊)으로 비정(比定)하고 있다.[27] 부려(浮黎)의 어원이 명확하게 밝혀진 바는 없지만, 대체로 불교의 서방정토에 대응하는 도교적 발상으로 동방정토(東方淨土)를 뜻한다고 볼 수 있다. 태평도에서 이르는 중황(中黃)은 곧 대부려토(大浮黎土)를 가리킨다. 현재 전하는 도교 문헌에서는 부려(浮黎)가 나라 이름이지만[28] 진토(眞土)를 뜻하기도 하고,[29] 최상층의 천존(天尊)[30]으로 지칭하기도 하며, 부려비조(浮黎鼻祖)처럼[31] 도교의 시조로 일컫기도 한다.

부려(浮黎)는 이처럼 위·진 시대 이후 이상세계의 지명이나 은유적 연단(煉丹) 용어, 또는 인칭대명사로 나타나는데, 1291년에 찬술된 불교의 《변위록(辯僞錄)》에서는 13세기 말에 소각된 도교 위서(緯書) 《성기경(聖紀經)》에 인용된 "東極大浮黎國"은 "東浮黎彷扶桑而立號"라 하였다. 부려국(浮黎國)이 부상(扶桑)을 가탁하여 지어낸 말이라 주장하여 흥미로운데,《양서(梁書)》에서는 《산해경》에 전설적인 선계(仙界)로 등장하는 부상(扶桑)을 6세기 무렵 중원

----

27) 李遠國, 〈三淸·玉皇信仰略考〉(《道敎神仙信仰硏究》 上, 中華道統出版社, 臺灣, 2000)에서 원시천존(元始天尊)이 도교의 최고신이며 그 이름은 부려원시천존(浮黎元始天尊)이고, 나중에 옥황상제(玉皇上帝)로 칭하게 되었다고 하였다.

28) 《元始無量度人上品妙經四注》 卷一, 唐 薛幽棲 注; "大浮黎土, 卽浮黎大國名."

29) 《靈寶無量度人上品妙經符圖》 卷上; "所謂浮黎乃先天眞土之名. 浮者虛浮, 黎者麗也 … 先天眞土在天, 則聚爲萬神會合的大浮黎國. 眞土在地, 則凝爲山川林木, 廣漠大地, 三山五嶽, 洞天福地, 域內境外, 宮闕樓觀, 皆爲浮黎眞土所化."

30) 《元始無量度人上品妙經四注》 卷一, 成玄英 注; "大浮黎土者, 大是廣遠之名, 浮黎是其帝諱, 土是國中之地." 李少微 注; "浮黎者, 天王內名也. 衆聖上朝而天王稱慶也."(《元始無量度人上品妙經四注》 卷四)

31) 《浮黎鼻祖金藥秘訣》 참조. 이 책은 일설에 광성자(廣成子) 역(譯)이라고 하며, 장백단(張伯端)의 서(序)가 있고, 한(漢) 갈현(葛玄)의 주(注)가 있다.

에 실제로 존재하는 나라로 소개하였다는 점이 주목된다. 《양서(梁書)》 권54 〈제이전(諸夷傳)〉 서문에, "부상국(扶桑國)이란 나라는 옛날에는 듣지 못하였다. 보통(普通) 연간(520~526년)에 어떤 도인(道人)이 그 쪽에서 왔다고 하는데, 그 말은 원본(元本)에 자세히 갖추어져 있어서 여기에 아울러 적는다."는 기록이 있다.[32] 그 내용은 다음과 같다.

부상국(扶桑國)은 제(齊) 영원(永元) 원년 499년에 그 나라의 승려 혜심(慧深)이 형주(荊州)에 와서 말한 것이다. 부상(扶桑)은 대한국(大漢國) 동쪽 2만여 리에 있는데 중국 동쪽이다. 그 땅에는 부상(扶桑)나무가 많아서 이름을 붙인 것이다. 부상나무의 잎은 오동잎과 같고 처음 자랄 때 죽순과 같아서 국인(國人)이 이를 먹는다. 그 열매는 배처럼 생겼고 붉다. 그 껍질에서 실을 뽑아 베를 만들어 옷을 해 입고 또한 솜을 만든다. 판옥집을 짓지만 성곽이 없고, 문자(文字)가 있는데 부상나무 껍질로 만든 종이를 쓴다. 병갑(兵甲)이 없어 전쟁을 하지 않는다. 그 나라의 법에는 남옥(南獄)과 북옥(北獄)이 있다. 가벼운 죄를 범하면 남옥에 넣고 중한 범죄를 저지르면 북옥에 넣는다. 사면을 할 때도 남옥은 사면하지만 북옥은 사면하지 않는다. 북옥에 있는 남녀가 혼인하여 남아를 낳으면 8세에 종으로 삼고, 여아는 9세에 종으로 삼는다. 죄를 지은 사람은 죽을 때까지 풀어주지 않는다. 귀인(貴人)이 죄를 지으면 나라에서 대회를 열어 죄인을 구덩이에 앉히고 마주하여 연회를 베풀어 사별(死別)하는 것처럼 이별하는데 재로써 그 주위를 두른다. 죄를 한 번 범하면 한 몸에 미치지만,

─────────

32) "扶桑國国在昔未聞也. 普通中, 有道人稱自彼而至, 其言元本尤悉, 故并錄焉."

두 번 범하면 자손에게 미치고, 세 번 범하면 칠세(七世)까지 미친다. 국왕의 이름을 을기(乙祁)라 하고, 귀인의 우두머리를 대대로(大對盧)라 하며, 제2인자를 소대로(小對盧)라 하고, 제3인자를 납돌사(納咄沙)라 한다. 국왕이 행차할 때는 고각(鼓角)의 행렬이 따르고, 그 옷의 색깔은 해에 따라 바뀐다. 갑을년에는 청색이고 병정년에는 적색이며, 무기년에는 황색이고 경신년에는 백색이며, 임계년에는 흑색이다. 소의 뿔이 아주 길어 뿔에 물건을 싣는데 20곡(斛)을 싣는다. 수레에는 마차와 우거(牛車)와 녹거(鹿車)가 있고, 국인(國人)이 사슴을 기른다. 중국과 같이 소를 길러 우유로 유제품을 만들며 부상나무에서 얻은 과일(桑梨)은 해를 넘겨도 썩지 않는다. 포도(蒲桃)도 많다. 그 땅에는 쇠가 없고 구리가 있으며 금은(金銀)을 귀하게 여기지 않는다. 시장에서 물건을 거래할 때 조세가 없다. 혼인제도는 사위가 여자의 집으로 가서 문밖에 집을 짓고 실면서 아침저녁으로 청소를 해주는데 해를 넘겨도 여자가 좋아하지 않으면 곧 쫓아내고, 서로 좋아하면 결혼한다. 혼례(婚禮)는 대체로 중국과 같다. 친상(親喪)에는 7일 동안 음식을 먹지 않으며, 조부모 상(喪)에는 5일 동안 음식을 먹지 않고, 형제·자매·백부·숙부·고모의 경우에는 3일 동안 음식을 먹지 않는다. 영위(靈位)를 설치하여 신상(神像)으로 삼아 아침저녁으로 절을 하는데 최질(縗絰)은 만들지 않는다. 사왕(嗣王)은 왕위에 올라도 삼 년 동안 국사를 돌보지 않는다. 그 풍속에는 예부터 불법(佛法)이 없다. 송(宋) 대명(大明) 2년(458년)에 계빈국(罽賓國) 승려 다섯 사람이 그 나라에 와서 불법과 경전 및 불상을 유통시키고 출가하는 교령(敎令)을 내려 풍속이 드디어 바뀌었다.[33)

이러한 기록은 동이(東夷) 항목에 기술되어 있어서 북방계 신화와 관련이 있음을 알 수 있다. 일반적으로 부상국은 일본으로 알려져 있지만, 몽문통(蒙文通)은 부상국의 관직명인 대대로(大對盧)가 고구려의 관직명이고, 데릴사위 제도와 같은 혼인 풍속이 고구려와 같은 점 등을 들어서 고구려를 부상(扶桑)으로 간주하였다.[34] 죄를 범한 자를 구덩이에 넣어 처벌하는 풍속은 유리왕 19년의 사건에서 찾아볼 수 있으며, 죽은 조상을 신상(神像)으로 만들어 숭배하는 풍속은 예불도(禮佛圖)로 알려진 장천 1호분 천정 벽화에서 찾아 볼 수 있다. 또한 부상 국왕을 을기(乙祁)라 이름하였다고 하는데, 남조 시대 고구려 미천왕을 을불리(乙弗利)라고도 하는 것에서 그 연관성을 추측할 수 있다. 그리고 국왕이 간지(干支)의 오행(五行)에 따라 복색(服色)을 달리한다는 점에서 방사(方士) 계통의 세력이 존재하고 있음을 추측할 수 있다. 무엇보다도 전설상의 대부려국을 묘사하는 대목 가운데 나뭇잎에 자연적으로 생긴 글(紫書)이 있다는 말은,[35] 허구적 표현의 가능성을 어느

---

33) 《梁書》 권54 〈諸夷傳〉; "扶桑國者 齊永元元年(499년) 其國有沙門慧深来至荆州 說云 扶桑在大漢國東二萬餘里地在中國之東 其土多扶桑木 故以爲名 扶桑葉似桐 而初生如笋 國人食之 實如梨而赤 績其皮爲布以爲衣 亦以爲綿 作板屋 無城郭 有文字 以扶桑皮爲紙 無兵甲 不攻戰 其國法 有南北獄 若犯輕者入南獄 重罪者入北獄 有赦則赦南獄 不赦北獄 在北獄者 男女相配 生男八歲爲奴 生女九歲爲婢 犯罪之身 至死不出 貴人有罪 國乃大會 坐罪人于坑 对之宴飲 分訣若死別焉 以灰繞之 其一重則一身屏退 二重則及子孫 三重則及七世 名國王爲乙祁 貴人第一者爲大對盧 第二者为小對盧 第三者为納咄沙 國王行有鼓角導從 其衣色隨年改易 甲乙年青 丙丁年赤 戊己年黃 庚辛年白 壬癸年黑 有牛角甚長 以角戴物 至胜二十斛 車有馬車牛車鹿車 國人養鹿 如中國畜牛 以乳爲酪 有桑梨 經年不壞 多蒲桃 其地無鐵有銅 不貴金銀 市無租估 其婚姻 婿往女家門外作屋 晨夕洒掃 經年而女不悅 即驅之 相悅乃成婚 婚禮大抵與中國同 親喪七日不食 祖父母喪五日不食 兄弟伯叔姑姊妹三日不食 設靈爲神像 朝夕拜奠 不制縗絰 嗣王立 三年不視國事 其俗舊無佛法 宋大明二年(458년) 罽賓國嘗有比丘五人游行至其國 流通佛法經像教令出家 風俗遂改."

34) 蒙文通, 《古史甄微》, 巴蜀書社, 四川, 1999, 59쪽.

35) 《元始無量度人上品妙經四注》 卷一; "靈書云, 東極大浮黎國地, 皆碧玉, 常生碧霞. 又有青林之樹, 樹葉並有自然紫書, 風吹樹聲音, 皆作洞章燦爛, 朗徹太空."

정도 감안하면 부상수(扶桑樹)의 껍질로 문자 생활을 하였다[有文字 以扶桑皮为纸]는 기록과 거의 일치한다. 도교의 부려국(浮黎國이 부상(扶桑)을 가탁하여 지어낸 말이라는 비판은 전혀 근거가 없는 것이 아니다.

그러나 이러한 추정은 고구려와 비슷한 풍속을 가진 요동 지역 국가로 일찍이 494년에 고구려에 병합된 부여국이 있었음을 간과하고 있지 않았는지 재고할 필요가 있다. 《양서》의 기록에 따르면, 여기서 언급되는 부상국은 6세기에 중국 남조(南朝)에 알려졌고, 부상국에 불교가 전파된 것은 5세기의 일이다. 고구려 소수림왕 2년(372년)에 불교가 전파되었다는 것과 차이가 있다. '부려원시천존'이란 명호가 최초로 언급되는 자료인 《영보무량도인상품묘경(靈寶無量度人上品妙經)》은 북송 정화(政和) 연간(1111~1117)에 편집된 것으로 알려져 있지만, 본문의 내용 가운데 일부는 육수정(陸修靜; 406~477) 이전의 것으로 추정된다.[36] 이 무렵 고구려는 전성기를 맞이하는데 그 힘으로 장수왕 15년(427년)에 평양으로 천도하였다. 부상국이란 존재가 6세기 무렵 대륙에 알려질 즈음, 발해안 연안과 요동 지역 일대는 정치적 공백지대였다고 할 수 있다. 진인각(陳寅恪)은 일찍이 〈天師道與濱海地域之關係〉란 논문에서, 장릉과 장각의 출신지가 강소성과 하북성으로 모두 바다와 가까운 지역임을 중시하였다. 이 지역은 앞에서 살펴본 진강시 안도현의 전설에서 엿볼 수 있듯이 부여 또는 고구려의 해상활동 지역과도 밀접한 관련이 있다.

북방 지역 출신을 신성하게 여기는 일화의 내용으로 미루어 《양서》에서 이르는 부상국에서 왔다는 도인은 요동 지역의 인물

---

36) 任繼愈 主編, 《道藏提要》 제3항, 中國社會科學出版社, 1991년 7월판.

일 가능성이 크고, 부상국은 멸망한 부여국과 관련된 어느 국가를 이르는 말인지도 모른다. 두광정(杜光庭)은 그의 〈규염객전(虯髥客傳)〉에서 당시 고구려를 부여국으로 알고 있었던 중국 측 민간인식을 그대로 드러내고 있는데,[37] 《양서》의 부상국은 부여국 또는 부여를 계승한 나라의 별칭일 가능성도 배제하지 못한다. 또한 일연은 《삼국유사》에서 해모수가 오룡거를 타고 하강한 지역을 "大遼醫州界"로 명기하였는데 지금의 대능하 중류 일대이다. 《통전(通典)》에는 여기에 '부려고성(扶黎故城)'이 있다고 하였다. '부려(浮黎)'와 '扶黎'는 서로 통하는 말이다. 당나라 시대에 이루어진 하북성 석가장(石家庄) 비로사(毘盧寺) 벽화에 '扶桑大帝'의 이름을 '浮桑大帝'라고 표기한 점도 '浮'와 '扶'가 서로 통용되는 글자라는 사실을 알려준다. 그리고 해모수는 천왕랑(天王郎)으로 불리었는데 부려천존(浮黎天尊)도 천왕이라 하였다. 또한 《해내십주기(海內十洲記)》에 부상은 동왕부(東王父)의 치소(治所)라고 하였다. 동왕부는 달리 동왕공(東王公)이라고도 하는데 옥황군(玉皇君)으로 불린 존재이다.[38] 부여의 초기 도읍지를 비정하는 문제와 다르게 접근하는 것이 허용된다면 해모수의 부여는 부려(浮黎)와 관련이 있는 것임을 헤아려 볼 수 있는 것이다.

위·진 시대 도교에서 '부려천존'이란 새로운 신격을 마련할 때, 그 용어에 대해 어떠한 고심을 하였는지 현재로는 알 길이 없다. 그러나 그 용어가 고유명사로 사용되어졌다면 일정한 근거가 있

---

37) 일설에는 《규염객전》의 '부여'를 부남(扶南)으로 보는 주장도 있다.

38) 그런데 흥미로운 사실은 유리왕을 고구려에서 유리명왕이라고 한 점이다. 동명왕의 명호를 축약하여 동왕이라고도 볼 수 있는 근거이다. 이와 관련하여 전호태 교수의 《고구려고분벽화연구》에서는 고구려벽화에서 서왕모의 존재를 주장하였다. 그러나 고구려의 여신은 유화로 알려져 있어서 이에 대한 세심한 고찰이 요구된다.

었을 것이다. 부려토(浮黎土)는 동북에 위치하며 그 전고(典故)가 부상에서 유래하였다고 하고, 선계의 중심 지역이라는 사실은 오악진형도(五嶽眞形圖)[39]가 부려토를 가리키는 지도와 같은 성격이라는 주장과 함께,[40] 고구려 초기 도읍지 서성산(西城山)에서 오악진형도를 백화가 얻었다는 사실과 견주어 볼 필요가 있다. 발음상으로 부려(浮黎)는 부여(夫餘)와 가깝고, 그 전대 도교 신계(神界)인 현도(玄都) 역시 현토(玄菟)라는 사실은 공교로운 우연으로 보기 어려운 점이 있기 때문이다.[41]

한편《삼국지》〈부여전〉의 기사에서 부여인들이 스스로를 옛적에 다른 곳에서 이주해온 사람이라고 말하는 대목이 있다. 부여의 창고에 벽(璧)·규(珪)·찬(瓚) 등 수대에 걸쳐 전해오는 물건이 있어 이를 보배로 여긴다고 한다. 고대 옥의 산지는 신강과 요동으로 한정되어 있고, 신강은 강족(羌族)의 발원지로 알려져 있다. 문일다(聞一多)는 강족의 분사(焚死) 풍습을 불사(不死)의 또 다른 표현이라고 했고, 도교의 기원을 여기서 찾았다. 아울러 은나라 주왕(紂王)이 마지막 전투에서 패하자 다급한 상황에서도 녹대(鹿臺)에 올라 옥의(玉衣)를 입고 분사(焚死)하였다는 사실과 관련지어 따질 필요가 있다. 옥의가 다시 역사 무대에 등장한 것은 후한 대이고, 고조선이 멸망한 뒤 새로이 떠오른 부여왕의 장례 풍습과 관련이 있기 때문이다.

---

39) 삼국지 동이전의 예(濊)에 관한 기록 중에 그들의 관습은 산천을 몹시 소중히 여겼다고 하는데, 산천에는 각각 부분이 따로 있어서 아무나 함부로 출입하고 상관하지 못한다고 한다. 이러한 풍습은 오악진형도부(五嶽眞形圖符)와 같은 입산부(入山符)와 무관하지 않을 것이다. 오악(五嶽)을 자유로이 출입할 수 있는 권능을 표상한다고 볼 수 있기 때문이다.

40) 潘雨廷,〈論五嶽眞形圖〉,《道敎史發微》, 上海社會科學院出版社, 2003.

41)《일주서(逸周書)》에 현도씨(玄都氏)가 귀신을 숭배했다는 사실도 북방계 도교의 연원 문제와 관련하여 주목되는 부분이다.

은나라가 망하고 난 뒤 북은(北殷)이 부흥 운동을 줄기차게 전
개하였다는 사실은 그렇게 널리 알려지지 않은 것 같다.42) 은(殷)
의 어원이 이(夷)에서 비롯되었듯이 은나라는 동이족이 중원에 건
설한 나라로 알려져 있다. 은이 망하고 난 뒤에 기자(箕子)가 주
(周) 정권에 귀속되었다는 사실을 놓고 의견이 분분하지만, 요서
(遼西) 지역을 중심으로 한 북은(北殷)의 부흥운동이 결정적으로
좌절하게 된 것은 숙신의 배반 때문이며, 숙신이 가진 흑요석으
로 만든 화살촉은 철갑을 뚫을 수 있을 만큼 위력이 있었다고 한
다.43) 남쪽의 주(周)와 동쪽의 숙신이 펼친 협공에 북은은 궤멸하
고 그 포로들을 《주례(周禮)》에서는 맥예(貉隸)라고 하였다. 부여
가 나라를 세운 초기 도읍지에 이미 예인(濊人)이 있었다는 사실
은 그 예인이 바로 북은의 유민이었을 가능성이 크다. 옥의(玉衣)
와 같은 은나라의 장례 풍속이 부여에 남아있었던 이유를 그렇게
헤아려 볼 수 있다. 앞서 은(殷)이 이(夷)와 통한다는 것을 알 수
있듯이 북은(北殷)은 북이(北夷)와 통한다. 고구려 주몽의 탄생담에
종종 등장하는 북이(北夷)는 부여를 지칭하는 것으로 해석되며,
《논형(論衡)》〈길험편(吉驗篇)〉에서는 동명의 이야기를 하면서 동
명이 부여에서 왕이 되었다고 하고, 그래서 북이(北夷)에 부여국
이 있게 되었다고 한다.44) 돌궐의 비문에서도 중국 동북 지역을
일컫는 말을 'bükli'라 하는데,45) 《주서(周書)》〈돌궐전〉에 돌궐의

---

42) 이하의 논의는 張碧波, 〈論周初的肅愼族與周人對東北的經略〉(《學習與探索》 2001년 제1
집)을 참고하였다.
43) 《진서(晉書)》〈사이전(四夷傳)〉 숙신씨 조에, "그 나라 동북쪽에 산이 하나 있다.
여기서 돌이 나는데 그 날카롭기가 쇠라도 뚫는다. 이 돌을 캐내려면 반드시 먼
저 신에게 기도드린 뒤에 캔다."라고 하였다. 최근에 강궁(强弓)을 당길 수 있도
록 제작된 옥가락지가 발견되었다는 사실도 참고 된다.
44) 故北夷有夫餘國焉.
45) 芮傳明, 《古突厥碑銘研究》, 上海古籍出版社, 1998, 175~177쪽 참고.

조상이 삭국(索國)에서 나왔다고 한다.46) 동명왕의 출신 지역으로
《후한서》〈동이전〉에서 북이(北夷) 삭리국(索离國)이 언급되는데,
삭국을 삭리국으로 본다면 'bükli'는 북이를 일컫는 고대어로 이
해된다. 북은이 북이였다면 북이는 다시 부여의 초기 강역을 가
리킨다는 가설이 성립된다. 이 가설을 토대로 논의를 전개하면
귀신 숭배를 일삼는 은의 유풍이 부여로 이어져 태일신앙으로 나
타난다고 할 수 있다. 태일신앙은 은나라 상제신앙의 계승이면서
중국 동북 지역 북방계 신화의 신격과 일치할 뿐 아니라 오늘날
옥황상제 신앙의 모태가 된다는 것이다.

5. 마무리

요컨대 고대 제의도교의 자료를 추적하면, 진정한 하늘의 자리,
진정한 땅의 자리, 진정한 인체 내부의 자리를 모두 부려토라고
하였음을 알 수 있다. 역사적으로는 그러한 이상사회, 곧 《태평
경》에서 추구하는 대동세계를 구현하였거나 구현할 가능성이 있
는 곳으로 중국의 동북방을 대부려토라고 하였던 것으로 여겨진
다. 그곳의 전래 신앙은 태일 또는 태을신앙이었고,47) 북방계 신
화의 신격은 여기서 유래했을 가능성을 논구해 보았다. 그런 과
정을 거치면서 태일신앙은 고대의 북극성을 숭배하는 신앙으로
서 후대에 이르러 옥황상제 신앙의 모태가 되었다고 볼 수도 있

---

46) 突厥之先 出於索國.
47) 여기서 한(漢) 대 태일신앙의 성격과 관련지어 북방계 도교의 태일신앙 문제를
고찰해볼 여지가 있지만, 다른 기회로 돌린다. 참고로 갈홍의 《신선전》 동봉(董
奉) 일화에 태을신앙에 대한 기록이 있다. 동봉은 서성산파 백중리의 스승이기도
하다.

는 것이다.

위서(緯書)로 알려진 《옥추경》을 보면 부려원시천존의 아들을 뇌성보화천존이라 하였다. 도교 신선화에서는 머리를 풀고 맨발로 기린(麒麟)을 탄 모습으로 그려진다. 기린은 진(晉) 대 제왕의 상징으로 여겨졌는데, 중궁(中宮)을 상징하는 점에서 황룡(黃龍)의 의미와 서로 통한다고 볼 수 있다. 이러한 뇌성보화천존은 승교(乘轎)의 관점에서 본다면 기린마(麒麟馬)를 타고 천상으로 조회하는 동명왕의 모습과 크게 다르지 않고, 안악 1호분에서도 날개 달린 기린마를 찾아 볼 수 있다. 그 점에서 후대에 나타난 신소파(神霄派) 계열의 《옥추경》은 북방계 신화를 도교적으로 변용하였다고 볼 수 있는데, 신화와 도교 신학과의 관계를 어느 한쪽으로 재단하여 논의할 수 없는 어려움이 있는 것도 사실이다. 그러나 북방계 신화와 도교 신학 체계는 서로 무관할 수 없을 것이다. 앞서 살펴 본 바와 같이, 부여와 고구려의 민간신앙은 태일성에 천제(天帝)라고 하는 신격을 부여한 것으로 짐작되고, 이러한 천제(天帝) 사상이 북방계 건국신화의 사상적 근원으로 작용하면서 제의도교의 태일 또는 태을(太乙)신앙으로 이어지기 때문이다.

덧붙여, 군사를 일으킬 때 숭배하는 태일성을 일러 《회남자(淮南子)》〈본경훈(本經訓)〉에서는 "태일(太一)은 하늘의 형신(刑神)이다[太一 天之刑神也]"라고 한 말을 상기해볼 필요가 있다. 태일이 형신이라면 이는 전신(戰神)인 형천(刑天)과 결코 무관하지 않는데, 오늘날 전하는 형천의 모습은 치우(蚩尤)와 초기 도교의 흔적으로 알려진 천제사자(天帝使者)[48]의 형상과 비슷한 귀면(鬼面)을 하고 있고, 이러한 귀신 형상은 고구려 고분 벽화에서 발견된다고 앞

---

48) 王育成,〈東漢天帝使者類道人與道敎起源〉,《道家文化硏究》第16輯, 1999.4.

에서 논증했다. 비판의 여지가 있을 수 있지만 앞으로의 연구를 위해 가설을 허용한다면, 태일신앙은 5천 년 전 치우(蚩尤) 시대의 흔적이다. 동이계(東夷系) 세력이 중국 동북방으로 패퇴함에 따라 부여와 고구려를 중심으로 한 북방계 도교의 형성에 영향을 미쳐 이른바 부려(浮黎) 신앙을 낳았고, 위(魏)·진(晉) 시대 이후 부려 신앙이 중원으로 흘러들어 제의도교의 근간이 되어 옥황상제 신앙을 배태했다고 볼 수 있다. 이러한 가설은 후한 시대에 나타난 장도릉 계열의 도교를 초기 북방계 도교가 중원에 유전하여 토착화하는 과정에서 나타난 것으로 보는 시각과 같은 것이라고 할 수 있다.

고구려계 신화와 도교

1. 들머리

　고조선의 옛터인 요동 지역은[1] 예부터 대륙과 반도의 양대 세력이 서로 충돌하는 지역이다. 그 심장부에 해당하는 요양(遼陽)은 발해만으로 흘러드는 요하의 중류에 있다. 산동반도 등주에서 배를 타고 발해를 건너 부여로 가는 길목이기도 하고, 발해 연안을 우회하여 고구려 국내성으로 들어가는 길목이 되기도 한다. 옛 평양성[古平襄城]은 요하를 내려다보는 언덕에 있으므로,[2] 요

---

1) 동경(東京) 요양부(遼陽府)는 본래 조선(朝鮮)의 땅으로 알려져 있다. 《요사(遼史)》 권38, 〈지리지(地理志) 2〉, 동경도(東京道) 참고.

2) 옛 평양성은 추측컨대 요동성이 아닌가 한다. 《盛京通志》 권28, 古蹟條에, ‘고구려가 요동을 점거할 때 건립하였는데 요동성이라도 한다고 하였으니, 요양성 동남쪽 모퉁이의 고려성 자리가 요동성이다’고 하였다. 요동성이 옛 평양성임은, 漢代 遼東郡治所인 襄平縣이 고구려 점거 이후 요동성이라 고쳐 부르게 되었다는 사실[《자치통감》 〈진서(晉書)〉]에서 襄平과 平壤은 글자 배열이 바뀐 차이밖에 없고, 또 이 지역이 조선의 땅이라는 사실이 이를 뒷받침한다. 앞의 주 1) 참고. 한편, 고조선 도읍지 王險에 대한 應劭의 주석을 보면, ‘요동의 險瀆縣은 朝鮮王의 舊都라’ 하였는데, 《요사》 〈지리지〉에 요동의 험독현 관할에 集州 懷衆軍이 속해 있다 한다. 윤내현 교수의 고증에 따르면, 그 위치를 沈陽 동남쪽 本溪市로 보고 있다(윤내현, 《고조선연구》, 일지사, 1995, 354쪽). 정확한 위치를 고증하기란 실로 어려운 일이지만, 《사기》 〈조선열전〉에서 고조선의 침공 때 우거가 왕검성에서 배를 타고 온 누선장군의 숫자가 적은 것을 알고 성을 나가 격파했다는 기록

양에서 가까운 거리이다.

어느 이른 봄날, 이곳에서 신성하게 모시는 영석(靈石)을 파헤쳐 깨뜨린 사건이 일어났다. 사건의 장본인은 멀리 당나라에서 이곳까지 찾아든 도사 여덟 명이었다. 그 우두머리는 숙달(叔達)이라고 《삼국사기》에서 적고 있다.[3] 고구려가 망하기 꼭 25년 전, 643년 음력 정월의 일이다.

옛 평양성 영석(靈石) 훼손 사건의 전말은, 일연이 본 〈고구려고기(高句麗古記)〉에 상세히 기재되어 있다.[4] 당 태종이 숙달 등 도사 여덟 명을 보내자, 보장왕은 불사(佛寺)를 도관(道館)으로 바꾸고, 도사를 유사(儒士)의 상좌에 모시기까지 하며 극진히 환대하였다. 김부식이 누락시킨 대목을 일연이 새로이 발견한 장면은 그 다음이다. 당에서 파견된 도사들은 암암리에 고구려 경내 유명한 산천을 찾아다니며 진압(鎭壓)하였으며, 고평양성(古平壤城)의 풍수적 배치를 틀어놓고,[5] 심지어 어떤 자는 선계(仙界)의 유물인 영석까지 파괴했던 것이다.[6]

에 비추어 고조선의 도읍지인 왕검성이 요하 부근에 있었다는 점은 부정할 수 없다.

3) 《삼국사기》 권21, 〈고구려본기(高句麗本紀)〉 제9, 보장왕 2년.

4) 《삼국유사》 권3, 〈흥법〉 제3, 보장봉로(寶藏奉老) 항목; "道士等 行鎭國內有名山川 古平壤城 勢新月城也 道士等 呪勅南河龍 加築爲滿月城 因名龍堰城 作讖曰 龍堰堵 且云千年寶藏堵 或鑿破靈石."

5) 평안남도 순천에서 발견된 요동성 무덤의 벽화를 보면, 고구려성의 초기 형태가 반월성이고, 좌측 하단 서남쪽의 성벽은 후대에 개축된 것임을 추측할 수 있는데, 혹시 요동성이 고평양성이 아닌 지 의심된다. 대동강 유역의 평양성이라면 굳이 고평양성이라 할 이유가 없는 것이다. 훗날 당 태종이 요동성을 칠 때 서남방을 집중적으로 공격하여 함락시켰는데, 개축할 당시 고구려 성곽의 방어시설물인 '옹성'과 '치'가 훼손되었기 때문에 함락이 가능했을 것으로 여겨진다.

6) 진시황의 경우, 항상 동남에 천자의 기운이 있다고 말하면서 동으로 행차하여 이를 진압하였다고 하는 기록이 있다[《사기(史記)》 권8, 〈고조본기(高祖本紀)〉; "秦始皇常曰 東南有天子氣 於是因東遊以壓之."]. 진시황 때의 동남쪽, 또는 동쪽이 어디를 가리키고 있는지 논외로 한다 하더라도, 고구려의 명산대천을 진압한다는 것

내밀히 방사(方士)를 시켜 당시 변방인 요동까지 와서 영석(靈石)을 파괴하는 의미는 단순히 문화 유적을 훼손하는 것이 아니었다. 고구려를 수호하는 주술력(呪術力)을 약화시키고, 이를 통하여 국가의 전복을 꿈꾸는 의도된 전략이었음을 짐작해 볼 수 있다. 영석이 옛 평양성에 있다는 사실을 당시 도사들이 어떻게 평가하였는지는 오늘날 헤아리기 어려운 문제이다. 하지만 그 영석이 일반 영석(靈石)이 아닌, 하늘로 통하는 조천석(朝天石)이자,[7] 우화등선(羽化登仙)의 흔적인 승선석(昇仙石)이라는 사실까지 염두에 두고 만행을 자행하지는 않았을까 짐작한다. 영석은 제삼동천의 위치 비정(批正) 여하에 따라 중국 강남도교의 대표적인 신선인 서성왕군과 밀접한 연관을 지니고 있는 유적이고, 나아가 고구려계 신화의 비밀과 관련이 있기 때문이다.

보장왕 9년(650년) 여름에 반룡사의 보덕화상이 나라에서 도교를 받들고 불법을 믿지 않는다며 남쪽의 완산 고대사로 내려간 사건이 있었다.[8] 일연(一然)이 새삼스럽게 〈고구려고기〉를 들추면서 이 사건의 내막이 심상치 않음을 감지하는 것은 그로부터 다시 646년이 지난 후이다.

두루 알다시피, 연개소문은 유교와 불교에 견주어 상대적으로

은 중원을 위협하는 천자의 기운을 제거하는 주술적 행위로 간주된다. 그리고 도교풍수에서 영석(靈石)은, 이른바 '석감당으로 누른다(石敢當安鎭)'고 하였듯이, 지맥을 안정시켜 삿된 기운을 진압하는 구실을 한다.(詹石窗, 《道敎風水學》, 文津出版社, 臺北, 1994, 157~163쪽) 비석을 세우고 돌사자를 만드는 것은 이러한 영석의 풍수적 기능과 무관하지 않다. 또한 《태평경》에서는, 돌은 땅의 뼈로서 돌을 깨뜨리는 것은 사람의 뼈를 부수는 것과 같다고 이른다(王明, 《太平經合校》, 中華書局, 1978, 120쪽).

7) 〈고구려고기〉에 나온 영석(靈石)에 대한 주석을 보면, '俗云都帝嵓 亦云朝天石 蓋昔聖帝騎此石 朝上帝故也'라 하였다.

8) 《삼국사기》 권22.

교세가 미약한 도교를 진작시키고자, 보장왕을 설득하여 당으로 사신을 보내게 된다. 이에 당 태종은 고구려에 대한 유화책의 일환으로 노자의 《도덕경》을 보내면서 도사 여덟 명을 딸려 보낸다. 그런데 일연이 인용한 〈고구려본기〉에 따르면, 당 고조와 당 태종 재위 연간(618~649)에 이미 고구려에는 국인(國人)이 다투어 신봉할 정도로 오두미교(五斗米敎)가 유행하고 있었다.9) 당 고조가 이 소문을 듣고 624년에 도사를 파견하여 천존상(天尊像)을 보내고 《도덕경》을 강론케 하였다고 하는데, 그 의미가 그리 간단하지만은 않다. 천존상은 일반적으로 옥청원시천존, 상청영보천존, 태청도덕천존 등 삼청신상(三淸神像)을 이르는 말이다. 《도덕경》과 같이 온 천존상이라 하면 태청도덕천존(太淸道德天尊)인 노군상(老君像)일 가능성이 크다.10) 이는 도교의 여러 유파 가운데 가장 열성적으로 노자를 신봉하던 누관도교(樓觀道敎)의 유입을 시사한다.11)

 불교를 지지하는 세력과의 마찰 위험을 감수하며 도교를 받아들인 연개소문의 속셈이 무엇이었는지 단정하기는 어렵지만, 어느 정도 추측은 가능하다. 고구려는 이미 624년에 당 고조로부터 도교를 수용하였고, 한편으론 남조(南朝)와의 외교관계에서 짐작

----

 9) 《삼국유사》 권3, 〈흥법〉 제3, 보장봉로(寶藏奉老) 항목; "高麗本紀云 麗季武德貞觀間 國人爭奉五斗米敎 唐高祖聞之 遣道士 送天尊像來 講道德經 王與國人聽之."
10) 오두미교와 다른 도교가 유입되었을 가능성에 대하여 이내옥은 〈연개소문의 집권과 도교〉(《역사학보》 99·100합집, 1983)에서 언급한 바가 있다.
11) 누관도교의 본거지는 당의 수도인 장안(長安)에 얼마 떨어지지 않은 종남산 주지현(周至縣) 누관대(樓觀臺)이다. 노자가 머물며 도덕경을 남긴 곳이다. 이연, 이세민 부자가 이 일대 종남산 도사의 힘을 빌려 당나라를 세웠다는 사실은 널리 알려진 바와 같다. 이러한 누관도교는 다른 종교 특히 불교와 반목이 유달리 심한 도교 유파이다. 당(唐) 대 도불논쟁(道佛論爭)의 불씨가 된 《노자화호경(老子化胡經)》은 누관도사의 저작이었고, 누관대가 당시 논쟁에 가담한 도사들의 본산이었다는 사실이 이를 증명한다.

할 수 있듯이, 신의주에서 여순으로 올라와 산동반도로 내려오는 남방 해로를 통하여 강남의 오두미교를 받아들일 수 있는 충분한 여건을 갖추고 있었다. 당시 오두미교라는 민간도교가 이미 유행하고 있던 상황에 당 황실을 통하여 관방도교(官房道敎)를 받아들이고자 한 연개소문의 복안은, 대내적으로는 집권 체제를 정비하는 과정에서 기존의 저항세력인 불교를 약화시키려는 의도가 있었음을 무시하지 못한다. 하지만, 대외적인 측면으로는 도교에 심취한 당의 집권층을 안심시키려는 일종의 미인계였다고 보지 않을 수 없다. 장수왕 이래로 추진해온 남하 정책이 연개소문 대에 이르러 다시 강화되기 시작하는데, 어쩌면 연개소문의 의도는 고구려 중심의 삼국 통일을 도모하는 데 있었는지도 모른다. 그렇다면 삼국통일의 대업을 성취하는 데서 당의 견제를 의식하지 않을 수 없었고, 고구려가 주도한 삼국통일의 여력은 최종적으로는 중원을 넘보는 데로 모아졌을 것이다. 두광정의 《규염객전》에서, 주인공 규염객의 실제 인물을 연개소문으로 간주한 단재(丹齋)의 혜안은, 연개소문을 중원 대륙의 패권을 다투고자 하는 인물로 이해한 것이었다.[12]

그러나 사태의 추이를 지켜보면, 당 태종이 한 수 위에서 이러한 상황을 꿰뚫어 보고 있었다는 것이 드러난다. 당(唐) 대에 알려진 도교 경전은 적지 않다. 《도덕경》 이외에 《상청경》·《영보경》·《삼황경》이 이미 위·진 시대에 나타나고, 민간에는 《태평경》이 유전하고 있었다. 당에서 다른 도교 경전도 아닌 《도덕경》을 고구려로 보낸 것은 내심 고구려의 오두미교 유행을 두려워했기 때문인지도 모른다. 오두미교의 유행은 필연적으로 도참설(圖

---

12) 신채호, 《조선상고사》 제10편, 〈고구려(高句麗) 대당전역(對唐戰役)〉을 참고.

讖說)에 말미암는 경우가 허다하고, 무엇보다도 이연, 이세민 부자가 도교의 도참설에 기대어 중원을 장악한 인물이었다.[13)

당 태종은 대동강 유역 수도 평양에 누관도사를 파견하여 불교와의 마찰을 일으키는 불씨를 전하였고, 오랑캐로 오랑캐를 제압하는[以夷制夷] 전통적인 변방정책으로 신라와의 반목을 조장하였다. 도교 수용 정책의 틈을 노려 옛 평양성의 영석을 파괴한 뒤, 이듬해 644년 겨울에 고구려 침공을 명령한 사실은 일련의 흑막을 스스로 노출시킨 셈이 되었다.

그러나 2년에 걸친 고구려 정벌 계획이 실패로 끝난 정관(貞觀) 20년(646년), 장안으로 돌아온 당 태종은 칙지를 내려 〈삼황문(三皇文)〉의 민간 소지를 금하고 발견된 경전은 모두 불태운다.[14) 643년에 영석을 파괴하고 646년에 〈삼황문〉을 불태우는 두 사건 사이에는 3년 남짓한 세월이 놓여 있지만, 도교사에서는 큰 변혁의 조짐을 보이는 시기였다. 당 대에 이르러 사마승정과 두광정이 비로소 동천복지(洞天福地) 전설을 세상에 널리 알리게 되는데,[15) 그럴 즈음에 도교 십대동천(十大洞天) 가운데 두 군데가 영

---

13) 당시 당 태종의 측근에는 수도 장안의 누관도사 이순풍(李淳風)과 강남의 모산도사 왕원지(王遠知)가 포진하고 있었다. 이 두 도사는 모두 당나라 건국의 필연성을 민간에 도참(圖讖)으로 유포한 장본인이다. 그들 중 영석 훼손 전략을 주도한 도교적 인물을 정확히 지적할 수 없으나, 혐의가 가는 인물이 없지는 않다. 바로 이순풍이다. 이순풍(602~670)은 당의 수도 장안 서쪽으로 얼마 떨어지지 않는 거리에 위치한 섬서성 봉상(鳳翔) 출신이다. 당 정관 연간(627~649)에 당 태종을 보필하던 종남산(終南山) 도사로 알려져 있지만(呂錫琛, 《道家, 方士與王朝政治》, 湖南出版社, 1991, 165쪽 참조), 당 고조가 즉위하기 전에 이미 이순풍 스스로 노군(老君)이 종남산에 강림하였다 하고, 한편으론 주변사람들에게 "당공(唐公)이 마땅히 천명을 받아야 한다"(《混元聖記》 권8, "唐公當受天命")고 선전한 정치적 수완이 능한 도사이다. 이순풍이 지은 것으로 알려진 《이공룡법(李公龍法)》이란 풍수책에 지맥을 보는 법이 들어 있다는 사실은, 이순풍이 정관 연간에 풍수지리의 국가적 사업에 일정하게 간여하고 있었음을 짐작하게 한다.
14) 《法苑珠林》 권69, 破邪篇 제6.

문도 모르게 사라진다. 일연은 미처 거기까지는 읽지 못하였다.

2. 도교 제삼동천과 광개토대왕비의 해석 문제

옛말에, 산이 마냥 높다고 명산이라 할 수 없고, 신선이 살고 있어야 명산이라 하였듯이, 신선설화는 산악숭배 사상과 관련이 깊다.[16] 두루 아는 바와 같이, 신선이 거주하는 도교의 성지는 동천복지(洞天福地)라 부른다. 이는 십대동천(十大洞天), 삼십육동천(三十六洞天), 칠십이복지(七十二福地)를 가리킨다. 그 가운데 우두머리격인 십대동천은 다음과 같다.

- 제1동천 왕옥산동(王屋山洞);

  현 산서성 원곡현(垣曲縣) 왕옥산 왕모동(王母洞)

- 제2동천 위우산동(委羽山洞);

  현 절강성 황암현(黃岩縣) 위우산 위우동(委羽洞)

- 제3동천 서성신동(西城山洞);

  미확인

- 제4동천 서현상동(西玄山洞);

  미확인

- 제5동천 청성산동(靑城山洞);

  현 사천성 관현(灌縣) 청성산 천사동(天師洞)

---

15) 도교 십대동천설의 성립은, 제7동천 나부동천을 갈홍이 다스린다는 점으로 미루어 동진(東晉) 이후 남북조(南北朝) 시기로 잡는 경우도 있다(卿希泰 編, 《中國道敎史 2》, 四川人民出版社, 1988, 458쪽).

16) 정재서, 《불사의 신화와 사상》, 민음사, 1994, 92~96쪽 참고.

■ 제6동천 적성산동(赤城山洞);

　현 절강성 천태현(天台縣) 적성산 옥경동(玉京洞)

■ 제7동천 나부산동(羅浮山洞);

　현 광동성 증성현(增城縣) 나부산 주명동(朱明洞)

■ 제8동천 구곡산동(句曲山洞);

　현 강소성 구용시(句容市) 모산 화양동(華陽洞)

■ 제9동천 임옥산동(林屋山洞);

　현 강소성 태호(太湖) 서산(西山) 임옥동(林屋洞)

■ 제10동천 괄창산동(括蒼山洞);

　현 절강성 선거현(仙居縣) 괄창산 괄창동(括蒼洞)

　이러한 도교의 십대동천설은 7세기 사마승정(司馬承禎; 647~735)의 〈천지궁부도(天地宮府圖)〉에서 비롯되어, 901년 두광정(杜光庭; 850~933)의 〈동천복지악독명산기(洞天福地嶽瀆名山記)〉에서 그 전모가 밝혀졌다고 보는 것이 오늘날의 일반적인 학설이다. 고대 선인들의 거처인 동천(洞天)은, 쉽게 말하면 명산에 위치한 동굴을 이른다고 할 수 있다. 도교 전설에 따르면 대개 선인들의 천서(天書)·도경(道經)·부록(符籙)·법기(法器) 등이 동굴 석실(石室)에 감추어져 있다고 하는데, 동굴 안에는 비교적 넓은 공터가 있을 뿐만 아니라, 동굴 안의 한쪽 위가 터져서 하늘을 바라볼 수 있는 곳이 대부분을 차지한다. 그래서 동천(洞天)은 곧 통천(通天)을 의미하기도 한다. 또한 도교에서 동천을 숭상하는 이유는 전통적인 풍수 관념과도 관련이 깊다. 동천 석실은 지하의 신비스런 세계로 통하는 출입구를 뜻할 뿐만 아니라, 위로는 하늘의 기운과 감응하고 아래로는 주변의 땅 기운이 집결하는 중심 장소하고 여겼기 때문이다. 곧 동천은 상고시대 선인들의 원시적인 도교사원이라 할 수 있는데, 십대동천은 그 가운데 가장 영향력이 큰 주요 도교사원이었다.

여기서 제3동천 서성산동과 제4동천 서현산동[17]은 현재로서는 그 위치를 명확하게 알 수 없다. 하지만, 서성산동의 경우는 일찍이 두광정이 〈동천복지악독명산기〉에서 촉주(蜀州)에 있다고 언급한 바가 있다. [18] 그러나 두광정의 주장에는 어딘지 의심스런 점이 있다. 〈동천복지악독명산기〉에서 촉주에 있다는 서성산동의 영향권이 삼천 리가 된다고 하고서는, 정작 촉주(蜀州)에 있는 제5동천인 청성산동의 영향권도 이천 리가 된다고 한 점이 그것이다. 일반 상식에 비추어 보아도 선계(仙界)의 관할권이 서로 겹치고 있는 모순을 드러낸다.[19] 제3동천을 촉주로 인정한 탓에 〈동천복지악독명산기〉가 서술적 모순을 드러내고 있는 것이다. 1997년 6월 사천대학 종교학연구소에서 발간하는《종교학연구》에 왕순오(王純五)의 〈道教第三大洞天考釋〉이란 논문이 발표되었는데, 이에 따르면, 서성산을 청성산 지맥에 속하는 천국산(天國山)으로 간주하여, 사천성 숭주시(崇州市) 삼랑진(三郎鎭)에 위치한 천국사(天國寺)에서 상원궁(上元宮) 일대에 이르는 지역으로 제3동천을 비정하였다. 그러나, 제3동천 서성산동이 제5동천 청성산동과 직선 거

---

17) 일설에 서악(西岳) 화산(華山)을 제4동천으로 추정하고 있으나, 그 근거를 뚜렷하게 제시하지 않았다.
18) 사마승정의 〈천지궁부도〉에서는 소재가 미상(未詳)이라 하였고, 이어 세주(細注)에는 도홍경의 《등진은결》에서 섬서성 종남산 태일산(太一山)이라고 추정하고 있다고[登眞隱訣云 疑終南太一山是屬] 적어놓은 점으로 미루어 그 위치가 정확히 어느 곳인지 사마승정이 살았던 당시로서는 알 수 없었던 것으로 보인다. 두광정의 촉주설(蜀州說)은 그 이후의 주장이다.
19) 천태산동과 괄창산동과 같이 서로 인접된 동천일 경우, 두광정은 각기 8백 리, 3백 리로 그 관할권을 설정하고 있다. 구곡산동과 임옥산동의 경우도 백오십 리와 사백 리로 조정하고 있는 점이 그러하다.

리로 불과 십리 남짓한 청성산 연봉에 위치한다는 수긍하기 힘든 주장을 제시하여, 두광정의 촉주설을 적극적으로 부정한 결과를 낳았다. 십대동천이 선인(仙人)들을 다스리는 대교구(大敎區)의 기능을 떠맡고 있었다는 점을 감안하면, 제시된 결론은 서른여섯 개의 소동천(小洞天)의 경우와도 맞지 않는다. 여기서 제3동천을 구태여 촉주로 보는 시각은 다분히 사천 중심의 도교 이데올로기를 반영한 데 지나지 않는다고 할 수 있다.[20]

서성산에서 득선한 인물을 도교사에서 찾아보면, 대표적인 인물로 왕포(王褒)와 그의 제자 백중리(白仲理)를 들 수 있다. 모두 요동 출신이며, 위(魏)·진(晉) 이후로 강남 도교에 심대한 영향을 끼친 인물들이다. 이 가운데 후대에 서성왕군(西城王君)이라 불리우는 왕포(王褒; 기원전 36~?)는 주몽이 졸본에서 고구려를 건국하고 나서 바로 1년 뒤에 태어났다. 현전하는 《신선전》에는 왕포의 기록이 없지만, 상청파 조사 위화존(魏華存; 252~334)이 지었다고 하는 〈청허진인왕군내전(淸虛眞人王君內傳)〉[21]에 그에 대한 자세한 기록이 남아 있다.[22] 왕포의 수도 행적을 살펴보면, 서성(西城)이란 지명이 몇 번씩 언급된다. 왕포는 양락산(陽洛山)에 은거하여 수도하다가 서왕모를 감동시켜 서성진인(西城眞人)의 제자가 되고 〈태상보문(太上寶文)〉·〈팔소은서(八素隱書)〉·〈대통진경(大洞眞經)〉을 전수 받는다. 그리고 현주(玄洲)로 가서 수도하고 다시 서

---

20) 이밖에 제3동천 서성산에 대한 논의로 임계유(任繼愈)의 청해(靑海) 서경산설(西傾山說)을 들 수 있으나(任繼愈 編, 《宗敎詞典》, 제25항, 上海辭書出版社, 1981), 이 주장은 이미 왕순오가 앞의 논문에서 부정한 바가 있다.
21) 《雲笈七籤》 권106, 〈淸虛眞人王君內傳〉.
22) 魏華存, 〈淸虛眞人王君內傳〉, 《雲笈七籤》 권106; "淸虛眞人王君諱褒 字子登 范陽 襄平人." 여기서 왕포의 출신이 범양(范陽) 양평인(襄平人)으로 기록되어 있는데, 지금의 요녕성 요양시(遼陽市) 출신인 것이다.

성(西城)으로 돌아와서 9년 동안 수련한 끝에 도를 이룬다.[23] 그 뒤 동쪽으로 계명(啓明)·창해(滄海)를 건너 광상산(廣桑山)에 오르고, 또 남쪽으로 발해(渤海)와 단해(丹海)를 건너 장리산(長離山)에 오른다.[24] 그리고 다시 서행하여 여농산(麗農山)에 오르고, 또 북으로 가서 광야산(廣野山)에 오른다. 왕포는 나중에 제1동천 왕옥산동을 다스리는 선인이 되고, 최종적으로는 다시 서성산으로 돌아와 청재(淸齋) 석 달을 한 뒤 태소청허진인(太素淸虛眞人)이 된다.

여기서 중요한 실마리가 드러난다. 두 차례나 서성산이 언급되는데, 서성산으로 돌아와서 9년 동안 수도하였다는 말은 그전에도 서성산에서 거주하였다는 말이다. 따라서 서성산에 세 차례나 머물렀다는 사실이 드러나고, 득도한 뒤에 서성산을 중심으로 사방을 주유하게 되는데, 남쪽으로 발해를 건너서 장리산에 올랐다는 말에서 서성산이 발해의 북쪽 어딘가에 있었다는 사실을 미루어 짐작할 수 있다.[25]

앞서 밝혀진 바와 같이, 서성왕군 왕포는 요양 출신이다. 또한 《요사(遼史)》〈지리지〉를 보면, 백중리가 해주(海州) 요수현(遼隧縣) 출신이며, 천년 요동학(遼東鶴)의 대명사인 정영위는 요양 동남쪽 45km 지점에 위치한 거취현(居就縣) 출신으로 밝혀진다. 이들 선인은 모두 요동 지역 출신이다. 그러나 이 부근에 서성산이란 지명은 발견되지 않는다. 문제의 서성산(西城山)이란 지명이 세

---

23) 앞의 책, 같은 곳; "眞人遂將還西城九年道成."
24) 앞의 책, 같은 곳; "次南行渡渤海丹海登長離山."
25) 물론 발해의 북쪽이란 뜻은 정북 방향만을 의미하지 않을 것이다. 여기서 고대의 해로(海路)를 감안해 볼 필요가 있는데, 발해를 가로지르는 물길로는 대개 요동반도 여순(旅順)에서 산동반도 등주(登州)로 이어지는 이른바, 철산수로(鐵山水路)가 대표적으로 널리 알려져 있었다. 따라서 발해를 건너서 북방은 통상 요동 지역 이외에 다른 곳을 고려할 여지가 없다.

상에 드러나는 것은, '광개토대왕비'가 고구려 멸망 이후 천년의
잠에서 깨어나면서부터이다.[26]

한국고대사에 조금이라도 관심이 있는 사람이라면, 고구려의
초기 도읍지인 비류곡(沸流谷)이 발해 북방에 자리한 선향(仙鄕)이
라는 사실을 알고 있다. 이규보의 〈동명왕편(東明王篇)〉에서 보이
듯, 비류국왕 송양(宋讓)이 스스로 선인의 후예[讓曰 予是仙人之後]
라고 밝힌 바가 있다. 그리고 고구려 초기 대무신왕 4년(서기 21)
에 부여를 정벌하려고 비류수를 지나다가, 불을 때지 않아도 저
절로 밥을 지을 수 있는 상고의 유물인 구정(九鼎)을 발견한 적이
있었다.[27] 이 구정은 잘 알려진 바와 같이 황제의 권능을 상징하
는 제의(祭儀) 도구이지만, 금단을 제조하는 연금술 과정에서도
빠뜨릴 수 없는 소중한 기구이다. 이 비류곡에 고주몽이 북에서
이주하여 자리를 잡게 된다.

그런데 광개토왕 비문을 검토해 보면, "물고기와 자라의 도움
으로 요하를 건너서 비류곡 홀본의 서성산 위에 도읍을 정하였다
[於沸流谷忽本西城山上而建都焉]"는 기록이 있다. 홀본은 졸본이며
홀본성을 《위서(魏書)》〈동이전(東夷傳)〉에는 흘승골성(紇升骨城)이
라 하였다. 《삼국사기》의 기록에 따르면 졸본천에 이르러 도읍을
정하고 3년 뒤, 건소(建昭) 4년에 성곽과 궁실을 짓는다. 《위서》의
기록은 원래 있는 산성인 흘승골성에 거처하였다고 이르며,[28]
《삼국사기》에서는 비류수 위에 띠집을 짓고 고구려를 건국하고

---

26) 광개토대왕비는 서력 414년 장수왕에 의하여 세워진 광개토대왕의 훈적비(勳績
  碑)로서, 7세기 무렵에 와서 중국 대륙에서 서성산이란 지명이 실종되기 전의 기
  록이다. 3~4세기 무렵 위화존이 남긴 서성왕군의 전기에서 언급된 서성산이란
  지명을 발해 북서쪽에서 다시 찾아 읽을 수 있게 하는 소중한 자료가 된다.
27) 《묵자》〈耕柱篇〉에 구정(九鼎)은 '不炊以自烹'이라고 하였다.
28) 《魏書》, 〈高句麗傳〉, 與朱蒙至紇升骨城遂居焉.

난 몇 해 뒤 성곽을 지었다고 한다. 먼저 성을 쌓고 도읍을 정한 것이 아니었다. 흘승골성이 구체적인 장소로 나타나고, 또한 '홀본서성산(忽本西城山)'과 그 위치가 같다면, '서성산(西城山)'이 땅이름이었던 것은 자명하다.[29]

---

29) 무엇보다도 광개토왕비가 발견된 초기에 서성산을 모두 지명으로 읽었던 기록이 남아있다는 사실이 결정적인 증거가 될 것이다. 1895년에 왕지수(王志修)는 〈고구려영락태왕비가(高句麗永樂太王碑歌)〉에서 "造渡先自沸流谷建國忽本東西岡"이라는 대목을, "부여를 버리고 아래로 내려와, 비류수를 건너서 홀본 서성(西城) 언덕 위에 이르러서는 도읍을 세웠다(棄夫餘南下渡沸流水至忽本西城岡上而建都焉)"고 주석하였다. 여기서 서성산의 '산'을 '岡'으로 고쳐 본 까닭은 '西城'을 지명으로 해석했음을 뜻한다. 또 그의 〈고구려영락태왕비고(高句麗永樂太王碑攷)〉에서는, "비류곡 홀본 서성에 도읍을 세웠다(自沸流谷忽本西城而建都焉)"고 하여, 두우(杜佑)의 《통전(通典)》과 검토하면서, "비록 보술수의 흘승골성과 비류곡 홀본 서성은 약간 다르나, 아마도 당시 땅이 멀고 소리가 달라서 전해 듣는데 착오가 있었을 것이다(雖普述水紇升骨城與沸流谷忽本西城少異 恐當時地遠音殊傳聞有誤)"고 하였던 대목을 보면, 서성(西城)은 흘승골성와 같은 지명임이 분명하다. 뿐만 아니라 1909년에 양수경(楊守敬)도 〈고구려광개토호태왕담덕비발(高句麗廣開土好太王談德碑跋)〉에서 "서성산은 마땅히 《위서》에 이르는 흘승골성이다(西城山當卽魏書所云紇升骨城)"고 하여 서성산을 지명으로 읽고 있었다. 왕지수는 청 말의 대표적인 금석문 학자로서, 〈광개토대왕비문〉 연구에 참여한 오대징(吳大澂)과 섭창치(葉昌熾)와 교류하였으며, 1899년에 갑골문을 최초로 발견한 인물이기도 하다. 광서(光緒) 연간에 진사에 올라 한림(翰林)에서 시독학사(侍讀學士)를 지냈으며, 관직은 국자제주(國子祭酒)를 역임하였다. 왕지수의 〈고구려영락태왕비가〉는, 1895년 3월에 봉천부 소속 각 아문(衙門)의 청년관리를 대상으로 하는 위탁고시위원으로 임명되자 역사과목에 호태왕비를 출제문제로 놓고 그 모범답안으로 지은 것이었다(王健群, 《廣開土王碑研究》, 역민사, 서울, 1985, 87~88쪽). 그리고 양수경도 광서 연간에 출사하여 내각중서(內閣中書)가 된 인물이다. 그는 역사학과 문자학에 모두 조예가 깊었고, 특히 지리의 고증에 뛰어나서 《우공본의(禹貢本義)》와 《수경주소(水經注疏)》를 남긴 바가 있다. 청 말의 금석문 학자들이 대체로 탁본에 의존하여 금석문을 연구하였다고는 하나, 그들의 한문 해독 능력을 불신한다거나 그 수준이 오늘날 역사학자보다 형편없다는 뜻은 아닐 것이다. 문제된 서성산 대목은, 논란이 심한 광개토대왕비의 석문(釋文) 가운데 돋보일 정도로 다른 의견이 없는 부분이기에, 각별히 한문 해독 능력이 중시된다. 그 점에서 왕지수와 양수경이 한문에 능통한 당대 지식인을 상대로 서성산을 지명으로 간주하였다는 사실은, 역사적 고증의 차원과 별도의 문제라고 치부하더라도 그들의 한문 해독 능력이 부족한 탓으로 돌리는 것은 상식 밖의 일이다

그런데 해방 이후 국내외 역사학자들의 이 대목 풀이는, '비류곡 졸본에 도착하여 서쪽 산 위에 성을 쌓고 도읍을 정하였다'고 보는 데 일치된 견해를 드러낸다. 서성산을 지명으로 보지 않으려는 이러한 시각은 적어도 1931년 《집안현지》에 나타난 우운봉의 해석[30] 이전까지는 나타나지 않는다. 그나마 이도 국내 학계에서 인정되지 않은 소수 의견이었다.[31] 그런데 해방 이후 국내 연구자들 사이에 서성산을 굳이 지명으로 보지 않으려는 인식 태도가 팽배한 점은, 새삼스럽게 시비를 논할 중요한 문제로 드러난다. 우운봉의 해석 이후 서성산을 지명으로 간주하지 않게 된 역사학계의 숨은 곡절을 필자로서는 현재 자세히 알 길이 없다. 다만 우운봉이 일본인 곤도 나리키미(權藤成卿)가 날조한 《남연서(南淵書)》를 가지고 보충하였다는 설에[32] 비추어 일본 사학자의 입김이 강하게 작용했으리란 추측은 가능하나, 그 이후 오늘날까

---

30) 이러한 해석을 한 초기의 인물은 우운봉(于雲峰)이 아닐까 추측되는데, 1931년에 간행된 《집안현지(輯安縣志)》에서, 문제된 "於沸流谷忽本西城山上而建都焉"을 "於沸流谷忽本西, 城山上而建都焉"으로 방점을 찍어 읽은 흔적이 바로 그것이다. 하지만 그렇게 해석하려면 '於沸流谷忽本西城山上'을 '於沸流谷忽本, 西, 城山上'으로 끊어야 한다. 이처럼 '城'을 동사로 보면, '西城'은 '城西山上'이 되어 무리가 있다. '於沸流谷忽本西, 城山上'로 끊어 읽으면 홀본 서쪽의 어느 산 위에 성을 쌓았다는 말이 되어 고구려의 초기 도읍지가 홀본 일대가 아니고 홀본의 서쪽 지역이란 새로운 문제를 제기한다. 더욱이 그 다음 글귀인 '建都焉'에서 '焉'이 동사로 풀이된 '建'의 보어로서, 앞 문장에서 이미 알려진 장소를 지시하는 어법과 어긋난다.

31) 1943년에 나온 최남선의 광개토대왕비 석문(釋文)은, 어용사학자 요코이 마사다다(橫井忠直)의 석문을 근거로 하였음에도, 자세한 구독(句讀)에 있어서는 "然後造渡, 於沸流谷忽本西城山上, 而建都焉"이라 하였다(최남선, 〈고구려, 광개토왕릉비〉, 《신증 삼국유사》 부록, 민중서관, 1943). 그보다 앞서 나라 망하기 꼭 한해 전인 1909년에, 청 대 학자 영의(榮禧)의 석문을 근거로 구독점을 찍어 제시한 박은식의 석문에도 "然後造渡, 自沸流谷忽本西城山上而建都焉"이라 하여, "忽本西"라고 끊어 읽지 않았다(《서북학회월보》, 隆熙 3년, 1909년 2월, 〈고구려영락태왕비문〉). 박은식과 최남선의 석문이 일반 교양인을 상대로 하는 글이란 점을 고려하면, 당시 '西城山'의 '城'을 구태여 동사로 읽을 필요가 없음을 의미한다.

32) 王健群, 앞의 책, 118쪽.

지 남북한 학자를 비롯하여 중국 학자들까지 이러한 해석에 동참하는 까닭은 실로 불가사의하다고 밖에 말하지 않을 수 없다.[33]

고구려의 첫 도읍지 홀본성, 곧 흘승골성은 오늘날 요녕성 환인현 동북쪽 8㎞ 거리에 있는 오녀산성으로 알려져 있다. 《삼국사기》〈고구려본기〉동명왕 4년 4월에 구름과 안개가 사방에서 일어나 7일 동안 사람들이 햇빛을 볼 수 없었다 하고, 그해 7월에 성곽과 궁실을 지었다는[34] 기록이 있는데, 이규보의 〈동명왕편〉의 기록은 더 자세하다.

> 7월에 검은 구름이 골령(鶻嶺)에 일어나서 사람들이 그 산을 볼 수 없었다. 오직 수천 명의 사람 소리가 토목공사를 하는 듯이 들렸다. 왕이 말하기를, "하늘이 나를 위하여 성을 쌓는 것이다"라고 하였다. 7일 만에 구름과 안개가 절로 흩어지니, 성곽과 궁실, 누대들이 이루어져 있었다. 왕이 황천(皇天)에게 절을 하고 나아가 살았다.[35]

《삼국사기》〈시리지〉에 주몽이 흘승골성에 도읍을 정한 뒤 40년 동안 그곳에 있다가 유리왕 22년에 도읍을 국내성으로 옮겼다는 기록으로 미루어, 동명왕 4년에 성곽을 쌓은 골령(鶻嶺)은 흘승골성 또는 오녀산으로 추정된다.[36] 성곽의 축조 과정이 신화적인

---

33) 다만 이형구 교수가 기존의 학설에 동의하면서도, 서성산(西城山)을 산의 이름으로 보는 경우가 있다고 하며, 서성산이 지명일 가능성을 배제하지 않은 점이 주목된다고 하겠다(이형구·박노희, 《광개토대왕릉비 신연구》, 동화출판공사, 1985, 62쪽 참조).

34) "四年夏四月雲霧四起 人不辨色七日 秋七月營作城郭宮室."

35) 《동국이상국전집》권3, 〈동명왕편(東明王篇)〉의 주석; "七月玄雲起鶻嶺 人不見其山 唯聞數千人聲以起土功 王曰 天爲我築城 七日雲霧自散 城郭宮臺自然成 王拜皇天就居."

36) 《삼국사기》동명왕 3년의 기록을 보면, 봄 3월에 황룡이 골령(鶻嶺)에 나타나고,

분위기를 자아내고 있어서 기록 그대로를 믿기 어렵지만, 오녀산이 조물주의 조화로 이루어진 천연적인 성곽이었음을 강조하는 동시에, 그러한 까닭으로 졸본 일대에서는 성스러운 산으로 숭배 대상이 되었음을 헤아리게 한다.

오녀산의 서남쪽은 넓은 환인분지가 있고 동남쪽은 압록강의 지류인 비류수가 흐른다. 오녀산은 지세가 완만한 환인현에서 가장 높고 험준한 산으로 해발 820m이다. 서쪽 사면은 가파른 절벽으로 이루어져 있어 따로 서쪽에 성벽을 쌓지 않아도 될 만큼 그 자체가 천연적인 성곽이다. 말 그대로 서성산(西城山)으로 보아도 결코 무리가 없다. 왕옥산(王屋山)·청성산(靑城山)·적성산(赤城山)·구곡산(句曲山)·괄창산(括蒼山) 등 십대동천은, 대부분 산의 모양새나 지세에 따라 산이름이 정해진 것이 특징이다. 오녀산의 산 모양새가 서성(西城)인 점에서 더욱 심증을 굳히게 한다. 그리고 1966년 북한 사회과학원에서 출간한 《중국 동북지방의 고구려 및 발해 유적답사보고》에 따르면, 산 정상 평평한 대지에 옥황묘(玉皇廟)라는 도교사원이 있었다고 한다. 그 이후의 보고서에는 도교사원터로 기재되어 있는데, 그 도교사원의 성격을 구명하는 일은 후대의 몫으로 남는다.

최근에 오녀산 서쪽 절벽 중간에 도교수련장소로 추정되는 높이 2m, 폭 3m 가량 되는 동굴이 발견되었다. 오녀산에 얽힌 전설에 따르면, 고구려 당시 이 산을 지키던 다섯 자매가 내침하는 적과 싸우다가 힘이 다하여 맏이는 산정에 있는 천지로 몸을 던지고, 남은 네 자매는 절벽 아래로 투신하였는데, 절벽 중턱에서 문

가을 7월에 상서로운 구름이 골령 남쪽에 나타났다는 사실이 기재되어 있는 바, 골령이 동명왕이 초기에 도읍한 졸본 부근에 위치함을 짐작할 수 있다.

득 하얀 안개가 뭉클 솟더니 네 동생을 받아 안고 절벽 속으로 사라졌다고 한다.37) 동천은 일반적으로 산보다 동굴을 가리키는 의미가 더 크고, 도교 명산은 전부 영험한 동굴을 가지고 있다. 이 설화도 서성산 절벽의 동굴을 염두에 두고 생겨난 것이 아닐까 추측한다.

3. 고구려계 도교와 중국 강남도교

위·진 시대의 책인 《포박자》를 보면, 옛적에 황제(黃帝)가 동쪽 청구(靑丘)38)에 이르러 자부선생(紫府先生)을 뵙고 삼황내문(三皇內文)을 받았다는 이야기가 있다.39) 그러나 역사 시대에 언급된 〈삼황문〉은 백중리(白仲理)로부터 비롯된다. 백중리는 삼국시대 중원에서 백화(帛和)로 불린 선인이다. 현전하는 《신선전》에 백화(帛和)라 하여 그의 기록이 남아 있으나, 그의 본향은 누락되어 있다. 진국부(陳國符)가 복원한 《도학전(道學傳)》에는, 백화의 자가 중리(仲理)이고, 요동인(遼東人)이라 하였다.40) 더 자세한 출신지는 요동 해주성 서쪽 60리에 자리한 요수현(遼邃縣)이다.41) 요수현은 요

---

37) 박창묵, 《중국조선족 구전설화》, 〈오녀산의 전설〉, 백송, 1996. 281쪽.

38) 청구(靑丘)는 현재 요동반도 남부 지역으로 비정되고 있다(孫進己 編, 《東國歷史地理 (1)》, 黑龍江人民出版社, 1989, 183쪽을 참조).

39) 《抱朴子》 內篇 권18, 〈地眞篇〉; "昔黃帝東到靑丘 過風山見紫府先生 受三皇內文 以勅召萬神."

40) 위진 남북조 시대에 나온 신선 설화집인 《신선전》과 《도학전》 등은, 한 대의 《열선전》의 전통을 이어서 사전체(史傳體) 문장 형식을 빌려 역대의 저명 신선가들의 행적을 기록한 전문적인 신선전기집이다. 오락적이고 허구적인 자세를 배제하고 있다는 점에서 주목되는 자료이다(정재서, 《불사의 신화와 사상》, 민음사, 1994, 109~110쪽 참고).

41) 《遼東志》 권1, 〈地理志〉.

(遼) 대에 백중리를 기리는 뜻에서 선향현(仙鄕縣)으로 개칭하였다.[42]

백중리가 처음에 섬긴 동봉(董奉)은 삼국시대 오나라의 인물이다.[43] 동봉에게 처음 도를 배운 뒤, 백중리는 서성산(西城山)으로 가서 왕군(王君)을 스승으로 모시고 수도하였는데, 서성산 석실(石室)에서 〈삼황문〉을 비롯하여 〈오악진형도(五嶽眞形圖)〉, 〈태청중경신단방(太淸中經神丹方)〉 등을 얻었다고 한다.[44] 이 경전들이 도교사에서 어떠한 자리를 차지하고 있는가를 언급하는 것은 군말에 지나지 않는다. 《통신팔제묘정경(洞神八帝妙精經)》에서 《서성요결(西城要訣)》이 삼황천문내대자(三皇天文內大字)라 하였던 이유는, 서성산에서 비결을 얻은 사실을 유달리 강조하고자 의도한 결과로 여겨진다. 서성산에서 만난 왕군(王君)은 물론 〈태평경복문서(太平經複文序)〉에서 언급된 것처럼, 서성왕군(西城王君) 왕포이다. 백중리의 스승인 왕포가 기원 전후의 인물이고, 백중리가 《태평경》을 전수해준 간길(干吉)이 후한 순제(順帝) 연간(126~144)에 등장함에 비추어, 백중리는 1~2세기 무렵의 인물임이 분명하다. 그런데 4세기 말에서 5세기 초에 이르는 광개토왕 시대에 요동성은 완전히 고구려로 귀속되고, 이 일대 요동 지역은 고구려의 지배 아래 들어간다.[45] 이러한 역사적 사실로 미루어, 1~2세기 무렵의 요동 출신인 백중리를 고구려 선인으로 단정하기는 어렵다. 하지만 고조선 계열의 유민일 가능성은 배제할 수 없다.

---

42) 《遼史》 〈地理志2〉, 東京道.

43) 《신선전(神仙傳)》 권10. 참조. 《삼국유사》 권17, 〈고구려본기〉 제5에서 보이듯 동천왕 10년 236년에 오나라 손권이 고구려로 사신을 보내 화친을 청하였다는 기록으로 미루어, 당시 고구려와 오나라의 문화적 교류를 추측할 수 있겠다.

44) 《抱朴子》 〈地眞篇〉, 〈遐覽篇〉 및 《神仙傳》 권7, 〈帛和傳〉 참조.

45) 김한규, 《한중관계사 1》, 아르케, 1999, 164쪽.

그런데 어떠한 연유에서인지 요동 출신 백중리를 조사(祖師)로 받드는 백가도(帛家道)가, 위·진 시대에 중국 강남의 호족세력인 단양(丹陽) 허씨(許氏), 주씨(周氏), 진릉(晉陵) 화씨(華氏) 등을 중심으로 널리 유행한 바 있다. 그 과정에서 백가도는 오두미교와 밀접한 관련을 맺고 있었다.[46] 백가도의 신봉자 가운데서 허매(許邁), 화교(華僑), 주자량(周子良) 등은 과거 오두미교의 제주(祭酒)[47]였던 것이다. 강남의 백가도가 이처럼 오두미교와 혼잡되어 나타나는 곡절은, 일견 예사롭지 않은 저간의 사정을 드러낸다.

근대 도교사가인 진국부(陳國符)는 〈삼황문〉의 유전 상황을 정리하면서 정은(鄭隱; ?~302)과 갈홍(葛洪; 284~344) 두 사람을 백가도의 신봉자로 의심한 바가 있다.[48] 〈삼황문〉은 다만 위·진 시대 백가도(帛家道)와 관련이 깊을 뿐만 아니라, 포박자 갈홍의 가계(家系)와 밀접한 관계를 가진다. 갈홍의 장인인 포정(鮑靚)이 등장하면서부터 〈삼황문〉이 강남 일대에서 본격적으로 유행하기 시작하기 때문이다. 포정이 진(晉) 원강(元康) 2년(292년)에 중악 숭산의 석실에서 〈삼황문〉을 얻어 전했다고 하는 기록은, 송(宋) 대 저작물인 《운급칠첨(雲笈七籤)》에 실린 〈삼황경설(三皇經說)〉에서 볼 수 있다. 다른 기록으로는 《도교의추(道敎義樞)》 권2 〈삼통의(三洞義)〉를 들 수 있는데, 포정이 진(晉) 혜제 영강(永康) 연간(300~301)에 숭산 석실에 들어가 〈삼황문〉을 얻었다고 한다. 《광홍명집(廣弘明集)》 〈이교론(二敎論)〉에, 진 원상 연간에 포정이 《삼황경》을 날조하여 죽임을 당하였다는 말이 있는 것으로 보아 포

---

46) 胡孚琛, 《魏晉神仙道敎》, 北京人民出版社, 1989, 57쪽.
47) 오두미교에서는 입교자를 귀졸(鬼卒)이라 하고, 도법을 받고 믿음이 확실한 신자를 제주(祭酒)라고 이른다. 카톨릭 식으로 말하면, 세례를 받은 신자를 가리킨다.
48) 陳國符, 《道藏源流考》, 祥生出版社, 臺北, 1975, 277쪽.

정의 저작설이 유력하지만 사정은 단순하지 않다.

백가도의 중심 경전인 〈삼황문〉은 어떤 경로인지 방사 좌자(左慈)에서 갈현(葛玄; 164~244)으로 전해지고 다시 정은에서 갈홍으로 전해지는데, 당시 강남에서 유행하던 백가도의 전유물인 속도(俗禱)라는 무속적 행위가 《삼황경》의 핵소귀신(劾召鬼神)과 서로 다를 바 없다는 점에서, 포정이 사실상 백가도의 추종자가 아니었을까 추정하게 된다.[49] 또한 동진(東晉)의 유명한 도사 허매(許邁; 300~349)는, 진릉(晉陵)의 거족 화교(華僑)와 더불어 오두미교의 제주(祭酒)였다는 경력을 지니고 있지만, 실상은 집안 대대로 백가도를 믿어온 대표적인 백가도 신봉자이다.[50] 그가 이른바 구도사(舊道士) 포정을 사사했다는 사실은[51] 포정이 백가도의 전승자란 추측을 가능하게 한다. 백가도와 오두미교가 이처럼 뒤섞여 나타나는 이유는, 백가도의 전승자로 추정되는 포정이 〈삼황문〉 때문에 주살되고 난 뒤에 그 계보가 끊어졌기 때문이 아닐까 추측된다. 문제의 고갱이는 〈삼황문〉의 성격에 있었던 것이다.

성현영(成玄永)을 비롯한 중현파(重玄派) 도사들이 노장(老莊)을 중심으로 도교철학을 정립해 나갈 때, 〈삼황문〉은 당 제국의 체제를 위협하는 불온서적이라는 시각에서 불태워진다. 정관 20년(646년)에 유소략(劉紹略)의 처 왕씨(王氏)가 〈삼황문〉을 지니고 있다가 적발된 사건이 그것이다.[52] 분서(焚書)의 이유는 〈삼황문〉의 도참적 성격 때문이었다. 제후가 이를 지니면 국왕이 되고, 대부

---

49) 李養正, 《道敎槪說》, 中華書局, 1989, 77쪽.

50) 胡孚琛, 앞의 책, 57쪽.

51) 牟鍾鑒 外, 《道敎通論》, 齊魯書社出版, 1991, 444~445쪽 참고.

52) 《法苑珠林》 권69, 〈捨邪歸正〉제6; "貞觀二十年 有吉州囚人劉紹略妻王氏 有五岳眞仙圖 及舊道士鮑靜所造三皇經文 合一十四 紙上云 凡諸侯有此文者 必爲國王 大夫有此文者爲人父 母 庶人有此文者錢財自聚 婦人有此文者必爲皇后."

가 이를 지니면 뭇사람의 부모가 되며, 서인(庶人)이 지니면 재물이 절로 모여들며, 부인(婦人)이 지니면 반드시 황후가 된다고 알려졌는데, 주목할 부분은 제후가 〈삼황문〉을 지닐 때 반드시 국왕이 된다고 한 사실이다. 제후가 〈삼황문〉을 지닐 때 반드시 국왕이 된다는 근거는, 삼황천문(三皇天文)이 오악(五嶽)의 신을 불러들인다고 알려졌기 때문이다.[53] 이에 당 태종은 칙서를 내려,《삼황경》의 문자는 이미 전해질 수 없으며 그 말이 요망하다고 하여 이를 불태웠던 것이다.[54]

그런데 이 대목에서 소홀히 다룰 수 없는 중요한 사실이 드러난다. 구도사(舊道士) 포정(鮑靚)이 이를 날조했다는 점이다.[55] 당나라 때 구도교는 신천사도의 전신인 천사도, 곧 오두미교를 이른다. 포정이 〈삼황문〉을 중악 숭산에서 얻었다고 하지만,《도학전》등 송 대 이전의 도교 사서에는 이 기록이 보이지 않고 단지 포정이 나부산에서 수도하였다고만 전한다. 송 대의《운급칠첨》에서 〈삼황문〉 전수 사실이 나타나는 점은, 신천사도를 일으킨 구겸지(365~448)가 숭산에서 득도한 것에 비추어 중악 숭산의 권위에 가탁했을 것이란 추정이 가능하다. 무엇보다도 〈삼황문〉은 백가도(帛家道)의 주요 경전이고, 이 백가도는 위·진 시대 천사도 곧 오두미교의 일파라는 점을 주목하지 않을 수 없다.

백가도는 포정의 삼황문 사건 이후, 강남의 3대 부록파 가운데 천사도를 제외한 양대 세력인 상청파와 영보파 형성에 지대한 공헌을 한 것으로 여겨진다. 영보파의 경우,《삼황경》 전수 계보와

---

53) 《抱朴子》, 〈雜應篇〉; "或以三皇內文召司命司危五岳之君."
54) 《法苑珠林》 권69, 〈捨邪歸正〉제6; "三皇經文字既不可傳 又語涉妖妄 宜並除之."
55) 《法苑珠林》 권69, 〈捨邪歸正〉제6; "乃於王氏衣籠中得之 時追紹略等勘問云 向道士所得之 受持." 여기서 '이전 도사[向道士]'는 곧 구(舊) 도사를 가리킨다.

갈홍의 친인척 관계에서 드러나듯이 백가도와 무관할 수 없다는 것은 이미 확인되었다. 모산 상청파의 경우도 마찬가지이다. 《선원편주(仙苑編珠)》에 인용된 《상청경(上淸經)》의 기록에 따르면, 왕포가 서성산에 들어가 총진왕군(總眞王君)으로부터 상청제법(上淸諸法)을 전수 받았다고 하는데,56) 이러한 사실은 서성산과 상청파가 모종의 관계에 있음을 알려준다. 상청파 조사(祖師)인 위화존이 백가도가 유행할 당시 오두미교의 제주(祭酒)였다는 사실과 백중리의 스승인 왕포를 청허진인(淸虛眞人)으로 받들고 《상청경》을 전수받았다는 점 등을57) 고려하면 백가도의 영향은 부정할 수 없는 사실이다. 또한 포정, 허매 등의 집안과 통혼(通婚) 관계에 있는 갈홍 세가(世家)가 단양(丹陽)에 있고, 그 인근에 모산이 있다는 점은, 모산 상청파가 당시 백가도의 영향권에 있었다는 방증이 된다.

강남의 백가도가 영보파와 상청파의 모태(母胎)가 되었다는 점은, 요동성 환인현 오녀산으로 비정하는 제3동천 서성산동을 새롭게 인식하는 의미를 지닌다.58) 그것은 고구려의 도교문화가 중국 도교문화의 수용 차원에서 논의될 것이 아니라, 오히려 전파의 진원지라는 점을 시사하기 때문이다. 고구려 서성산에서 일어

---

56) 《仙苑編珠》卷中; "後入西城山 師總眞王君授上淸諸法 得道爲淸虛眞人."
57) 卿希泰 編, 《中國道敎史 1》, 四川人民出版社, 1988, 337쪽.
58) 태평도와의 관련도 중요한 문제 중의 하나이다. 《神仙傳》 일문(佚文)에(《仙苑編珠》 卷中) 간길(干吉)을 북해인(北海人)이라 하였고, 저자거리에서 백화를 만나 《태평경(太平經)》을 받았다고 한다[市中有賣藥公 姓帛名和 因往告之 乃授以素書二卷 謂曰此書 不但愈疾當得長生 吉受之 乃太平經也]. 수·당 대의 저작으로 알려진 〈太平經複文序〉에는 서성왕군이 《태평경》을 백화에게 전하고 백화는 다시 간길에게 전하였다는 기록[先傳上相靑童君 傳上宰西城王君 王君傳弟子帛和 帛和傳弟子干吉]이 참고 된다. 현재 전하는 《태평경》 권99에 〈승운가룡도(乘雲駕龍圖)〉가 있는데, 그림의 내용이 해모수 신화와 유사한 점이 주목된다(정재서, 〈고구려 고분벽화의 신화·도교적 제재에 대한 새로운 인식〉, 《동양적인 것의 슬픔》, 살림, 1996, 참고).

난 선맥(仙脈)이 백가도의 형태로 중국 강남 도교문화의 사상적 연원이 되었던 것처럼 다른 설화나 벽화 등의 자료를 통해서도 그 점을 확인할 수 있다.

고구려 벽화에 즐겨 등장하는 학을 탄 선인은 일반적으로 왕자교(王子喬)로 알려져 있지만, 왕자교는 화제(畵題)의 유사성에 말미암을 뿐 고구려 문화와는 직접적인 관련이 없다. 요하 일대와 혼강 일대가 학의 서식처이고, 고구려의 유적에 화표주(華表柱)가 돌기둥의 형태로 남아있는 점59)을 눈여겨보면, 학을 탄 선인은, 선술을 익혀 학이 되어 고향의 화표주에 내려앉았다고 하는 요양 동남쪽 거취현(居就縣) 출신 정영위를 중심으로 한 신선설화의 반영인 것으로 드러난다. 요동 출신 정영위의 득선(得仙) 설화는 강남 일대에 널리 분포되어 있는 바,60) 그 가운데 상청파의 발상지인 모산 숭희궁(崇禧宮) 뒷산에 남아있다는 사실이 주목된다. 현지인에게도 이 점은 의문이지만,61) 모산 인근 단도현(丹徒縣) 동창향(東昌鄕)에 고구려산신묘(高句麗山神廟)가 있었던 점 등으로 미루어 고구려 문화의 강남 전파설을 뒷받침하는 증거라고 볼 수 있다. 또한 494년 무렵에 축조된 것으로 추정되는, 강소성 단양현 남제묘(南齊墓)에서 출토된 벽돌 그림이 길림성 집안현의 고구려 벽화 사신도(四神圖)와 아주 비슷하다는 사실에서도 그 점이 확인된다.62) 그 가운데 〈우인희호도(羽人戲虎圖)〉는, 날개를 펼치며 날아오르는 듯한 비전화법(飛天畵法)이 중국화풍이 아닌 외래의 영향을 받았다고 평해진다.63) 그러나 그것이 북위(北魏; 386~534) 불교

---

59) 집안현 산성하와 우산에서 발견된 문자가 없는 돌기둥을 가리킨다.

60) 《丹陽縣志》 참고.

61) 《茅山志》 권6, 〈括神區篇〉 참조.

62) 南京博物院, 〈江蘇丹陽胡橋南朝大墓及磚刻壁畵〉, 《考古》 1974 제2기, 참고.

63) 王宜峨, 《道敎美術史話》, 北京燕山出版社, 1994, 52쪽.

미술의 꽃인 돈황벽화의 영향이라고는 볼 수 없다. 도교와 불교라는 사상적 배경을 무시한다고 하더라도, 기법 면에서도 단연코 북위 시대에 제작된 돈황벽화와는 엄연한 차이를 보인다. 곧 우인(羽人)의 그림은, 중국보다 앞서 나타난 4세기 전후 집안현 무용총 벽화의 남성적인 주악비천상(奏樂飛天像)과 일치하고, 백호(白虎) 그림도 5세기 중엽으로 추정되는 집안현 삼실총의 백호도와 거의 일치한다. 우선 그 윤곽선만 보더라도 여성스런 돈황의 회화 기법과 엄연히 구별되는 고구려 특유의 고졸성(古拙性)과 힘찬 묘사법이 드러나 있기 때문에, 돈황벽화의 영향이 아닌 고구려 벽화의 영향이라는 것은 부인할 수 없다. 이 밖에 1931년에 발견된, 도교벽화의 효시로 알려진 요녕성 금현(金縣) 영성자(營城子)의 〈배신도(拜神圖)〉는 한(漢) 대의 것으로 추정되는데, 묘주(墓主)를 중심으로 우의(羽衣) 선인이 배치되어 있는 유형이[64] 바로 고구려 고분 벽화의 전형적인 모습이다. 게다가 그 위치가, 이른바 요동 반도 남반, 곧 황제가 자부선생을 찾아갔다는 옛 청구(靑丘) 지역에서 발견되었다는 사실로 보아 도교벽화는 요동 지역에서 일찍이 발달하였음이 분명하다. 따라서 중국 강남의 도교벽화는 고구려계열 고분벽화의 영향을 일정하게 받았다는 점을 인정하지 않을 수 없다.

앞서 강남의 오두미교 도사에게서 〈삼황문〉이 유전되었다는 사실로 미루어, 7세기 무렵 고구려에 유행한 오두미교에서도 사정이 비슷하리라 추측하는 것은 결코 무리한 발상이 아니다. 〈삼황문〉이 나타난 환인현 흘승골성(서성산)에서 북부여 해모수와 졸본부여 고주몽이 선술을 펼쳐서 두 차례 왕위에 오른 사실은,

---

64) 楊光文·甘紹成, 《靑詞碧簫~道敎文學藝術》, 四川人民出版社, 1994, 175쪽.

〈삼황문〉을 지닌 제후가 국왕이 된다는 〈삼황문〉에 얽힌 도참설과 밀접한 연관이 있음을 미루어 짐작할 수 있다. 제3동천 서성산은 선사(仙史)로 본다면 서성왕군(西城王君)에서 백중리(白仲理), 간길(干吉), 포정(鮑靚), 위화존(魏華存)으로 이어지는 서성산파(西城山派)를 형성하는 진원지이지만, 왕조사(王朝史)로 보면 해모수에서 고주몽으로 이어지는 고조선 고토 수복이라는 다물(多勿)의 본향이 된다.[65] 후대 고구려 왕이 즉위하면 그 이듬해 반드시 졸본 시조묘를 배알했던 것도 이와 무관하지 않을 것이다.

4. 신선설화와 북방계 건국신화

일반적으로 도교 기원설은 크게 중국 사천성 일대의 파촉(巴蜀) 설과, 중국 동북쪽 발해(渤海) 연안설로 나뉜다. 그 가운데 발해 연안은 전국시대 이후 신선설화가 최초로 유행했던 지역이고, 연나라와 제나라의 방사(方士)들이 대거 출현하였다는 점에서 파촉 설보다 더 강한 설득력을 얻고 있다.[66] 그런데 이러한 중국 동북방 도교 발생 지역은 대체로 동이계 신화 구역과 일치한다. 그 대표적인 것이 해모수 신화인데, 이 해모수 신화를 요동 출신 방사(方士)들이 도교 설화로 각색했을 가능성은 충분히 인정된다.[67]

조천석(朝天石)이 남아있는 옛 평양성은 왕검선인의 고택으로 알려져 있다. 《삼국사기》 권17, 〈고구려본기〉 동천왕 21년(247년)에, 환도성이 파괴된 뒤 평양성을 쌓고 백성과 종묘사직을 옮겼

---

65) 다물(多勿)에 대해서는 《삼국사기》 권13, 동명왕 2년의 기록을 참고할 것.
66) 정재서, 앞의 책, 63~69쪽 참고.
67) 정재서, 앞의 논문 참고.

다고 한다. 그런데 여기서 평양은 본래 선인왕검의 집이다[平壤者本仙人王儉之宅也]라고 하였을 뿐만 아니라, 그 위치를 왕험(王險)이라고 추정하였다.[68] 고국원왕 12년(342년)에 다시 환도성으로 도읍을 옮겼다는 기록과, 장수왕 15년(427년)에 도읍을 대동강변 평양으로 옮겼다는 기록으로 미루어, 동천왕 때 옮겨간 평양성은 옛 평양성으로 추정되고,[69] 그 위치는 요양 부근이 아니었을까 한다.[70] 그 증거로는, 봉상왕 2년(293년)에 연나라 모용외가 침략해오자 봉상왕이 적을 피하고자 신성(新城), 곧 심양 동쪽 무순(撫順)의 고이산성[71]으로 피하고자 하였다는 기록에 있다.[72] 고이산성은 요양의 동북 방향에 있다. 요양의 옛 평양성이 당시 도읍지라면 도피하기에 적당한 방향이다. 대동강변 평양성이 당시 도읍지였다면 멀리 북쪽 요하까지 거슬러 올라가 적을 맞이한 격이된다. 엉겁결에 도피하기에는 먼 거리이고, 더구나 연나라 모용외가 봉상왕이 도읍을 빠져나간 것을 알고 추격하였다고 하니, 연나라가 지금의 백제 위치로 비정되는 모순을 낳는다. 백성과 종

---

68) "或云王之都王險."

69) 이와 관련하여 중국 역사학자 위존성(魏存成)이 두 개의 평양설을 주장한 것이 주목된다. 그는 고구려 중기에 출현하는 평양은 지금의 대동강변 평양이 아니고 집안의 국내성(國內城)으로 간주하였는 바, 그 이유는 미천왕 13년 313년에 고구려가 낙랑군을 공략하여 남녀 2천여 명을 사로잡았다고 하는 대목에 있다. 《삼국사기》의 기록에 따르면, 평양으로 이주한 247년에서 다시 환도성으로 옮긴 342년 기간에는 고구려가 이미 평양성을 차지하고 있기 때문이다. 당시의 평양성을 대동강변 평양이라고 비정하면, 낙랑군 소재지로 알려진 평양을 가리키는데, 자신이 살고 있는 곳을 자신이 침공한 꼴이 된다(魏存成, 〈고구려 초기·중기의 수도〉, 《중국학계의 고구려사 인식》, 대륙연구소출판부, 1991, 121쪽 참고).

70) 《연암집》 권11, 〈熱河日記〉 건륭15년(1750년) 6월 28일의 일기에는, 사행에 따라 간 연암이 실제 현지를 답사하면서, 패수(浿水)의 위치 여하에 따라 대동강 평양설과 요양 평양설로 나누어 볼 수 있다는 주목할 만한 주장을 펼친 바가 있다.

71) 孫進己 編, 《東國歷史地理(2)》, 黑龍江人民出版社, 1989, 140쪽을 참조.

72) 《삼국사기》 권17, 〈고구려본기〉 제5; "二年秋八月 慕容廆來侵 王欲往新城避賊 行之鵠林 慕容廆知王出 引兵追之將及王懼 時新城宰北部小兄高奴子 領五百騎迎王逢賊."

묘사직을 옮기는 것이 바로 도읍을 옮기는 것이었지만, 김부식의 추론으론 두 개의 평양을 인정하기 어려웠기에 동천왕 대 평양 도읍을 종묘사직을 옮기는 정도로 언급하였던 것으로 보인다. 연암(燕巖) 박지원(朴趾源)의 말처럼 고조선의 옛 강역은 싸우지 않고 제 스스로 오그라들었던 것이다.[73]

그런데 요동 지역의 대표적인 방사인 서성왕군 왕포의 고향이 선인왕검의 고택이 있는 요양이라는 사실은, 북방계 건국신화의 도교적 해석을 가능하게 하는 요소로 간주된다. 물론 여기서 언급하는 왕검은, 고조선을 개국한 단군왕검과는 구분이 되어야 한다.[74] 흘승골성에 오룡거를 타고 내려온 해모수는,[75] 《삼국유사》에 인용된 〈단군기(壇君記)〉의 기록[76]으로 미루어 부여 또는 고구려 시대의 단군왕검임을 의미한다. 〈왕력편〉에서도 주몽을 단군의 아들[壇君之子]이라고 명시한 것에 비추어, 해모수를 단군으로 여긴 사실과 부합한다. 그렇다면 해모수가 단군이고, 단군이 흘승골성, 곧 현재 오녀산으로 비정되는 서성산에 강림하였다는 사실은, 고유명사가 아닌 일반명사의 단군왕검이란 선인(仙人)이 요동 일대에 공유되는 정신적 지배자의 원형(原型)임을 시사한다.[77] 앞

---

73) 《연암집》 권11, 〈熱河日記〉 건륭15년, 6월 28일조; "朝鮮舊彊不戰自蹙矣."
74) 단군(壇君)이란 명칭이 고유명사가 아니라 고대 제사장(祭司長)을 이르는 일반명사일 가능성에 대하여, 일찍이 최삼룡이 〈선인설화로 본 한국 고유의 선가에 대한 연구〉(《도교와 한국사상》, 범양사, 1987, 388쪽)와, 김내환이 〈단군관계기록에의 원전비판적 접근〉(《백산학보》 43호, 1994년 7월)에서 고찰한 바가 있다.
75) 《삼국유사》 〈북부여조〉에 인용된 〈古記〉에, '前漢書 宣帝神爵三年壬戌四月八日 天帝 降于紇升骨城 乘五龍車 立都稱王'이라 하였다.
76) "壇君記云 君與西河 河伯之女 有産子名夫婁."
77) 단군신화는 단순한 건국신화가 아니라 한민족 국가들의 형성과 관련된 신화이고, 나아가 조선으로 대표되는 수많은 주민들로 이루어진 한민족 형성의 신화가 되기도 한다는 이종욱 교수의 관점이 주목된다(이종욱, 《고조선사연구》, 일조각, 1993, 37쪽 참고).

서 선인왕검의 고택이 요양(遼陽)의 옛 평양성이자 요동성임을 가리킨다면, 이곳에 고향을 둔 서성왕군의 존재는 선인왕검 계열의 신선설화와 일정한 연관이 있음을 암시한다. 나아가 서성산을 중심으로 해모수 신화와 서성왕군의 구도전기(求道傳記)와의 유사성은 고대사나 기존의 도교사에서 면밀히 검토되지 않은 새로운 사실을 알려준다.

중국의 황제(黃帝)가 천하를 얻기 위하여 동으로 자부선생을, 서로는 광성자를 찾아다닌 것과 아주 비슷하게, 위화존의 〈청허진인왕군내전〉에서 서성왕군도 서성산에서 9년 수도하여 도를 얻은 뒤, 비표거(飛飆車)를 타고 사해를 주유하며 신선을 배알하고 법을 배웠다. 서성왕군의 행각이 득선이 목적이 아님은, 태극진인(太極眞人) 서량자문(西梁子文)이 보배로운 경전을 관리하여 천왕의 임무를 맡게 하려고 함[必當掌括寶籍爲天王之任]에 있기에 자명하다. 그런 점에서 서성왕군을 해모수처럼 천왕랑(天王郞)이라고 불러도 손색이 없다. 신선을 천왕(天王)이라 일컬은 예가 고구려 벽화에서 나타나기 때문이다.[78] 평남 은산군에 있는 형성 연대가 5세기 중엽으로 추정되는 천왕지신총의 〈천왕도〉를 보면, 주작(朱雀)을 타고 있는 선인을 천왕(天王)이라 밝혀 적고 있다. 천왕랑의 존재는 승천과 하강이 자유로운 신선의 표상이라는 점에서, 여느 건국신화와 다른 환웅신화와 해모수신화의 주요한 특징이 된다.

한편 왕포는 사해를 관장하는 신선들로부터 도법을 배운 뒤, 마침내 '호기용련금개경륜팔경비여(虎旂龍輦金盖瓊輪八景飛輿)'를 타게 되어 천상을 왕래할 자격을 갖추고 서성산으로 귀환한다. 호기용련(虎旂龍輦)이 바로 천자가 타는 수레라는 점에서 해모수의

---

78) 김원룡, 《한국벽화고분》, 일지사, 1980, 107~108쪽.

오룡거(五龍車)와 다름이 없다.[79) 또한 이 오룡거는 갈홍의《신선
전》에서 후한 환제(桓帝) 때(147~167) 인물인 왕원(王遠)의 하강 모
습에서도 등장한다. 원유관(遠遊冠)을 쓰고 허리에는 칼을 찬 대장
군(大將軍)의 모습으로 다섯 마리의 용이 끄는 우거(羽車)를 타고
내려왔다는 기록은, 해모수의 하강 장면을 연상시키기에 충분하
다.[80) 왕원의 자는 방평(方平)이고, 도호(道號)는 서성총진진인(西城
總眞人) 또는 상재왕군(上宰王君)으로 알려져 있는 상청파 계열
의 선인이다.《운급칠첨》권84,〈시해(尸解)〉조의 '太極眞人石精金
光藏景錄形經說'에, '상재총진서성왕군(上宰總眞西城王君)'이라 하여
상재왕군인 왕원이 서성왕군 왕포와 혼동되어 있는데,[81) 두광정
의〈동천복지악독명산기〉에서는 서성산과 무관한 왕원을 서성산
동천을 다스리는 선인으로 간주한 점은, 서성산의 주재신(主宰神)
이 누구인가 하는 시비를 떠나서 현전하는 상청파 계열의 신선설
화가 환웅과 해모수 신화에 일정한 연관이 있음을 말한다.

먼 하늘에서 천상의 음악이 울려 퍼지고 찬란한 오색구름이 피
어오르는 가운데, 다섯 마리의 용이 끄는 거대한 수레를 타고 한
신선이 내려오는데, 그 뒤로 백여 선인(仙人)들이 고니를 타고 화

---

79) 해모수의 하강 설화와 신선설화와의 유사성에 대해서는, 이미 앞의 최삼룡과 정
   재서의 논문에서 지적된 바가 있다.
80) 정재서, 앞의 논문, 143~144쪽.
81) 사마승정의〈천지궁부도〉에서 제1동천 웡옥동천을 다스리는 신선을 서성왕군(西
   城王君)이라 하였고, 제3동천을 다스리는 신선을 상재왕군(上宰王君)이라 하였다.
   두광정의〈동천복지악독명산기〉에서는 제1동천은 왕포가, 제3동천은 왕방평(왕
   원)이 다스린다고 하였다. 여기서 서성왕군과 왕포는 동일 인물을 가리키고 있음
   이 틀림 없다. 그런데, 사천(四川)도교에서는 서성왕군을 왕원으로 간주하고 있다.
   도교 부록파에서 서성왕군의 위치가 그만큼 중요함을 반증한다고 하겠으나, 현
   재 드러난 왕원의 전기(傳記)에서는 서성산과 어떠한 연관도 찾을 수 없다. 두광
   정이 비록 사천 청성산에 거주하며 저술을 남겼지만, 그 역시 왕포와 왕원은 구
   분하여 왕포는 제1동천을, 왕원은 제3동천을 관장하는 신선으로 이해하였다.

려한 깃털 옷을 펼치며 따라온다. 이규보가 남긴 〈동명왕편〉의
한 장면이다. 그리고 서성왕군의 하강 장면으로도 읽을 수 있다.

서성왕군의 서성산 귀환은 신선설화적 측면에서 보면 천선(天
仙)의 강림이지만, 한국 고대사에서는 고구려 계열 신화의 한 장
면으로도 읽히는 점을 주목하지 않을 수 없다. 이 신화의 장면은
또한 환웅이 풍백(風伯)·우사(雨師)·운사(雲師) 등의 방사(方士)를
거느리고 하강하는 장면과 서사적 구조가 크게 다르지 않다. 여
기서 서성왕군의 신선설화와 해모수 신화, 그리고 환웅 신화의
서사구조가 대체로 일치한다는 사실은, 요동 지역 신선설화와 북
방계 건국신화의 전승의식이 서로 같음을 뜻한다. 이는 다만 북
방계 건국신화의 가장 원초적인 모습에 해당할 뿐만 아니라, 해
모수 신화가 환웅 신화와 비슷함에도 동부여 신화나 주몽 신화와
는 별도의 신화로 인식되는 이유가 되기도 하는데,[82]그 신화의
연원이 요동 지역 신선 방사(方士) 집단에 유전하는 신선설화에
말미암았기 때문이었을 것이다. 곧 신선설화가 고구려계 건국신
화로 변이되는 과정에서 해모수 신화가 그 원형을 비교적 충실히
갖추었기 때문에 수용되었을 것이고, 그 신선설화적 성격 때문에
후대 건국신화와 구조적 차별을 보이고 있다고 여겨진다.[83] 특히
해모수가 부여를 세우고, 또 고구려의 시조와 일정하게 연관이
있음에도 그 뒤의 행적이 분명하지 않을 뿐 아니라 지속적으로
시조로서 숭앙을 받지 못하였다는 점은,[84] 후대 건국신화의 전승

---

82) 이지영, 《한국신화의 신격 유래에 관한 연구》, 서울대 박사학위 논문, 1994, 16
   쪽 참조.
83) 이에 대하여 주몽신화는 고구려가 건국된 1세기 무렵에 중국에서 채록된 시비
   형(侍婢型)과 같은 설화가 바탕이 되고, 거기에 국조(國祖)로서의 신성성이 첨부되
   어 나타났다는 주장도 있다(김현룡, 《한국고설화론》, 새문사, 1984, 54쪽 참조).
84) 이지영, 앞의 논문, 29쪽.

집단과는 다른[85] 신선설화의 전승집단을 고려하지 않으면 미궁으로 빠질 수밖에 없는 의문으로 남을 것이다.

환웅신화와 해모수신화는, 각각 이를 바탕으로 한 단군 신화와 동명왕 신화가 건국신화로서 자리를 잡으면서 종속적인 신화로 전락하는 공통된 특색을 지닌다.[86] 전대의 신화가 종속적인 신화로 전락하는 것은 신화적인 생명력이 소멸된 탓이라 볼 수 있으나, 한편에서는 고조선 또는 고구려의 건국신화가 그 나름의 신화적 구조를 지니고 있음에도 전대 신화의 껍질을 털어버리지 못하고 있는 점도 지적되어야 한다. 그것은 얼핏 개인의 영웅적 행위에서 당대 건국신화의 동질성을 모색하려는 것으로 여겨지지만, 한편에서는 고구려 고분 벽화에서 엿볼 수 있듯이 신선설화의 형태로 전승되는 전래적 가치관이나 이념으로부터 신화집단의 동질성이 비롯함을 지나쳐 버릴 수 없다. 비류곡에서 새로운 지도자로 등장한 고주몽에게 송양이 '선인(仙人)의 후예로서 누대에 걸쳐 왕을 하고 있다'고 밝힌 점은, 송양 개인의 자부심 이전에 비류국에 전승되었을 것으로 추정되는 단군선인 설화[87]에 녹아든 전래적 가치관의 은유로 해석된다. 그 점에서 신선설화의 전승의식이 건국신화의 전승의식에 선행한다고 보지 않을 수 없

---

85) 고구려가 안정된 뒤에 세워진 〈광개토대왕비문〉의 성격이, 고대 건국서사시의 형태에서 벗어나 영웅석 투생보다 중세의 이념을 구현하는 데 있다고 본 견해 (조동일, 〈금석문〉, 《문명권의 동질성과 이질성》, 지식산업사, 1999, 148~151쪽)가 참고가 된다.

86) 이지영, 앞의 논문, 47쪽.

87) 《제왕운기》에서 "〈동명본기(東明本紀)〉에 따르면, 비류국왕 송양이 일러 말하기를, 나는 선인의 후예로서 누대에 걸쳐 왕이 되었다. 지금 그대는 나라를 세운지 얼마 되지 않으니 우리의 속국이 됨이 옳지 않겠는가라고 하였으니, 곧 이 또한 단군의 후손이 아닐까 의심된다[則此亦疑檀君之後也]"고 한 대목이 있다. 비류국왕이 단군의 후손이라면 그 신선설화까지 공유했을 가능성을 유추할 수 있다.

는데, 주몽 신화에서 신선설화의 성격을 강하게 드러내는 해모수 신화를 앞에 설정하지 않을 수 없었던 이유인 것이다.

그런데 해모수 신화는 환웅 신화와 동일한 면모를 보이고 있는 바, 고구려 건국신화에서 동일계열의 건국신화인 단군왕검 신화를 계승하지 않고, 단군 전대의 환웅 신화를 계승하는 데에는 까닭이 있었을 것이다. 추측컨대, 같은 신선설화라도 아사달에 들어가 산신(山神), 곧 지선(地仙)이 되는 정도에 그친 단군과는 달리, 환웅의 경우가 비교적 이민족과의 차별성을 강조한 천신계(天神系) 신선설화의 가능성을 온전하게 보전하였기 때문인지도 모른다. 아사달 산신으로 생애를 마감하여 천상으로 복귀하지 못한 한계를 드러내는 단군왕검의 이야기는, 온전한 신화적 영웅의 일대기로 보기에는 서사구조의 결함이 발견되어 건국의 신화로는 격이 떨어지는 느낌이 있다. 여기서 고조선 멸망 뒤 망국의 이야기로 전승되는 고조선 신화에 대한 부정적 계승의 형태가 해모수 신화로 드러났다고 볼 수 있다. 앞서 《삼국유사》의 〈단군기〉에서 해모수를 단군으로 이해한 설화의식은, 고조선 건국신화의 단절성을 이러한 단군왕검 신화에서 발견하고, 그 전대의 천신계 환웅 신화를 재해석하여, 이를 다시 해모수 신화에 접목한 탓으로 나타났다고 여겨진다. 이에 따라 비류국에 전승되었을 법한 단군왕검의 지신계(地神系) 신선설화에 대한 우월성을 해모수 신화에서 확보하고, 부여를 계승한 정통성을 강조하여 고구려 건국의 명분을 찾았던 것으로 간주된다.

따라서 해모수 신화가 요동 지역 방사집단에 의해 전승된 신선설화의 한 모습이며, 신선설화 특유의 불사(不死) 신화가 이질적 집단과의 차별을 정당화하는 명분으로 작용하여, 졸본 지역의 토착민보다 상대적으로 우월한 이주한 집단의 정치적 이념이자 자부심으로 읽혀졌을 것이라 추정해보는 것은, 결코 무리한 발상이라고 생각되지 않는다. 앞서 〈고기(古記)〉의 기록에 천제(天帝)로 일컬어지는 단군의 계보가 해모수와 주몽의 계열로 혼잡되어 나타나고, 요양 출신 서성왕군 왕포의 일대기가 이들 북방계 건국신화와 비슷한 면모를 보이는 까닭은, 고조선 멸망 이후 후대 건국신화가 형성되는 과정에서 요동 지역 방사들에 의해 전승되는 신선설화가 결합되었을 가능성을 시사하기 때문이다. 현 도교사에서 왕포는 도교 제1동천 왕옥산동을 다스리는 신선으로 알려져 있다. 그러나 위화존의 기록에 따르면 왕옥산은 마지막 도법(道法)을 완성하기 위해 거쳐가는 장소로 기술되고, 최종적인 귀착지는 서성산으로 명시되어 있다.88) 서성산이 현재의 오녀산으로 인정되면, 그곳은 바로 고구려의 첫 도읍지 졸본부여의 자리인 것이다. 서성산으로 비정한 오녀산의 본래 이름이 오룡산(五龍山)이라는 사실은,89) 《삼국유사》 북부여조에 인용된 〈고기〉의 기록처럼, 오녀산인 흘승골성에 오룡거를 타고 강림한 단군(壇君)인 해모수를 연상시키기에 충분한 증거이며, 해모수 신화가 서성왕군의 신선설화와 결합되어 나타날 수 있음을 의미한다. 그런데 그곳에서 천제(天帝) 또는 천제자(天帝子)로 자칭하며90) 나타난 이들은 우리에게 너무도 익숙한 해모수이고, 주몽이었다.

　요컨대 해모수가 천제이고 주몽이 천제의 후손이라는 근거는, 다분히 고조선 멸망 이후 요동 일대에 유전되었을 것으로 추측되는 환웅천왕(桓雄天王)을 중심으로 한 천신계(天神系) 신화에 가탁

---

88) 《雲笈七籤》 권106, 〈淸虛眞人王君內傳〉, "後歸西城 淸齋三月授書爲太素淸虛眞人矣."
89) 박창묵 편, 앞의 책, 279쪽.
90) 해모수의 정체를 놓고 《삼국유사》에서도 혼란이 일어나는데, 북부여조에서는 천제(天帝)라 하고, 고구려조에서는 천제자(天帝子)라 하기도 한다.

한 것으로 여겨진다. 이러한 천신계 신화가 후대로 내려오면서 서성산, 곧 오녀산을 중심으로 달리 해석되어 나타나는데, 한 갈래는 비류수 부근에 전승집단을 확보하여 북방계 건국신화로 전승되고, 또 한 갈래는 고조선이 멸망한 이후 건국신화의 근거지를 상실하고 다른 지역으로 유전되어 위·진 시대 중국 강남도교의 신선설화로 각색되었을 것으로 추정된다.

5. 마무리

앞서 요양 출신 왕포와 해주 출신 백중리가 모두 서성산에서 수도를 하였다고 밝혔다. 그들의 고향과 환인현 서성산을 왕래하는 길은 예부터 그렇게 낯선 행로가 아니다. 고구려 당시 요동성에서 환인현 오녀산성으로 가는 길은 두 갈래가 있었다. 하나는 요양에서 신성을 거쳐서 소자하 유역을 지나 혼강(비류수)을 따라 내려오는 길이다.91) 667년 당나라 군사가 신성을 함락시킨 뒤 국내성으로 진군한 길과 일치한다. 다른 하나는 안시성으로 내려와 봉황성을 거쳐 다시 북서 방향으로 올라오는 길이다. 어느 방향으로 오든지 고구려의 성산(聖山)인 오녀산의 서쪽에 성벽(城壁)같이 깎아지른 절벽을 마주하게 된다. 서성산이라 불리우게 된 것은 우연이 아니었다. 그리고 옛 평양성과 요동성이 같은 지역이라면, 선인왕검과 고향이 같은 서성왕군 왕포가 이곳에서 수도하였다는 점에서, 선인왕검 계열 도교의 수련 장소도 이곳이었을 가능성이 있다. 〈단군기〉의 기록을 근거로 하면, 단군이 흘승골

---

91) 노태돈,《고구려사 연구》, 사계절, 1999. 236쪽.

성에 내려오고, 그 흘승골성이 서성산으로 비정되기 때문이다. 아울러 서성왕군은 선인왕검 계열의 도교 인물이거나 최소한 그 후예일 가능성을 배제하지 못한다. 《해동이적(海東異蹟)》에 이르기를, 단군의 이름은 왕검이고 옛날의 신선이라고 하였다.92) 일연이 《삼국유사》를 정리하면서 유독 〈단군기〉의 기록에 주저함을 나타낸 이유가 불교를 내친 고구려 도교에 대한 반감 때문이었는지는 헤아릴 길이 없다. 김부식의 유교사관으로 말미암아 잘려나가고 일연의 불교사관에 따라 또다시 분쇄된 것이 고구려 도교사였던 것이다.

앞에서 살핀 것처럼, 서성산에서 백중리에게 발견된 〈삼황문〉과 〈오악진형도〉가 중악 숭산에서 포정이 발견한 것으로 변조되었다는 사실은 곧, 천하의 중심이 서성산에서 중원의 중악으로 이동함을 뜻한다. 이에 따라 서성산의 위치와 존재는 사실상 부정의 대상이 될 수밖에 없었던 것이다. 사마승정이 〈천지궁부도〉에서 십대동천을 오악과 상관없이 정리했다면, 두광정은 〈동천복지명산악독기〉에서 십대동천을 오악의 지배 아래 두었다. 그는 십주(十洲), 삼도(三島), 오악(五嶽)이 모두 곤륜산 사방의 거대한 바다 가운데 있는데, 신선이 살고 오제(五帝)가 다스리는 곳이라서 일반 사람이 갈 수 없는 곳이라 했다.93) 이러한 오악을 중심으로 두광정은 십대동천을 다시 배치하였던 것이다. 동악 태산은 나부산과 괄창산을 통괄하고, 남악 형산은 천태산과 구곡산을 통괄하고, 중악 숭산은 무당산을, 서악 화산은 서성산과 청성산, 북악 항산은 공동산과 양락산 등을 통괄한다고 제시한 것이 그것이다.

---

92) 《海東異蹟》, 檀君條, "檀君名王儉　古初神仙人也."
93) "十洲三島五嶽諸山　皆在崑崙之四方巨海之中　神仙所居　五帝所理　非世人之所到也."

　그러나, 이사총(李思聰)의 《통연집(洞淵集)》 권3에 광상산(廣桑山)은 하늘의 동악이고, 장리산(長离山)은 하늘의 남악이며, 여농산(麗農山)은 하늘의 서악이며, 광야산(廣野山)은 하늘의 북악이며, 곤륜산(崑崙山)은 하늘의 중악이라 하였다. 서성왕군 왕포의 수도 행적을 보면, 동으로 광상산을, 남으로 장리산을, 서로는 여농산을, 북으로는 광야산을 올랐다는 기록이 있다. 이에 비추어 서성산은 옛 오악의 중심처가 되고, 여기서 백중리가 〈오악진형도〉를 전수받았다는 사실이 추가되면서 신빙성을 더하게 된다. 위·진 시대의 도사가 편집했다고 전하는 《도학전》에 따르면, 포정은 광동 나부산에서 득도하였다고 알려진다. 그런데 이 포정이 어느새 중악 숭산에 올라서 〈오악진형도〉를 발견하게 되었다는 의미는, 위·진 시대 이후 오악의 배치를 중원 중심으로 비정하겠다는 의욕의 소산으로 읽을 수밖에 없다. 숭산을 중악으로 비정하는 과정에서 서성산의 존재는 성가신 일이 아닐 수 없었던 것이다. 그 위치를 미상(未詳)으로 둘 수밖에 없는 이유는 이른바 중원 중심의 도교사관에 말미암은 탓이었다.

　이제까지 살펴 본 바에 따르면, 고구려 계열의 신화는 고대 중국 도교와 긴밀히 관련되어 있고, 천하의 중심이 고구려라는 자부심을 반영한 것으로 판단된다. 도교 제3동천이 일실(逸失)된 것은, 고구려 멸망 이후 당의 정책으로 민간도교를 억압하면서 관방도교를 육성하고 그 과정에서 배태된 중원 중심의 도교사관에 따라 빚어진 결과였다. 이에 고조선의 도읍지인 요동성에서 벌어진 영석(靈石) 파괴 사건을 통하여, 당대의 도교 수용 문제가 종교적 차원에서 이해될 수 없는 정치적 사건이었음을 밝혀 새로운 의혹을 제기한 바, 후대에 다시 역사무대에 등장한 〈광개토대왕비문〉을 검토하면서 제3동천의 실마리를 찾아내었다. 그리고 이를 통하여 중원 중심의 도교사관을 극복하고, 그 과정에서 고조선의 도읍지인 왕검성이 바로 고구려 요동성임을 확인하여 고구려 계열 신화의 의미를 다시 읽을 수 있는 가능성을 제시하였다.

요동을 완전히 장악한 광개토왕 당시의 고구려 국력으로 중원까지 진출할 수 있었는지는 고대사 관련 학자들의 연구 성과에 따르지 않을 수 없지만, 역대로 이 지역을 차지한 북방 세력 가운데 고조선과 고구려를 제외한 여진·거란·몽고·만주 등의 부족이 황하 유역까지 진출한 사실로 미루어, 고구려의 경우는 다분히 의외의 사실로 인정된다. 어쩌면 제3동천의 존재가 도리어 걸림돌로 작용했는지 모른다. 제3동천을 싸안은 고구려가 천하의 중심이기 때문에 중원으로 진출하는 일이 그들에게는 무의미했을 수 있다고 여겨지기 때문이다.

고대 신화의 의미를 해석하는 일은, 고고학이나 역사학 등 주변문화에 대한 깊은 이해를 전제로 하지 않으면 논의의 객관성을 획득하기 어려운 분야 가운데 하나이다. 도교 설화자료를 바탕으로 고구려 신화를 이해하려고 시도한 이 글은, 주변문화에 대한 폭넓은 이해를 바탕으로 사상사적인 측면까지 고려하였다. 그러나 자칫하면 의존하는 일차 자료가 신빙성이 의심되는 도교설화라는 점에서, 도교설화로써 도교설화를 논증하는 동어반복에 그칠 우려가 없지 않지만, 고구려계 신화를 도교설화적 차원에서 고찰하는 의의는 과소평가되지 않을 것이다. 논의의 성과가 상고사에 대한 새로운 문제제기까지는 미치지 못한 듯하지만, 열악한 상고사 자료의 한계를 극복하려는 한 방편으로서 시도된 이러한 작업은, 다만 고대 도교사의 복원 문제에 그치지 않고, 기존의 고구려 문화와 사상을 재조명하는 데 새로운 시각을 제공하지 않을까 생각한다.

고려노래 선어와 민간전승 도교음악

1. 문제 제기

민간전승 도교음악은 불교의 회심곡처럼 특정 종교에 대한 신앙의 차원을 넘어 민간에 널리 유전되어 토속화하는 경향이 있다. 이 글에서는 조선 중기에 나타난 민간전승 도교음악인 소(嘯)를 중간에 놓고, 앞선 시대에는 고려노래 선어(仙語)를, 나중 시대에는 현존하는 구음(口音)을 각각 배치하여 이들 삼자의 상호관련성을 살펴보고자 한다.

일반적으로 도교음악은 상층에서는 궁정 중심의 아악(雅樂)으로, 하층에서는 민간으로 떠도는 걸인 도사 중심의 속악(俗樂)으로 발전해 가면서 성격이 다른 두 음악이 상호 결합하여 나타나기도 하고 때로는 분리되어 전승·발전되는 특색이 있다.[1] 그럼에도 도교음악에 대한 국내의 선행연구는 궁정을 중심으로 한 아악 부분에 치중되고, 민간에 전승된 도교음악에 대해서는 관심과 자료가 두루 부족한 편이다. 다행히 조선시대 도교 인물인 북창(北窓) 정렴(鄭磏, 1506~1549)의 행적을 살펴보면, 이에 대한 얼마간의

---

1) 蒲亨强, 《道敎與中國傳統音樂》, 文津出版社, 臺北, 1993, 36~52쪽 참조.

자료를 보충할 수 있을 것 같다. 아래에 인용한 자료는 류몽인의
《어우야담(於于野譚)》에 실려 있다.

   북창선생 정렴은 음률을 잘 알았다. 노끈으로 술병을 묶어 들
고, 구리 젓가락 두 개를 가지고 하나는 속에다 꽂고 다른 하나
로 술병을 쳐서 고아한 곡을 만들었는데, 오음육률이 맞지 않음
이 없었다. 그의 아버지 정순붕이 강원 감사가 되어 금강산으로
놀러가서 마하연 암자에 이르렀는데, 정렴이 따라갔다. 정순붕
이 정렴을 보고 이르기를, "사람들이 네가 소(嘯)를 잘한다고 하
는데, 나는 아직 들어보지 못하였다. 이런 절경에 왔으니 한 곡
조를 하여라." 정렴이 대답하여 말하였다. "오늘 고을 사람들이
이곳에 많이 나와 있으니, 청컨대 내일 비로봉에 올라가서 불겠
습니다." 다음날 정렴은 비를 무릅쓰고 일찍 가려는데, 중이 말
리며, 오늘 비가 오는데 비로봉에 오를 수 없다고 하였지만, 정
렴은 오후 늦게야 날이 갠다고 말하며 마침내 지팡이를 짚고 올
라갔다. 오후가 되자 과연 날이 개었다. 정순붕이 따라가다가 산
골짜기 사이에서 아주 날카로운 피리소리를 들었는데 바위 골
짜기가 모두 진동하였다. 중이 놀라 말하기를, "산이 깊고 인적
이 드문데 피리소리가 맑고 웅장하니 필시 신선이 아닌가 합니
다." 정순붕은 말하지 않았으나 이를 알았다. 가보니 과연 정렴
의 소(嘯)였고, 피리소리가 아니었다. 비록 소문산에서 있었던
손등과 완적의 소(嘯)라도 이보다 못할 것이다.[2]

---

2) 류몽인, 《어유야담》 권2 장서각본, "北窓先生鄭磏解音律 以繩繫酒壺 以兩銅箸 挿其一
   于壺中 持其一擊壺 作雅曲 無不中五音六律 其父順朋爲江原監司 遊金剛山 至摩訶衍菴 磏從
   之 順朋謂磏曰 人言汝善嘯 我未曾聞 到此境可作一曲 磏對曰 今日邑人多候此 請明日登毘盧
   峯上 吹之 翌日磏冒雨早往 僧止之曰 今日雨 不可登毘盧峯 曰 向晚當晴 遂杖藜而往 日晚果
   晴 順朋隨之 聞山谷之間 有笛聲甚高 巖谷皆震 僧驚曰 山深境絶 有何笛聲清壯 必神仙也 順

이 기록의 신빙성에 대한 시비 여부는 허목(1595~1682)이 다음과 같이 언급한 것이 있어서 참고가 된다.

> (북창) 선생의 풍신(風神)은 구름 위의 학[雲鶴]과 같아서 육식을 즐기지 않고, 술을 좋아하여 두세 말을 마셔도 취하지 않았다. 또 소(嘯)를 잘하였다. 일찍이 금강산 꼭대기에서 소리를 지르니 소리가 바위 골짜기를 진동시켜 산속에 있는 스님이 놀라서 피리소리인가 여겼는데 나중에 들으니 선생의 소(嘯)였다고 한다.3)

여기서 '소(嘯)를 잘 한다[善嘯]'란 말에 주목할 필요가 있다. 그런데 정렴을 비롯한 당시 인물들이 이에 대해 자세한 설명을 남기지 않은 탓으로 이러한 소(嘯)가 입술을 오므려 내는 휘파람을 형용한 것인지 아니면, 소엽(嘯葉)의 소리를 가리키는 지에 대해 논란의 여지가 있다. 그러나 소(嘯)를 소엽이나 단순한 휘파람으로 이해할 수 없는 부분이 있음을 지나쳐 버릴 수 없다.4)

최근에 발굴된 도교설화에서 소(嘯)가 일반적인 휘파람과 차원이 다른 것으로 전해지고 있다는 사실이 이를 뒷받침한다. 다음 자료는 양만고(楊萬古; 1574~1654)가 남긴 《감호집》에 실린 신선

朋黙識之 至則果礴之嘯也 非笛也 雖孫登阮籍蘇門之嘯 不能過也."

3) 許穆 撰, 〈北窓先生行跡〉, 《北窓古玉詩集》, "先生風神如雲鶴 性不喜肉 善飲酒 數三斗不醉 又善嘯 嘗臨金剛絶頂出聲 聲振巖壑 山僧驚以爲笛聲 後聞之乃先生之嘯也."

4) 소(嘯)에 대한 자세한 설명은 중국 당나라 시대 손광이 남긴 《소지(嘯旨)》를 참고하기 바란다. 이 책에 따르면, 소(嘯)는 도교 수련술의 하나에 속하는 방법이다. 그 기본적인 공부는 혀의 운용과 운기(運氣)에 있다. 《소지(嘯旨)》〈권여장(權興章)〉에는 12가지 소법(嘯法)이 소개되어 있는데, 외격(外激)·내격(內激)·함(含)·장(藏)·산(散)·월(越)·대침(大沈)·소침(小沈)·필(疋)·질(叱)·오태(五太)·오소(五少) 등이 그것이다. 이러한 기교들은 입술이 아닌 혀의 운용 위치와 기(氣) 발산의 경중완급(輕重緩急)이란 측면에서 분류된 것이다.

일화이다. 양만고는 조선조 선가의 인물인 양사언의 큰아들이다.

내가 열 아홉 때 지리산 불일암에 홀로 있었다. 적막한 가을 밤에 등불을 켜고 문을 닫은 채 가사(袈裟)를 입고 불경을 읽고 있었는데, 한밤중에 어디선가 휘파람 소리가 높이 들리더니 멀리서 가까이 다가왔다. 유람객이 달밤에 내방하는 것인가 여겼으나 밤이 깊어 바로 문을 열어주지 않았다. 휘파람 소리가 문득 그치더니 세 번 문을 두드리는 소리가 들렸다. 황급히 일어나 달려나가 보니 푸른 도포를 입고 높은 관을 쓴 어른이 난간 앞 오른편에 서 있었고 그 왼편에 어린 미소년이 난간에 걸터앉아 있었다. 그 모습을 보자 자연히 경외하는 마음이 일어 마당에 달려 내려가 공손히 물었다. "시주는 어디서 오셨소? 밤이 깊었으니 방에 들어가 잠깐 쉬시지요." 그러자 서쪽에 서 있는 이가 말했다. "본래 반야봉에 사는데 지금 쌍계석문(雙溪石門)쪽으로 가고자 하오." 말을 마치자 휘파람을 높이 불었는데 천지사방의 봉우리와 골짝이 진동하여 새와 짐승이 모두 놀라 달아났다. 인간세상에서 입술로 부는 그런 것이 아니었다. 손등(孫登)도 미치지 못할진대 소자(蘇子)가 교룡(蛟龍)을 춤추게 했다는 피리 소리는 말할 것도 없다. 옛날에 동정호에서 피리를 불어 어룡(魚龍)을 놀라게 하고 갑자기 풍랑을 일으켰다는 말은 과장되지 않았다. 곡조를 느리게 하여 길게 빼는 소리는 밥 한 끼 먹을 시간이 되어 그쳤다. 소리를 그치자 작은 아이가 먼저 일어나 갔다. 비록 덩치가 큰 어른이었지만 도리어 아이를 공경하여 앞서 그를 인도하였다. 아이가 그 스승이었던 것이다.[5]

---

5) 《鑑湖集》 권4, 〈籈嘯二仙記〉, "吾年十九 獨居智異山佛日菴 秋深夜靜 懸燈閉戶 袈裟念誦

　　여기서 "인간세상에서 입술로 부는 그런 것이 아니었다"는 말로 미루어 휘파람과 다른 종류의 소리가 있음을 알 수 있다. 그리고 이 이 이야기를 전하는 사람은 병인년(1626년) 가을에 양만고가 금강산에서 만난 법견(法堅)이란 중을 이른다.[6] 지리산 불일암에 있을 당시 소(嘯)를 들은 경험을 양만고에게 이야기하고 있는데, 정렴 이후에 선가(仙家)에 나타난 소(嘯)의 기록이라는 점에서 눈여겨 볼 필요가 있다. 비록 지리산 선인의 소(嘯)가 정렴의 소(嘯)와 후대의 구음과 어떠한 관련을 지니는지는 분명하지 않지만, 소(嘯)의 전통이 끊어지지 않고 조선조 선가(仙家)들 사이에 은밀히 전수되고 있었다는 사실은 선어(仙語)의 문제와 함께 중요한 의미를 지닌다.

2. 선어와 구음

　　《국조인물고(國朝人物考)》에 따르면, 중종조에 정렴은 조정의 천거로 장악원(掌樂院) 주부(主簿)를 제수받았는데 평소에 음률에 밝아서 장악원에서 가곡(歌曲)의 장단을 직접 가르쳤다고 한다.[7]

更漏將半　忽聞嘯聲甚高　自遠而近　意謂遊客乘月來訪　而猶以夜深不卽開窓　嘯聲遽止　而門有剝啄聲者三焉　忙起走出　則有着巍冠衣靑袍一長者　立前軒之右　其左踞軒機者美小兒也　見其形貌　自然敬畏　趨庭敬問曰　檀越自何來乎　夜已深　願入房少歇云　則西立者答曰　本居般若峰　今向雙溪石門矣　言已　發嘯響亮　天地峰壑皆振　飛走俱驚　殆非人世間脣吻之吹者矣　固孫登之所不逮　況蘇子舞蛟之簫乎　古稱黑龍洞庭之篆　魚龍驚起　風浪忽湧者　非虛誇也　延調而曼之　食頃而罷　罷卽起先小兒行　蓋彼雖長大而却敬小兒故　先行導兒　兒其師也." 이신성, 〈감호집(鑑湖集) 소재 신선전에 대하여〉(《고소설연구》 제6집, 2000)의 부록에 소개된 원문을 재인용.

6) 이신성, 앞의 논문 참조.

7) "以朝廷薦除掌樂院主簿　雅曉音律　及爲是官　歌長短　親爲敎訓."

이 무렵 《악장가사》가 편찬되었는데, 주목할 사실은 《악장가사》
에서 고려노래의 여음구로 알려진 '뜻 없는 소리' 또는 '노랫말이
없는 노래'가 후렴구에 대거 나타난다는 점이다. 그리고 1485년
에 남긴 남효온의 〈송경록(松京錄)〉[8]에서 〈자하동〉, 〈북전〉, 〈한
림별곡〉, 〈청산별곡〉이 불리어졌다는 기록이 있다.[9] 이는 고려노
래의 '뜻 없는 소리'가 조선 중기까지 실제로 전승되었을 가능성
을 알려준다.

이러한 뜻 없는 소리는 일반적으로 육보(肉譜)에 근거한 구음(口
音)으로 알려져 있다.[10] 육보는 악기를 다룰 때 필요한 전통 악보
의 일종이고, 구음은 악기소리를 흉내 낸 육보의 표기 수단이라
는 지적이다. 그러나 이러한 지적은 악기 연주 대목과 구음의 해
당 대목이 서로 일치한다는 전제에서만 타당하다.

문헌으로 전하는 〈청산별곡〉의 여음인 '얄리얄리 얄랑셩'은 피
리 구음으로 알려져 있는데, 남효온의 〈송경록〉을 보면, 이정은
(李貞恩)이 성거산에서 〈청산별곡〉 제 1절을 금(琴)으로 연주하였
다고 기록하였다. 따로 〈청산별곡〉을 부른 사람을 기록하지 않은
점으로 보아서 금(琴)으로 반주를 한 것으로 보기 힘들다. 그런데
금으로 여음구를 생략하고 연주하지 않았다면 논외이지만, 여음
구까지 연주하였다면 〈청산별곡〉의 여음인 '얄리얄리 얄랑셩'은
당연히 금의 구음인 '쓰랭 도당/ 쓰랭 땅/ 덩/ 쓰랭 동' 등으로 표
현되어야 한다. 그렇게 하지 않고 피리 구음이 있는 노래를 금으
로 무난히 연주하였다는 것은 〈청산별곡〉의 여음이 금의 육보가

---

8) 《秋江集》 권6.
9) 임주탁, 〈수용과 전승 양상을 통해 본 고려가요의 전반적인 양상〉, 《진단학보》
　83호, 1997.
10) 정병욱, 〈악기의 구음으로 본 별곡의 여음구〉, 《고려시대의 가요문학》, 새문사,
　1982.

아니라는 지극히 상식적인 사실을 입증한다. 더욱이 피리와 합주하지 않았다는 점에서 피리의 육보도 아니다. 그렇다면 이는 구음 구실이 육보에만 국한되지 않고 독자적인 어떤 영역이 존재함을 뜻한다. 여기서 금의 연주에 육성인 피리 구음을 수반하였을 경우를 생각해볼 수 있겠다.

도교 제의에서 소(嘯)는 소가(嘯歌)의 형태로 옥(玉)이나 종(鍾)과 같은 악기와 함께 운용되는데, 도교 은사들 사이에서는 특히 금(琴)과 함께 운용되었다고 한다.11) 금(琴)과 소(嘯)는 상호 관계에 놓여 있어서 금을 연주하고 나서 소를 부르거나, 소를 부른 뒤에 금을 연주하기도 하며, 때로는 소와 금을 동시에 운용하기도 한다는 것이다. 따라서 앞서 이정은이 〈청산별곡〉을 금으로 연주하였다면 여음구의 뜻없는 소리는 금의 구음이 아닌 피리 구음이어야 이치가 맞다. 후렴부의 피리 구음은 소가(嘯歌)의 흔적일 가능성이 있는 것이다.

현존하는 구음의 전승자인 김수악12)은 필자와의 대담(1998년 2월 16일)에서 구음의 전통은 독자적으로 존재한다고 하였다. 김수악은 진주 권번 시절에 유성준으로부터 소리를 배웠다고 하였는데, 악기 소리를 흉내 내는 구음은 〈심청가〉·〈춘향가〉 등에서도 나타나지만,13) 판소리 명창인 유성준에게서는 구음을 들어 본 기

---

11) 詹石窗, 〈道教與中國傳統音樂的關係初探〉, 《道教術數與文藝》,文津出版社, 臺北, 1998, 280쪽.
12) 현재 경남 진주시 판문동에 살고 있는데, 어려서부터 교방(教坊)에 나가 가(歌)·무(舞)·악(樂)을 두루 익혀 구음에 능통할 뿐만 아니라 팔검무를 비롯한 전통 교방춤의 전수자이며 가야금의 명인이다. 필자가 조사할 당시 진주팔검무 부문에 인간문화재로 지정되어 있었다.
13) 판소리에서 구음이 등장하는 예는 드물지 않다. 귀곡성(鬼哭聲)을 내는데 신의 경지에 이르렀다고 하는 송흥록이 어느 해 심야에 진주 촉석루에서 춘향가 가운데 옥중가를 부르는데, 귀곡성을 발하는 대목의 절정에 이르러서는 음풍(陰風)이

억이 없었고, 전두영이란 선생으로부터 구음을 별도로 지도 받았다고 한다. 먼저 소리를 익혀 목구성이 터진 뒤에 구음을 배우는 것이 정상적인 절차인데, 소리꾼이 구음까지 겸하지 못하여 구음의 전통은 판소리와 다르며, 무엇보다도 구음이 비록 악기 소리를 흉내 낸다고 하지만 악기 소리가 미치지 못하는 음역까지 소리를 내기 때문에 육보의 전통과도 얼마간 다르다고 하였다.

다음의 기록도 구음의 전통이 따로 있었음을 뒷받침한다. 중종 20년(1525년) 가을에 경주에서 출간된 《용재총화》 권 5에 있는 내용이다.

우리 이웃에 동계(東界)에서 온 함북간(咸北間)이란 사람이 있었다. 피리도 좀 불 줄 알고 농담과 광대놀이를 잘하였다. 매양 사람의 행동거지를 보면 문득 그가 하는 짓을 흉내 내어 진가(眞假)를 분간하기 어려울 정도였다. 또한 입술을 오므려 호드기 소리를 낼 수 있었는데 소리가 아주 굉장하여 몇 리 밖에서도 들을 정도였다. 비파와 거문고 같은 소리에 이르기까지 입으로 '뚱따당' 하고 내는 소리가 모두 절주(節奏)에 맞아서 매번 궁궐에 불려가 상을 많이 받았다.[14]

돌면서 수십 대의 촛불이 일시에 꺼지고 허공에서 귀곡성이 은은하게 나는 듯하였다고 한다.(鄭魯湜, 《朝鮮唱劇史》, 조선일보출판부, 1940, 24쪽.) 그리고 박록주가 부른 춘향가의 '옥중가' 대목에서 정병욱은 바람소리, 도깨비소리, 밤새소리 등이 음산하고 소름이 오싹하는 것을 느끼게 한다고 하고, 그것을 '의성어(擬聲語)의 재생'이라고 한 지적에서(정병욱, 《한국의 판소리》, 집문당, 1981, 94~96쪽), 구음의 흔적을 읽을 수 있다. 특히 속목〔細聲〕을 섞어서 내는 귀곡성은 소름을 끼치게 한다고 이르는데, 이러한 더늠(부분 창)은 송흥록과 박록주처럼 구음을 겸비한 소리꾼이 사라지자 현재는 거의 들어보기 힘들게 된 부분이기도 한 것이다. 그런데 판소리의 기원을 논의하는 과정에서 정병욱은 도사(道士)로 추정되는 대선생으로부터 판소리가 비롯되었을 가능성을 제시한 바가 있어 주목된다(정병욱, 앞의 책, 116~117쪽.).

이 기록은 북창 정렴이 생존하던 시기에 나온 자료로서, 소(嘯)와 구음의 관계를 밝히는 데 시사하는 점이 있다. 입술을 오므려 내는 소리가 몇 리 밖에서 들을 정도의 위력이 있다는 점은 정렴의 소(嘯)와 같은 맥락에서 논의할 수 있다. 이른바 도술인 점에서 이를 소(嘯)로 볼 수 있고, 단순히 비파와 거문고 소리를 흉내 내는 입시늉과 구별이 된다.

만약에 구음이 육보에 근거하였다면 앞서 언급한 가야금의 명인인 김수악은 가야금 구음에 정통해야 마땅하지만, 실상은 다르다. 김수악 계열의 구음은 젓대소리[嘯歌]를 기본 바탕으로 삼고, 춤사위를 할 때 흥을 돋우는 줄풍류로 구음을 사용한다. 또한 김수악의 구음은 음색에서도 구성진 무가 계열의 구음과는 다르다.[15] 판소리가 목구멍을 거쳐서 나오는 탁성을 위주로 하는 것인데 비추어, 김수악의 구음은 혀끝으로 맑고 높은 소리를 내어 《소지(嘯旨)》에서 언급된 소(嘯)의 발성법과 부합한다. 뿐만 아니라 고려노래 여음이 유성무사(有聲無詞)의 생시(笙詩)의 전통을 이은 것이란 지적도 있다.[16] 설령 고려노래 여음을 악기의 구음으로 간수한다고 하더라도, 그 여음이 '소리는 있고 가사가 없는' 유성무사(有聲無詞)의 노래인 것은 부정할 수 없는 사실이다.

한편, 이러한 피리소리 구음을 소(嘯)의 변형된 형태로 볼 수가

---

14) 《慵齋叢話》 卷五, "吾隣有咸北間者, 自東界出來, 稍知吹笛, 善談諧倡優之戲. 每見人容止, 輒效所爲, 則眞贗莫辨. 又能蹙口作笳角之聲, 聲甚宏壯, 倡徹數里, 至如琵琶琴瑟之聲, 鏗鏘發口咸中節奏, 每入內庭, 多受賞賜".

15) 구음의 발성법은 하단전에 힘을 주고 소리를 끌어올려 부르는 점에서 판소리의 발성법과 유사하지만, 구음은 쌓은 공력에 따라 차이가 난다고 김수악은 지적한다. 묘한 점은 구음의 공력이 깊은 사람이 소리를 내면, 소리를 지를수록 계속 더 크고 높은 소리를 낼 수 있지만, 공력이 깊지 못하면 계속하여 소리를 낼수록 소리가 점차 잦아드는 특징이 있다고 한다.

16) 여증동, 《한국문학역사》, 형설출판사, 1983, 108쪽.

있는 방증 자료는 12세기 무렵에 나타난 중국 전진교의 초기 가사에서도 찾을 수 있다. 그 몇 대목을 보이면 다음과 같다.

> 명리의 바다여 시비의 강이라
> 미치광이 왕씨[17]가 높은 언덕에 올랐네
> 리라릉 리라릉
> 십년을 수행하여 공을 이루고 나니
> 흰 구름 깊은 곳에 한바탕 웃도다
> 리라릉 리라릉
>
> 다섯 가지 출사랑을 알아채리면
> 흑백이 드러나거늘
> 응당 가운데는 붉고 중간은 푸르고 누르구나
> 리라라릉 리라리 묘하고 묘하도다
> 옥구슬 빛나자 맑은 소리 울리네
>
> 이 미치광이의 노래를 새겨들어 보소
> 이같이 심상한 것일 줄 라리라
> 라리릉 리릉라
> 이 아이의 말은 번다하지 않으니
> 현인을 만나 알고 한바탕 웃도다
> 라리릉 리릉라

---

17) 여기서 '王風'은 왕해풍(王害風)을 줄인 말이다. 왕해풍은 왕중양을 이르는데, '해
　　풍'은 중국 섬서성의 사투리로서 미치광이란 뜻이다.

聽分剖 這風哥

黑白彰

當中赤 間靑黃

哩囉囉嘮 哩囉哩 妙玄良

玲瓏了 便玎璫¹⁸⁾

尋常只恁 囉哩囉

囉哩嘮 哩嘮囉

些兒話 不須多

交賢會得笑呵呵

囉哩嘮 哩嘮囉¹⁹⁾

  이런 유형의 노래는 흔히 도정(道情)이라고 일컬어지는 민간전승 도교음악의 한 갈래이다. 후렴구에서 고려노래의 여음구와 유사한 대목을 드러내는데, 이에 대하여 원나라 시대 김원숙(金源璹)의 글을 눈여겨 볼 필요가 있다. 그는 왕중양의 제자 담처단의 시가를 논하면서, "선어(仙語)는 노랫말이 없고 마음으로 전하여 도가 발현하니 신단(神丹)의 비결은 젓대소리이다."²⁰⁾라고 하였다. '리라릉 리라릉', '리라라릉 리라리', '라리라', '라리릉 리릉라' 등의 뜻 없는 소리는 젓대소리를 흉내 낸 것이고, 또 그것이 노랫말이 없는 선어라는 사실이다.

  물론 선어의 사전적인 의미는 '신선의 말'이다. 그러나 원나라 이전의 인물인 장방(蔣防; 806~820)도 선어(仙語)를 무사(無詞)라고

---

18) 《重陽全眞集》 권7, 〈五更出舍郎〉 7수 가운데 제7수.
19) 《水雲集》〈搗鍊子〉 가운데 제2수.
20) 《甘水仙源錄》 권1. 〈長眞子譚眞人仙跡碑銘〉, "仙語無詞 心傳道見 神丹之訣 洞簫之音."

하였다.[21] 적어도 도교에서의 선어는 노랫말의 내용에 무게를 실
어 논의되는 것이 아니라 가락 중심의 노래, 그것도 노랫말이 없
는 노래로 인식되었던 것이다. 당인(唐寅; 1470~1523)의 《소지후서
(嘯旨後序)》에 "지금 도사들 부주비자(符呪秘字) 또한 소리는 있으
나 글자는 없다[今黃冠師符呪秘字 亦有聲而無字]" 하고, "지금의 소
(嘯) 또한 소리는 있되 글자가 없다[今嘯亦有聲而字無]"고 했다. 여
기서 소(嘯)는 노랫말이 없고 노랫가락만 있는 노래로서, 선어와
같은 뜻으로 받아들여진다. 다만 고려노래 속의 선어와 이러한
선어의 본래 뜻이 어떻게 관련되는가는 별개의 문제로 남는다.

3. 보허사와 노랫말 없는 노래

앞의 논의를 정리하면 소(嘯)는 구음처럼 노랫말이 없는 노래로
서, 선어의 별칭으로 간주된다. 여기서 고려노래 〈동동(動動)〉이
선어를 본받아 지어졌다는 사실을 도교적 시각에서 본격적으로
재검토해 볼 실마리를 찾을 수 있다. 다음은 《고려사》 권71, 〈악
지(樂志)〉에 실린 〈동동〉에 관한 기록이다.

動動之戲 其歌詞多有頌禱之詞 蓋效仙語而爲之 然詞俚不載

노랫말이 이어(俚語)라서 기록하지 못한다고 하는데 그 대상은
선어이다. 그 이유는 두 가지로 나누어 생각해 볼 수 있다. 하나

---

21) 蔣防, 〈連州靜福山廖先生碑銘 幷序〉, 《全唐文》 권719. "仙書無文 仙語無詞 以心傳心 天
　　地不知."

는 노랫말이 한문이 아니기 때문에 싣지 못한다는 것이고, 다른 하나는 도교음악에 근거한 당악 정재(呈才)를 향악 정재로 바꾸는 과정에서 구호(口號)의 전사(塡詞) 문제로 유성무사(有聲無詞)가 발생하여 싣지 못한다는 것이다. 그러나 〈동동〉이 창우(唱優)가 입타령하는 구음으로 인식되었다면[22] 구호(口號)의 전사(塡詞) 문제로 발생한 뜻 없는 소리를 선어라 하였을 가능성이 있다. 이 점에 대해 최진원은 일찍부터 〈동동〉의 선어가 도교적 성격이 짙은 팔관회에서 한시의 구호를 대체한 노래로 불리어졌을 가능성을 시사하였다.[23] 선어가 도교적 색채의 한문가사가 아니라 이어(俚語)로 지어진 선가풍의 노래일 가능성을 제시한 것이다.

그러나 노랫말을 한문이 아닌 이어(俚語)로 지었다고 하는 점은 신중히 검토해야 할 사항이다. 〈동동〉의 노랫말에 송도(頌禱)의 내용이 많이 들어있다는 점은 인정되지만, 송도의 내용이 선어인지 아니면 노래의 전체 틀이 선어를 모방한 것인데 부분적인 노랫말이 송도의 내용을 담고 있는 것인지를 구분할 필요가 있다. 그리고 선어의 본래 뜻이 도교적인 어떤 것이라 한다면, 적어도 도교적 풍류를 즐긴 고려 예종이 1110년에 도교사원인 복원관(福源觀)을 건립하고, 조선 중종 13년(1518년)에 소격서(昭格署)가 혁파되는 기간에 고려노래가 전승되고 있었을 가능성도 검토되어야 한다.

《악학궤범》, 《악장가사》 등이 이 시기에 편찬되는 배경에는 그 당시까지 송(宋) 사악(詞樂)에 지대한 영향을 끼친 도교음악이 잔존했을 것으로 추정해 볼 여지가 있다. 특히 보허사(步虛詞)가

---

22) 《星湖僿說》 권4, 〈俗樂〉, "動動者 今唱優口作鼓聲 而爲舞節者也 動動猶鼕鼕也."
23) 최진원, 〈動動攷 Ⅰ〉, 《대동문화연구》 8집, 성균관대 대동문화연구원, 1971.

당나라 이후 관습적으로 도교음악을 가리키는 보통명사로 사용되어 왔던 점과,[24] 또한 그것이 도교 제의음악이라면 당연히 도교사원에서 연주되어 그 명맥이 이어져 왔을 터였다.[25]

그런데 성현(1439~1504)의 《용재총화》 권1을 보면, 일찍이 〈동동〉에 보허자(步虛子)가 사용되었다 한다. '樂奏步虛子'가 그 말인데, 이 대목은 《악학궤범》 권3에서는 '鄕樂奏其曲'에 해당한다. 문맥으로 보아 《용재총화》의 보허자는 향악임이 여실하다. 그러나 《악학궤범》에서 언급한 보허자는, 조선 중기 이후까지 전승된 송나라 사악이 보허자와 낙양춘으로 알려져 있듯이,[26] 임진란 이후에 기록된 이수광(1563~1628)의 《지봉유설》 권18 〈기예부〉에서 〈동동〉과 함께 언급한 향악 계열의 보허자나 영조 시대 이후의 보허자와는 얼마간 다를 것으로 판단된다. 게다가 성현이 기록한 〈동동〉의 보허자는 학춤이 곁들여진 것으로 미루어 도교의 보허무(步虛舞)를 의식한 도교음악이 아닌가 한다.

도교문학에서 보허사는 흔히 도교 시가의 한 갈래로 인식되기도 한다. 그러나 실제로는 도교 재초(齋醮)에 반드시 등장하는 대표적인 도교음악으로서,[27] 대개 가(歌)·무(舞)·악(樂)의 통합 형태로 공연되기 때문에, 노랫말로 보면 보허사(步虛詞)이고, 가락을 따지면 보허자이다. 노래를 부르면서 동시에 우보(禹步)를 밟는

---

24) 王小盾, 〈道敎 '步虛舞'〉(張榮明 編, 《道佛儒思想與中國傳統文化》, 上海人民出版社, 1994), 69쪽.

25) 17세기 문헌으로 알려진 《玄琴東文類記》의 기록에, "步虛詞 仙人名也 道觀所唱"이라고 하였다. 권오성, 〈步虛子와 道敎〉(《한국음악연구》 제22집, 한국국악학회, 1994)를 참고하기 바람.

26) 장사훈, 《한국음악사》, 세광음악출판사, 1986, 162~166쪽.

27) 당 오긍(吳兢)의 《악부고제요해(樂府古題要解)》에 의하면, "步虛詞 道家曲也 備言衆仙 縹緲輕擧之美"라 하였고, 《塡詞名解》 권1에서는, "步虛詞 乃道家法曲 仙家梵唱之屬"이라 하였다.

경우에는 보허무라 일컫는다.[28]

  그러나 보허자는 도교 내부에서 몰래 전수되는 보허무와 달리, 보허성(步虛聲), 화하송(華夏頌) 또는 화하찬(華夏讚)이라 하여 민간에 공개되어 널리 유행되었다. 여기서 "화하찬은 《옥궤명진경》에서 나왔는데 지금은 18개 허성(虛聲)만 사용한다[華夏讚 出玉匱明眞經 今但用十八虛聲耳]"고 하는[29] 기록을 눈여겨 볼 필요가 있다. 허성은 실자(實字)가 없다는 말이니, 곧 불교의 범어와 비슷한 형태의 유성무사를 이른다.[30] 그리고 보허사는 보허성으로 노래하는데, 당나라 천보 연간에 궁정에서 크게 유행하여 연악(燕樂)에 속하게 되었다.[31] 그렇다면 앞서 《용재총화》에서 언급된 보허자는 연악에 관련되거나 당시 춤사위를 돋우는 구음으로 불리어지지 않았을까 고려해 볼 수 있다.[32] 다소의 추론이 허용된다면, 고려노래 〈동동〉의 본래 곡조가 보허자이고, 1572년에 나온 《금합자보(琴合字譜)》에 당악 계열 보허자의 피리 구음이 실려 있는 점으로 보아서, 〈동동〉의 선어는 도교적 색채를 띤 송 사악인 보허자의 곡조를 입시늉한 구음일 가능성이 엿보인다. 곧 〈동동〉의 전체 틀이 유성무사로 구성된 선어인데, 후대로 전승되는 과정에서 송도(頌禱)의 노랫말이 끼어들어 오늘날의 형태로 굳어진 것으

---

28) 王小盾, 앞의 논문, 76쪽 참고.
29) 두광정의 《태상황록재의(太上黃籙齋儀)》 권1. 陳國符, 《道藏源流攷》, 臺北: 古亭書屋, 1975, 291쪽에서 나시 인용하였다.
30) 참고로 송 대 음악가 강기(姜夔, 1155~1221)는 1186년 호남성 장사(長沙)에서 악공(樂工)의 고서 더미에서 상조(商調) 예상곡(霓裳曲) 18수를 찾았는데, 모두 허보무사(虛譜無詞)였다고 한다(周振錫 外, 《道敎音樂》, 北京燕山出版社, 1994, 133쪽). 이에 강기가 가사를 채워 넣어 오늘날 전하는데, 보허사와 함께 대표적인 도교음악으로 알려진 예상곡도 본래는 무사(無詞)였던 것이 아닐까 추측된다.
31) 陳國符, 앞의 책, 295쪽.
32) 詹石窗, 앞의 논문(1998), 281쪽에서는 이러한 보허성(步虛聲)을 가사가 없는 노래, 곧 허성(虛聲)을 중심으로 한 '흥을 돋우는 가락[興聲樂]'의 일종으로 추정한다.

로 추정되는 것이다. 구호(口號)의 전사(塡詞) 문제로 유성무사의
허성(虛聲)이 발생한 것이 아니라, 반대로 허성에 실자(實字)가 대
폭 삽입되면서 남은 것이 이어(俚語)로 간주되는 것이다.

《시용향악보(時用鄕樂譜)》에 실린 고려노래인 〈군마대왕〉, 〈구
천〉, 〈별대왕〉 등에는 순전히 유성무사로 구성된 노래가 보이는
데, 드러난 공통점이 피리 구음으로 이루어져 있다는 점이 주목
된다. 그 가운데 〈구천〉을 들면 다음과 같다.

로리 리런나
로라리라 로런나
로라 리라 리로
리런나노 리런나
나리런 나로린나
로라 리로 리런나

이러한 피리 구음은 일반적인 장단에 맞출 수 있는 입타령이
아닌, 음역이 높은 피리 구음인 점에서 일반적인 무가와 구별이
된다. 앞의 논의 과정에서 선어(仙語)는 무사(無詞)라 하여 뜻 없는
소리로 이해한 점에 주목하면, 〈동동〉의 선어도 그 원형이 이와
비슷했을 것으로 추측된다.

요컨대 선어의 잔영을 보이고 있는 전진교 초기 가사가 정렴이
살던 시대에 조선에서 읽혀졌고,[33] 또한 전진교 초기 가사가 남

---

33) 그 기록은 《馬丹陽眞人集》을 빌린다고 하는 〈寄贈宋江〉이라는 정작(鄭碏)의 시로
드러난다. 마단양은 왕중양의 제자 마옥(馬鈺)을 이르는데, 마옥을 비롯한 북종(北
宗) 칠진(七眞)이 모두 사부(詞賦)에 능한 점으로 미루어 《마단양진인집》은 시가집
형태가 아닐까 여겨진다(안동준, 〈조선 전기 선가와 선가시〉, 《부산한문학연구》
9집, 1995, 182쪽 참고).

송 시대에서 원 대에 걸쳐 사악(詞樂)에 영향을 미치고 있는 사실로 미루어보아 고려노래 〈동동〉에도 충분히 도교계열 선어를 받아들일 수 있었을 것으로 추측할 수 있고, 당시 이어(俚語)로 남은 선어가 조선 시대에 이르러 구음의 형태로 전승되었을 가능성이 있다.

앞서 예로 든 정렴의 소(嘯)는 그러한 구음의 전승과 관련하여 중요한 의미를 지닌다. 조선 중기 대표적인 내단 수련가인 정렴은 중종 때 장악원 주부(主簿)의 일을 맡고 있었다. 음률에 정통한 그가 장악원에 있던 당시에《악장가사》에 나타난 '뜻 없는 소리'의 정체를 모르고 있었다고 보는 것은 상식에 어긋난다. 그의 〈自浮碧樓馬上奏樂夜入城〉란 시에서 다음과 같이 보허사를 언급한 점으로 미루어 도교음악에 대한 일정한 식견도 갖추었다고 보인다.

> 장경문 앞에 밝은 달이 뜰 새
> 앞 다투어 기생들이 보허사를 부르네.
> 한양 선비들 풍류도 대단하여
> 말채찍 게을러 느릿느릿 나아가네.[34]

> 長慶門前明月時 嬌姬爭唱步虛詞
> 洛中豪士風流甚 懶着金鞭故自遲

보허사가 실제로 허성(虛聲)을 중심으로 한 구음일 가능성을 앞에서 살펴보았는데, 기생들에게 불리워지고 있는 점으로 보아 당시에 보허사가 궁정 밖에서도 유행되고 있었음을 시사한다. 금강

---

34) 溫城世稿本 《北窓詩集》, 七言絶句.

산에서 부른 그의 소(嘯)도 도교음악적인 시각에서는 보허사와 관계가 있는 선어의 일종으로 이해되며, 민간에서는 이가 구음으로 전승되었을 가능성이 있는 것이다. 고려노래 여음구의 '뜻 없는 소리'는 그러한 측면에서 도교계열 선어의 잔영이라고 여겨진다.

4. 마무리

이와 같은 논의에서 고려노래 속에 나타나는 선어가 '뜻 없는 소리' 또는 '노랫말이 없는 노래'인 소(嘯)나 구음과 밀접한 관련을 맺고 있다는 사실을 살펴보았다. 현재 전승되는 구음이 '노랫말이 없는 노래'로서 선어의 흔적을 보이고 있을 뿐만 아니라, 민간도교음악인 소(嘯)와 피리 구음인 점에서 같은 계열의 노래로 파악하였다. 특히 〈청산별곡〉의 피리 구음을 육보(肉譜)에 근거한 입시늉이 아니라 소(嘯)의 변형된 형태로 간주하고 〈동동〉의 '선어' 문제까지 논의를 확대하였는데, 〈동동〉의 근간구조가 선어의 일종인 보허자이고, 보허자의 수용과정에서 송도(頌禱)의 노랫말이 끼어들었을 가능성을 제시하였다.

그러한 논의의 과정에서 몇 가지 고려할 문제는 여전히 남는다. 줄풍류로 사용되고 있는, 노랫말이 없는 노래로서의 구음이 오늘날까지 선가의 유풍을 이어오고 있다는 점에서 소(嘯)와 결코 무관한 것일 수는 없지만, 도교음악인 소(嘯)가 어느 시기, 어떤 경로로 국내에 유입되었는지는 확인하지 못하였다. 물론 자생하였을 가능성도 있다. 이밖에 고려노래의 선어나 구음이 민간전승 도교음악인 소(嘯)와 '노랫말이 없는 노래로서' 공통점을 지니지만, 얼마간 다른 성격을 띠고 있는 점도 간과할 수 없다.

다만 중국 민간전승 도교음악의 하나인 소(嘯)가 조선 중기까지 전승되었다는 사실을 기반으로 삼아서 현전하는 구음의 성격을 새로이 규정하고, 이로써 고려노래 선어의 사상적 배경 문제까지 새롭게 검토해 볼 여지를 마련하였다는 데 의의를 둘 수 있을 것이다.

참고로 선어나 소(嘯), 그리고 구음 같은 '노랫말이 없는 노래'는 개인의 뜻과 정서를 은밀하고도 자유자재로 표현할 수 있다. 그래서 폭정에 시달리는 위·진 시대 은사들 사이에서 널리 유행하기도 하였다.35) 노래를 하는 도중에 노랫말이 문득 생각나지 않을 때 노랫가락에 의지하여 적당히 입시늉으로 넘겨버리는 것처럼, 시대의 비리를 폭로하는 노랫말을 입시늉으로 지우고 노랫가락으로 뜻은 전하되 노랫말을 전하지 않는 수법을 찾았던 것이다. 최씨 무단 정권 아래 고려 말의 정황도 뜻있는 인사들에 따라 이러한 '노랫말이 없는 노래'가 전승되었을 가능성이 엿보이지만, 이 글에서는 다루지 않았다.

---

35) 위·진 시대의 손등(孫登)이나 완적(阮籍)과 같은 방외인들이 소(嘯)를 폭정을 비판하고 개인의 감정을 표출하는 데 널리 애용하였다고 하는데, 이는 결정적인 증거로 삼을 노랫말 자체가 존재하지 않아서 위정자들에게 처벌할 수 있는 꼬투리를 남기지 않았기 때문이다(蒲亨强, 〈道敎樂神－西王母考略〉, 四川大學宗敎硏究所 編, 《道敎神仙信仰硏究(上)》, 中華道統出版社, 臺北, 2000, 328~329쪽 참조).

조선 전기 선가와 선가시

1. 문제의 성격

이 글에서는 김시습, 정렴, 양사언 등 조선 전기의 이른바 선가
(仙家)라고 불리우는 인물들이 남긴 시가의 특징과 그 초기 양상
을 선가시(仙家詩)란 관점에서 다루고자 한다. 논의의 과정에서 이
들의 시가가 어떠한 사상적 배경에서 말미암은 것인가를, 특히
도교의 내단사상에 대한 인식에 초점을 두어 살피게 될 것이다.

일반인에게 낯설게 느껴지는 이 방면에 대한 학계의 관심은 최
근에 일기 시작한 도교 연구의 열기에 힘입은 바가 크며, 이에 따
라 연구의 성과도 다소 풍성한 면이 없지 않다.[1] 그 가운데서도
주목할 만한 업적으로 이종은의 《한국시가상의 도교사상연구》와
손찬식의 《조선 전기 단학파의 시문학 연구》를 꼽을 수 있다. 전
자는 한시에 투영된 신선사상을 선가문학의 본령으로 이해하면
서 이들 작가군에 대해 선가(仙家)란 이름을 부여하여 본격적인

---

1) 이종은, 《한국 시가상의 도교사상 연구》, 보성문화사, 1986; 손찬식의 《조선전기
　　단학파의 시문학 연구》, 고려대 박사학위논문, 1990. 이외에 정민의 〈石洲詩의 도
　　가적 방일과 변모의 의미〉(《도교와 한국문화》, 아세아문화사, 1988)와 이창경의
　　〈추강 문학의 갈등극복 양상〉(《한국도교와 도가사상》, 아세아문화사, 1991) 등이
　　참고 된다.

관심을 보인 바가 있고, 후자는 이들을 단학파(丹學派)라고 따로 규정지으며 조선 전기에 대거 나타난 이들의 시가를 전반적으로 고찰하여 진전된 이해의 터전을 마련하였다.

이제 우리에게 넘겨진 과제는 이와 같이 축적된 소중한 연구성과를 흡수하면서 도교문학이란 범칭 아래 크게 한 묶음으로 다루어져 온 일련의 문학 현상을 더욱 정밀한 안목에서 재검토하고 그러한 시가의 전개 양상을 구체적으로 구명하는 일이다. 그 가운데 특히 선가, 도가, 도사 등으로 불리는 작가 층을 명확히 규정하고, 이에 따른 그들 시가의 변별적 특징을 어떠한 관점에서 이해할 것인지 문제를 제기하는 것이 온당하다고 생각되기 때문이다. 이 방면의 선행 연구들이 도교적 성향을 지닌 일련의 문학 현상을 확인하고 그 특질을 파악하는 데 주력해 온 맥락에 놓여 있다면, 이에 대한 이해의 심화는 후속 작업자의 몫이라고 생각한다. 그러나 문제는 개별 단위의 작업으로 유가나 불가의 시와 동일한 위상에서 도교 성향의 시가들을 다룰 수 없다는 데 있다.

조선 전기에 유행한 도교사상은 내단사상으로 특징지을 수 있다. 주목할 것은 내단사상이 대체로 개인의 종교적 신념과 무관하게 관심있는 지식인들 사이에 별다른 마찰없이 수용된다는 사실이다. 곧 내단사상은 장생불로란 인류의 공통된 염원을 끝없이 갈구하며, 이에 따른 심신의 조화와 심성 수양의 방면에 세련된 패러다임을 보여주고 있어서 비단 도교 안에서 뿐만 아니라 유가와 불가 인사들의 지적 호기심을 충족시키기도 하고, 때로는 방외인들의 울분을 수렴하는 차원에서 고답적으로 유행되기도 하는 것이다. 그리하여 뜻을 같이 하는 집단의 동질성을 확인하거나 혹은 개인적 친교의 기능을 수행하기도 하였다. 이러한 선가적 취향을 지닌 부류는 기존의 유가나 불가와 다른 내면적 생활을 즐기면서 한편으로는 대다수가 유가와 불가의 인사로 행세하기도 하기 때문에, 종교적 성향을 문제 삼아 일정하게 어느 한쪽으로 규정지을 수 없는 애매한 사정이 놓여있다.

이 글에서 선가시(仙家詩)라 함은 곧 선가(仙家)의 인물이 창작한 시가를 이른다고 볼 수 있으나, 일반적인 의미에서 선가는 도교인물과 겹치는 개념이 되기도 하는 문제가 있다. 조선조 한국 도교의 상황은 특정한 교단을 형성하여 조직적인 활동을 전개하였다고 보기는 어렵고, 또한 전문적인 도교 수련을 위해 출가하여 도교 활동에 전념한 인물은 극히 드문 경우에 속한다.

여기서 대안으로 제시하고자 하는 가설은, "조선 전기 도교적 성향을 지닌 인물을 일단 선가라 규정하고 그들의 시가를 선가시라고 함께 묶어서, 여기에서 드러나는 세계관와 심미성이 여느 한시와는 주목할 만한 차이를 가지며, 그것은 당시 유행한 내단 사상과 긴밀한 연관이 있다"라는 것이다. 이러한 가설의 검증에 따라 미흡하나마 조선 전기 선가문학의 일면을 엿보게 될 것이며, 나아가서 조선 전기 이후의 전개 양상을 더 정밀하게 살필 근거를 얻을 수 있으리라 생각한다.

그러나 이상의 구상만으로 선가시의 면모를 온전히 그려낼 수 있다고는 할 수 없다. 다음에서 언급하는 선가시의 특질은 전체 구도에 대한 예비적 고찰이 될 것이다.

2. 선가시의 특질

선가시에서는 구체적인 사물을 열거하여 추상적인 관념을 말하는 듯하나, 그것은 다시 내단 수련이란 구체적인 행위의 층위로 전위되기 마련이다. 이러한 과정에서 추상적 의미의 연결 고리를 드러내지 않아 일반 독자가 선가시를 대할 때 당혹감을 느낄 수밖에 없다. 독특한 그들만의 내면세계를 우의적 수법으로 제시하고 그 근저에 일반 독자가 동참할 만한 공통된 경험세계를 안배하지 않는다. 게다가 불가의 선시(禪詩)처럼 깨달음의 경지를 보여주는 것이 아닌, 일종의 문자유희(文字遊戱)에 몰입하기를 요구하고 있어서 이에 대한 접근이 수월하지 않다. 곧 사물에 주어진 특정한 의미의 무화(無化), 또는 다의성(多義性)의 개방을 통하여 사물 자체의 세계로 환원할 것을 요구하기 때문이다.

청 대 문인으로 《두시상해(杜詩詳解)》를 남기기도 했던 구조오(仇兆鰲; 1638~1717)는 《오진편집주(悟眞篇集註)》를 편찬하면서 선가시에 대하여 다음과 같은 발언을 하였다.

공자께서 육경을 산술(刪述)하면서 시 삼백 편을 남겨 시교(詩敎)의 조종(祖宗)으로 삼았는데, 이는 제왕이 백성의 풍속을 교화함과 국가의 치란에 관련된 것이었다. 뒷사람이 시를 지음에 있어 단지 개인의 감정과 주변 경치를 묘사하는 것만 알아서 유람 다니는 제영(題詠)의 글을 짓는 데 그쳤으니, 소강절 선생이 이른 바, 공자께서 시를 정리한 이후 다시 시가 없다는 말이 그것이다. 생각컨대 강절 선생의 학문은 이수(理數)에 통달하여 《격양집(擊壤集)》 한 권으로 능히 정신을 골똘히 하여 변화를 알았고, 장자양 진인의 식견은 천인(天人)을 꿰뚫어 《오진편(悟眞篇)》 세 권으로 능히 성품을 다하여 지극한 생명에 이르렀다. 두 분은 모두 하늘이 내어놓은 인중호걸로서 손으로 조화를 장악하고 붓끝에 성령(性靈)을 토해 내었다. 이제 남긴 글을 읊조려 보건대 참으로 일세(一世)의 지용(智勇)을 밀어제쳐 만고의 심흉을

열어주기 충분하도다.[2]

진술한 내용을 그대로 수용하기에는 얼마간의 거리가 필요하다. 그러나 춘추시대 이후 수천 년이 흘러 송 대에 이르러 비로소 시다운 시를 갖게 되었다는 것이 구조오의 실토이다. 구조오의 말처럼 선가시가 그렇게 대단하다는 것은 "손으로 조화를 장악하고 붓끝에 성령(性靈)을 토해 내었다"는 언명에서 미루어 짐작할 수 있듯이, 선가가 펼치는 시의 세계는 몽상의 공간이 아니라 그 하나하나가 내면 경험의 오롯한 흔적이라는 데 있다.

그러나 신선의 경계를 노래한 허다한 시를 모두 신선이 직접 지은 것이라고 이를 수는 없을 것이다. 백일승천(白日昇天)을 하든지 시해(尸解)하든지 간에 일단 신선이 되어버리면 속세를 멀리하게 되니 언어문자로 다시 무엇을 말하겠는가. 종영(鍾嶸; 466~518)이 《시품(詩品)》에서 곽박(郭璞; 276~324)의 유선시(遊仙詩)를 혹평한 까닭도, 그가 비록 시가(詩家)이지만 다음과 같이 선가(仙家)의 사정을 어느 정도 눈치 채고 있었다고 보아야 한다.

다만 유선(遊仙)의 작품은 뜻을 이루지 못한 데 대한 원망스러운 심정을 피력한 어휘가 많아 현종(玄宗)에 크게 어긋난다. 그 가운데 특히 "범과 표범의 모습을 어이할까나?"라든지 또는 "날개를 움cm린 채 가시나무에 깃들이고 있도다."와 같은 시구들은 곧 험한 세상에서 뜻을 이루지 못한 불우한 심정을 노래한 것이

---

2) 仇兆鰲, 《悟眞篇集註》, 〈例言〉; "孔聖刪述六經　存三百篇　爲詩敎之宗　以其關於王化民風　國家治亂也　後人作詩但知描情寫景　爲遊覽題詠之詞　此邵子所謂旣刪以後更無詩者　惟康節先生學通理數　故擊壤一篇能窮神而知化　紫陽眞人識貫天人　故悟眞三卷能盡性而至命　二公皆天挺人豪　手握造化　而筆吐性靈　今諷誦遺文　洵足推倒一世之智勇　開拓萬古之心胸."

지 열선(列仙)의 취지가 아니다.[3]

후대 시인들이 곽박의 유선시를 전범(典範)으로 선계를 노래하며 자못 자신들이 신선이 된 것 마냥 지필묵으로 한껏 호사를 부리고, 어차피 신선이 되지 못할 바에야 표일탈속(飄逸脫俗)한 신선의 풍모를 흉내 내어 작가 자신이 신선이 되어 노니는 듯한 몽상에 잠기기도 한다. 그러나 그것은 유선(遊仙)이 아니라 의선(擬仙)인 셈이다.

이에 견주어 선가시는 단순히 신선세계에 대한 동경만으로 창작될 수 없는 것으로 보인다. 통상 문학가의 시가 대개 언어의 조합을 통하여 미적 형상을 얻어낸다면, 내단가의 시는 《참동계》·《황정경》 등 초기 단경의 문체가 율문(律文)으로 이루어져 있다는 사실에서 짐작되는 바와 같이, 내면의 성취를 대체로 시가의 형식을 빌어 표출하는 경향이 있다. 물론 문학가에게는 내면의 성취가 없다는 것이 아니라 내단가의 내면의 성취가 아주 독특한 면모를 지니고 있다는 말이다. 단경(丹經)이나 선가적 인물의 문집에서 이러한 시가가 많이 발견되는 사실에 주의하면 선가적 인물이 궁극의 경지를 성취했거나, 아니면 내면의 경험이 무르익은 연후에 시를 남기는 것임을 다음의 언급에서 짐작할 수 있다.

진인(眞人)의 시는 이를 깊이 얻었다 하겠으니, 예컨대 마음 속의 실제 경험은 참된 보배이고 입으로 뱉는 헛된 말은 기이할 것이 없다고 한 말과 같은 것이다. …… 이제 그 글을 보고 나면

---

3) 鍾嶸, 《詩品》, 〈晋弘農太守郭璞〉; "但遊仙之作　詞多慷慨　乖遠玄宗　其云奈何虎豹姿　又云 戢翼栖榛梗　乃是坎壈詠懷　非列仙之趣也."

그 참됨을 알 것이고 이치를 깨우치고 나면 그 진취를 얻을 것
이니, 환히 깨달아서 티끌세상에서 벗어나고 허공을 밟고 올라
가서 이름을 선계에 걸어 생사를 영원히 벗어나게 될 것이다.[4]

위의 인용은 용문파(龍門派) 구처기(丘處機; 1148~1227)의 직계제
자 윤지평(尹志平; 1169~1251)이 남긴 시문집 《보광집》의 서문이
다. "진인(眞人)의 시"는 바로 선가시를 이른다. 여기서 선가시의
언어세계가 지어낸 환상이 아니라 실제 현상이며, 그 현상을 형
상화하기 위해서는 고도의 내면 수련 경험이 필요함을 짐작할 수
있다. 비록 마음속의 실제 체험을 중시하고 사장(詞章)의 수식을
배제하는 태도는 상식적인 내용이라 볼 수 있으나, 그 다음 대목
에서 "그 이치를 깨우치고 나서 그 진취를 얻는다[悟其理而得其
趣]"는 지적은 선가시가 단순히 이치의 발견에 머물지 않고 있다
는 사실을 알려준다.

일찍이 전진교의 창시자 왕철(王喆; 1113~1169)은 《입교십오론
(立敎十五論)》에서 다음과 같이 말한 바가 있다.

글을 배우는 길은 문구에 사로잡혀 안목을 어지럽히지 않는
것이니, 뜻을 파악하여 마음에 일치하는 바가 있으면 책을 버리
고 뜻을 찾아 그 이치를 구한다. 그 다음에 이치를 버리고 진취
를 구한다. 진취를 얻으면 이를 거두어 마음속에 간직한다. 오래
도록 정성을 다하면 자연히 마음의 빛이 흘러넘치고 지혜가 솟
아나 무엇이든지 막힘이 없고 이해하지 못할 것이 없다.[5]

---

4) 《葆光集》, 〈煙霞逸人序〉; "眞人之詩爲深得之 如云 心中實行眞爲寶 口內虛詞未足奇 …….
  覽其文而知其實 悟其理而得其趣 豁然穎脫塵累 高蹈眞空 名列丹臺永超生滅."
5) 王喆, 《立敎十五論》, 〈學書〉; "學書之道 不可尋文而亂目 當宜探意以合心 捨書探意探理

여기서 "이치를 버리고 진취를 구한다〔捨理採趣〕"고 하여, 이치보다 진취(眞趣)를 소중히 하는 선가의 태도를 엿보게 한다.

이와 같은 선가의 인식태도를 주목하면 선가시는 여느 시인묵객의 시와는 다르게 취급될 여지가 주어진다. 일반 시인의 감흥은 주로 외물에 촉발되어 일어나는 흥취(興趣)가 있고, 이 밖에 내면의 득의(得意)에서 오는 의취(意趣)와 외물에 대한 무심(無心)에서 얻어지는 이취(理趣) 등을 들 수 있다, 그런데 이러한 감흥은 대체로 대상의 무화(無化) 내지 자아의 무화가 어느 한쪽 방향에서 번갈아 진행되면서 얻어진다. 이에 견주어 선가의 진취는 어느 한쪽의 무화를 요구하는 그 자리마저 버릴 때 얻어지는 것으로, 사물로써 사물을 관조하는 물아양망(物我兩忘)의 꾸미지 않은 자연스러움으로 드러난다.6)

명 대 저명한 도사로 널리 알려진 천사도(天師道) 제43대 천사(天師) 장우초(張宇初; 1361~1410)는 이를 '천취(天趣)'라 하여 다음과 같이 언급한다.

> 사부시가(詞賦詩歌) 또한 각기 곱고 청신함을 다하여 천취(天趣)의 자연스런 묘함을 얻었으니 절묘함과 아름다움을 함께 갖추었다고 이를 만하다.7)

이 말은 결국 선가시가 내단 수련의 이치를 제시하는 데 그치지 않고 '천취'의 자연스러움을 얻어야 미적 아름다움을 획득하

捨理採趣 採得趣則 可以收之入心 久久精誠 自然心光洋溢 智神踴躍 無所不通 無所不解."
6) 이러한 선가의 사물 인식 태도는 《청정심인경(淸淨心印經)》의 "內觀其心 心無其心 外觀其形 形無其形 遠觀其物 物無其物"이란 구결에 잘 드러나 있다.
7) 張宇初, 《峴泉文集》, 〈序〉; "詞賦詩歌 又各極其婉麗淸新 得天趣自然之妙 可謂兼勝具美矣."

게 된다고 본 것이다. 자연의 오묘함이 인위를 거부하는 천성(天性)의 체현이라고 한다면 여기에서 선가시가 지향하는 바는 천기(天機)의 발현이 아닌가 한다.

시가 아름다운 이유는 무언가에 이끌려 마음에 느꺼운 바가 있기 때문이라고 생각한다. 선가시의 특질 가운데 또 다른 하나는 외경(外景)을 드러내고자 할 경우 은연중에 내면의 심리적 요소를 적절히 안배하여 감흥을 얻어낸다는 점이다. 외부 사물은 단순히 외경에 그치는 것이 아니라 내경(內景)의 투영으로서 상호 교융한다.

《참동계》에서 주역의 괘효를 빌어 연단의 원리를 설명하려 했던 것과는 달리, 《황정내경경(黃庭內景經)》의 〈양구자주석서(梁丘子注釋叙)〉에서는 "사물을 가리키고 상(象)을 비유할 때 안과 밖의 두 방향에서 말한다[指事象諭 內外兩言]"고 한다. 다시 말해 내면의 심상을 그려내고자 할 때 일월성신(日月星辰) 등의 외부 사물과 인체의 오장육부 등 구체적 기관을 동시에 두 방향으로 비유하여 내면세계를 그려내는 방식을 취하는 것이다. 여기서 안[內]은 인체 내부의 현상이나 상태를, 바깥[外]은 외부의 사물이나 현상을 가리킨다. 이러한 《황정경》의 은유체계는 몸 안의 내경과 몸 밖의 외경을 동일한 위치로 연결 지어 서로 하나의 심상으로 형상화하는 데 의미가 있다. 곧 구체적 사물을 열거하되, 표면적으로는 현실세계의 정경을 묘사한다. 그러나 그 이면에는 도교 수련의 내밀한 세계를 그리고 있는 것이다.

> 내 집은 본시 돌다리 뒤쪽에 있어
> 산 높고 물 깊어 고목이 울창하네.
> 다리 아래 골짝 물은 곤륜산까지 이르고
> 산속의 샘물은 향그럽다네.

吾家本住石橋北 山鎭水關森古木

橋下澗水徹崑崙 山中有泉香馥郁

　중국 선가에서 남종(南宗)의 대표적 인물로 알려진 장백단(張伯端; 987~1082)이 남긴 〈석교가(石橋歌)〉의 첫머리이다. 이 시는 산수의 경물(景物)을 꾸밈없이 자연스럽게 서술하고 있어서 여느 산수시와 대동소이하게 보인다. 그러나 내단가의 안목에서 이 시를 대하면 다음과 같이 내단 수련의 이치를 찾아낼 수 있다. 첫 줄에서 언급된 돌다리[石橋]는 단학에서 이른바 하작교(下鵲橋)를 가리킨다. 하작교는 임맥과 독맥을 연결하는 교량 구실을 하는 곳으로서, 양기가 이곳을 지나면 곧장 상단전 이환(泥丸)에 이르게 된다. 상단전에서 다시 임맥을 따라 흘러내리면 옥천(玉泉)에 이르게 되는데, 옥천은 달리 예천(醴泉)이라고도 한다. 모두 입안을 우의한 것으로 양기가 향기 나는 진액으로 변화하는 경상을 마지막 구절에서 보여 주는 것이다. 여기에서 몸 밖의 산수 외경은 신체 내부의 내경과 자연스럽게 교융하여 선취(仙趣)를 빚어내고 있는 것이다.

　내친걸음에 이러한 선가시를 한 수 더 들어 보기로 한다. 다음은 장백단의 제자 석태(石泰; 1022~1158)가 금액환단이 성공하자 오언절구를 81편 모아 〈환원편(還源篇)〉이라 이름붙인 것 가운데 하나이다.

어젯밤 서쪽 냇가 언덕.

푸른 물결 우에 비친 달빛 하도 고와서

가득 담아 옥실(玉室)로 돌아오는데

솥 안에선 찻물이 절로 끓고 있누나.

昨夜西川岸 蟾光照碧濤
採來歸玉室 鼎內自煎熬

　석태의 〈환원편〉은 그 이름이 말하듯이 본원으로 돌아가는 내면세계를 노래한 것이다. 서늘한 밤중에 냇가로 나가 여울을 지켜보다가 문득 고개 들어 둥글게 밝은 달을 발견한다. 그 달빛이 하도 고와서 가슴에 안고 집으로 돌아온다. 집에서는 때맞추어 찻물을 끓이고 있다. 이 시는 겉으로 달빛이 요요한 밤의 정경과 그 흥취를 유유자적하게 그려 도취하게 한다.

　그러나 선가시가 선가시다운 이유는 시 가운데 구결(口訣)을 담고 있기 때문이다. 평범한 시구가 일단 구결의 성격을 띠면 위의 시는 예사로운 미적 감흥을 술회한 것이 아니라 내단의 오묘한 비결을 전하는 그 무엇이 된다. 따라서 그 무엇의 정체는 솥 안에서 절로 끓고 있는 물건을 직관하는 가운데 요해된다.

　이 시는 채약(採藥)의 내면 경상을 외부 정경에 비추어 그려내고 있다는 데 묘미가 있다. 남종에서 채약이라고 할 때 산에 들어가 약초를 캐는 일이라고 여겨서는 아는 이를 실소하게 만든다. 채약은 생명의 원기를 회복하는 과정으로 달리 환단(還丹)이라고도 한다. 그 생명의 원기가 어디에 있는가를 놓고 남북 양종이 서로 다른 견해 차이를 보이면서 갈라섰다. 석태는 첫 줄에서 그 자리를 일렀다. '서(西)'가 금기(金氣)를 암시하고 있음을 눈치 챘다면 비로소 선가시를 보는 안목이 생겼다고 하겠으나, '터진 대는 대로 깁는다[竹破竹補]'란 말의 의미를 모르고는 남종의 진수를 맛보았다고 이를 수 없을 것이다.

　밝고 둥근 달은 하늘과 여울 위에 떠 있고, 그리고 내 몸 안에 떠 있다. 그 달은 생명의 실상이자 우주의 밑그림으로 떠오른다.

내단가의 내면세계는 집단무의식에 잠재된 구체적인 내경(內景)의 발현이고, 이 내경이 실제 외부 사물과 일대일로 대응하며 관조하게 되는 것이다.

선가시의 또 다른 특질로는 잡체시(雜體詩)를 원용하여 연단(煉丹)의 비결을 몰래 감추어 그 형상적 묘미를 느끼게 하는 것을 들 수 있겠다. 이러한 선가시는 난해하기로 정평이 나 있는데, 일정한 경지를 체득한 자가 아니면 접근을 불허하는 데 그 이유가 있다. 북종(北宗) 내단가들 사이에서 유행한 장두탁자시(藏頭柝字詩)는 그 대표적인 보기가 된다.

다음 시는 《중양교화집(重陽敎化集)》에 실린 가장 쉬운 장두시(藏頭詩)인데, 이들의 세계가 어느 정도 폐쇄적인지 보기 위하여 원문 그대로 소개하고자 한다.

氣相生眞喜悅田震地通明哲傳金訣玉科靈性圓成歸日月

이 시는 일명 전진교라 일컫는 북종의 개산조사 왕철이 산동(山東)의 전통적 유가(儒家)인 마옥(馬鈺; 1123~1183)을 직전제자(直傳弟子)로 점찍어 선가로 회유하기 위해 보낸 많은 시 가운데 하나이다. 이에 마옥은 다음과 같이 화답했다고 한다.

曜相交眞自悅中朗徹知人哲傳妙訣性靈靈朶金花捧明月

글자 수가 24자이고, '悅' '哲' '靈' '月'이 동일한 운자(韻字)로 놓여 있음을 감지하여 육언시로 속단하기 쉬우나, 잘못 짚은 것이 된다. 이 시는 7언시로서 첫머리 글자가 감추어진 장두시(藏頭詩)라는 데 해독의 어려움이 있다.

장두시는 잡체시의 일종이다.《문체명변(文體明辯)》에서는 이합시(離合詩)의 변종으로 파악하여 그 해독의 실마리를 구절마다 마지막 글자에서 찾아야 한다고 했다(《문체명변》 권2, 〈잡체시〉, "藏頭詩則每句頭字皆藏於每句尾字也　雖非離合意　亦近之"). 그렇다고 '悅' '哲' '靈' '月' 등의 마지막 글자가 바로 첫머리 글자로 되지 않는다. 다시 탁자(柝字)의 과정을 거쳐서 온전한 모습을 드러내기 위해서는 아이러니하게 대상 시의 내용을 미리 알고 있어야 한다는 조건이 뒤따른다. 다행히 원전에 맨 마지막 '月'자의 탁자(柝字)가 '二'라고 한낱 지푸라기 같은 단서를 노출시켜 주어서 다음과 같이 복원시킬 수 있었다.

　　음양 두 기운이 상생하면 참된 기쁨 일어
　　연홍의 근원을 환하게 뚫었도다.
　　연단의 신묘함을 구결로 전하노니
　　둥근 본래 성품은 일월로 돌아간다.

　　二氣相生眞喜悅　兌田震地通明哲
　　口傳金訣玉科靈　一性圓成歸日月

여기서 '二' '兌' '口' '一'이 감추어진 첫머리 글자였던 셈이다. 이에 따라 마단양의 화답시도 다음과 같이 자연히 풀린다.

　　해와 달이 교차하여 환희가 절로 일고
　　수은의 기운이 밝아 의심이 없도다.
　　성품이 신령함을 구결로 전하시니
　　한 떨기 황금빛 꽃이 밝은 달을 받든다.

二曜相交眞自悅 兌中朗徹知人哲

口傳妙訣性靈靈 一朶金花捧明月

　여기서 ‘悅’ ‘哲’ ‘靈’ ‘月’의 탁자(柝字)가 각기 ‘二’ ‘兌’ ‘口’ ‘一’임이 드러났다. 마지막 줄 끝 자의 탁자는 바로 첫 줄의 장두(藏頭)인 것이다. 이러한 장두시는 조선조에 최연(崔演; 1503~1544), 황신(黃愼; 1562~1617), 권필(權韠; 1569~1612) 등이 즐겨 하던 잡체시의 하나인 옥연환(玉連環)과 비슷하여 호사가의 관심을 끌지만, 옥연환이 각 구의 끝 자를 다음 구의 첫 자로 사용하는 점은 같으나 장두탁자시(藏頭柝字詩)가 각 구의 첫 자를 아예 숨겨놓은 점은 서로 다르다고 할 것이다.[8]

　어쨌든 이와 같은 선가시는 시의 내용을 해독하기 위해 반드시 일정한 내단 수련의 경험을 요구하고 있어서 외부인사가 그 내부의 세계를 들여다보기에는 거의 불가능하다. 이탈리아 기호학자 움베르토 에코는 이처럼 난해한 연금술적 담론을 ‘제곱의 담론’이라고 하였다. 곧 연금술적 담론에 대한 연금술적 담론이다(움베르토 에코, 《해석의 한계》, 열린책들, 1995, 103쪽). 그러나 선가시의 본질이 외부 사물을 빌어 연단과정에서 일어나는 내면적 경상을 표현함에 있다고 본다면, 그 형상이 비록 황당하다 할지라도 이는 내면 심신의 변화과정을 압축한 것으로서, 실제 내단 수련가가 그 내용 해독에 몰입할 경우 구결(口訣) 이상의 묘한 미적 감정을 촉발하는 데 이른다. 그것은 본인의 내면적 경험세계가 대상 시에 안배된 선가적 취향과 일치되는 미적 직관을 획득하여,

---

8) 자세한 깃은 정민, 〈한시미학산론: 시담사화 12〉(《현대시학》 1995년 1월호)를 참고하기 바란다.

연단과정의 심경이 예술적 미감으로 상호 혼융되어 나타나기 때
문이라고 생각한다.

3. 내단사상의 수용과 선가시의 성립

선가시의 사상적 배경은 도교사상 가운데 특히 내단사상과 밀
접한 연관이 있다. 내단사상은 당대(唐代)의 최희범(崔希範)·여암
(呂嵒; 789~ ?)·진단(陳摶; 871~989) 등의 인물이 당나라 황실을 중
심으로 성행한 외단사상에 반발하여 내단 수련을 진정한 선가의
비전(秘傳)으로 주장한 데 말미암는다.[9] 그 이후 송 대에 이르러
장백단과 왕철 등이 주변의 유불사상을 섭취하면서 본격적으로
남종과 북종 등의 계파를 형성하여 성행한 도교사상으로 알려져
있다. 이러한 내단사상은 외단의 조제보다 내면 심성의 수련을
중시하면서 도교의 신앙적 측면조차 대폭 개방시켜 도교사의 전
개 과정에 일대 혁신을 가져온 바가 있다. 때문에 내단사상을 배
경으로 한 선가시는 여느 시가와는 달리 내단 경전에 대한 정확
한 이해가 뒷받침되어야 창작 행위가 가능한 것이다.
계파를 형성하며 전개된 중국의 내단사상과는 달리 이의 국내
수용은 불분명한 편이다. 조선 중기 문장가로 널리 알려진 계곡
(谿谷) 장유(張維; 1587~1638)는 동방에 성리학이 유행하고 단학파
가 유입되지 않아 사상의 균형을 잃었다고 다음과 같이 말한다.

중국 학술은 갈래가 많다. 유학과 선학(禪學), 그리고 단학(丹學)

---

9) 任繼愈 편, 《중국도교사》, 상해인민출판사, 1990, 489~504쪽.

이 있으며, 정주(程朱)를 배우는 자가 있는가 하면, 육씨(陸氏)를 배우는 자도 있어서 문로가 하나만은 아니다. 그런데 우리나라는 유식 무식을 논할 것이 없이 책을 잡고 글을 읽는 자라면 모두 정·주의 학문을 일컬을 따름이고, 딴 학문이 있다는 말을 듣지 못한다.[10]

여기서 이르는 '단학(丹學)'은 바로 내단학을 가리키는 것으로, 위의 인용으로 미루어 내단사상의 국내 수용은 조선 중기까지 공식적으로 부정된다. 그러나 장유가 남긴 이 말은 당시 성리학 중심의 사상적 폐쇄성을 지적한 것으로 보인다. 왜냐하면 장유 자신이 일찍이 양명학을 수용한 바 있었고, 더욱이 조선 전기 선가의 대표적 인물로 알려진 정렴, 정작 형제의 시문집인《북창고옥시집(北窓古玉詩集)》에 그가 서문을 남기고 있음을 볼 때 성리학의 이면에 자리한 내단사상의 비공식적 유행은 이미 인정한 것으로 이해된다.

그렇다면 내단사상의 국내 수용은 언제부터인지 자못 궁금한 바가 있다. 조선 전기 선가의 계보는 대개 조여적(? ~1588)의《청학집(靑鶴集)》, 한무외(1517~1610)의《해동전도록(海東傳道錄)》, 그리고 홍만종(1643~1725)의《해동이적(海東異蹟)》 및 최근에 소개된 이의백(1711~ ?)의《오계일지집(梧溪日誌集)》 등의 자료에 의존하고 있다. 이 가운데 전설적인 선가의 인물을 정리하여 체계화한 대표적인 문헌은 한무외의《해동전도록》이다.《해동전도록》의 기록에 따르면, 내단사상의 국내 유입은 종리권(鍾離權)의 선맥

---

10)《谿谷漫筆》권1; "中國學術多岐 有正學焉 有禪學焉 有丹學焉 有學程朱者 學陸氏者 門徑
   不一 而我國則無論有識無識 挾筴讀書者 皆稱誦程朱 未聞有他學焉."

을 계승한 신라 말의 당나라 유학생들로부터 비롯된다. 그러나 《해동전도록》의 이러한 기록은 연대 고증 등에 초보적인 실수를 범하고 있어서 석연치 않은 부분이 많다.[11]

선가적 문헌에 제시된 사정이 그러하다면 구체적인 자료를 근거로 내단사상의 국내 수용 양상을 가늠해 볼 필요가 있다. 선가의 일화나 계보 파악에 주력하고 있는 대부분의 선가적 문헌이 비교적 후대에 형성된 탓에 일정한 한계를 노출하고 있는 실정을 감안한다면, 차선책으로 17세기 초반에 유통되었던 내단학 경전을 일별해 보는 것도 그 이전 선가의 실상을 헤아릴 수 있는 또 하나의 접근방식이 될 것이다.

17세기 초반에 국내 유입된 단서목록(丹書目錄)를 일별하면 다음과 같은데, 여기서 중국의 무수한 단경이 여러 경로를 거쳐서 식자들 사이에 유통되었음을 살필 수 있다.

> (가) 靑華秘文, 靈寶畢法, 金誥, 人頭五岳訣, 內觀經, 玉文寶籙, 天遁鍊
> 魔法, 參同契, 黃庭經, 龍虎經, 淸淨經, 心印經.[12]
>
> (나) 玉淸金笥寶籙, 規中指南, 中和集, 黃帝陰符經, 金碧龍虎經, 參同
> 契, 黃庭內外經, 崔公入藥經, 胎息經, 心印經, 洞古經, 定觀經, 大通經,
> 淸淨經, 度人經, 玉樞經, 仙傳拾遺, 道書全集, 金丹正理大全, 玄關雜記,
> 張紫陽集, 修眞神錄.[13]

---

11) 신라 말에 유입된 중국 도맥(道脈) 수수설(授受說)의 허위는 차주환의 〈나말의 留唐學人과 도교〉(《도교와 한국문화》, 아세아문화사, 1988)와 김윤수의 〈동국전도비기와 해동전도록〉(《한국도교의 현대적 조명》, 아세아문화사, 1992)에서 자세히 검토되었다.
12) 《해동전도록》, 1610년 무렵 저술.
13) 《허균전집》에 수록된 〈송천옹에게(與宋天翁書)〉·〈남궁선생전〉 및 《한정록》에서 골랐다.

㈐ 肘後方, 千金方, 養性論, 活人書, 悟眞篇註, 翠虛篇, 參同契註, 還
丹論, 槖籥歌, 胎息經, 洞神眞經, 金丹問答, 易眞論, 眞誥, 抱朴子, 黃庭
經, 淸淨經.[14]

㈑ 石函記, 金碧經, 復命篇, 心印經, 曹仙姑大道歌, 鍾呂傳道集.[15]

위의 인용 서목에 따르면 《참동계》·《황정경》·《용호경》 등의
선가 기본 경전 이외에도 후대에 갈라진 남북 양종의 단학서적이
다량 유입되었음을 알려준다. 남종의 경전으로는 송 대의 《장자
양집(張紫陽集)》·《오진편주(悟眞篇註)》·《취허편(翠虛篇)》·《복명편
(復命篇)》 등과 원 대 소정지(蕭廷芝)의 《금단문답(金丹問答)》·진치
허(陳致虛)의 《금단정리대전(金丹正理大全)》 등이 보이고, 북종의
경전으로는 당·송 대의 《종려전도집(鍾呂傳道集)》·《영보필법(靈寶
畢法)》·《조선고대도가(曹仙姑大道歌)》 및 원 대 인물인 이도순(李
道純)의 《규중지남(規中指南)》과 《중화집(中和集)》이 보인다.

여기서 특히 주목할 부분은 (나)의 《도서전집(道書全集)》인데,
책명은 《한정록(閑情錄)》에서 언급된다. 허균(1569~1618)은 애초
계획한 《한정록》이 소략한 것을 아쉬워하다가 이를 보완하기 위
하여 1614년(갑인년)과 1615년(을묘년) 2년 동안 북경으로 다시 들
어가 4천여 권의 방대한 서적을 구입하였다고 한다. 허균은 그로
부터 2년 뒤인 1617년 봄에 기준격(奇俊格)의 고변으로 흉격모란
(兇檄謀亂)의 혐의를 받고 궁지에 몰려 있다가, 불안한 마음을 달
래기 위하여 그동안 수집한 책을 바탕으로 《한정록》을 집필한다.
그리고 이듬해 8월 참형된다. 실로 한가롭지 않은 세월에 한가로

---

14) 출처는 1618년에 간행된 허준의 《동의보감》이다.
15) 1639년에 저술된 권극중의 《주역참동계주해》에서 찾았다.

운 책을 편찬하였던 것이다.

《한정록》의 집필에 큰 영향을 끼쳤으리라 짐작되는 앞의 《도서전집》은, 1591년 만력 신묘년에 남긴 전양자(全陽子) 정응린(丁應麟)의 발문에 따르면 기존의 《금단정리대전》에 남북 양종의 기본 내단 서적 50여 종을 보태어 《도서전집》이란 이름으로 간행하였다고 한다. 허균이 북경에서 구입한 것은 그로부터 20여 년 뒤의 일이 된다.

일반적으로 도교의 단학파는 크게 왕철을 중심으로 한 북종과, 유해섬(劉海蟾)을 중심으로 한 남종으로 나뉜다. 북종이 주로 독신으로 수련하는 자들의 모임이라면, 남종은 남녀구선(男女俱仙)이라 하여 독음(獨陰)과 독양(獨陽)은 있을 수 없다고 하면서 음양교접에 따른 수련법을 택한 무리라고 할 수 있다. 특히 남종은 오늘날의 상황과 다르게 그 수련행법의 특수성으로 말미암아 통상 '구전심수(口傳心授)' 또는 '바로 그 사람이 아니면 전하지 않는다[非其人不傳]'는 전통에 따라 법문의 내용을 외부로 공개하지 않고, 제자마저 한 사람만 거두는 단전(單傳)의 전통이 있다.

그런데 앞의 인용 서목에서 엿볼 수 있듯이 이러한 남종의 경전이 17세기 초에 대거 활용되었다는 의미는 이 시기 조선의 단학 연구 수준이 만만치 않았음을 말해 주고, 그 이전 시기의 단학 연구도 생각보다 일정한 수준에 이르고 있었음을 시사한다. 그 단적인 예로서 김시습의 〈류자한에게 드리는 편지[上柳自漢書]〉에 위백양의 《참동계》가 언급되어 있을 뿐만 아니라, 남효온의 시구에서는 《황정경》과 《음부경》 등의 책 이름과 여동빈의 《지현편(指玄篇)》이 인용되어 있으며, 정렴의 《용호결(龍虎訣)》에도 《태식경(胎息經)》이 인용되어 있는 사실을 들 수 있다.

이상에서 17세기 초에 유통된 단경을 중심으로 그 이전의 내단

사상을 소략하게 가늠해 보았다. 이제 본격적으로 17세기 이전 조선 전기의 내단사상을 살펴보기로 한다. 다음은 《탁영선생연보(濯纓先生年譜)》에 실린 내용으로, 당시 내단사상의 수용 양상을 엿볼 수 있어 잠시 인용한다.

> 8월 병신일에 남효온, 홍유손, 우선언이 찾아와서 같이 운문산
> 으로 놀러갔다. 13일 후인 기유일에 운계(雲溪)로 돌아와 머물면
> 서 함께 《참동계》를 3일 동안 강론하다가 헤어졌다.[16]

성종 조 신진 사류인 김일손이 남효온·홍유손·우선언 등과 함께 홍치 원년(1488년)에 경상도 언양에서 《참동계》를 강론했다는 위의 기록은, 간략하나마 조선 전기 내단사상의 유행 실태를 보여주어 흥미롭다. 《참동계》가 비록 유가의 경전에 속한 것은 아니지만, 조선 전기 신진 사류들의 관심을 끌고 있었다는 사실은 당시 어떤 형태로든지 내단사상이 유행하고 있었으리라는 심증을 굳히게 한다.[17]

이 점은 다시 서경덕(1489~1546)과 조욱(1498~1557)이 《참동계》를 놓고 시로써 수작한 바에서도 확인된다.

---

16) 《濯纓先生年譜》 上卷; "[弘治元年 戊申] 八月丙申 南伯恭洪餘慶禹子容來訪 同遊雲門己酉 還雲溪 留與講參同契三日而別."

17) 유가의 《참동계》 수용은 주희로부터 비롯되지만 이를 체계적으로 정리한 인물이 원대의 유염(兪琰; 1258~1314)이라는 사실에서 이에 대한 고찰이 주시된다. 유염은 《참동계발휘》와 《역외별전》을 남겨 소강절의 기학을 내단학의 안목에서 요해하였고, 김시습의 내단학이 유염의 《참동계발휘》에 근거한 사실과 맥락을 같이 한다는 점에서 당시 《참동계》 연구도 유염의 《참동계발휘》를 중심으로 이루어지지 않았는가 하는 생각을 갖게 한다. 유염의 《참동계발휘》가 김시습 내단학의 근간을 이룬다는 주장은 김윤수, 〈신돈복의 단학 삼서와 도교윤리〉(《도교와 윤리》, 1995년 8월 한국도교사상연구회 제8차 학술세미나 발표문)에서 구체적인 증거와 함께 제시되었다.

내 몸에 든 연홍(鉛汞)의 약재는
물과 불로 조절하여 성태(聖胎)를 맺는다네.
아득히 혼돈 전에 현모(玄母)를 접하였고,
고요한 그 자리에 영해(嬰孩)를 얻었다네.
아홉 개 주사정(朱砂鼎)을 은근히 돌리나니
서른여섯 동천이 차례로 열리노라.
나 역시 선가의 진일자(眞一子)인데
아무도 여동빈인줄 알지 못하는구나.[18]

吾身鉛汞藥之材　　水火調停結聖胎
混沌前頭接玄母　　希夷裏面得嬰孩
三三砂鼎慇懃轉　　六六洞天次第開
余是玉都眞一子　　無人知道是回回

　《참동계》를 읽고 장난삼아 이 시를 지었다고 말하고 있지만,
시에 사용된 전문적인 내단 용어가 위백양이 쓴 《참동계》의 범
위를 벗어나 있음을 볼 때 단순한 장난으로만 파악되지는 않는
다. '연홍(鉛汞)의 약물을 조정하여 성태(聖胎)를 맺고 여기서 영해
(嬰孩)를 얻는다'는 내단 수련의 절차를 소상히 파악하고 있으며,
소강절의 〈관물편(觀物篇)〉에 나오는 '서른 여섯 동천이 차례로
열린다[六六洞天次第開]'란 어구조차 내단 수련의 법문으로 이해
할 정도로 내단학에 이미 일가견이 있음을 일러준다.
　다음으로 언급할 보진암(葆眞庵) 조욱은 서경덕으로부터 선가시
를 건네받을 만큼 단학에 관심이 많은 인물이다. 정암 조광조의

---

18) 《花潭集》 권1, 〈讀參同契戲贈葆眞庵趙景陽〉

정통 문인이면서도 그의 문집 여러 곳에 선가적 취향을 드러낸 시를 남기고 있음이 이채롭다. 그 가운데 윤효빙(尹孝聘)이란 인물에게는 무려 12수에 달하는 오언절구 〈윤효빙의 시에 차운하여 [次聘之十二絶]〉를 보내기도 했는데, 본인 스스로 용사(用事)의 근거를 도서(道書)에서 취했음을 밝히고 있다.[19] 그 가운데 하나를 보이면 아래와 같다.

> 세 꽃이 정수리에 모여 기이한 꽃을 토해내고
> 다섯 기운이 조원(朝元)하여 도아(道芽)를 기르네.
> 어둔 마음과 침침한 눈을 가진 자들이여
> 유한한 삶을 떠나 가없는 누리로 나아갈진저.

> 三花聚頂吐奇葩 五氣朝元長道芽
> 寄語蓬心蒿目者 休將有限趁無涯

'삼화취정(三花聚頂)', '오기조원(五氣朝元)' 등의 내단 용어는 앞에서 언급한 《종려전도집》[20]과 《금단문답》[21], 그리고 《금단대요(金丹大要)》[22] 등에 나와 있어서 당시 유행한 내단사상의 파급 범위를 추측하게 한다. 다만 그가 전문적인 내단 수련가가 아니라서 양태(養胎) 과정에서 일어나는 이러한 현상을 '도아(道芽)'를 기

---

19) 《용문집》 권2, 〈次聘之十二絶〉의 주석, "詩中盡用道書 故效嚬."

20) 施肩吾, 《종려전도집》, 〈논조원 제15(論朝元第十五)〉; "金液還丹以煉金砂 而五氣朝元 三陽聚頂 乃煉氣成神"

21) 蕭廷芝, 《금단문답》; "問三花聚頂 答曰神氣精混而爲一也", "問五氣朝元 答曰 五臟眞氣 上朝於天元也"

22) 陳致虛, 《금단대요》 권상, 〈채취묘용장제4(採取妙用章第四)〉; "五氣朝元 搬運各有時 三花聚頂 搬運各有日"

른다'고 하여 환단(還丹)의 단계로 잘못 이해한 실수는 불문에 붙여도 좋을 것이다.

우리는 여기에서 내단의 용어가 용사(用事)로 활용되었다는 사실을 중시할 필요가 있다. 이는 조선 전기에 들어서면서 선가시가 등장할 여러 가지 여건이 성숙되었음을 뜻하기 때문이다.

한편, 박지화(1513~1592)의 칠언율시는 조선 단학사에서 직접 확인할 수 없었던 남종 선파의 당시 수용 양상을 단적으로 드러낸다.

나의 스승 백옥섬은
옥필(玉筆)을 휘두르며 뜨거운 여름을 보냈다네.
정영위는 학이 되어 인간 세상에 말을 남기고
황제(黃帝)가 용을 타고 승천할 때 수염인들 못 잡을까.
집안일은 이미 집 아이에게 넘겨 놓고
단약 솥을 끌어와서 불기운을 조절하네.
단(丹)이 완성되자 서로 따라 나서니
시샘 많은 조물주야 미워할 것 없도다.[23]

小子之師白玉蟾　手揮瓊管度凉炎
人間化鶴曾留語　海上攀龍不待髥
已與家兒成勅斷　要携鉛鼎事抽添
丹成倘欲相隨去　造物多猜不必嫌

정암(正庵) 박민헌(1516~1586)에게 보내는 위의 시 첫머리에서

---

23) 《守菴先生遺稿》 卷1, 〈次正庵見贈〉

남종의 대표적 인물을 거론하고 있음이 새삼스럽다. 백옥섬(白玉蟾; 1134~1229)은 본래 불가의 인물이었으나, 그의 나이 58세가 되던 해에 진남(陳楠; ?~1213)의 진전을 물려받아, 유조(劉操; ?~911)에서 장백단 등으로 전수되는 남종의 선맥을 이었다. 그는 남종 특유의 단전(單傳) 전통을 일신하여 문호를 크게 열어놓아 침체일로에 있던 남종을 중흥시켰으며, 주변 사상인 유불(儒佛)까지 섭렵하여 이를 융합한 대표적인 사상가이기도 하다. 무이산(武夷山)에 거주하면서 주희(朱熹; 1130~1200)와 가진 교분은 이러한 그의 역량을 유가에까지 미친 사례로 들 수 있다.

그런데 박지화는 서경덕과 정렴으로부터 선가의 비전을 전수받은 인물이자, 정렴의 사후에 정작에게 선술을 가르친 인물이다. 그런 그가 백옥섬을 스승으로 받들고 있다는 언명은 최소한 그가 남종 계열의 선술에 곁눈질하고 있다는 의미 외에 달리 해석할 길이 없다.

조선조 단가(丹家)의 흐름은 대체로 북종이 주류를 이루고, 남종의 수련법은 17세기 이후의 것으로 추정되는 《직지경(直指經)》과 《중묘문(衆妙門)》에서 거론되기 시작한 것으로 알려져 왔다.[24] 그런데 박지화가 남종의 거물인 백옥섬을 업고 나온 이후, 봉래자(蓬萊子) 양사언(1517~1584)이 다음과 같이 본격적인 남종 계열의 선가시를 남기고 있어 관심을 모은다.

> 인간의 한 평생은
> 하루아침의 운수로다.
> 천지 사이에 호흡하고

---

24) 김낙필, 〈직지경·중묘문 해제〉, 《도교와 한국문화》, 아세아문화사, 1988.

혼령은 간장에 몰려있다네.

홀로 몸으로 장생할 수 없으니

참된 비결 그대 위해 밝히리라.

아리따운 소녀가 금빛 늙은이와 얼려서

홀연히 부부되어 같은 길로 가는구나.

화로의 불길을 돋우어

풀풀 봄안개를 쪄 내니

사내가 애를 배고

북쪽 땅 나무에 꽃이 피어

십이만 천 년 세월 동안

서쪽 집 술독에 빠져 거나하게 취하리라.[25]

三萬六千日 大運一朝暮

納納穹壤間 含靈總肝腑

長生不可獨 眞訣爲君露

姹女媾金翁 夫婦忽同路

臨爐火力白 怫怫蒸春霧

男子也懷胎 花開北地樹

十二萬千年 長醉西家酤

　위의 오언고시는 어떤 이가 진결(眞訣)을 구한다고 시로 물어와
서 화운(和韻)한 것으로, 얼핏 보아서는 무엇을 말하고 있는지 종
잡을 수 없다. '사내가 아기를 가졌다'는 11번째 줄을 보면 무슨
화두인 양 느껴지기도 한다. 그러나 다섯째 줄에서 해독의 실마

---

25)《蓬萊詩集》卷3,〈有人投詩求眞訣次其韻贈之〉

리를 찾을 수 있다.

'독신으로 장생할 수 없다'는 언명은 바로 그의 수련법이 청정 독수(淸淨獨修)의 북종이 아닌, 음양쌍수(陰陽雙修)의 남종에 기대고 있음을 시사한다. 일곱째 줄에서 차녀(姹女)와 금옹(金翁)은 대개 남종의 경전에 독점되다시피 등장하는 단학의 용어로서 각각 수은과 납을 은어(隱語)로 형용한 것이다. 차녀(姹女)는 곧 '집안에 있는 규수[宅中女]'로서, 리괘(離卦; ☲) 가운데 있는 음효를 가리킨다. 그리고 납[鉛]을 파자(破字)하면 '금공(金公)'이 되는데, 감괘(坎卦; ☵)에 내장된 양효를 '물 가운데 있는 금'이라 비유한 것이다. 현대 심리학 용어를 빌리면, 차녀는 아니마(anima)에 해당되고 금옹은 아니무스(animus)에 해당한다. 그 다음 줄은 이러한 본원적 두 요소가 서로 결합하는 모습을 그린 것이다.

내단학에서 여자도 아닌 남자가 아기를 배었다는 것은 성선(成仙)의 기초를 마련하였다는 의미가 된다. 이는 곧 선천의 두 기운이 교감하여 이루어진 도태(道胎) 현상을 이른 것으로, 여자가 아닌 남자가 태를 가졌다는 것은 역리(逆理)를 통해 선도 수련의 경지로 나아갔다는 말이 된다. 아래에서 셋째 줄에 이러한 내면적 현상을 '북쪽 땅 나무에 꽃이 피었다'고 하였다. 북쪽 땅의 나무는 외진 음지(陰地)의 나무이고, 한편으로 자방(子方)의 물을 암시한다. 물속에서 금빛 꽃이 찬연히 피어난다. 황홀한 그 꽃을 꺾어 대함은 마치 술에 취한 듯하다. 마지막 줄은 이를 이른다.[26]

선가에서는 인간을 뿌리 없는 나무에 빗대어 말하곤 한다. 뿌리 없는 나무는 유한한 생명을 지닌 인간의 실존적 상황을 이른다고 생각한다. 뿌리 없는 나무에서 꽃을 피울 수 있는 방법이 바

---

26) 이는 《최공입약경(崔公入藥經)》에서 "先天炁 後天氣 得之者 常似醉."라 한 것과 통한다.

로 선술이라고 할 수 있다. 그러나 장생불사의 길은 곳곳에 있지
만 애욕의 장애에 걸려 요절하고 마는 것이 인간의 또 한 모습이
기도 하다.[27]

　위의 시가 어느 정도 남종 내단사상을 소화해 내었는지는 다음
《오진편》의 칠언절구와 비교하면 여실히 드러난다.

　　　장남이 한 번 서방의 술을 마시니
　　　비로소 소녀가 북방에 꽃을 피웠다네.
　　　봄의 요정을 만나보게 한 후론
　　　일시에 관문을 닫고 황가에 머무네.[28]

　　　長男乍飲西方酒　少女初開北地花
　　　若使靑娥相見後　一時關鎖在黃家

　조선조 단학파에는 종래 재접파(裁接派)의 면모를 발견하기 어
려웠다. 조선 전기 선가에서 이러한 재접파의 선가시를 발견할
수 있음은 조선 전기 선가의 양상이 오늘날 예상했던 사고의 폭
을 훨씬 초월할 만큼 다채로웠음을 반증한다.

　한편 고옥(古玉) 정작(鄭碏; 1533~1603)은 정철(1531~1589)에게
보낸 다음의 시에서 그의 선가적 연원이 박지화와는 달리 북종에
있음을 선언하여 자못 흥미로운 바가 있다.

　　　종리권 여동빈은 아득히 선계로 돌아가고

---

27) 송대 내단가 장삼봉은 《무근수사(無根樹詞)》에서, "無根樹　花正多　遍地開時隔愛河"라
　고 말하였다.
28) 《悟眞篇》, 七言絶句, 제33수.

금단의 바른 맥은 마단양이 이었네.
배를 쪼개어 제도하던 비결이 여기 있으니
늘그막에 요행히 신선의 비방을 얻었구려.[29]

鍾呂千秋朝帝鄉 金丹正脈接丹陽
分梨十化眞詮在 倘得殘年肘後方

　이 시에 곁들인 세주(細注)를 보면, '우측의 것은 마단양 진인 집에서 빌어왔다[右乞丹陽馬眞人集]'고 함에 비추어, 북종의 정통 경전의 일부가 당시 유입되어 전해지고 있지 않았을까 추측된다. 단양(丹陽) 마진인(馬眞人)은 본명이 마옥(馬鈺)이다. 그의 처 손불 이(孫不二; 1119~1182)와 함께 왕철의 문하에 들어가 선도 수련으로 북종의 진전을 이은 인물이다. 당시 왕철이 유가의 인물인 마옥을 제도하기 위해 십 일마다 배를 둘로 쪼개어 보내면서 숨겨진 의미를 시로 화답하게 한 고사를 일러 '분리십화(分梨十化)'라 한다. 이에 대한 자세한 내용은《도장(道藏)》에 수록된《중양분리 십화집(重陽分梨十化集)》에 실려 있다.
　이상에서 조선 전기의 내단사상은 중국의 남·북종이 모두 유입된 상황에서 전개되었음을 알 수 있다. 이러한 내단사상의 활발한 움직임이 전통 시가의 심성표현 방식에 일정한 영향을 미칠 수 있음은 필연의 과정으로서,《황정경》·《참동계》·《오진편》에서 전고(典故)를 찾아 심성의 역동적 관계를 상징화하여 정신적 세계를 새롭게 묘사하고 있음이 그것이다. 성정(性情)을 '수화(水火)', '연홍(鉛汞)', '용호(龍虎)'등의 내단학 용어로 대체하고 기존

---

29)《古玉先生詩集》卷2,〈寄呈松江〉

의 철학적 성과를 이러한 상징적 수법에 압축시켜 더 핍진하게
묘사하였던 것이다. 대상은 이제 한갓 방편이 아닌 그 존재 자체
로서 세계를 말하는 방식을 확보하게 되었다고 하겠다. 곧 재도
론적 문학관과는 달리 사물의 본연에 접근하여, 이들 사물에 따
라 인간의 성정(性情)이 우주적 차원으로 확대되어 자연과 인간의
조화를 도모하는 것이다. 이는 예전의 도덕적 의지나 윤리적 실
천을 내세운 관념의 세계를 뛰어넘어 묘오(妙悟)의 실상을 그려내
는 데 성공하여 새로운 흥취를 맛볼 수 있게 하였고, 사물과의 교
감을 쇄신해 결과적으로 신의(新意)를 창출할 수 있는 터전을 확
보했던 것이다.

4. 조선 전기 선가와 선가시의 세계

우리나라 선가시의 시원은 우선 신라 말엽의 단학파 성립 이후
로 잡을 수 있다. 그러나 본격적인 면모를 갖추기 시작한 것은 아
무래도 내단사상이 암암리에 성행한 조선 전기 이후라고 보는 것
이 좋을 것 같다.

조선 전기에는 단학 등의 도교 수련을 행한 인물들이 차츰 등
장하기 시작한다. 그 대표적인 인물로는 김시습을 비롯하여 잠령
칠현(蠶嶺七賢)30)에 속한 남효온과 홍유손을 들 수 있다. 이 밖에
독자적으로 선가 수련에 심취한 정희량과 서경덕,《용호비결》을
남긴 정렴, 그리고 박지화·정작·양사언 등을 선가의 인물로 꼽을

---

30) 남효온·홍유손·이정은·이총·우선언·조자지·한경기 등 7인을 일컫는 말이다. 정
  경주,〈잠령칠현과 조선 전기 은일의 문학사적 의미〉(《한국문학논총》 14집, 1993)
  에서 이에 대한 고찰을 했다.

수 있겠다. 이들은 모두 도교의 양생술에 관심을 보였을 뿐만 아니라 일정한 내단 수련을 거쳐서 형성된 그들 나름의 경험세계를 시로 표출한 점에서 공통된 특징을 찾을 수 있다.

그러나 선가적 인물이라고 모두가 훌륭한 선가시를 남겼다고 속단할 수 없을 터이다. 내단 수련가들은 풍부한 내단 수련의 경험을 갖추고 있어서 시가를 통해 정제된 내단적 경상(景相)을 표현하기도 한다. 그런데 이들이 사용하는 어휘는 그 자체가 연단가의 내밀한 암호로 특정한 이미지를 지니고 있기 때문에 단순한 비유에 그치지 않고 내면세계의 비밀을 요해하는 데 깊은 의미를 지닌다. 내단 수련은 무엇보다도 자득을 중시하며 그것은 내면수련 경험이 뒷받침되어야 함은 물론이다. 그렇지 못할 경우 선가시로서는 결격이다. 뿐만 아니라 내면 수련의 경험이 충분히 축적되어 있어도 단순히 내단 수련의 비결을 제시하는 데 그쳐서는 좋은 선가시라 하기에는 부족하다.

조선 전기 선가시로서 일정한 수준에 오른 작품을 들라면, 김시습이 남긴 일련의 연단시(煉丹詩) 이외에 화담 서경덕의 〈무제(無題)〉, 북창 정렴의 〈봉은사로 가는 배 안에서[向奉恩寺舟中作]〉, 그리고 해객 양사언의 〈비래정(飛來亭)〉을 꼽을 수·있다. 모두 뛰어난 선가(仙家)이면서 아울러 주옥같은 선가시를 남긴 시가(詩家)이다. 먼저 청한자(淸寒子) 김시습의 칠언율시 〈복기도인(服氣導引)〉을 든다.

> 양기와 영단은 솥과 화로에 있지 않고,
> 다만 등줄기에 신묘한 기운이 감응할 뿐.
> 거룩한 성현들이 속이지 않고 떠났으니
> 우둔하고 지혜로움에 상관없이 나에게 있도다.

밝은 햇빛 창을 쏘아 맑은 노을 움직이고,

저녁 연기 골짜기로 돌아가니 엷은 구름 외롭다.

이곳 산 속에 살며 얻은 재미,

마힐이 되살아나도 그리지 못하리.[31]

養氣靈丹非鼎爐　只應肘後一神符

聖賢不賺貽余去　愚知無嫌在我乎

明日射窓淸靄動　晚煙歸洞淡雲孤

自從會得山居趣　摩詰重來不可摸

첫 두 줄에서 그는 솥과 화로 등의 기물이 필요한 외단에 단학
수련의 본질이 있는 것이 아니라 내단에 있음을 천명하였다. '다
만 등줄기에 신묘한 기운이 감응할 뿐〔只應肘後一神符〕'에서 '주후
(肘後)'는 인체의 등 뒤에 있는 독맥(督脈)을 의미하고, '일신부(一
神符)'는 다름 아닌 독맥에서 양기(陽氣)의 움직임을 이미 경험한
것을 가리킨다. 그리고 이러한 내면의 세계가 곧 성현이 후세를
속이지 않는 증거라고 했다. 이어서 중간 대목 여섯째 줄과 일곱
째 줄에서 내관(內觀)의 세계를 슬쩍 물려 놓았다.

이 시의 묘미는 햇빛이 창문을 통해 비추어 드는 것과 맑은 노
을이 움직이는 사정을 동시에 현실세계에서는 구할 수 없는 데
있다. 전자가 방 안의 세계라면 후자는 방 밖의 세계이다. 두 세
계의 공존이 모순되게 묘사되고 있지만, 내단학에서 이르는 '응
신입기혈(凝神入氣穴)'의 과정에서 빚어진 섬광(蟾光) 발현(發現) 현
상을 '맑은 노을'로 비유한 탓이라 볼 수 있다. 그러나 이러한 내

---

31) 《梅月堂詩集》 卷6, 〈山中十景〉 10수 가운데 제2수이다.

면세계에 일정한 경계를 그어 외부 현실의 세계와 차단시키지 않고, 내면의 세계와 외부의 세계를 서로 교응시켜 노래하여 대가의 솜씨를 드러낸다. 그래서 산수화로 유명한 당나라 화가이자 시인인 마힐[王維; ?~761]이 되살아나도 그리지 못한다고 자부하였다.

김시습은 조선 초기의 소설인 《금오신화》의 작자로 널리 알려져 있지만, 현존 《매월당집》에 2,200여 수의 한시를 남기고 있음에 비추어 보더라도, 시에 대한 남다른 그의 관심 또한 인정하지 않을 수 없다. 그의 다채로운 시작(詩作) 가운데 특히 도교 취향을 지닌 시로 우선 유선시(遊仙詩)를 들 수 있으나, 이와 별도로 조선 전기 한시사(漢詩史)에서 드물게 도교 내단 수련의 경지를 읊은 시를 남기고 있음이 인상적이다.

이러한 선가시 가운데 다음의 칠언율시는 다소 난해하다.

> 우뚝 솟은 산길이 갈수록 험하니
> 때가 고승이 유희할 때로다.
> 보배로운 발우, 용을 항복시켜 못물이 고요하고
> 금빛 석장으로 범을 말리니 늙은 솔이 아름답다.
> 빈산에 비 지나가니 이끼가 미끄럽고
> 작은 골에 봄이 깊어 꽃나무가 기이하다.
> 티끌 세상 일 많다고 말들 하지만
> 유한한 한평생 무얼 알겠나.[32]

嵯峨山逕轉崎嶇　便是高僧遊戲時

---

32) 앞의 책 권4, 〈降龍解虎圖〉

寶鉢降龍潭水靜 金鈷解虎老松攲

空山雨過苺苔滑 小洞春深花木奇

見說塵中多少事 一生元自不曾知

겉으로 용과 범의 이야기와 산골짝의 경치를 읊고 있으나, 실제로는 내단학의 수련행법을 암유(暗喩)하고 있어 주목된다.

번거롭지만 내단학의 시각에서 보면, 첫 줄에 나오는 차아산(嵯峨山)은 겉으로는 높고 험한 산을 뜻하지만 여기서는 곤륜산(崑崙山), 곧 이환(泥丸)이라 불리는 상단전을 비유한다. '갈수록 산길이 험하다'는 말은 기를 운행하여 상단전에서 건곤전도(乾坤顚倒)의 수련법을 시행하기 어렵다는 의미로 해석된다. 그리고 셋째 줄의 용(龍)은 동쪽의 목(木)을 상징하는데, 마음을 움직이지 않아야 심장의 목액(木液), 곧 수은이 하강한다는 의미이다. 그 다음 줄에서 이르는 호(虎)는 서방의 금(金)을 상징하며, '금빛 석장으로 범을 말린다'는 말은 몸을 움직이지 않아야 콩팥의 금기(金氣), 곧 납이 상승한다는 뜻으로 해석된다.

물론 '보배로운 발우로 용을 항복시켜 못물이 고요하고, 금빛 석장으로 범을 말리니 늙은 솔이 아름답다[寶鉢降龍潭水靜 金鈷解虎老松攲]'라는 표현의 전거는 영가(永嘉) 현각(玄覺; 665~713)의 《증도가(證道歌)》에 있다. 이 구절의 본래 뜻은, 육조(六祖) 스님이 보림사(寶林寺) 앞뜰 용소(龍沼)에서 말썽부리는 용을 발우에 담아 제도(濟度)하고, 승조(僧稠) 스님이 왕옥산(王屋山)에서 범 두 마리가 싸우는 것을 보고 석장(錫杖)으로 말린 이야기에서 비롯한다. 그러나 김시습은 이를 내단학의 관점에서 수용하여 금액환단(金液還丹)의 경상을 묘사하고 있는 것이다. 이 두 줄의 의미는 다른 시 〈노자를 얻고서[得老子]〉에서도 이른바, '용과 범이 서로 날고

엎드리고 몸과 마음이 죽은 재와 같다[龍虎相飛伏 身心等死灰]'는 구절과 서로 통한다. 그리고 '늙은 솔이 아름답다'란 말은 이러한 용호교구(龍虎交媾)의 경상이 다름 아닌 '마음이 죽고 신령이 살아나는[心死神活]' 현기묘용(玄機妙用)임을 가리킨다. 본래 오행의 원리에 따르면 '금이 목을 이기지만[金剋木]', 내단학의 원리에서 금(金)은 목(木)을 제어함으로써 도리어 목의 본성을 회복시키는 작용을 하기 때문이다. 이를 《참동계》에서는 '금벌목영(金伐木榮)'이라고 한다. 이러한 내밀한 세계는 계속해서 다음 구절로 이어진다. 다섯째 줄에서는 건곤전도의 묘한 비법을 성공적으로 시행한 결과 옥천(玉泉), 곧 입 안에서 금빛 액체가 흘러내리는 환단(還丹)의 경상을 표현하였다. 여섯째 줄도 앞에서와 마찬가지로 환단을 말한 것이다.[33)]

이 시는 워낙 비유가 중첩되어 시다운 격식을 제대로 갖추었다고 보기 어려운 바가 있다. 험한 산속으로 찾아들어 용과 범을 도마뱀이나 강아지 데리고 놀듯이 하여 치기(稚氣)를 보이기도 하고, 때로는 엉뚱하게 아무도 찾지 않는 빈산에 마냥 내리는 비를 우두커니 바라보기도 한다. 그래도 산중의 재미는 오롯이 그만의 차지가 된다. 마지막 두 줄은 이러한 놀이가 바깥세상에 대한 놀림으로 보이기도 하고 자신에 대한 경계가 될 수도 있다. 그러나 속뜻을 하나하나 음미하면 내단 수련의 신비한 환상으로 초대해 외경(外景)과 서로 교융하는 묘미를 맛보게 해 준다.

김시습의 연단시(錬丹詩)는 이처럼 내면의 심리변화를 사물의

---

33) '小洞春深花木奇'는 소강절의 '三十六宮都是春'과 같은 의미로 이해된다. 《성명규지》에서는 '三十六宮都是春'을 연정(煉精)의 단계에서 환단(還丹)을 증험하는 현상이라 한다[《성명규지》이집(利集), 제5절 구결(第五節口訣) 참고]. 내단학에서는 이를 '주락황정(珠落黃庭)'이라고도 하는데, 이때 황아(黃芽)가 발현한다고 이른다.

우의로 표현하는 한편, 외양으로는 외물의 경치를 읊조리는 방식을 택하여 이중적 구조를 가지고 있다. 주어진 사물의 세계는 실존의 공간을 형성하며 이를 거쳐 선가의 세계에 진입한다. 여기서 존재하지 않는 현실세계의 내면적 구축, 그것은 존재하는 현실세계와의 단절에서 비어져 나와 다시 접목되는 대역설의 반전이 일어난다. 그 세계는 도달해야 할 이상 세계가 아니라 현존의 공간이기 때문이다.

다음은 조선 전기 성리학자로 이름난 화담(花潭) 서경덕(徐敬德; 1489~1546)의 칠언절구 〈무제〉이다.

> 눈에 발을 드리우고 귀에 문을 닫아걸었으나,
> 솔바람 시내소리 역시 시끄럽구나.
> 나를 잊고 물을 물대로 보는 경지에 이르니
> 마음이 이르는 곳이 절로 맑고 따뜻하도다.[34]

眼垂簾箔耳關門　松籟溪聲亦做喧
到得忘吾能物物　靈臺隨處自淸溫

위의 시 첫 줄에 선가의 '수시반청법(收視反聽法)'을 원용하였지만, 시다운 품격을 잃지 않았다. 솔바람과 시냇물 소리는 인정(人情)을 말하려고 내세운 물색이고, 눈에 드리운 발과 귀를 막은 문은 성품을 보전하기 위한 방편으로 내놓아 정제된 시상을 보여준다. 그러나 이 모두는 마지막 줄의 '맑고 따뜻함〔淸溫〕'을 말하기 위한 포석에 지나지 않는다.

---

34) 《花潭集》 卷1.

외물을 차단하면 내경을 보존할 수 있으리라 여겨 눈과 귀를 막았지만, 내면의 세계는 여전히 외경에 시달려 시끄러움을 면할 수 없다. 결국 나라는 존재를 망각하고 내심(內心)을 차단하여 개체에 대한 미련을 버릴 때 사물은 사물로서의 참된 모습을 드러낸다. 아래 두 줄은 허심(虛心)으로 사물의 경계를 해체하여 물(物)을 물(物)로써 보게 한 결과로 내경의 세계가 열림을 '청온(淸溫)'이란 말로 표현하였다.[35] 내·외경이 교융하여 무(無)에서 유(有)의 세계를 회복한 것이다. 그것은 공허함이 아니라 맑은 울림으로 심금에 와 닿는다. 그래서 마음이 이르는 곳은 절로 맑고 따뜻해질 수밖에 없다.

이 시의 묘미는 모든 것을 버린 자리에 인정(人情)을 거두어들임에 있다. 내노라 하던 황진이가 서경덕을 끈질기게 유혹하였지만 결국 실패하고 만 연유를 이 시에서 엿볼 수 있다. 그는 정이 헤픈 사람이 아니었고 또한 도학을 한답시고 몰인정하지도 않았던 것이다.

개성(開城)은 조선 전기에 서경덕, 조선 후기에 최한기라는 대사상가를 배출한 고장이다. 유학자로 행세한 두 사람 모두 기학(氣學)에 밝았음은 군말을 보탤 여지가 없다. 그런데 앞의 시 〈참동계를 읽고서〉에서 서경덕의 내단사상 수용 정도를 살펴본 바가 있고, 또한 김시습이 개성을 오가며 서경덕에게 2년 동안 단학을 전수하였다는 기록이 《해동전도록》에 남아 있는 점[36]으로 보아 서경덕의 선가적 경향은 부인할 수 없는 사실로 여겨진다.

---

35) 상양자(上陽子) 진치허(陳致虛)가 《금단대요도설(金丹大要圖說)》에서 "且此竅也　乃是虛無之窟　無形無影　炁發則成竅　機息則渺茫"이라 한 점은 바로 이러한 세계를 말한다.

36) "金公復入金剛山抱一九載　乃下人間復還俗　以天遁劍法鍊魔眞訣付洪裕孫　又以玉函記內丹之要授鄭希良　參同契龍虎秘旨悉敎尹君平　入寂於俗離山　後七年尹公遇梅月堂於松京曰　欲以丹學授徐敬德往來玆二年矣"

다음은 조선 전기 선가의 인물로서 《용호비결(龍虎秘訣)》이라는 전문적인 내단서를 남긴 북창(北窓) 정렴(1506~1549)의 오언절구 〈봉은사로 가는 배 안에서〉를 보기로 한다. 북창은 〈자술(自述)〉에서 선가의 호쾌한 심정을 노래하였지만, 선가의 본격적인 면모는 박지화와 손아래 동생 정작이 차운(次韻)하기도 했던 다음 시에서 찾을 수 있다.

옛 나루에 나직이 내 끼이고
먼 산에 저녁 해 뉘엿뉘엿.
느릿느릿 노 저어 늦게사 돌아오니
그윽한 노을 속에 가람이 보이누나.[37]

孤烟橫古渡　寒日下遙山
一棹歸來晚　招提杳靄間

북창의 시는 꾸밈이 없다. 이른바 '상월계택(象月谿澤)'으로 일컬어지는 사가(四家)의 한 사람인 계곡 장유는 〈북창고옥선생시집서〉에서, 그의 시를 두고 '시를 다듬지 않고 붓 가는대로 곧장 묘사하여 그 뜻을 술회하기에 이르면 그만 둔다[北窓不治詩　多信筆直寫　要以暢其意而止]'고 할 만큼 평범한 가운데 도도한 품격이 서려 있다.

강물 위로 저녁안개가 나직하게 멀리 퍼져나가고 텅 빈 나루에는 아무도 서 있는 사람이 없다. 이러한 허망한 공간 앞에 먼 산에서 식어버린 해가 강물 위로 떨어진다. 그리고 그것은 북창이

---

37) 溫城世稿本 《北窓先生詩集》.

외로이 젓는 노 끝에 걸린다. 여기서 첫 두 줄의 중심 시어가 각각 '橫'과 '下'에 놓여 있음이 예사롭지 않다. 횡으로 뻗어가는 외로운 저녁안개의 공간성은 수직으로 내려오는 저녁 해의 시간성과 교차하면서 확대된 공간은 축소되어 '一棹'에 초점이 모아진다. 그리고 느릿한 '一棹'의 왕복운동은 호흡의 발견으로 와 닿는다. 그러는 가운데 외경(外景)에 놓인 자신은 우주와 일체가 되는 것이다.

새로이 나타난 그 형상은 수직과 수평으로 뻗어나는 '십자결(十字訣)'을 암시하고 있음에 북창의 용호결이 전통적 충맥(衝脈) 수련에 근거하였다는 증거가 된다. 단학파 가운데 비교적 유가적 색채가 짙은 중파(中派)에서는 '中'을 건곤이 교차하여 생기는 것으로서 중용의 '미발지중(未發之中)'과 일치시키는데, 원 대 이도순(李道純)의 경우 이러한 중자(中字)를 '현관(玄關)'으로 이해하기도 하였다.

이처럼 선가시는 대상을 통하여 자신과 대상이 각각 하나의 요소로서 작용하는 기(氣)의 세계를 펼친다. 다시 말해, 성정(性情)의 경계를 파괴하여 꾸밈이 없는 천기(天機)의 발현을 도모하고자 하는 것이다. 수암(守菴) 박지화는 이 시를 망형(忘形)의 경지로 화답하였다(《수암선생유고》 권1, 〈북창고옥시에 차운하여〉, "余亦同舟去 忘形會此間"). 저녁안개가 횡으로 뻗어나가고 식어버린 해가 종으로 교차하는 접점에 번거로운 세속의 형상이 정제되어 달관의 균형이 이루어지고 있는 점에서 이 시의 정취는 좌망(坐忘)으로 귀결된다. 노자는 비움을 통해 묘함을 관조할 수 있다고(《노자》 제1장, "常無欲以觀其妙") 하였다. 깨달음처럼 황홀한 노을 속에 발견한 가람은 그래서 일상의 의미가 지워진 여백으로 제시된다고 이해해도 멀리 나간 것이 될 수 없을 터이다.

다음은 조선 전기 명필 가운데 한 사람인 해객(海客) 양사언(楊
士彦; 1517~1584)의 오언율시 〈비래정〉이다. 정렴이 '홀로'의 세계
에서 도(노)의 모습을 발견하고자 했다면 양사언은 '더불어'의 세
계를 보여준다.

       바다는 항아리 안 선경(仙境)으로 들고

       누각은 물 위 하늘에 떠 있어

       푸른 빛은 두 줄기 죽순에 떠돌고

       붉은 빛은 일만 떨기 금련(金蓮)을 꺾어 놓은 듯·

       우는 용을 솥에 넣어 수은을 달여서

       붉은 노을을 마셨더니 신선과 같도다.

       그대는 황학(黃鶴)을 불러 술잔을 들게

       내사 갈매기와 더불어 한가로이 잠드리라.[38]

       海入壺中地　樓居水上天

       靑浮雙玉筍　紅折萬金蓮

       煉汞龍吟鼎　餐霞骨已仙

       君招黃鶴酒　吾與白鷗眠

우리는 조선조의 쾌남아로 임제(林悌)를 손꼽는다. 그러나 요란
을 떨지 않고 인간세상을 갈매기처럼 말없이 왔다가 가버린 양사
언이 진정한 풍류군자임을 손곡(蓀谷) 이달에게 보낸 〈한매차손곡
(寒梅次蓀谷)〉이란 시에서 짐작한다. 후대 "남녀 정욕은 하늘이요,
분별의 윤리는 성인(聖人)의 가르침이니, 성인의 가르침을 어길지

---

38) 《蓬萊詩集》 卷2.

언정 하늘의 본성을 어길 수 없다”고 하여 시대의 파문을 일으킨 허균[39]이 《학산초담(鶴山樵談)》에서 양사언의 문장을 놓고, “표일 (飄逸)하여 능운(凌雲)의 분위기가 있다”고 이를 만큼 그의 시에는 선취(仙趣)가 드러난다.

이 시에는 모든 것을 용서하고 포용하는 넉넉한 정서가 배어 있다. 술에 취하고 바다 갈매기를 불러 잠을 청하는 것에서 긴장 에 대한 이완과, 찌든 삶에 대한 해방과 자유를 이르는 신선의 체 향이 물씬 풍겨난다. 주변의 물색은 물색 그대로 생생하게 제 노 래를 하고 있어도 번잡스럽게 느껴지지 않는다.

다섯째 줄이 선가의 어투임에 주목하여, 셋째·넷째 줄과 다섯 째·여섯째 줄의 대련을 곰살궂게 들여다보면, 환단채약(還丹採藥) 의 경상을 은근히 묘사하고 있음을 알게 된다. 특히 넷째 줄은 여 섯째 줄과 호응하면서 채연(採鉛)이 성공했음을 알린다.[40] 마지막 줄은 앞에서 살펴 본 〈진결을 묻는 이에게[有人投詩求眞訣次其韻贈 之]〉의 득약(得藥) 현상과 부합된다.[41] 그렇다면 다시 앞으로 돌아 가 첫 줄은 곤도활자시(坤道活子時)를 암시하는 것임을 알 수 있 다.[42] 천지(天地)와의 교구(交媾)는 음양쌍수의 남종이 그리는 신교 (神交)의 경지이다. 자연은 여기서 더 이상 대상이 아니라 주관으

---

39) 허균이 관심을 보인 내단학은 아마도 남종의 그것이 아닌가 한다. 〈與宋天翁 書〉(《許筠全集》권20)의, “少時誤讀抱朴子 以爲湌金服石 可致神仙 及見紫陽海瓊致虛 諸眞 人書 則自失者久之 凡丹在同類所合 可以入眞 精氣神三寶 奚外求乎”에서 장백단, 백옥섬, 진치허 등의 남종 선사(仙師)의 글를 보고 외단의 인식이 잘못되었음을 알았다고 했다. 무엇보다도 결정적인 남종 지향의식은 단(丹)이 동류(同類)가 합한 데 있다 는 말에서 엿볼 수 있다. 음양쌍수의 정당성을 변호하기 위해 남종에서 늘 써 먹는 문투이기에 그러하다.
40) 《오진편》 칠언절구 제35의 “增得靈砂滿紅鼎”에서 그 뜻을 유추할 수 있다.
41) 《성명규지》에 실린 진단(陳摶; 871~989)의 《지현편(指玄篇)》에, “奔歸氣海名朱驥 飛 入泥丸是白鴉 昨夜虎龍爭戰罷 雪中微見月鉤斜”라 한 것으로 이를 유추할 수 있겠다.
42) 최희범의 《입약경》에는 이를 “地應潮”라 하였다.

로서 나와 더불어 있다. 잠드는 행위는 내가 대상으로 접근하는 것이 아니라 대상이 나에게로 다가섬을 보여준다.

양사언은 그가 49세 되던 명종 19년(1564년)에 강원도 고성군(高城郡) 감호(鑑湖) 곁에 복거하여 정자(亭子)를 세우고 그 이름을 '비래(飛來)'라 했다. 고래수염을 묶어 만든 큰 붓으로 편액을 썼는데 '비(飛)' 자만 완성하고 다음 두 글자 '래정(來亭)'은 만족스럽지 못하여 이 글자 하나만 족자로 만들어 정자에 걸어 두었다고 한다. 20년 뒤 억울하게 해서(海西)로 귀양 가서 죽던 바로 그날, 큰 바람이 일어 정자 안에 두었던 서적은 물론 병풍과 족자까지 휘몰아 갔는데 모두 땅에 떨어지고 유독 '비(飛)' 자만 멀리 바닷가로 점점 높이 날아가 종적이 묘연했다고 《봉래시집》 권3에 실린 류근(柳根; 1549~1627)의 〈비자기(飛字記)〉에서 전한다.

남종의 거벽 백옥섬과 조선의 양사언은 공교롭게도 둘 다 초서(草書)에 능했던 선가의 대표적인 명필(名筆)이라는 공통점이 있다.[43] 서예가로서 양사언이 남긴 최후의 필적이 이 〈비래정〉에 있었다함은 글과 더불어 생애를 마감한 선인의 풍도를 그리게 한다. 봉래자 말고 그의 또 다른 아호(雅號)인 '해객(海客)'은, 그의 지음(知音)이자 분신(分身)인 흰 갈매기처럼 망망한 바다에 떠도는 나그네란 의미가 담겨 있어, 그의 삶을 예견한 위의 일화와 함께 숙연한 느낌을 갖게 한다.

한편, 선가시는 민간에서 성행한 문자희(文字戲)를 즐겨 사용하

---

43) 백옥섬이 초서(草書)에 능해 경관자청진인(瓊管紫淸眞人)으로 일컬어지듯이, 양사언도 글씨에 능해 금강산 만폭동 반석 위에 '蓬萊楓嶽元化洞天'이라고 크게 초서로 각자(刻字)해 놓았다고 한다. 탁본 전문가 한상봉 씨의 말에 따르면 포천 청수면 금수정(錦水亭) 부근 반석 위에도 '瓊島'란 초서를 남겼다는데 붓 궤적의 넓이가 무려 20~25cm나 되어 계곡물이 글자 위로 흘러갈 때 마치 살아 꿈틀거리는듯하다고 한다.

는데, 양사언의 다음 시는 그 대표적인 보기이다.

> 쉬는 것은 서 있는 나무같이
> 고요함은 청산과 다투듯.
> 좌선하여 용호를 제압하니
> 홀로 꽃비 속에 앉아 있도다.[44]
> 休如木人立　靜是爭靑山
> 安禪制龍虎　獨坐雨花間

휴정(休靜)의 명자(名字)를 탁자(坼字)하여 '목석같은 사람[木人]'이 '청산과 다툰다[爭靑]'는 식으로 새로운 의미를 부여한 것은 여느 한시에서 엿볼 수 없는 흥취를 자아내게 한다. 그런데 이러한 시는 얼핏 눈 가는 대로 각 행의 첫 글자를 조합하여 보면, '휴정은 어찌 독신으로 지내는고?[休靜安獨]'라는 행간의 의미를 담고 있어서 선가 특유의 장두시(藏頭詩)가 가진 묘미를 엿보게 한다. 게다가 다음과 같이 뒤집어 놓으면 이 또한 상대에 대한 지독한 놀림이 아닐 수 없다.

> 홀로 꽃비 속에 앉아 있으니
> 어찌 좌선하여 용호를 제압하랴?
> 고요하고자 한들 말없는 청산과 다투고
> 쉬고자 한들 멍청한 목석같구나!

> 獨坐雨花間　安禪制龍虎

---

44) 《蓬萊詩集》 卷2, 〈贈休靜〉

靜是爭靑山 休如木人立

　　선가의 도인이 불가의 도인을 시로써 공격하고 야유하는 장면에 이르러서는 이미 세속의 경지를 벗어나 있다. 그러나 휴정 역시 불가의 거물이라 마냥 당하고만 있지 않았을 터,《청허당집(淸虛堂集)》을 열어 보면 다음의 시가 눈에 들어온다. 아마도 위의 시에 대한 화답이 아니었을까 미루어 짐작한다.

　　산은 푸르디 푸르고
　　바다는 끝없이 아득.
　　구름은 넓디 넓어
　　비만 주룩주룩 내리는데,
　　어느 곳에 미인이 있어
　　우두커니 하늘 저쪽 바라보네.[45]

　　山蒼蒼
　　海茫茫
　　雲浩浩
　　雨浪浪
　　何處美人在
　　望之天一方

　　이 시의 장두(藏頭)는 '산에서 운우(雲雨)의 재미를 어찌 바라겠는가[山海雲雨何望]'로서 속인에게 허투루 전하지 못하는 걸쭉한

---

45)《淸虛堂集》 卷1, 〈寄蓬萊子〉

맛을 남긴다. 이런 휴정이 있기에 양사언의 그림자를 더듬을 수 있는 법이다.

양사언은 조선조 단학사에서 특이한 위치를 차지하는 인물이다. 대표적인 선사(仙史)인 《해동이적》에서 누락되었다가 나중에 보충되기도 한 반면에 민간전승에서는 대단한 경지에 이른 선가의 인물로 묘사되어 왔다. 그러나 양사언의 선가적 계보는 어디에서도 찾을 수 없다. 다만 세창서관본 《전우치전》의 말미를 보면 양봉래가 태백산에서 단군성적을 뵈오려 하다가 서화담과 전우치로부터 비서 몇 권을 받아 은밀히 수련했다는 말이 전하고,[46] 안민학(安敏學; 1542~1601)의 《풍애집(楓崖集)》 부록에 〈양봉래증조용문(楊蓬萊贈趙龍門)〉의 시가 한 편 남아 있는 점으로 미루어, 앞서 서경덕과 조욱, 그리고 조욱과 양사언으로 이어지는 선가(仙家)의 교유 관계를 더듬어 볼 수 있을 따름이다.[47]

5. 남은 말

조선 전기 유학 중심의 풍토에서 선가시의 면모를 발견할 수 있음은 자못 흥미롭다. 정치적 억압과 사상적 편견 속에서 그들만의 삶을 보존하려면 끝없는 긴장을 해소할 새로운 영역을 적극

---

46) 해동 선사(仙史)에서 서화담과 전우치의 도맥은 명확히 드러나지 않는 점이 있다. 다만 전우치가 양가집 부녀자를 겁탈하는 만행을 저지르다가 윤군평에게 주살되었다는 《해동이적》의 일화를 주목하면, 《해동전도록》 계열로 추정되는 청정파(淸淨派)의 공격을 받고 있다는 점에서 조선조 재접파(栽接派)의 존재를 상정할 수가 있다.

47) 참고로 시의 전문을 보이면 다음과 같다. “退溪已爲松菊主 楓崖今作白鷗群 龍門山下女荋縣 天爲蒼生起我君”

적으로 모색하지 않을 수가 없었던 사정을 선가시를 통하여 가늠해 볼 수 있었다. 이러한 시는 일반 교양인의 시가와 체제를 달리하여 그들 나름의 독특한 세계관을 표현하기도 하여 조선 전기 한시사(漢詩史)에서 특이한 위치를 차지하고 있는데, 본고에서는 이를 선가시라 이름하여 고찰하였다.

선가시의 창작 주체는 물론 선가이다. 외단보다 내단 위주의 도교 수련법을 택하고 있다는 점에서 이들을 수련도교라 하기도 하고, 건강과 장수를 목적으로 하고 있다는 점을 고려하여 양생가라 불리기도 한다. 이들의 존재 이유는 우선 조선 전기 정치적 상황으로 말미암은 은일(隱逸) 사상을 들 수 있겠으나, 무엇보다도 조선 전기에 수용된 도교사상의 영향을 지적하지 않을 수 없다. 그러한 맥락에서 조선조 도교활동의 주체 또한 도교교단 조직에 예속된 도사(道士) 부류보다는 비교적 신분 또는 신앙적 자유를 행사할 수 있었던 선가(仙家)를 중심으로 살필 수밖에 없는 것이다.

도교 계열의 시가가 크게 유선시와 연단화후(煉丹火候)를 노래한 선가시로 나누어진다고 할 때, 널리 알려진 유선시는 신선의 경지에서 노니는 정감을 노래한 시라고 말할 수 있다. 그런데 종영이 언급한 바와 같이 진정 신선 또는 선인이 선경에서 노니는 정감을 노래한 시는 별반 찾아 볼 수 없고, 대다수 선가적 취향을 지닌 문사들이 이를 소재로 삼아 즐기는 탓으로 관념적 유희에 그치는 경향이 없지 않다. 이에 견주어 선가시는 선가의 수련을 실제로 경험한 내단 수련가들이 그들만의 내밀한 세계를 압축하여 시의 형태로 표현한 것을 이른다. 선가에서 연단의 구결을 시의 형식으로 나타내고자 함은 위백양·장백단·백옥섬 이래로 줄곧 지속되어 온 하나의 전통이라고 할 수 있는데, 이는 불가의 선시(禪詩)나 유가의 성리시(性理詩)와 상응하는 위치에 놓인다고 이를 수 있다. 이러한 선가시는 도교 또는 선가적 취향에 대한 일반 교양인의 관심 차원에서 벗어나, 내단 수련의 성취를 내면 세계화한 탓으로 무엇보다도 이에 대한 전문적인 지식을 요구한다.

도교의 내단 수련은 인간의 내면 의식과 외부 사물과의 통일적 운동을 지향하는 경향이 있다. 내단 수련을 전제로 하는 선가시는 이러한 양자의 교감 과정에서 빚어지는 느낌을 시가의 형태로 표현한 것으로, 내단 수련 과정의 희열을 관념적인 어휘보다는 외부 사물의 구체적 형상에 가탁해 함축된 수법으로 표출하기도 하여 종래의 시가에서는 볼 수 없었던 독특한 면모를 드러낸다. 유가의 시가 대체로 인간의 도덕적 이상을 추구하고 불가의 시가 종교적 깨달음의 세계를 제시하였다고 한다면, 선가의 시는 내단 수련의 경험적 사실에 기대어 자연과 인간 사이의 교감을 도모하고 있다. 때문에 조선 전기 선가시의 미적 대상은 멀리 놓여진 자연에서 가까이 있는 인간으로, 인간의 도덕적 외면 행적보다는 내면 심리의 역동적 관계에서 모색된다. 그리하여 복잡다단한 삶에 찌든 인간을 순박한 자연의 일부분으로 환원시켜 타고난 천성에로의 회복을 꾀하는 것으로 보인다.

이렇게 조선 전기 선가를 중심으로 선가시의 대체적인 윤곽을 더듬어 보았다. 그러나 선가 본연의 시가 과연 어떤 것인가에 대한 호기심으로 출발한 이 논의의 결과는 여전히 미진함을 남긴다. 그 가운데 개별 작가와 작품에 대한 착실한 연구를 건너질러 조선 전기 선가를 가상하여 논의를 전개한 점과 인용한 단경(丹經) 해석의 타당성 여부에서는 후속 연구자의 혹독한 비판을 기대한다. 다만 중세문학의 독특한 현상으로 드러나는 이들 시가에 대한 갈래 규정과, 이들 작품 세계를 다루는 작업이 아직까지 정밀하게 이루어지지 않고 있는 실정을 감안한다면, 이 글에서 다룬 선가시는 기존의 유선시와 다른 차원에서 구체적인 접근을 시도했다는 데 의의를 둘 수 있지 않을까 생각한다.

김시습 문학과 도교사상

1. 들머리

　문학과 사상의 관계는 연구의 차원에서 보면 상호 보완적인 성격을 띠지만 실제로는 양자의 외연이 서로 겹쳐 있어 같은 범주에서 논의된다. 특히 김시습의 문학연구와 사상연구는 불가분의 관계를 맺고 있는데, 그의 사상 해명이 초기소설의 성립이란 문학사적 과제를 껴안고 있기 때문이다. 그 가운데 도교사상은 그의 사상과 《금오신화》를 이해하는 데 중요한 몫을 차지한다.

　조선조 단학의 비조로 알려진 청한자 김시습의 도교사상에 대한 학술적 성과는 1964년 정주동의 연구[1]에서 시작되어 현재까지 어느 정도 축적되었다고 하겠다.[2] 그러나, 여전히 그가 지닌

---

[1]　정주동, 〈김시습의 귀신관과 도교관〉, 《도남조윤제박사회갑기념논문집》, 신아사, 1964.

[2]　정주동 이후, 김시습에 대한 도교 관련 주요 연구를 들면 다음과 같다. 류승국, 〈매월당의 유학 및 도교사상〉, 《대동문화연구》 13, 성균관대학교 대동문화연구원, 1979; 이상택, 〈취유부벽정기의 도가적 문화의식〉, 《한국고전소설의 탐구》, 중앙출판사, 1981; 최삼룡, 〈김시습의 소설에 나타난 도선사상〉, 《한국초기소설의 도선사상》, 형설출판사, 1982; 배종호, 〈김시습의 도교관〉, 《동양학》 15, 단국대학교 동양학 연구소, 1985; 양은용, 〈청한자 김시습의 단학수련과 도교사상〉, 한국도교사상연구회편, 《도교와 한국문화》, 아세아문화사, 1988.

도교사상 본질에 대한 물음을 제기할 때 그렇게 만족할 만한 답변을 내놓을 수준에는 이르지 못한 듯하다. 심정적으로는 유교나 불교의 성과만큼 도교 방면에 일정한 기여를 하였으리라는 데 의견을 같이 하지만, 김시습이 섭렵한 도교의 성격과 그 사상적 성과가 과연 무엇이냐는 물음에는 기존의 연구 결과에서 명쾌한 해답을 얻어낼 수 없었기 때문이다.

그 주된 이유를 부족한 자료 탓으로 돌릴 수도 있으나, 유가의 사표로 추앙하고자 편찬한 문집의 성격으로 미루어 그의 저술들에서 도교적 진면목을 발견하기란 어렵지 않을까 한다. 불교를 대하는 경우만 해도, 사후 89년 만에 왕명에 따라 편찬된 문집에서 보인 유가적 비판 의식과, 《십현담요해》·《대화엄일승법계도주》·《조동오위요해(曹洞五位要解)》 등 여기 저기 흩어진 다른 저작에서 보인 의식과의 괴리가 여실히 드러난다. 도교의 경우도 마찬가지일 것으로 여겨진다. 김시습의 도교사상 연구는 현재 문집 속에 남긴 저작 말고는 다른 저술이 발견되지 않고 있어서 유교의 처지에서 비판한 도교 관련 저작을 대상으로 할 수밖에 없다. 이 글에서는 김시습이 도교를 비판한 의식을 역추적 함으로써 정작 그가 말하고자 한 도교사상의 일단을 그려보고자 한다.

청한자 김시습의 도교사상은 문집의 잡저(雜著)에 수록된 〈수진(修眞)〉·〈복기(服氣)〉·〈용호(龍虎)〉에 압축되어 있다고 이미 선학들이 지적한 바 있다. 그 가운데 〈용호〉 편은 그의 도교사상이 가장 정밀하게 표현되어 있고, 그 특색은 내단사상에 있다. 그러나 〈용호〉편 말미 부분의 비판적 대목을 보면, 도교의 수련이 천리를 거역하여 다른 생을 훔치는 행위라고 매도하고 있음을 발견할 수가 있다. 그가 내단 수련의 성과를 인정하면서도 그러한 성취의 관건이 되는 사상의 핵심적 부분을 인정하지 않는 태도는 분명히 모순된 것으로 보인다. 조선 전기, 당시에 장생불사를 성취하여 천리를 역행하는 무리가 횡행하는, 그러한 도교사상의 폐해가 있었던 것은 아니었다. 사태가 발생하지도 않았는데 대책이 논의된다면, 이는 예비된 사태 속에 자신의 사상을 숨겨 놓기 위한 전략일 수도 있을 것이고, 다른 한편에는 김시습의 억압된 의식세계의 한 단면일 수도 있을 것이다.

2. 도교 내단사상

조선 전기 도교는 도관을 설치하여 신앙화하던 고려시대와는 달리, 일부 상층 지식인 사이에서 유행한 내단사상이 주류를 이룬다. 예로부터 신선 세계는 누구나 동경하는 이상적인 경지이다. 제아무리 권력의 기반을 공고히 다졌다 하더라도 부귀영화의 정점인 왕의 자리는 주어진 수명이 다하면 내놓아야 하지만, 신선은 장생불사를 성취하면 영원히 그 지위를 누릴 수가 있어서 역대 제왕들이 이에 많은 관심을 기울였다. 그러나 신선은 여느 인간과 다른 극소수가 누리는 특권이라서 아무나 꿈꾸지 못하였다. 그런데 위·진 시대에 이르러 갈홍(葛洪)이, 당에 이르러 오균(吳筠)이 연이어 '신선은 실제로 존재하며 선술을 배우면 이 경지에 이를 수 있다'는 신선가학론(神仙可學論)을 제창한 이후, 이른바 신선이 되는 길이 크게 개방되었다. 자연히 장생불사의 유혹에 매료된 제왕들에게 연금술을 지닌 도사들이 접근을 시도하였고, 당대에 와서 금단(金丹)을 복용하여 손쉽게 신선이 될 수 있다는 외단학(外丹學)이 황실을 중심으로 크게 유행하였다. 외단 조제에는 특별한 비방(秘方)이 필요하지만 무엇보다도 값비싼 약재를 널리 구하기 위하여 엄청난 재력과 막강한 권력이 동시에 요구되었다. 따라서 외단학은 특권층의 향유 대상이 될 수밖에 없었는데, 외단 자체의 맹독성으로 여러 왕들이 차례로 목숨을 잃게 되자 본격적인 비판을 받기 시작하였다.

내단사상은 권력과 재력에 의지하는 외단학에 반발하여 고행을 통한 심신(心身)의 수련을 중시하는 경향으로 나타났다. 장생불사라는 기존의 노선도 수정되어 선을 행하고 도를 닦으면 죽은 뒤에 비로소 신선이 된다고 하였다. 당시로서는 혁신적인 도교사상이었다. 그 연원을 찾아보면, 수·당(隋唐)의 청하자(靑霞子) 소원랑(蘇元朗)이 후한 위백양의 《참동계(參同契)》를 발굴하여 내단수련의 법문으로 해석한 데서 비롯된다.3) 그 뒤 이를 계승한 내단 관련 저작 활동이 활발히 이루어지다가 송·원(宋元) 시대에 접어들어 전진교(全眞敎) 등의 혁신도교가 내단사상을 전폭적으로 수용하면서 그 전성기를 이루었다. 그러한 과정에서 도교의 본연적 색채를 뒤바꾸어 놓을 만큼 획기적인 사상적 변화를 일으켜 기존의 교리를 지탱하던 도법자연(道法自然)이란 도교철학이 과감하게 역즉성선(逆則成仙)이란 새로운 사상으로 전환되었다. 송·원 대 내단가들이 제기한 내단사상은 처음에는 지배 계층의 욕구에 영합하는 외단사상에 대한 반발로 비롯되었는데, 나중에는 기존의 도교신앙과 전통적인 도교 양생술의 근간이 되는 도법자연 사상에 대한 정면 도전이 되었던 것이다.

이러한 역즉성선 사상은 달리 역리사상(逆理思想)이라 한다. 내단가들이 《참동계》를 재해석하는 가운데 천리에 도전하는 인간 행위의 당위성을 《음부경(陰符經)》에서 구하는 과정에서 형성된

---

3) 卿希泰 編, 《中國道敎史》 제2권, 四川人民出版社, 1992, 516~520쪽.

것으로 보인다. 《음부경》은 일반적으로 북위(北魏)의 구겸지(寇謙之)가 편찬하였다고 알려졌지만, 주희(朱熹)의 고증에 따르면 당대(唐代) 이전(李筌)의 손에서 이루어졌다고 한다. 초기에는 이를 병법서로 해석하였는데 북송 대 장백단(張伯端)이 《음부경》의 역리사상을 바탕으로 내단학의 고전인 《오진편(悟眞篇)》을 저술한 이후, 송·원 대에 내단가들이 집중적으로 주석서를 펴내 내단 수련의 기본 경전으로 중시되었다.[4] 그러나 당 말 송 초에 유학적 교양을 쌓은 담초(譚峭)와 진단(陳摶)이 장백단에 앞서서 각각 화생(化生)의 이론과 주역의 원리를 구사하여 이러한 역리사상을 내단의 원리로 체계화하는 데 결정적인 공헌을 하여 주목되는 바가 있다. 두 사람은 정기신(精氣神)이란 삼보(三寶) 사상과 '거스르면 신선이 되고 순리에 따르면 사람을 생한다[逆則成仙 順則生人]'는 역즉성선 사상을 절묘하게 결합하여 갈홍과 오균이 주창한 신선가학론을 내단사상의 측면에서 정립하였다.

담초(譚峭)는 당말송초의 피폐한 민생을 염려하며 《화서(化書)》 6권을 편찬하여 후세에 남겼다. 담초가 죽은 뒤에 송제구(宋齊丘)라는 제자가 자신의 저술인 양 도명(盜名)하여 세상에 알린 사건으로 더욱 유명해진 이 책에서는, 정기신(精氣神)의 역리(逆理) 수련으로 신선이 될 수 있는 근거를 다음과 같이 제시하였다.

도에 맡기면, 허는 신으로 변화하고 신은 기로 변화하며 기는 형으로 변화한다. 형체가 생겨나기 때문에 만물이 막히게 된다. 도를 이용하면, 형이 기로 변화하고 기는 신으로 변화하며 신은 허로 변화한다. 텅 비어 밝기 때문에 만물이 통하게 된다. 이로

---

4) 앞의 책, 762~764쪽.

써 옛 성인은 통하고 막히는 단서를 궁구하여 조화의 근원을 얻었다. 형체를 잊음으로써 기를 기르고 기를 잊음으로써 신을 기르고 신을 잊음으로써 허를 기르니, 허실이 서로 통하는 것을 일러 대동(大同)이라고 한다.[5]

이 글의 중심사상은 변화의 ‘화(化)’란 글자에 있다. 순차적으로 유추해 나가는 수법으로 사물의 변화를 말하면서 수도하여 신선이 되는 도교사상을 천명하고, 이로써 사회의 어지러운 현상을 탐구하여 ‘대동(大同)’이라는 태평치세의 길을 제시하였다. 담초는 세계의 중심을 허(虛)에 놓고, 역리(逆理)에 따라 일체의 차별을 타파한 허실상통(虛實相通)의 경지를 실현하여 대동사회를 이루려고 하였던 것이다. 인정에 맡기는 ‘신기정(神氣精)’의 순리(順理)가 만물이 생성되는 이치임에는 틀림없다. 그러나 그 궁극적 귀결은 ‘색(塞)’이다. 기운의 유통이 자유롭지 못하여 개인에게는 죽음이, 사회 현상으로는 파국이 예상된다. 그래서 이러한 흐름을 거슬러 역리로 나아가고자 한 것이다. 언제나 만물은 상호 의존적이고, 주어진 현실은 늘 상대적인 관계에 놓여 있기 때문이다.

앞서 언급한 《음부경》에서는 이러한 시각을 우주적 차원으로 확대하여 다음과 같이 이른다.

천지는 만물의 도둑이요, 만물은 사람의 도둑이며, 사람은 만물의 도둑이다. 세 도둑임이 이미 마땅하니 삼재가 편안하다.[6]

---

5) 《化書》권1; “道之委也 虛化神 神化氣 氣化形 形生而萬物所以塞也 道之用也 形化氣 氣化神 神化虛 虛明而萬物所以通也 是以古聖人窮通塞之端 得造化之源 忘形以養氣 忘氣以養神 忘神以養虛 虛實相通 是謂大同.”

6) 《음부경》중편; “天地萬物之盜 萬物人之盜 人萬物之盜 三盜旣宜 三才旣安.”

천지가 음양의 조화로 만물을 화생하지만, 만물은 이로 말미암아 성장과 쇠퇴를 겪게 된다. 천지는 만물의 은인이 아니라 생명을 훔치는 도둑인 셈이다. 또한 만물은 여러 산물로써 사람의 욕구를 충족시켜 주지만, 만물이 부여한 이러한 물욕으로 인간은 본성을 잃고 파멸하기도 하니, 그 역시 도둑인 셈이다. 그러나 인간도 만만하지 않다. 만물에 이끌려 생명을 다하는 초라한 존재가 아니라, 만물의 영장으로서 만물의 순환 이치를 역이용하여 그 스스로의 생존을 도모하기 때문이다. 그래서 천지와 만물과 사람은 새롭게 누구를 탓할 것 없는 '이미' 상대적 존재로 인식함으로써 서로가 편안한 것이다. 상대적 갈등을 전제로 한 이러한 균형이 허물어지는 사태를 다른 대목에서는 다음과 같이 말한다.

하늘이 살기(殺機)를 일으키면 별자리가 뒤바뀌고, 땅이 살기를 일으키면, 용사(龍蛇)가 뭍에 오른다. 사람이 살기를 일으키면 하늘과 땅이 뒤집어진다.[7]

이를 보면, 사람은 천지인 삼재의 하나로서 천지의 운행 질서를 뒤집어놓을 만큼 거대한 존재임을 알 수 있다. 그리하여 기존의 천명(天命)과 인력(人力)이란 종속적인 관계가 상대적인 대립관계에 놓이게 되었다. 하늘과 땅과 인간은 서로 대등한 존재이며, 서로의 갈등과 조화 속에 세계가 정립되는 것이다. 갈홍이 주창한 "나의 수명은 나에게 달려 있지 하늘에 있는 것이 아니다"[8]란 도교철학의 기본 명제도 여기서 성립된다.

---

7) 《음부경》 상편; "天發殺機移星易宿　地發殺機龍蛇起陸　人發殺機天地反覆."
8) 《포박자》 내편, 〈황백〉; "我命在我不在天　還丹成金億萬年."

《음부경》이 제시한 세계관에서는 이처럼 현존의 의미는 이미 갈등을 내포하고 있으며, 주변과의 상대적인 관계의 모색을 통하여 개체의 존재를 지키고 자유를 보장받는다. 대립된 존재의 갈등을 인식함으로써 세상의 이치를 역이용하여 살기(殺機)를 생기(生機)로 전환하고자 하는 발상은 곧 내단사상의 역수성선론과 연결되며, 이러한 역리사상은 예고된 파국을 수습할 뿐만 아니라 원만하고 조화로운 세계로 지향할 수 있는 것이다. 이에 따라 장생불사의 가능성이 이론적 근거를 갖게 되어 내단사상 특유의 역수성선론이 유위(有爲)의 실천철학으로 도교철학의 전면에 부상하게 되고, 전통적인 무위(無爲)에 근거한 수양론이 퇴조하게 되었던 것이다.

이러한 내단사상은 중세 후기에 출현한 역동적인 사상의 면모를 여실히 보여준다. 무엇보다도 "천기를 훔쳐서 거꾸로 이용한다[盜機逆用]"며, 불사(不死)에 대한 새로운 해석으로 인간의 욕망을 갈구하는 의식을 드러내는 점에서 주목된다. 〈용호〉편에서 김시습이 비판한 도교의 역리사상도 상반된 존재의 대립 갈등을 인정하는 가운데 이를 극복하자는 데 근본적인 의미가 주어진다.

3. 〈용호〉 편의 역극 원리

학문의 연원과 편력이 광대한 청한자 김시습은 도교사상가로서도 손색이 없을 만큼 도교적 수행과 이에 대한 전문적인 지식을 아울러 갖춘 인물이다. 그가 남긴 많은 저작 가운데 잡저(雜著)로 분류된 〈수진〉·〈복기〉·〈용호〉 등의 글에서 도교사상에 대한 그의 견해를 엿볼 수 있다고 하겠으나, 그가 존경한 도교 인물을 통해서도 그 사상적 맥락을 더듬어볼 수 있을 것이다.

김시습은 〈탕유관서록후지(宕遊關西錄後志)〉란 글에서 손사막(孫思邈)과 진도남(陳圖南)의 풍모를 흠모한다고 했다.9) 진도남과 손사막은 속세의 부귀영화에 연연하지 않는 은사(隱士)의 전형이면서 모두 도교에 정통한 인물이라는 공통점이 있다.

당 대 도사인 손사막은 저명한 의학가이자 양생가이다. 수나라가 망하자 종남산에 은거하여 남산율종(南山律宗)의 창시자 도선(道宣)과 교유하였고, 의술을 행하고 선도를 수련하여 명성이 널리 알려졌다. 당 태종이 장안으로 불러 만나보니 실제의 나이에 비추어 용모가 아주 젊어 보여서, 득도한 신선으로 인정하고 작위를 내렸지만 굳이 거절하여 명성을 더욱 크게 떨쳤다. 그가 남긴 《천금방(千金方)》이란 저술은 너무나도 유명한 것이어서 용궁에 비장(秘藏)된 선가(仙家)의 비방(秘方)을 받아 와서 지었다는 민간 전설을 가지고 있기도 하다. 이 가운데 〈양성편(養性篇)〉은 후대 양생철학에 지대한 영향을 끼친 저술로서, 내단 수련의 기초가 되는 토납법까지 자세히 소개하고 있다. 김시습의 도교계 저작인 〈수진〉과 〈복기〉의 일부 내용도 《천금방》의 〈양성편〉을 그대로 인용하고 있다. 〈수진〉과 〈복기〉 조에 나오는, "무릇 양성이란 것은[夫養性者]"이란 대목과 "대저 복기라는 것은[夫服氣者]" 이하의 내용은 모두 《천금방》〈양성편〉의 〈도림양성(道林養性)〉 제2조에 나온나.

그러나 손사막의 양생사상이 어느 정도 도법자연 사상의 잔영을 남기고 있는 데 견주어, 김시습은 양생의 원리가 역리(逆理)에 근거하였음을 간파하여 〈수진〉 편에 "정이 능히 기를 생하게 하

---

9) "欲泛泛於物外 仰慕圖南思邈之風 而國俗且無此事."

고 기는 능히 신을 생하게 한다[精能生氣 氣能生神]"란 구절을 교묘하게 삽입하여 양성의 요결이 역리에 있음을 밝혔다.[10] 이로 미루어 보건대, 김시습의 내단사상에 손사막의 양생사상이 일정한 기여를 하였지만, 결정적인 영향은 미치지 못하였음을 짐작할 수 있다.

그러나 김시습에게 진도남의 사상은 결코 경시할 수 없는 부분이다. 잠만 자고 있는 신선[睡仙]으로 널리 알려진 진도남의 본명은 진단(陳摶)이며 담초(譚峭)의 도우(道友)이기도 하다. 그는 김시습의 사상적 성향과 일치하여 도교뿐만 아니라 유불사상에도 정통하였으며, 주역사상에 선(禪)사상을 결부시켜 독특한 내단 이론을 전개한 인물이다.[11] 화산(華山) 운대관(雲臺觀)에 은거하여 지었다고 전하는 〈무극도(無極圖)〉는 송 대 이기철학의 핵심이자 많은 논란거리가 된 〈태극도(太極圖)〉에 심대한 영향을 미쳤으며, 이 〈무극도〉에서 "정을 단련하여 기로 변화하고 기를 단련하여 신으로 변화한다(煉精化氣 煉氣化神)"란 역리성단론(逆理成丹論)을 역학(易學)에 접목하여 내단이론을 최초로 체계화하였다.[12] 김시습이 손사막의 양생이론에 접목시킨 정기신론(精氣神論)이 바로 진단의 〈무극도〉에서 흔적이 발견된다는 사실로 미루어 어느 정도 영향 관계를 헤아려 볼 수 있겠다.

하지만 김시습의 도교사상 형성에 결정적인 기여를 한 인물로는, 송말원초에 "오행에 따르면 사람을 낳고 거스르면 단의 쓰임새가 된다"[13]고 하여 진단의 역리사상을 더욱 발전시킨 유염(俞

---

10) 《매월당전집》 권17, 〈수진(修眞)〉; "夫神仙者 養性服氣鍊龍虎 以却老者也 …… 其要在存三抱一 三者精氣神也 一者道也 精能生氣 氣能生神."
11) 李遠國, 《道敎氣功養生學》, 四川省社會科學院出版社, 1988, 322쪽.
12) 劉國梁, 《道敎與周易》, 北京燕山出版社, 1994, 53쪽.
13) 《周易參同契發揮》 卷下; "五行順則生人 逆爲丹用."

琰)을 손꼽을 수가 있다. 유염(1258~1314)의 자(字)는 옥오(玉吾)이고, 호는 전양자(全陽子) 또는 임옥산인(林屋山人)·석간도인(石澗道人) 등으로 알려져 있다. 대표 저술로는 널리 알려진 《주역참동계발휘(周易參同契發揮)》 외에, 《주역집설(周易集說)》·《주역찬요(周易纂要)》·《역외별전(易外別傳)》·《음부경주(陰符經注)》·《임옥산인집(林屋山人集)》 등이 있다.

김시습의 〈용호〉 편에 실린 대부분의 문장이 그의 저술에서 인용되었을 만큼 영향이 지대하다는 것이 최근의 연구에서 밝혀진 바가 있다.[14] 그런데 김시습의 〈용호〉 편이 비록 독창적인 것이 아니라 할지라도 내단학의 초기 수용과정에서 얻어진 성과로는 결코 만만하게 볼 수 없다.

일반적으로 알려진 내단가의 전통적인 저술 방법에는 가영(歌詠)·주소(註疏)·선록(選錄) 등이 있다. 그 가운데 '선록'은 '구절을 발췌하여 말을 엮는[摘句編言]' 수법으로 이루어진다. 언뜻 보면 전체가 손쉬운 표절로 이루어져 있고 심하면 단장절구식의 인용으로 저술의 신빙성이 크게 의심받기도 한다. 하지만 선록의 방법은 결코 쉬운 것이 아니다. 구결(口訣)과 비의(秘義)로 점철된 난해한 내단 서적을 충분히 요해해야 저술이 가능하다. 또한 자연의 여러 약재를 배합하여 초자연적인 금단을 완성하는 연금술처럼, 단장절구의 수법으로 각 구결의 의미를 상충시켜서 원저작자가 부여한 의미와 다른, 이자석 의미를 지닌 저술을 마련할 수 있다는 이점이 있다. 저술가의 언어를 표면에 드러내지 않고 순전히 편집의 능력으로 새로운 내용을 기술하는 이러한 대표적인 저

---

14) 김윤수, 〈신돈복의 단학삼서와 도교윤리〉, 《도교의 한국적 변용》, 아세아문화사, 1996, 293~294쪽.

술로는, 내단학의 고전으로 정평이 난 부금전(傅金銓)의 《증도일
관진기(證道一貫眞機)》를 들 수 있다. 김시습의 〈용호〉 편도 그러
한 저술의 일종이라고 하겠다.

청한자 김시습의 도교사상은 이처럼 유염의 《주역참동계발휘》
에서 선록(選錄)한 〈용호〉 편에 잘 집약되어 나타나 있는데 이를
통하여 그의 사상을 살펴보기로 한다.

> 용(龍)이란 것은 남방의 이룡(離龍)이다. 호(虎)란 것은 북방의
> 감호(坎虎)이다. 대개 동쪽은 청룡이 되고 서쪽은 백호가 되니
> 이것이 보편적인 이치이다. 이제 동방의 목(木)이 동쪽에 있지
> 아니하고 화(火)와 더불어 남쪽에 위치하며, 서방의 금(金)이 서
> 쪽에 있지 아니하고 수(水)와 더불어 북쪽에 함께 있어서, 백호
> 가 변하여 흑호(黑虎)가 되고, 청룡이 변하여 적룡(赤龍)이 된다.
> 목화(木火)와 금수(金水)로 용호(龍虎)라 하는 것은 연홍(鉛汞)을
> 우언(寓言)한 것이다.[15]

이 대목은 단순히 용호(龍虎)가 연홍(鉛汞)의 우언(寓言)임을 밝
히는 데 그치지 않고, 내단 형성의 관건이 되는 감리교구(坎離交
媾)의 연단과정을 설명하고 있다. 김시습은 여기서 내단 수련의
원리가 상리(常理)에 근거하지 않고 역리를 통하여 구현되고 있음
을 밝혔다. 용(龍)은 남방 이괘(離卦; ☲)의 용이고, 호랑이는 북방
감괘(坎卦; ☵)의 호(虎)라고 하였다. 일반적으로 동쪽을 청룡이라
하고 서쪽을 백호라 하는 것이 보편적인 이치이다. 그러나 내단

---

15) "龍者　南方離龍也　虎者　北方坎虎也　盖東爲靑龍　西爲白虎　此常理也　今以東方之木　不在東
　　而與火位於南　西方之金　不在西而與水合處於北　白虎變爲黑虎　靑龍變爲赤龍　木火金水以爲龍
　　虎　而寓言於鉛汞也."

사상은 이러한 보편적인 이치를 거부하는 데서 출발한다. 동방의 목(木)이 동쪽에 있지 않고 화(火)와 같이 남방에 자리하고, 서방의 금(金)이 서쪽에 있지 않고 수(水)와 더불어 북방에 자리한다는 것은 오행전도(五行顚倒)의 내단 원리에 근거한 것이다. 목이 남방의 화와 더불어 짝이 됨으로써, 목이 화를 생하는 것이 아니라 거꾸로 화가 목을 생성한 것을 적룡(赤龍)이라 하였다. 같은 관점에서 금이 북방의 수와 결합하여 수가 거꾸로 금을 생성하였다 하여 이를 흑호(黑虎)라 하였다. 여기서 청룡과 백호는 일반적인 논리에 따른 것이라면, 적룡과 흑호는 내단가의 역리(逆理)를 전제로 한 것이다.

여기서 동서로 대립된 용과 호는 일반적인 오행론에 따라 논의할 때 결코 화합할 수 없는 상극의 존재에 그치지만, 내단의 원리에서는 상극의 관계를 남북으로 전위함으로써 극적 화해를 도모하고 있음을 주목할 필요가 있다. 그것은 바로 이룡(離龍)의 이괘(離卦)가 아래로 가고 감호(坎虎)의 감괘(坎卦)가 위로 가서 그 자체 수화전도(水火顚倒)의 기제(旣濟)괘를 이루고 있기 때문이다. 이에 따라 내단 수련의 주된 목표인 단(丹)은 다음과 같이 생성된다.

단(丹)을 만들 때 용(龍)을 몰아들이고 호랑이를 불러들이니, 호랑이는 곧 용의 정기를 삼켜서 빨아들인다. 한번 내쉬고 한번 들이쉬이 둘이 서로 마시고 먹어서, 호랑이는 엎드리고 용은 내리게 하여 날지도 못하고 달아나지도 못한 채 병합하여 하나로 된 것을 연(鍊)한다고 이른다.16)

---

16) “作丹之時 驅龍呼虎 虎1)乃吞吸其精 一呼一吸 兩相飲食 伏虎降龍 不飛不走 倂合爲一 是謂
   鍊也.”

연홍(鉛汞)은 음중양(陰中陽), 양중음(陽中陰)의 형태로 음양이 서로 갈무리되어 있다. 순양 혹은 순음의 상태가 되려면 상대쪽에 갈무리된 음 가운데 양 또는 양 가운데의 음을 끌어와서 보충해야 한다. 그러한 음양의 상호 보충작용을 감리교구(坎離交媾) 또는 용호교구(龍虎交媾)라 한다. 그러나 이는 순리로 이루어지는 것이 아니라, 앞서 말한 기제괘(旣濟卦)의 경우처럼 위에 있는 양을 아래로 전위시키고 아래에 있는 음을 위로 전위시켜서 상호 갈무리된 진음과 진양을 서로 교환함으로써 이루어진다. '용을 몰아들이고 호랑이를 불러들이는 것'은 이러한 전도(顚倒) 묘용을 자세하게 밝힌 것으로서, 이괘(離卦; ☲) 가운데 음효(陰爻)인 용정(龍精)을 삼키는, 이른바 '호랑이는 곧 용의 정기를 삼켜서 빨아들인다'는 구절과 긴밀히 연계되어 있다. 전자는 음정(陰精)인 수은 [汞]으로써 양기(陽氣)인 납[鉛]을 구하고, 후자는 양기인 납으로써 음정인 수은을 받아들여 손상된 후천의 정기(精氣)를 선천의 기운으로 환원시키고 있어서, 순즉생인(順則生人)이 아닌 역즉성선(逆則成仙)의 역리(逆理) 작용을 도모한다. 따라서 역리전도(逆理顚倒)를 거쳐 상호 제어된 납과 수은은 곧 상반된 양극의 결합이며, 이에 음양의 두 기운이 서로 교류하여 극적 화해를 하게 되는 것이다.

내단학에서는 이러한 오행전도(五行顚倒)의 역극(逆克) 작용을 중시한다. 본래 오행에 상극이 있는 것은 서로 상대적 존재이기 때문이며, 상생의 작용은 서로 의지하기 때문이다.[17] 수(水)는 화(火)를 극하지만, 수를 매개로 생성된 목(木)은 도리어 화를 생하

---

17) 陸西星, 《참동계측소(參同契測疏)》, 〈오행역극장 제35(五行逆克章 第三十五)〉; "然而五行之氣 互有生剋故, 相對則相剋 相據則相生"

게 한다. 금(金)은 능히 목을 극하지만 금을 매개로 생성된 수는 도리어 목을 생하게 하는 작용을 한다. 따라서 서로의 존재는 넓게 보면 상생상극의 관계로서 상호 작용한다. 생하게 하고 극하지 않으면 생이 지나치게 되고, 극하기만 하고 생하지 않으면 모자라게 되는 것이 필연의 이치이다. 때문에 금은 반드시 화의 핍박을 통하여 빛을 발하게 되며, 목은 금의 제제를 받아야 도리어 번성하게 되는 것이다. 상생은 그러한 오행의 이치를 상호조화의 측면에서 지적한 것이고, 상극은 상대적 측면을 강조한 것이라 하겠다.

감리교구를 통하여 내단을 형성하고자 할 때 가장 어려운 난관은, 변화무쌍한 용(龍)으로 비유한 바와 같이 목정(木精)인 수은을 처리하는 데 있고, 그러한 과정을 앞서 "호랑이를 엎드리게 하고 용을 날아 내리게 하는" 것이라 하여 알아보았다. 이러한 복호항룡(伏虎降龍)은 납과 수은이 병합하여 내단을 형성하는 원리로서 오행역극(五行逆克) 작용에 말미암는 바, 다음에서는 이러한 역극(逆克)의 원리를 자세히 보여준다.

정기(鼎器)를 이미 안정시켰으면 호흡을 통하여 원기(元氣)를 훔쳐 온다. 이에 단(丹)이 감(坎) 가운데 생기는데, 불기운의 핍박을 받아 자리를 나가 삼궁(三宮)을 거쳐 내려와 입안으로 들어온다. 이것이 바로 복이(服餌)이다. …… 문화(文火)와 무화(武火)를 말하건대, 연호(鉛虎)는 금(金)에 속하며 그 성질이 지극히 강하다. 감(坎) 안에 갈무리되어 있어서 지극히 맹렬하게 단련하지 않으면 위로 날아오르지 않기 때문에 무화로써 이를 핍박하지만, 문화는 사용할 수 없다. 홍룡(汞龍)은 목(木)에 속하며 그 성질이 지극히 부드럽다. 이(離) 속에 숨어 있지만 한번 진연(眞鉛)을 보면 자

연히 움직이지 않으므로 문화로써 단련하되 무화를 쓰지 않는
다.18)

　앞부분에서 정기(鼎器)를 바로잡고 호흡을 통하여 원기를 훔쳐
서 체내에 단을 연성한다고 하였다. 이는 몸 밖에서 단(丹)을 조제
하는 외단이 아니라 체내에서 연성한 내단 임을 천명하고 있음이
주목된다. 그런데 여기서 감중(坎中)의 단(丹)은 감괘에 있는 진연
(眞鉛)의 금(金)이다. 화(火)의 핍박을 받아 변화하여 복이(服餌)한다
고 하였다. 통상 오행은 금이 목을 생하게 하고 목이 화를 생하게
하는 것이 순리이며 상생의 길이다. 그럼에도 화의 핍박을 받은
금(金)을 복이(服餌)한다는 것은, 감호(坎虎)의 금이 지나치게 굳기
때문에 이룡(離龍)의 화가 금을 극함으로써 도리어 금의 본성을
회복하게 하는 역극작용을 전제로 한다. 북방의 수중금(水中金)인
납[鉛]은 물밑으로 가라앉는 성질이 있기 때문에 토(土)가 금을
생하는 상생의 논리로는 구제되지 않는다. 때문에 남방의 화기를
운용하여 북방의 금을 극하게 되는데, 이때 남방의 화는 이미 이
룡(離龍)의 목과 짝이 되어 있어서 금을 극함으로써 자연히 목을
생하게 된다. 왜냐하면 북방 감호(坎虎)의 수중금이 남방의 화의
핍박을 받아 수에서 생성되었지만, 이 금이 거꾸로 남방의 화중
목을 극하기 때문이다. 그러나 금에 의하여 극벌(剋伐)된 목은 오
히려 제복됨으로써 생한다. 여기서 극은 생이요 생은 극이란 역
극(逆克)의 원리를 발견할 수 있다. 따라서 이러한 역극의 작용으
로 제어하기 어려운 이룡(離龍)의 수은[汞]은 진연(眞鉛)을 만나자

---

18) "鼎器既安　一呼一吸　盜彼元氣　於是　丹生於坎中　因火逼而出位歷三宮　降而入口　卽是服餌也
　　……文武火者　鉛虎屬金　其性至剛　藏於坎中　非猛鍛極鍊則不能飛上　故用武火逼之　而不可施
　　以文　汞龍屬木　其性至柔　隱於離中　一見眞鉛　自然不動　故用文火煉之　而不可施以武也."

마자 자연히 움직이지 않고 상호 결합됨으로써 역리성단(逆理成丹)의 내단 과정을 마치게 되는 것이다. 위에서 금연(金鉛)과 목홍(木汞)은 하나로 병합되어 단(丹)이 형성되는 것을 복이(服餌)라 한 것은 바로 이를 이른다.

4. 《금오신화》의 역설적 미학

이상에서 김시습의 도교 내단사상을 살펴보았는데, 그의 내단 사상은 역리사상을 중심으로 전개된 것임을 알 수 있었다. 그런데 김시습 내단사상의 문학적 변용을 문제 삼을 때 시가와 소설 두 방면으로 나누어 생각할 필요가 있다. 한시(漢詩)에서는 내단 수련에 대한 체험을 잘 드러내고 있는 데 견주어, 소설에 있어서는 내단 수련의 역리사상이 《금오신화》의 역설적 미학과 밀접한 관련을 맺고 있기 때문이다.

〈용호〉편의 결말에서 김시습은 순리보다 역리를 통한 내단수련을 천리를 거역하는 행위라고 지적하며 전통적인 유가의 주장을 거듭 확인하였다. 그러나 역리(逆理)에 대한 정통적인 내단가의 견해도 이와는 별반 다를 바가 없는 데에서 그의 역리사상이 도교사상의 문제에만 국한되지 않는다. 명 대 대표적인 내단가인 육서성(陸西星)이 이에 대하여 다음과 같이 언급한 바가 있다.

도기역용(盜機逆用)이란 말은 삶을 훔쳐서 이치를 거역함을 이르는 것이 아니다. 이치를 거스르면 하늘에 죄를 짓는 것이다. 하늘에 죄를 짓고서 장생구시(長生久視)할 수 있겠는가? 어떤 이가 이르기를 '생사가 있는 것이 천도의 떳떳함일진대 신선이란

지나치게 장생독존하려는 것'이라 하였으니, 공[朱子]의 감회는
대개 이유가 있었다.[19]

이로 미루어 역리는 역천(逆天)의 개념과는 어느 정도 거리가
있다고 하겠다. 곧 역리란 이치를 거역하는 것이 아니라 이치를
반대로 활용하는 역용(逆用)에 주안점이 있음을 짐작할 수 있다.
그렇다면 〈용호〉에서 개진된 그의 역리사상은 그 자체로 시대에
대한 우언(寓言)이 아닐 수 없다. 저항의 논리와 찬탈의 논리는 현
실의 난관을 타개하는 데 위악과 위선의 논리만큼 그 동기와 결
과의 비중이 자의적으로 적용되는 특징이 있다. 찬탈의 군주가
역모를 획책하는 신하를 단죄하는 근거를 역천에서 찾는다면 이
는 거꾸로 반역을 꾀하는 신하가 찬탈 군주에 항변하는 근거가
되기도 한다.
  따라서 김시습의 도교사상은 신선이 되는 지침을 제시한 것이
아니라, 난세에 새로운 언술 방법을 제공하는 데 의미가 두어진
다. 《전등신화》에 서문을 남긴 오식(吳植)은 전기(傳奇)를 우언(寓
言)으로 간주하였다.[20] 우언은 말 속에 뜻을 붙인 것이다. 직설적
으로 드러내지 않았다는 점에서는 시대의 진실에 대한 침묵이지
만, 시대의 비리를 드러내어 말하지 못한 소수 집단은 허황한 말
의 이면에 있는 진실에 공감하는 것이다. 그래서 텍스트 표면의
순리에 따라 전개된 허황된 이야깃거리는, 역리를 통하여 텍스트
의 이면을 들여다 볼 때 심각한 의미를 띠게 된다. 다음의 〈제금

___

19) 〈음부경측소후서(陰符經測疏後序)〉,《방호외사(方壺外史) 》;"其言盜機逆用 非偸生逆理
    之謂也 逆理則獲罪於天矣 有獲罪於天而 可以長生久視者乎 或謂有生有死 天道之常 而神仙
    者 流欲以長生獨存 公之感 蓋有以也."
20) "余觀宗吉先生剪燈新話 其詞則傳奇之流 其意則子氏之寓言也.

오신화(題金鰲新話)〉는 이러한 당시 사정을 은밀히 암시한다.

> 좁은 집 낡은 담요 온기 아직 남았는데,
> 창에 가득 매화 그림자, 달이 떴구나.
> 밤새도록 심지 돋우고 향 사르며 앉아서는
> 세상에 내보이지 않을 글을 한가로이 지었다네.
>
> 옥당에서 글 지을 마음 사라진지 오래고,
> 솔바람 소리 아래 정좌하니 밤은 깊었네.
> 향로에 향 피우고 책상을 닦아놓고,
> 풍류기화를 자세히도 찾았더라.
> ──《매월당시집》 권6

> 矮屋靑氈暖有餘 滿窓梅影月明初
> 挑燈永夜焚香坐 閑著人間不見書
>
> 玉堂揮翰已無心 端坐松窓夜正深
> 香揷銅爐烏几淨 風流奇話細搜尋

　통상 글을 지어 놓고 제(題)하는 것을 관례로 여긴다면 위의 시는 《금오신화》를 탈고한 지후에 지었을 것이다. 마지막 줄의 "풍류기화"는 시를 지을 당시에 찾고 있는 대상이 아니라, 과거에 이미 찾은 이야기로 해석될 법도 하다. 이 시의 묘미는 궁핍과 여유, 허상과 실상, 유위와 무위, 드러냄과 숨김, 엄숙과 희작(戲作) 등의 서로 대립하는 요소를 역설적으로 결합시킴으로써 시적 긴장을 유지함에 있다. 낡은 담요 한 장에 떨면서도 온기가 아직 남

아 있다고 여유를 보이고, 창문에 어린 매화 그림자를 보며 창 밖
에 달이 떴음을 헤아린다. 심지를 돋우고 밤을 지새우지만 그냥
오도카니 앉아 있고, 어느 결에 "세상에 내보이지 않을 글"을 지
었다지만 그 글에 제(題)함으로써 흔적을 남겨 세상에 알렸다. 무
엇보다도 교양 있는 선비로서 허탄(虛誕)한 풍류기화를 지었으니
관각(館閣)의 글은 이미 포기한 것이나 다름없다. 그런데 밤새도
록 향을 피우고 경건하게 수행한 작업이 "세상에 내보이지 않을
글"이었고, 그 글은 옥당(玉堂)으로 대표되는 관각문학을 포기한
대가로 주어졌음이 예사로이 보이지 않는다. 한가로이 지었다는
말이 심심풀이로 지었다는 뜻이 아님은 향을 피워 놓고 밤새도록
지었다는 말에서 유추된다. 둘째 시에서는 그러한 글을 지은 과
정을 말하고 있다. 품위 있는 관각의 글은 무슨 이유인지 부정하
고 엄숙하게 향을 피우고 책상을 정리한 다음 글을 짓는다고 하
였다. 그런데 그 대단한 글이 허탄한 풍류기화를 모은 것이라 하
여 이제껏 지속된 독자의 긴장을 깨뜨린다. 독설에 가까운 역설
이다.

　〈제금오신화〉는《금오신화》에 대한 거의 유일한 일차 자료라
고 할 수 있다. 밤새도록 고심하여 쓴 글이 세상에 내보이지 않을
글이라면서 행세하는 관각의 글을 부정하였지만, 관각의 글 대신
에 가장 세속적인 풍류기화를 세상에 내보여서 이중 삼중의 역설
적인 의미를 담고 있다. 그 가운데 "창에 가득 매화 그림자 달이
떴구나[滿窓梅影月明初]"란 구절은 한시(漢詩) 수사법 차원을 넘어
내단사상의 역리전도 묘용을 시에 끌어들여 극적으로 제시한다.
달이 떠야 그 빛에 비친 매화가 창문에 그림자를 드리우는 것이
순리이다. 그런데 김시습은 이를 거꾸로 창호지에 가득한 매화
그림자를 통하여 창 밖에 달이 떴음을 알려준다. 창 밖에 떠 있는

달이 실상이라면 창호지에 어린 매화 그림자는 허상이다. 그러나 달빛이 매화 그림자를 생하게 하는 것이 아니라 거꾸로 매화 그림자가 달빛을 생동하게 한다. 마치 필름을 현상할 때 음화(陰畵)의 단계를 거쳐서 영상이 인화지에 옮겨지듯이, 매화 그림자란 음화를 통하여 달이란 실상을 그려내었던 것이다.

이러한 역리 작용을 눈여겨보면 '풍류기화'도 그 자체로 매화 그림자와 다를 바 없는 음화에 지나지 않음을 알 수 있다. 인화되지 않은 음화는 세상의 모습과 다른 허탄한 것일 수밖에 없다. 그 음화를 역리의 수법으로 인화할 때, 관각의 글을 부정한 의미의 차원에서 허탄한 글이 "세상에 내보이지 않을 글"인 엄숙한 글로 인화되어 나타나는 것이다. 여기서 〈제금오신화〉는 《금오신화》의 전편에 걸친 창작방법을 암시한 것으로 드러나며, 그것은 가상을 통하여 실상을 그려내는 역리의 수법이었다.

일상적인 순리가 아닌 역리의 논법으로 역설적 의미를 담고, 그 속에 시대의 진실을 포착하게 하는 이러한 수법은 도기역용(盜機逆用)이란 문장론으로 전개된다. 단순히 시대를 뒤집어 그려 놓아 골계전류의 흥밋거리를 제공하는 것이 아닌, 시대의 천기(天機)를 훔쳐서 음화 속에 거꾸로 새겨 넣는 수법을 《금오신화》에 사용한 것이다. 그래서 김시습은 귀신을 부정하면서도 귀신을 끌어들였다. 선비가 세상을 등지고 세상 밖에 있어야 할 귀신을 현실의 세계로 끌어왔나. 이는 기가 돌아가 소멸한 것이 귀신이고 기가 나타나서 이루어진 것이 사람이라는 유가적 도식을 뒤집어 역리 속에서 시대의 실상을 포착하고자 하는 도교적 전기미학(傳奇美學)을 보여준다.

역리사상에 근거한 이러한 전기미학이 그 시대에 무엇을 의미하였는가 하는 물음은 다음의 〈괴사(怪事)〉란 시를 통하여 그 해답을 찾을 수 있을 것이다.

세상 일 괴이하니
마음속이 어찌 그리 답답한가.
갈고리 같이 굽은 자 영화를 얻고
활줄처럼 곧은 이 큰 재앙을 만났네.
모두들 세상 일 달게 여기는데
다시 옆 사람에게 무얼 말하랴.
곁방살이에 더하여 품팔이 신세거늘
문 닫고 다시 혀도 깨물자.
멀리 굴원의 초혼가를 생각하니
나도 몰래 소리쳐 울고 말았네.
옛부터 강직한 이는
관뚜껑 덮고서야 절개가 드러나니
기막혀 혀 차더라도 눈썹을 펴고
위태한 시운일랑 근심치 말자.
── 〈괴사〉, 《매월당시집》 권1

世事足可怪 心中何一鬱
似鉤得恩榮 如弦遭崇擘
世事皆以甘 肯向傍人說
僦屋又傭人 杜門復捫舌
緬懷楚些章 不覺聲嗚咽
古來勁直者 盖棺立名節
咄咄且揚眉 莫愁時運蹶

여기서 세조의 찬탈 행위와 당대의 역리적 작태를 떠올리지 않을 수 없다. 갈고리 같이 굽은 자가 영화를 얻고, 활줄처럼 곧은 이가 큰 재앙을 만난 세상은 이미 가치와 규범이 전도되어 있는 난세이다. 그래도 아무도 이를 걱정하는 이 없다. 김시습의 광기는, 역리가 횡행하는 난세에 빚어진 횡포에 대한 절규이자 이에 대응하는 역행으로 드러난다. 이러한 시대의 역행은 일상의 도리에 위배된다는 점에서 허상이다. 그러나 당대 현실의 이면을 고발함에서는 실상이다. 여기서 그의 고독이 초월적 세계로의 도피에서 빚어진 것이 아닌, 위태한 시운을 걱정하는 소외된 지식인의 태도를 드러낸 것임을 다음의 일화에서도 확인할 수 있다.

> 송돈학(宋遯壑) 경원(慶元)이 스스로 맹세하는 시를 지었는데, "살아서는 산속 사람이 되고, 죽어서도 산속 귀신이 되려네."라고 하였다. 선생(김시습)이 이를 보고 감격하여 서로 붙들고 소리쳐 울었다. 이어 채미가(採薇歌)를 부르며 영월을 바라보고 통곡하였다.[21]

영월을 바라보고 통곡하였다는 것은, 폐위된 부재(不在)의 왕권을 현존재로 여기는, 당시로 보면 전도된 의식의 발로이다. 그러나 앞의 "살아서는 산속 사람이 되고, 죽어서도 산속 귀신이 되려네"라는 말은 부재에 대힌 부재의 대응양상이다. 순생의 세계에서 은폐된 시대의 비리를 거꾸로 투영한 음화이기 때문이다. 바로 그 점에서 이미 삶의 지향점을 잃은 존재의 절규는 역설적 의

---

21) 《돈학유사록》(《전집》 부록 권1에서 인용); "宋遯壑慶元 作自誓詩有 生爲山中人 死爲山中鬼 先生見之有感 相扶呼泣 因歌採薇望寧越痛哭."

미를 지니며, 주변세계와의 긴장을 늦추지 않는다. 그리고 이러한
역설은 《금오신화》의 소설미학으로 연결된다.

5. 마무리

김시습은 "사람이 죽으면 귀신과 같게 되고 귀신이 변화하면
사람과 같게 된다"[22]며 사람과 귀신의 구별을 엄격히 제한하지
않았다. 신유학에서는 '음양 두 기운이 원래부터 가지고 있는 조
화[二氣良能]'라 하여 귀신이 음계로 돌아가 소멸되고 사람이 양
계로 나타나는 순리(順理)를 소중히 여긴다. 하지만 김시습은 내
단학의 역리사상을 소설 속에 구현하여 귀신이 양계에 나타나고
사람이 음계로 돌아가 소멸되는 역설적 구성을 모색하였다.
　　예컨대 〈만복사저포기〉의 경우, 주인공과 여귀의 만남은 산 자
와 죽은 자와의 결합을 도모하는 해괴한 사건이다. 산 자끼리의
결합은 순리이며 생이다. 그러나 죽은 자와 산 자와의 결합은 역
리이며 극이다. 이러한 역극의 논리는 산 자끼리 결합하는 순생
의 논리를 이면에 깔면서 산 자와의 결합이 불가능한 사태를 역
설적으로 희화(戱化)한다. 만복사에서 낯선 여귀와 하룻밤을 보낸
양생이 새벽에 그의 행적을 묻는 주변인에게 거짓말로 대꾸하는
장면은 이를 증명한다. 낯익은 주변인과의 대화가 이처럼 단절되
는 것은 순생의 세계가 역설적으로 긍정할 수 없는 세계임을 알
려준다.
　　또한 〈남염부주지〉를 보더라도 역극의 세계를 통하여 순생의

---

22) 《매월당전집》 권17, 〈喪葬〉, "人死同爲鬼　鬼化同爲人."

세계를 비판한다. 살아 있는 자와의 만남 공간인 순생의 세계에서 박생은 극락과 지옥설에 의심을 품고 일리론(一理論)을 지어 저승을 부정하는 논리를 당당히 펼친다. 그리고 저승의 세계에 나아가 염라왕을 면대하는 자리에서 이를 확인한다. 하지만 박생의 행위는 한편에서 저승을 인정한 것이 되어 '일리론'과 모순된다. 그러나 이는 시류에 영합하는 소인을 겨냥한 '이사거사(以邪去邪)'의 전략이라고 작품 속에서 거듭 암시하였다. 염라왕을 인정하는 것은 지옥을 관장하는 염라왕의 생생한 증언을 통하여 지옥의 존재를 부정하기 위한 역극의 논리이다. 이는 말할 나위 없이 저승과의 대화를 통하여 역설적으로 이승의 일들을 비판하고자 함이었다. 그러나 역설적으로 긍정된 초월적 존재와의 통화를 다시금 몽환의 세계로 처리하여 어느 한쪽의 주장을 일방적으로 지지하지 않는다. 뿐만 아니라 꿈속의 사건이니 허탄하다고 단정짓는 순간, 박생이 염라왕으로 환생하였다는 에필로그를 통하여 다시 한 번 독자의 뒷덜미를 낚아채는 점에서 작자의 차가운 안목을 발견한다.

　이러한 역설적 구성은 그 자체가 모순되며 어디까지나 허구로서 가능한 일이다. 그러나 세계와의 화합 욕구로 상대적 대립을 긍정하게 함으로써, 말할 수 없는 "저쪽"의 존재를 말하게 한다. 이러한 역극의 작용은, "죽은 자는 말이 없다"고 하여 시대의 비리를 은폐하는 순생의 세계에 충격을 주어, '저쪽'의 말을 경청하게 함으로써 '이쪽' 삶의 실상을 인식하게 하는 것이다. 이러한 점에서 《금오신화》는 순생의 측면에서 조망하면 구조적인 통일성이 근본적으로 존재하지 않고 깨어져 있다고 할 수 있다. 그러나 순생의 논리로 드러난 빈틈을 통해 역극의 세계를 발견하고 이를 재구성함으로써 숨은 의미를 얻게 된다.

《금오신화》의 주인공들은 후대 영웅소설의 주인공과는 다르게 삶의 지향점을 상실한 유령과 같은 존재들이다. 그들은 본질적으로 아무 것도 회상하지 않으며, 럭비공처럼 다음 행동방향을 예측하지 못하는 특징이 있다. 〈만복사저포기〉나 〈이생규장전〉에서처럼 홀연히 나타난 여귀의 하소연은 서사적 맥락을 저해할 만큼 낯설다. 〈남염부주지〉나 〈취유부벽정기〉, 그리고 〈용궁부연록〉의 남자 주인공 행동도 마찬가지이다. 기이한 인연의 결과로 부귀영화를 성취하거나 최소한 일상의 생활로 복귀할 수 있음에도, 비극을 자초한다. 독자들이 읽어 온 주인공들의 내력도 이들의 행동을 예측하는 데 아무런 보탬이 되지 못한다. 그리고 염라왕이나 용왕 등 그 어떠한 초월적인 존재도 불우한 주인공의 처지를 근원적으로 해결하지 못하며, 미신이란 지상계의 횡포에 그 이름을 빌려주는 초라한 존재로 묘사된다. 선녀조차도 불우한 인간 이상으로 상처를 입은 존재로 파악한다. 이는 세상의 주도권이 이미 초월적인 존재에 있지 않고 보이지 않는 지상계의 주변 세력에 있음을 시사한다. 여기서《금오신화》의 비극적 정서가 어디에서 말미암는가를 감지할 수 있다. 초월적인 존재가 불우한 인간을 구제하지 못하고, 때로는 불의한 세력에게 이용되기도 하여 이들이 안주할 곳이 없기 때문이다. 역설은 이러한 극한 상황에서 빚어진 절규로 드러난다.

일상적인 이치에 비추어 본다면 귀신 이야기는 허탄한 것이다. 그러나 그 허탄함을 거꾸로 심각한 현실로 여긴다면, 균형 잡힌 인식으로 세계의 진정한 모습을 발견하게 된다. 시대와의 불화를 극복하는 문학행위가 때로는 웃음과 희작(戱作)으로 나타나기도 하지만, 기양(技癢)으로 만난 여귀의 존재를 통하여 뜻하지 않게 세계의 횡포를 읽게 되기 때문이다.《금오신화》의 주인공들을 굳이 작자인 김시습의 분신으로 간주하지 않아도, 한때 꿈꾸었던 출세의지를 스스로 좌절시키는 그들의 행적을 통하여 역설적으로 독자에게 세상을 비껴 관조하는 의식을 일깨운다. 그리고 한 맺힌 귀신과 불우한 선비와의 만남을 통하여 건널 수 없는 세계와의 단절감을 맛본다. 여귀의 하소연에 참여함은 곧 주변 세계의 횡포를 공감하는 것으로, 죽은 자의 세계와 간극이 메워지는 순간 거꾸로 산 자의 주변세계와는 단절된다. 여기서 산 자의 세계가 불의의 세계임을 고발하는 우언(寓言)의 목적을 성취하게 되는 것이다.

이러한 텍스트는 누가 죽었는지 하는 문제에는 관심이 없다. 그 세계에 얽힌 모두가 이미 삶의 지향점을 상실하고 있어서 누구나 주인공이면서 누구나 주변인이다. 풍류기화라 통칭한 바와 같이 특정인을 내세워 작품의 경계를 별도로 설정할 필요가 없을 만큼 죽은 사람의 이야기는 곧 산 사람의 이야기이고, 산 사람의 이야기는 죽은 사람의 이야기가 된다. 나아가 기존의 설화와는 달리 작품 밖의 이야기가 작품 안의 이야기가 되며 작품 안의 이야기는 작품 밖의 이야기로 넘나들며 읽힌다. 그러한 점에서 《금오신화》의 말미에 제시된 "끝마친 바를 알 수 없다[不知所終]"는 말은 주변인의 시각에서 주인공의 실종을 말하는 것이 아니라, 오히려 주인공의 시점에서, 어디에서 생을 마감해야 할지를 모르는, 삶의 지향점을 상실한 주변인의 현존을 말하는 것에 다름 아니다.

이러한 서사양식은 수동적인 독자보다 능동적인 독자를 요구한다. 역설적 구성으로 깨어진 고정관념의 파편들을 세계의 방관자인 독자가 나서서 수습함으로써 텍스트의 형성에 참여하고, 숨겨진 우의를 발견하게 된다. 때문에 여느 서사양식보다 작품 외부에서 주입된 사실적 관념에 주목할 필요가 있다. 텍스트의 여백을 채워나가는 소수의 독자에게, 과거로부터 단절된 주인공들의 현존 의미와, 현재로서 체험되는 울분을 상기시킨다. 당시의 소설은 작고 가벼운 이야기가 아니라 심각한 이야기로 읽혀졌던 것이다.

한국 전통의학과 도교의 관계

1. 도교의 주술적 치병술과 《옥추경》

한국의 전통의학은 고려시대부터 내려온 부주(符呪) 계열의 무의(巫醫)와 조선 시대 양생 계열의 유의(儒醫)로 크게 양분된다. 무의는 고려 시대에 유입된 부록파(符籙派) 도교의학이 《옥추경(玉樞經)》을 신봉하는 가운데 발전되었는데, 유교를 통치이념으로 내세운 조선 시대에 이르러 무의들의 치병술은 숱한 폐단을 낳았고, 심지어 유교적 지배질서를 위협하기도 했다. 이로 말미암아 조선의 유학자들이 의학에 관심을 가지게 되었고, 그 결과 많은 유의들이 나타났다. 조선 시대 유의는 도교 양생술과 내단학에 조예가 깊었다. 양예수·정렴·정작과 같은 유의는 의원이면서 도교 수련가였다. 이들의 도움으로 도교의학 체제가 《동의보감》의 결집과정에서 확립되었고, 그로 말미암아 무의의 무절제한 의료 행위에서 오는 폐단을 바로잡을 수 있었다. 나아가서 귀신 씌움[鬼祟]과 온역(瘟疫) 같은 유행성 질환에 대한 과학적 탐구와 치료에도 큰 기여를 했다.

이능화(1868~1945)의 《조선도교사》를 읽어보면 다음과 같은 기록을 발견할 수 있다.

지금도 우리 민간 풍속에 직성길흉(直星吉凶)에 따라 액땜하는 법을 정월 14일에 행한다. 이것은 비록 연중행사의 하나로 되어 있지만, 그 연원을 찾아보면 대개 상원일(上元日)에 본명초례(本命醮禮)를 올리는 뜻에서 유래된 것이다. 또한 세화(歲畵)·십장생(十長生)·문배(門排)·선녀(仙女)·신장(神將)·천중절(天中節)의 적부(赤符)는 모두 고려에서 물려받은 도가(道家)의 행사이다.[1]

여기서 이능화는 조선 시대에 이르기까지 민간 풍속에 고려 시대 도교행사의 흔적이 남아 있다고 했다. 그가 말한 고려 시대의 도교 흔적은 본명초례(本命醮禮)·문배(門排)·천중적부(天中赤符) 등의 용어로 추측하건대 부록파 계열의 도교라는 것을 알 수 있다.

유교를 지배이념으로 내세운 조선 시대까지도 고려 시대 도교의 유산으로 민간이나 궁중에 부적이나 주술로 질병을 치료하던 풍습이 남아 있었다. 대표적인 사례가 단오절의 천중적부(天中赤符)·옥추단(玉樞丹)·옥추단제(玉樞丹祭) 등의 행사이다.

조선 후기 학자 홍석모의 《동국세시기》〈오월(五月)〉에 이르기를,

관상감에서는 주사(朱砂)로 찍어낸 천중절의 적부를 올리면 대궐에서는 문설주에 붙여서 불길한 재액을 막게 한다. 또 경사대부의 집에서도 그것을 붙인다. 그 글에 이르기를, "5월 5일 천중절에 이르러 위로는 하늘의 녹을 받고 아래로는 땅의 복을 받게 하라. 치우신은 구리 머리 쇠 이마에 붉은 입 붉은 혀로 404가지 병을 일시에 소멸시켜라. 급급여율령." 한나라 제도를 상고

---

1) 李能和, 《朝鮮道敎史》 第24章, 〈年中行事與道敎〉; "今我巷俗尙有直星吉凶, 度厄之法, 而於正月十四日爲之. 此雖年中行事之一事, 而究其所自則, 盖出於上元日行本命醮禮之義也. 又有歲畵·十長生·及門排·仙女·神將·天中節之赤符, 亦皆高麗遺傳之道家行事也."

하면 복숭아 도장을 가지고 악한 기운을 물리친다고 한다.《포박자》에는 적령부(赤靈符)를 만든다고 한다. 이 모든 것은 대개 단오절의 옛 제도인데 지금 부적을 붙이는 제도는 여기서 나온 것이다.[2]

라고 했다. 여기서는 5월 5일 단오절에 관상감에서 천중적부를 만드는 풍습을 소개하고 있는데, "급급여율령(急急如律令)"과 같은 도교 주문을 사용해서 기원하는 바는 세상 모든 병을 일시에 소멸시키는 것이었다.

관상감에서 천중적부를 만들어 치병(治病)을 도모하는 것에 뒤질 새라 궁중의 내의원에서도 옥추단을 만들어 진어(進御)하는 풍습이 있었다. 김매순(1776~1840)의 《열양세시기》〈유월(六月)〉에 이르기를, "내의원에서는 늦여름 토(土) 기운이 왕성한 날에 황제(黃帝)에게 제사를 지내고 옥추단을 만들어 임금께 올린다. 임금께서는 각료들에게 각각 세 개씩 나누어 준다."[3]고 한 것이 그것이다. 옥추단은 태을자금단(太乙紫金丹)의 다른 이름으로 1497년 이종준(李宗準)이 간행한 《신선태을자금단(神仙太乙紫金丹)》이라는 의서에 자세히 소개되어 있다. "옥추단"·"태을자금단" 등의 명칭으로 미루어 도교와 관련된 것으로 추측할 수 있다.

《동의보감》 권9 〈잡병편〉에 "옥추단을 만드는 방법이 '태을자금단'과 같고, '태을사금단'은 일명 '자금정(紫金錠)', 또는 '만병해독단(萬病解毒丹)'이라 하며, 고독(蠱毒)을 치료하는 데 사용한다"

---

2) "觀象監朱砂搨天中赤符, 進于大內貼門楣, 以除弗祥° 卿士家亦貼之. 其文曰, 五月五日, 天中之節, 上得天祿, 下得地福, 蚩尤之神, 銅頭鐵額, 赤口赤舌, 四百四病, 一時消滅, 急急如律令. 按漢制有桃印, 以止惡氣, 抱朴子作赤靈符, 皆端午舊制, 而今之符制, 盖出於此."

3) "內醫院以季夏土旺日, 祀黃帝, 製玉樞丹進御. 內賜閣臣三枚."

고 한다. 그 약재와 방법은 다음과 같다.

> 문합(蚊蛤)은 벌레와 흙을 털은 것 3냥, 산자고(山茨菰)는 껍질
> 을 벗겨 불에 말린 것 2냥, 홍아대극(紅芽大戟)은 씻어 불에 말린
> 것 1냥 반, 속수자(續隨子)는 껍질을 벗기고 기름을 제거한 것 1
> 냥, 사향 3전(錢) 등을 가루로 만들어 찹쌀죽과 섞은 다음 천여
> 번 절구질해서 고르게 찧어 한제(一料)에 40정(錠)이 되게 한다.
> …… 조제할 때는 반드시 단오·칠석·중양절 또는 천덕(天德)·월
> 덕일(月德日)이어야 하고, 깨끗한 실내에서 향을 피우고 재계하
> 되, 부녀자나 상복을 입은 이, 그리고 개와 닭이 보지 못하도록
> 한다.[4]

옥추단은 여기에 웅황 한 냥과 주사(朱砂) 5전(五錢)을 보태어
금박에 싼 것이다. 특히 옥추단을 만드는 일은 《증보문헌비고》에
서 이른 바와 같이, 의례(儀禮)의 격식을 갖추었으며 그 일은 내의
원에서 주관했다.

> 옥추단제(玉樞丹祭)는 의약(醫藥)을 창시한 신에게 제사하는 것
> 이니, 5월 5일에 내의원에서 거행한다. 음식과 술잔 및 폐백의
> 배치는 풍운뇌우의 제사 때와 같이 하고, 헌관은 내의원 의관이
> 한다.[5]

---

4) "蚊蛤去虫土三兩, 山茨菰去皮焙二兩, 紅芽大戟洗焙一兩半, 續隨子去皮油一兩, 麝香三錢右爲
末, 糯米粥和勻搗千餘杵. 每一料分作四十錠. …… 修合時宜端午·七夕·重陽, 或天德·月德日,
在淨室焚香齋戒, 勿令婦人·孝服人·鷄犬見之."
5) "玉樞丹祭, 祭始醫藥之神, 五月五日行于內醫院. 饌實樽罍幣爵, 同風雲雷雨. 獻官內醫院官."

여기서 옥추단제가 의약(醫藥)의 신을 받드는 행사의 일환으로 거행되고 있으며, '풍운뇌우(風雲雷雨)'에 대한 국가의례와 동등한 위상을 갖추고 있음을 알려준다.

'풍운뇌우'의 제례는 고려 공민왕 19년 4월에 명의 조천궁(朝天宮) 도사인 서사호(徐師昊)가 제관으로 고려에 와서 전한 제례법의 하나로서, 풍사(風師)·우사(雨師)·운사(雲師)·뇌사(雷師)라는 천신들에게 올리는 도교제의에서 유래되었다.[6] 이러한 정황을 감안하면 옥추단제는 고려 시대 과의도교(科儀道敎)의 전통이 조선 시대 의학에까지 일정한 영향을 미치고 있는 증거로 이해된다.

두루 알다시피 고려 시대는 한국역사에서 도교가 가장 성행했던 시기였다. 특히 고려의 대표적인 도관인 복원궁(福源宮)은 정화(政和) 연간에 북송에서 체계화한 도교를 수용해서 건립하였는데, 건립에 주도적인 구실을 한 인물은 이중약(李仲若; ?~1122)이었다. 그는 고려 예종 때 금문우객(金門羽客)인 곽여(郭輿; 1059~1130)의 도우(道友)인데, 고려 인종(1122~1146) 때 문인 임춘(林椿)의 〈일재기(逸齋記)〉에 따르면, 돌아가신 어머니 이씨가 일찍이 도사 차림을 한 태몽을 꾸고 입신하였다. 그래서인지 선생은 어려서부터 도교 경전을 즐겨 읽고 도가의 기풍을 흠모했다고 한다. 궁중에 초빙될 만큼 박학하고 의술에 능통했다. 그는 다음과 같이, 일찍이 송나라에 입국해서 도교를 배우고 중국도관을 모방한 복원궁(福源宮)을 고려에 건립했다.

나중에 배를 타고 송나라에 들어가 법사 황대충과 주여령에게 사사하여 도요(道要)와 현관비약(玄關秘鑰)을 몸소 전수받아 통달

---

6)《高麗史》卷四十二,〈世家〉恭愍王十九年四月.

했다. 본국으로 돌아와 도관을 설치할 것을 상소해서 도관을 국
가 재초(齋醮)의 복지(福地)로 삼았다.[7]

이중약이 사사한 법사(法師) 황대충(黃大忠)과 주여령(周與齡)이
어느 교파의 도사인지는 뚜렷하게 드러나 있지 않다. 하지만 임
춘의 〈일재기〉에 따르면, 그가 "부상공·도은거·장천사와 멀리서
나마 사우(師友)로 지내기"[8]를 간절히 염원했다는 것과, 《황정경
(黃庭經)》을 중시했다는 점, 그리고 이에 더하여 중국 도교의 법사
(法師)에게 배웠다는 사실 등을 감안한다면 전진교 계열이 아닌
부록파 계열의 도사였을 것으로 추측된다.

또한 고려 조정에서 정화 7년(1117년) 7월에 휘종에게 청우(靑
牛)를 선물하였다는 기록으로 미루어 신소파 계열의 도교와 일정
한 교류가 있었던 것으로 추정된다. 《역대진선체도통감(歷代眞仙
體道通鑑)》 권53에 실린 임영소의 전기에 다음과 같은 기록이 있다.

정화 7년 7월에 고려국에서 보내온 청우가 경성에 도착했다.
황제가 기쁨을 이기지 못하자 백관들이 절하며 치하했다. 황제
는 곧 선생(임영소)에서 하사하고 소를 타고 입조하게 했다. 선
생이 드디어 〈청우가(靑牛歌)〉 한 편을 지었는데, 그 첫 머리에
"정화 정유년 바람 부는 가을에 천자께서 하사하신 푸른 소를
타고서"라고 했다. 글을 다 지어 올리니 황제가 크게 기뻐했다.[9]

---

7) 《東文選》 卷六十五 〈逸齋記〉; "後航海入宋, 從法師黃大忠·周與齡, 親傳道要·玄關秘鑰, 罔
　 不洞釋. 及還本國, 上疏置玄館, 館以爲國家齋醮之福地."
8) "與扶桑公·陶隱居·張天師, 遙爲師友."
9) 《歷代眞仙體道通鑑》 卷五十三, 〈林靈素〉; "政和七年七月, 高麗國果進靑牛到京. 帝不勝欣
　 喜, 百官拜賀. 帝卽賜先生, 乘騎入朝. 先生遂作靑牛歌一篇. 首句有云, 政和丁酉西風秋, 天子
　 賜以騎靑牛. 成篇進奏, 帝大悅."

여기서 신소파 도사 임영소가 노자가 타고 왔다는 청우(靑牛)를 송 휘종에게 하사받고 '자기동래(紫氣東來)'의 기분을 만끽하고 있는 것을 알 수 있다. 이러한 기록은 고려 도교의 성격을 파악하는 데 중요한 실마리를 제공한다.

앞에서 조선 시대 단오절에 행한 치병의 풍습으로 천중적부와 옥추단제가 남아 있다고 했다. 이러한 풍습이 도교와 관계있음은 물론, 나아가 송 대 부록파 도교 가운데 신소파와 밀접한 관련이 있는 것으로 추정된다. 《옥추경》의 원제목은 《구천응원뇌성보화천존옥추보경(九天應元雷聲普化天尊玉樞寶經)》으로 송 대에 나타난 신소파의 책으로 알려져 있다. 그래서 조선 시대 《옥추경》의 유행은 고려 시대에 신소파 도교와 교류가 있어서 가능했다고 볼 수 있는 것이다.

정화(政和) 연간에 송과의 교류에 따라 고려 도교가 복원궁을 중심으로 발전했고, 조선 초기에는 중국 부록파 도교의 영향으로 상청·태청·옥청 등을 숭배하는 삼청전(三淸殿)이 있었는데, 거기에는 옥황상제상·태상노군상·보화천존상을 모시고 도사들이 초제(醮祭)를 지냈다. 조선 초기에 도관을 관장하던 국가기관인 소격서에는 종8품인 상도(尙道) 1인, 종9품인 지도(志道) 1인을 비롯한 도류(道流) 15인을 두었다.[10] 그리고 소격서에 소속된 도류를 선발할 때 "금단(禁壇)을 암송하고, 《영보경(靈寶經)》을 읽을 줄 알아야 하며, 《연생경(延生經)》·《태일경(太一經)》·《옥추경》·《진무경(眞武經)》·《용왕경(龍王經)》 가운데 세 개를 선택해 도교 의례를 진행할 줄 알아야 한다"[11]고 하여 《옥추경》을 과의경문(科義經文)

---

10) 《大典會通》 卷一, 〈吏典〉
11) 《經國大典》 卷一, 〈吏典〉

의 하나로 지정했다. 또한 입춘·입하·입추·입동·춘분·추분·동지·하지 등 여덟 절기의 초제(醮祭)에 《옥추경》을 독송했다.[12] 이는 조선 성종 때 소격서가 혁파되기 전까지 지속되었다.

한국 도교의학의 본격적인 시발이 언제부터인지 자세히는 알 수 없으나, 《고려사》를 보면, 고려 예종 13년(1118) 7월에 송나라 휘종이 양종립(楊宗立)·병의랑(秉義郎)·진종인(陳宗仁)·두순거(杜舜擧)·성상적(成湘迪)·조의(曹誼)·남줄(藍茁) 등 송나라 의원 7인을 고려로 파견해서 두 해 동안 송 의학을 전수한 사실이 기록되어 있다. 이 무렵 고려에 중국 도교의학이 암암리에 전승되었음을 추측할 수 있다. 당시 송 휘종은 즉위하기 전부터 황후의 병을 부주(符呪)의 방법으로 치료한 모산(茅山) 도사 유혼강(劉混康)을 총애했으며, 즉위한 뒤에는 신소파 도사 임영소를 총애했다. 도교 중심의 정책을 전면적으로 시행하던 시기에 고려로 송의(宋醫)를 파견했던 사실로 당시의 사정을 헤아려 볼 수 있겠다. 아마도 이 무렵 고려에 유입된 도교의학은 《옥추경》 중심의 치료법이 아니었나 싶다.

2. 주술적 치병술에 대한 유학자의 대응

신소파의 경전 가운데 하나인 《옥추경》이 치병에 이용되는 근거는 다음 구절에서 비롯된다.

천존께서 말씀하시기를, 깊은 병으로 신음하고 고질병으로 몸 져누웠으나 시일이 지나도 차도가 없고 의원을 구해도 효험이

---

12) 《經國大典註解》 下卷, 〈玉樞經〉; "玉樞經, 八節醮所讀."

없어 의식이 없고 손발도 말을 듣지 않으면, 혹시 오제삼관(五帝三官) 앞이나, 태산 오도(五道) 앞이나, 일월성신 앞이나, 산림초목 앞이나, 영단고적(靈壇古跡) 앞이나, 성황사묘(城隍社廟) 앞이나, 동네 우물과 부뚜막 앞이나, 사원과 탑과 누각 앞과 혹은 지부(地府) 36옥(獄)과 명관(冥官) 72사(司)에 여러 억울하고 원통한 원한이 엉겨붙은 것이다. 혹은 맹세와 저주의 소치이거나 혹은 채무보증의 댓가로 인한 결과이거나, 삼세에 걸쳐 맺은 원한이 누겁을 지나 복수하여 그 재앙에 둘러싸여 있거나 그 집착에 갇혀 있을지라도 마땅히 모두 용서하리니 이 경을 외우라.13)

《옥추경》은 질병의 원인을 정확히 알 수 없는 고질이나 원한으로 빚어진 병을 치유하는 데 긴요하다고 했으며, 나아가 독송하면 각종 온역(瘟疫)과 귀수(鬼祟) 등의 치유에 특별한 효험을 본다며 다음과 같이 말한다.

천존께서 말씀하시기를, 천온(天瘟)과 지온(地瘟)은 25온(瘟)이요, 천고(天蠱)와 지고(地蠱)는 24고(蠱)이며, 천채(天瘵)와 지채(地瘵)는 36채(瘵)이니, 이 경문을 외울 것 같으면 온황병(瘟瘟病)이 깨끗하게 낫고 고독(蠱毒)이 소멸되고 노채병(勞瘵病)이 회복되거니와, 이 또한 그 까닭이 있다. 부모가 연이어 죽거나 복시(伏屍)의 혼박한 기운이 있거니 무덤의 송사에 휘말리거나 귀신 씌움을 당하거나 시체 기운에 감염되어서이다. 무릇 이러한 귀신들

---

13) 《玉樞寶經》, 〈第四沈痾痼疾章〉; "天尊言, 沈痾伏枕, 痼疾壓身, 積時弗瘥, 求醫罔效. 五神無主, 四大不收. 或是五帝三官之前, 泰山五道之前, 日月星辰之前, 山林草木之前, 靈壇古跡之前, 城隍社廟之前, 里巷井竈之前, 寺觀塔樓之前, 或地府三十六獄·冥官七十二司, 有諸冤枉, 致此牽纏. 或盟詛呪, 誓之所招. 或債垛負, 償之所致. 三世結釁, 累劫興仇, 埒其咎尤, 庫其執對, 皆當首謝, 卽誦此經."

은 슬픈 생각을 하거나 성내고 한을 품거나 얽히고 설킨 사정을 살펴 알아내거나 인연 따라 침투하거나 하여 그 틈을 타고 그 기회를 노려 제 마음대로 하게 만든다. 때문에 이 경문은 위로 는 삼천(三天)에 통하고 아래로는 구천(九泉)에 미쳐 혼백을 추천 (追薦)하여 먼 조상들까지 제도할 수 있으니 태상(太上)께서 소거 백마대장군(素車白馬大將軍)을 보내어 이를 살피게 한 것이라.[14]

그 때문에 조선 시대에 나라에서 선발한 의원들조차 질병 연구의 목적으로 《옥추경》을 탐독했던 것으로 보인다. 그 결과로 내의원에서 옥추단제를 거행하고, 《동의보감》의 〈잡병편〉에서 옥추단을 무고(巫蠱)와 귀수(鬼祟)를 치유하는 특효약으로 소개하고 있는데, 주된 이유가 궁중의 정치적 암투와 심리적 압박감으로 빚어지는 정신적 질환에 대한 대표적인 처방이라는 점에 주목되는 바가 있다.

조선 시대에 궁중과 민간에 유행한 치병법은 옥추단처럼 구체적 약물을 처방하는 전문적 의원에 따른 방법과 무격(巫覡)에 따른 주술적 치병법으로 크게 나뉜다. 주술적 치병법은 주로 염승법(厭勝法)과 독송의 방법을 사용하는데, 먼저 염승법은 고려 시대의 기록에서 발견된다.

고려 시대의 염승법을 통한 치료와 그 사회적 분위기는 1123년에 송나라 사신으로 고려에 온 서긍의 다음과 같은 기록에서 확인할 수 있다. 《선화봉사고려도경(宣和奉使高麗圖經)》 권17 〈사우

---

14) 《玉樞寶經》, 〈第十蠱勞瘵章〉, "天尊言, 天瘟地瘟, 二十五瘟. 天蠱地蠱, 二十四蠱. 天瘵地瘵, 三十六瘵. 能誦此經, 卽使瘟瘟淸淨, 蠱毒消除, 勞瘵平復. 亦有其由. 或者先亡復連, 或者伏屍故氣, 或者塚訟墓注, 或者死魂染惹, 或者屍氣感招. 凡此鬼神, 或悲思, 或恚恨, 牽連執證, 倂緣注射, 乘隙伺間, 乃得其便. 故此經者, 上通三天, 下徹九泉, 可以追薦魂爽, 超度祖玄. 太上遣素車白馬大將軍, 以鑑之."

(祠宇)〉에 기록된 바에 따르면, "고려는 본디 귀신을 믿고 두려워하며, 음양설을 신봉하고 병이 들어도 약을 복용하지 않는다. 비록 부자(父子) 사이라도 서로 마주 보지 않으며 오로지 저주법과 염승법(厭勝法)만 알 따름이다."15)라고 했다.

서긍은 고려인들이 순수한 의료적 행위보다 주술적 치료를 선호했다는 것을 피력한다. 염승법과 저주법은 무의(巫醫)의 대표적인 주술로서, 잡귀나 사기(邪氣)를 차단하거나 물리치는 방법으로 즐겨 사용되었다. 이러한 염승법에 대한 최초의 문헌 기록은, 고려 예종 6년(1111년) 8월에 송나라 복주인(福州人) 호종단(胡宗旦)을 총애하여 권지직한림원(權知直翰林院)으로 삼았는데 그가 여러 차례 염승술을 사용할 것을 진언했다는 데서 나타난다.16) 당시 호종단이 간언한 염승법은 그의 신분 직위가 무격(巫覡)이 아니고, 송 대 민간에 유행한 구귀무술(驅鬼巫術)인 점을 감안하면 부록파 도교와 관계가 있는 치병술로 여겨진다.

염승법이 어떠한 경로를 거쳐 조선 시대 무격(巫覡)들의 치병법이 된 것인지 잘 알 수 없지만, 조선의 염승법은 민간에 널리 유행했고, 그 폐해도 매우 컸다. 조선 시대에 무격의 염승법이 민간에 행해졌다는 기록을 《성종실록》의 다음과 같은 글에서 찾을 수 있다.

> 근일 어유소(魚有沼)의 집에서 넘자 무당이 사람 두개골을 뜰 가운데 묻어 진양술(鎭禳術)을 부렸다.17)

---

15) "高麗素畏信鬼神, 拘忌陰陽, 病不服藥. 雖父子至親不相視, 唯知呪詛厭勝而已."
16) 《高麗史節要》 卷七, 睿宗六年八月.
17) 《成宗實錄》 卷二三四, 成宗二十年十一月.

조선 성종 때에는 남무(男巫)가 두개골을 땅에 묻는 염승법을 사용했다는 것이다. 어유소의 집에서 있었던 염승(厭勝)은 단순한 저주술이 아니라 무의(巫醫)의 병인론(病因論)에 근거해서 해수(解祟)하거나 방수(防祟)하려는 치병술이었다.

조선 시대는 고려 시대와 달리 유교적 질서가 고착되어 있었지만, 여전히 의약보다 무의(巫醫)에 의지하려는 경향이 지속되었다. 김육은 《잠곡선생필담(潛谷先生筆談)》에서,

> 명종 때 무격이 성행해서 병이 들면 의약을 구하지 않고 오직 기도드리기를 일삼았는데, 송악(松嶽)·대정(大井)·대곡(大谷)·덕물(德物) 등 일곱 곳의 신사(神祠)를 비롯해서 대궐의 여러 궁가(宮家)에서 서민들에게까지 그러했다.

라고 한탄할 정도였다. 송인(宋寅; 1516~1584)은,

> 이상한 것을 보거나 정신이 혼미하면 귀신의 장난이라고 의심하니 무격들이 이를 빌미로 겁을 주고 을러서 금기하는 것이 심했다. 제사를 지낼 때도 생고기와 향화를 바쳤다.[18]

라고 하여 이러한 민간풍습이 마침내 유교의 제사를 폐하는 지경에까지 이르렀다고 말한다.

또한 조선 시대에는 무격에 따른 염승법이 민간에 유행하는 것과 궤를 같이하여 《옥추경》을 독송하여 치병하는 방법이 성행했는데, 이는 고려 도교 부록파의 흔적으로 여겨진다.

---

18) 《頤庵遺稿》 卷九, 〈禮說〉

이능화는 《조선도교사》에서 다음과 같이 말한다.

　　도가의 유파를 살펴보면 술수(術數)·점험(占驗)의 한 파가 있다.
조선의 맹인은 점으로써 업을 삼는데 바로 이런 파에 속하는 것
이다. …… 지금 우리 풍속에 항간에서 집을 고치다가 동티가 났
거나, 부정한 음식을 먹거나 옷을 입어 살(煞)을 범했거나, 귀신
이 씌어 아프거나 할 때는 푸닥거리하면서 비는 것이 무당의 일
이다. 경을 읽고 귀신을 쫓는 것은 맹인이 하는 일이다. 맹인이
읽는 것은 《천수팔양경(千手八陽經)》 같은 불가의 책이나 도가의
경전이다. 그러나 《천수팔양경》은 간간히 외우기도 하나 전문
적으로 읽지는 않는다. 전문적으로 읽는 경전은 《옥추경(玉樞
經)》뿐이다.[19]

　　또한 맹인 '도류승(道流僧)'이 독경할 때에는 괴황지(槐黃紙)에
주사(朱砂)로 '구천응원뇌성보화천존'을 비롯해서 '소거백마대장
군(素車白馬大將軍)'까지 마흔 여덟 신장(神將)의 명호를 써서 병자
가 누워있는 방안에 붙여놓고 4일 내지 7일까지 북을 두드리고
독경하는데, 그 기간이 차면 신장(神將)의 강림을 청해 사귀(邪鬼)
를 잡아 땅에 묻는다고 한다. 이러한 맹인 '도류승'의 주술은 도
교 부록파의 주술과 다를 바 없다.
　　위의 사례에서 보듯이, 무의(巫醫)의 병인론(病因論)과 치료가 일
반적인 의료행위와 구별되는 모종의 의료 전통에 기대고 있음을

---

19) 이능화, 앞의 책, 第22章 〈道敎與盲人〉; "按道家者流, 有術數占驗之一派. 朝鮮盲人, 以卜
　　爲業, 是屬此派也……而今我俗閭巷家, 修造家宅動土, 犯煞飮食衣服, 憑鬼患病之時, 賽神以
　　祈禳者, 巫堂之事也. 讀經以驅逐者, 盲人之業也。而盲所讀有佛家之書(如千手八陽等經), 有
　　道家之經。然而千手八陽, 乃間誦而非專讀. 專讀之經, 玉樞經是已."

알려주는데, 주술적 의료행위는 유교적 제례 행위의 실천을 위협하고 귀수(鬼祟)에 바탕한 병인론을 고집한다. 그러나 조선시대 유교사회에서는 이러한 주술적인 치병 행위는 수기치인(修己治人)의 차원에서 절대로 지지될 수 없었고, 귀수의 병인론을 구축하고 해수(解祟)하고자 부주(符呪)에 의지하는 치병 행위에 대한 유교의 대응이 당연히 예상된다. 그래서 조선 초기에 이르면 유교적 신념과 유교문화의 이상을 치병의 직능에 결합시킨 유의(儒醫)가 출현한다.

유의는 무의에 대항할 만한 존재로서 음양오행의 생극이론에 근거해 병인을 파악했다. 이들은 송 대 유가들이 정교하게 다듬은 오운육기설(五運六氣說)을 이론적 토대로 삼아 의서의 저술과 치병활동에 직접 참여하기도 했다. 오운육기설은 음양오행설에 바탕을 두고 천지자연의 변화와 인체의 변화를 체계적으로 파악하려는 것인데, 이는 고대 천문학·역학·지리학 등을 유가의 관점에서 정리한 것으로, 음양오행의 이론적 체계에 따라 자연적 변화의 원리를 이해하고 이것이 인체에 미치는 영향을 연구하는 이론이다. 《황제내경》에 바탕을 둔 이러한 이론에 따르면 인체의 병리 현상은 자연계와 감응하는 인체 생리의 조화와 균형이 깨어지면서 나타나는 것으로 이해된다. 따라서 그 치료는 음양오행의 생극 소식(消息)을 파악하고 사시(四時)의 오운육기의 성쇠를 관찰해서 이러한 변화를 인체에 적용시켜 처방하는 것이 관건이었다.

그러나 조선의 유의(儒醫)들은 의술을 전문적으로 펼칠 수 있는 제도적인 조건을 갖추지 못해 의학 이론에는 밝았지만, 일반인을 대상으로 하는 치병 활동에는 큰 도움이 되지 못했다. 유의에게 의술은 본업이 아니라 자신의 양생과 가족의 건강을 지키려는 방편이었기 때문에 도교 내단학과 양생술 등에서 실천적인 행위보다는 박학다식함을 추구하는 경향을 보였다.

조선 초기의 한국의학은 주술적 치병 행위의 폐해에 맞서고자 중국으로부터 각종 의학 서적을 수입해 그 규모와 체계 및 내용에서 일대 혁신을 일으켜 크게 발전하는데, 그러한 맥락에서 수많은 도교 관련 책들이 유학자들 사이에 읽혀졌던 이유를 이해할 수 있다.

3. 조선 시대 내단학과 《동의보감》의 편찬

조선 중종 때 마지막까지 남아있던 도관인 소격서가 혁파되고 난 뒤에도 한국의학은 도교와 밀접한 관련을 맺고 있다. 그 증거를 조선의 대표적인 의서인 《동의보감》의 내용과 편찬과정에서 찾을 수 있다.

《동의보감》은 허준(1539~1615)이 주도하여 광해군 2년(1610년)에 찬술이 완결되었고, 1613년에 내의원에서 초판이 간행되었다. 그 뒤 수백 년 동안 판을 거듭하여 현재까지 계속 출간되고 있다. 《동의보감》의 체계는 〈내경편(內景篇)〉·〈외형편(外形篇)〉·〈잡병편(雜病篇)〉·〈탕액편(湯液篇)〉·〈침구편(鍼灸篇)〉으로 구성되어 있는데, 그 특징은 도교의 교리를 바탕으로 의학의 본질을 해명하려고 한 데 있다.

《동의보감》의 편찬에 참여한 조선 의관들은 기본적으로 이고(李杲)·유완소(劉完素)·정종정(張從政)·주진형(朱震亨) 등 금원사대가(金元四大家)의 운기설(運氣說)을 바탕으로 병인론을 해석하는 태도를 취했고, 여기에 유의(儒醫)들의 기여가 크고 깊었다. 《동의보감》의 서문에서,

허준이 물러나 유의(儒醫) 정작(鄭碏), 태의(太醫) 양예수(楊禮壽)·
김응탁(金應鐸)·이명원(李命源)·정예남(鄭禮男) 등과 함께 편찬국
을 설치하여 책을 편찬하기 시작했습니다.

라고 편찬자의 성명을 명기하고 있는데, 정작과 양예수는 모두
도교적 소양이 깊은 인물이었다.

언급한 양예수(?~1600)에 대해 《이향견문록(里鄕見聞錄)》에서
는, "자(字)는 경남(敬南), 호(號)는 퇴사옹(退思翁)으로 태의(太醫)이
다. 산인(山人) 장한웅(張漢雄)에게 배워 의리(醫理)에 정통하다.
〈의림촬요(醫林撮要)〉를 지었다"라고 적고 있다. 여기서 알 수 있
듯이 양예수는 장한웅의 제자라고 할 수 있는데, 허균(1539~1618)
의 《성소복부고(惺所覆瓿藁)》 권8 〈장산인전(張山人傳)〉에 실린 장
한웅의 전기를 살펴보면 다음과 같다.

장산인(張山人)의 이름은 한웅(漢雄)인데 어떤 사람인지 알려진
바가 없다. 삼대에 이르기까지 탕의(瘍醫)를 업으로 하였는데, 그
아버지는 일찍이 상륙(商陸)을 먹고 귀신을 보고 부릴 수 있었으
며, 나이가 아흔 여덟이나 되어도 마흔 가량 보였다. 집을 나가
어디론지 사라졌는데 떠나기 앞서 책 두 권을 주니 바로 《옥추
경》과 《운화현추(運化玄樞)》이다. 장산인이 받아서 수만 번을 읽
고 나니 귀신을 부릴 수 있었고 학질도 낫게 할 수 있었다. 그런
데 문득 이 일을 그만 두고 마흔에 출가하여, 지리산에 들어가
이인을 만나 연마법(煉魔法)을 전수 받고 또한 《수진십서(修眞十
書)》를 읽으며 빈 암자에서 곡기를 끊고 삼년 남짓 지냈다.

이를 보면 양예수의 사부인 장한웅의 의술은 그의 부친이 전수

한 것임을 알 수 있고, 장한웅의 부친이 《옥추경》과 《운화현추》를 전수한 점으로 미루어 부록파 계열 도교의학을 성취했던 것으로 짐작된다. 그리고 장한웅은 여기서 한걸음 더 나아가 《수진십서(修眞十書)》와 같은 내단학 관련 서적을 입수해서 수련했음도 알 수 있다.

무엇보다도 장한웅이 읽었다고 하는 《수진십서》는 송말원초의 내단총서(內丹叢書)로서, 특히 제십서(第十書)에 실린 당나라 여도사(女道士) 호음(胡愔)의 〈황정경내경오장육부도(黃庭經內景五藏六府圖)〉 1권은 당시 조선 의학계에서 유통되던 도교 계열의 의학서로 주목된다.

허준의 《동의보감》에는 《주후방(肘後方)》·《천금방(千金方)》·《양성론(養性論)》·《양성서(養性書)》·《활인서(活人書)》·《활인심방(活人心方)》·《선경(仙經)》·《오진편주(悟眞篇註)》·《취허편(翠虛篇)》·《참동계주(參同契註)》·《환단론(還丹論)》·《탁약가(橐籥歌)》·《태식경(胎息經)》·《동신진경(洞神眞經)》·《금단문답(金丹問答)》·《역진론(易眞論)》·《진고(眞誥)》·《포박자(抱朴子)》·《황정경(黃庭經)》·《청정경(淸淨經)》·《운급칠첨(雲笈七籤)》 등의 책들이 인용되었는데, 《금단문답》·《취허편》·《오진편주》·《황정경》 등의 책은 모두 앞에서 언급한 《수진십서》에 수록된 것들이다.

이처럼 《동의보감》에 도교 관련 책들이 많이 인용된 것은 장한웅에서 양예수로 이어지는 도교의학의 전승 결과로 보인다. 장한웅은 《옥추경》 계통의 부록파 도교의학와 내단학를 융합한 것으로 여겨지는데, 제자 양예수가 이를 계승하여 허준이 도교의학적 바탕을 마련하는 데 영향을 미친 것으로 판단된다.

한편, 태의 양예수와 함께 《동의보감》의 편찬에 참여한 유의(儒醫) 정작(1533~1603)의 형은 북창 정렴(1506~1549)인데, 박세채

(1621~1695)가 지은 〈정작묘표(鄭碏墓表)〉에 다음과 같이 기록되어 있다.

> 어릴 적에 백씨(伯氏) 북창 선생 정렴과 수암(守菴) 박지화를 따라다녔으며, 풍악동천(楓岳洞天)에 들어가 도가의 책을 읽고 금단수련법(金丹修鍊法)을 시험해 보았다. 중년에 상처하고는 두 번 다시 재혼하지 않고 40년 동안 여자를 멀리하니 남들이 더욱 칭송했다. 그러나 공은 본디 시를 잘 지었고 초서와 예서에 뛰어난 재능을 보였다. 진사시에 급제했으며 의학과 풍수 및 관상 따위에도 두루 능통하여 왕왕 기이한 효험이 많았다. 조정에서 소문을 듣고 동몽교관(童蒙敎官) 겸 혜민서(惠民署) 교수직을 내려주었다.[20]

정작이 사사(師事)한 정렴과 박지화(1513~1592)는 조선의 대표적인 내단가들이다. 한무외(1517~1610)의 《해동전도록》에 따르면 조선의 선맥은 김시습(1434~1493)으로부터 비롯되는데, 김시습은 정희량(1469~ ?)에게 비결을 전하고 정희량은 승(僧) 대주(大珠)에게 전하고, 대주는 정렴과 박지화에게 전했다고 한다. 이들의 내단수련은 의학과도 밀접한 관련이 있다. 김시습은 조선 유학자들 사이에 양생서로 널리 알려진 《황정내경경》을 즐겨 읽었고, 그가 저술한 〈수진(修眞)〉·〈복기(服氣)〉의 일부 내용은 손사막(孫思邈)의 〈양성편(養性篇)〉의 내용을 그대로 인용했을 뿐만 아니라, 〈용호〉 편의 대부분 내용은 유염(兪琰; 1258~1314)의 《주역참동계발휘(周易參同契發揮)》를 선록(選錄)해 놓은 것이다.

---

20) 《國朝人物考》第34卷, 〈休逸〉

이러한 김시습의 도맥을 계승한 정렴은 조선단학파의 대표적인 저술인 《용호비결》21)을 지은 인물이다. 정렴은 자(字)가 사결(士潔)이고 호는 북창(北窓)이다. 허목은 《미수기언(眉叟記言)》 권11에서 다음과 같이 말한다.

> 태어나면서부터 신이했다. 어릴 적 산사(山寺)에 있을 때 마음을 조섭한 지 사흘만에 산 너머 백 리 밖의 일을 알 수가 있었다. 천문(天文)·지리(地理)·의약·복축(卜筮)·율려(律呂)·산수(算數) 등을 비롯해서 한어(漢語)와 그 밖의 외국어도 모두 배우지 않고 스스로 통달했다.

당시 조정에서는 정렴이 음률은 물론 천문·의약에도 조예가 깊다고 하여 장악원(掌樂院) 주부(主簿) 겸 관상감(觀象監), 혜민서(惠民署) 교수직을 맡기기도 했다. 그가 저술한 의서로는 《정북창방(鄭北窓方)》이 있는데, 《동의보감》의 〈내경편〉과 〈잡병편〉에 각각 인용될 정도로 의학에서도 일가견을 이루었다.

정북창이 남긴 여러 업적 가운데 《용호비결》은 특히 중요하다. 《용호비결》은 폐기(閉炁)·태식(胎息)·주천화후(周天火候)의 세 항목으로 구성되어 있다. 그의 말에 따르면 폐기로 현빈일규(玄牝一竅)를 얻어야 태식이 되고 태식에서 주천화후가 되고, 주천화후에서 결태(結胎)가 되니 폐기가 가장 중요하다고 강조한다. 여기서 그가 이르는 폐기가 양생서에서 흔히 언급되는 단순한 지식(止息)이 아니라는 점을 눈여겨 볼 필요가 있다. 양구자(梁丘子) 주석본의

---

21) 용호비결의 내용은 용호결(龍虎訣)·북창비결(北窓秘訣)·단학지남(丹學指南)·양생지남(養生指南) 등의 이름으로 널리 알려졌다.

《황정내경경》에서는 "판본에 따라 이 구절이 없는 것도 있어서 주석을 남기지 않는다[有本或無此句遂闕注]"라고 했다. 그것은 바로 《황정경》의 구결(口訣)인 "적정누기(積精累氣)"의 구체적 내용이고 복기(伏氣)의 구체적 실행 방법을 이른다. 폐기의 목적은 현빈일규를 개통하는 데 있으며, 그 부수적인 효과로 질병을 예방하자는 것이었다.[22]

김시습이 유염의 《주역참동계발휘(周易參同契發揮)》를 바탕으로 〈용호편(龍虎篇)〉의 내용을 재구성한 것에서 한걸음 더 나아가 정렴은 《용호비결》을 지어 내단 수련의 그 하수처를 구체화한 것으로 생각된다. 《용호비결》은 폐기 수련으로 질병의 범접을 막고 건강을 유지하는 데 필요한 도교의학과 직결되는 내용으로 일관하고 있다. 그는,

> 단을 수련하는 길은 지극히 간단하고 쉽다. 그러나 이제 그 책을 말할 것 같으면 말을 땀 흘리게 하고 대들보에 가득 찰 만큼 많고 또 그 언어가 지나치게 자세하고 황홀해서 어렵다. 그래서 고금의 배우고자 하는 이들은 손을 대는 방법을 알지 못하여 장생(長生)하려다가 도리어 요절하는 자가 많았다.[23]

---

22) 《용호비결》에서 "《참동계(參同契)》 1편은 실로 단학(丹學)의 비조(鼻祖)이나, 살펴보면 또한 천지의 덕을 괘효(卦爻)에 비겨서 표현한 것이라 초학자들이 헤아려 얻을 수 있는 것이 아니다"고 하여 초학자를 위해 폐기(閉氣) 수련법을 마련한다고 했다. 그의 폐기법은 비록 초학자를 위한 것이라고 하지만, "이러한 구결은 지극히 간단하고 쉽지만 옛사람들이 모두 비밀로 하여 쉽게 말하려고 하지 않았다. 때문에 처음 시작할 방도를 알지 못하고 나의 기식(氣息) 가운데서 단(丹)을 수련해야 하는 것을 몰라 밖으로 금석(金石)에서 구하여 장생(長生)을 얻고자 하다가 도리어 요절하니 슬프다"라고 할 만큼 뛰어난 수련법임을 강조했고, 폐기를 통해 즉각 "화지(華池)에서 연꽃이 피어나고", "머리 위에서 자하(紫霞)가 일어나는" 경상을 얻으며, 득도의 여부를 떠나 이환(泥丸)에서 현주(玄珠)를 얻을 수 있다고 했다.

고 하여 김시습의 추상적인 내단론을 건강을 도모하기 위한 도교양생의학 차원에서 수렴하였던 것이다. 그래서 그는,

신체를 변화시켜 하늘로 날아오르는 술법은 내가 감히 말할 바는 아니나, 양신(養身)에 이르러서는 천 가지 처방과 백 가지 약이라도 이에 견줄 것이 없다. 법대로 행한 지 한 달 남짓이면 백병이 모두 소멸되니 어찌 마음을 다하지 않겠는가.[24]

라고 하여 폐기를 구체적인 양생법으로 제시했다.

또한 정렴은 "의가(醫家)는 병이 든 후에 병을 다스리고, 도가(道家)는 병이 들기 전에 병을 다스린다"라고 하여 병이 나기 전에 조심할 것을 강조했다. 이 말은 《동의보감》 〈내경편〉에, "지인(至人)은 병 들기 앞서 치료하고 의가(醫家)는 병이 든 후에 치료한다[至人治於未病之先, 醫家治於已病之後]"고 같은 어조로 반복되고 있다.[25]

정렴의 이와 같은 양생관은 더욱 확대되고 세련되어 조선의학의 기본체계를 확립하기에 이르렀고, 나아가 당시 조선 내단학은 유의(儒醫) 정작에 전승되어 한국 도교의학의 바탕을 마련하는 데

---

23) "修丹之道, 至簡至易, 而今其爲書, 汗牛馬充棟宇, 且其言語太涉, 恍惚難了, 故古今學者不知下手之方, 欲得長生, 反致夭折者, 多矣."
24) "變化飛昇之術, 非愚所敢言, 而至于養身, 千方百藥草, 莫之與比. 行之彌月, 白疾普消, 可不爲盡心乎."
25) 이러한 말의 출처는 《활인심방》 〈서문〉에 있다. 《활인심방》은 조선의 양생의학에 지대한 영향을 미친 도교 서적으로, 이황(1501~1570)이 이 책을 바탕으로 직접 수행한 것으로 더욱 유명해졌다. 원래 《활인심방》의 원본은 명 초(明初) 주권(朱權, 1378~1448)이 지은 《활인심(活人心)》이다. 이 책이 조선에 유입된 시기는 분명하지 않지만, 세종 23년(1443)에 편찬된 《의방유취》에 이 책이 인용된 것으로 미루어 그 비슷한 시기에 유통된 것으로 보인다.

일조를 했다고 여겨진다. 북창선생 정렴의 아우인 정작은 북창선생보다 27세 연하이나 북창선생은 그에게 도교의학을 포함한 내단의 요체를 전수했고, 정작은 선조 때 《동의보감》 편찬에 참여하여 도교적 의학체계를 수립하는 데 크게 기여했다. 그 결과로 나타난 것이 《동의보감》〈내경편〉의 도교양생사상이다.

《동의보감》〈내경편〉의 〈집례(集例)〉에서,

> 인신(人身)의 내부에는 오장육부(五臟六腑)가 있고 밖에는 근육·뼈·지방질·핏줄·피부로 형체를 이루고 있다. 정기신(精氣神)으로써 또한 오장육부와 백체(百體)의 주인으로 삼으니 때문에 도가(道家)의 삼요(三要)와 석씨(釋氏)의 사대(四大)는 이를 가리킨다. 황정경에 내경(內景)의 글이 있듯이 의서(醫書)에도 내외 경상(境象)의 그림이 있다. 도가는 청정(淸淨)의 수양을 근본으로 하지만 의문(醫門)은 약물과 침구(鍼灸)로써 치료한다. 그래서 도가는 그 알맹이를 얻었고 의가는 그 껍질을 얻었다고 하겠다.[26]

라고 했다. '도가는 그 알맹이를 얻었고 의가는 그 껍질을 얻었다[道得其精, 醫得其粗]'고 좌단(左袒)한 것은 내의원 의원으로서 함부로 내뱉을 수 있는 말이 아니다. 도교의학에 대한 편찬자의 경험과 확신이 뒷받침된 것으로 여겨진다. 그러한 경험과 확신이 있었기에 〈내경편〉의 신형장부도(身形藏府圖)에 이환궁(泥丸宮)·옥침관(玉枕關)·녹로관(轆轤關)·미려관(尾閭關) 등 도교 내단 용어를 사용하고, 선경(仙經)의 삼단전설(三丹田說)과 삼관설(三關說)을 채

---

26) "人身內有五藏六府, 外有筋骨肌肉血脈皮膚以成其形. 以精·氣·神, 又爲藏府百體之主. 故道家之三要, 釋氏之四大, 皆謂此也. 黃庭經有內景之文, 醫書亦有內外境象之圖. 道家以淸淨修養爲本, 醫門以藥餌鍼灸爲治. 是道得其精, 醫得其粗也."

용하여 정(精)·기(氣)·신(神)을 보양한다는 도교의학 체계를 정연하게 마련할 수 있었다.

이러한 《동의보감》의 도교의학 체계는 '도(道)로써 질병을 치료해서[以道療病] 허심합도(虛心合道)'의 경지에 도달하는 것을 목표로 삼았다. 수명의 장단을 논하는 자리에서도 의학이 신명을 통하고 천지조화를 대행하여 단명한 자를 장수하게 하고 장수하는 자를 신선으로 만들 수 있다고 하여,27) 도교양생설의 기본이 되는 "사람의 수명이 하늘에 있지 않다[人命不在天]"는 사상을 조선의학에 구현했던 것이다.

익히 알다시피, 허준은 고려의 주술적 전래 의학을 극력 배격하고, 송 의학이 추구하는 운기설을 바탕으로 의학 이론을 해명하고 이를 치병에 이용하고자 당시 의학계의 각종 지식을 한 데 모으고, 도교 양생사상을 주축으로 삼아 《동의보감》을 편찬했다. 그래서 《동의보감》〈내경편〉은 도교적 색채가 가장 짙고 가장 중점적인 내용을 담고 있다. 〈내경편〉에서는 도교의 정기신설(精氣神說)을 원용하여 치병에 앞서 양생의 의의를 강조했으며, 〈잡병편〉에서는 온역(瘟疫)과 사수(邪祟), 고독(蠱毒)의 항목을 따로 마련해서 무축(巫祝) 계열의 치료방법을 배제하고 실질적인 질병의 원인과 치료방법을 제시하는 데 힘썼다.

그러나 그 과정에서 고려 시대 주술적인 도교의학의 흔적을 완전히 없애지는 않고 현실적 필요에 따라 수용하기도 했는데, 그 대표적인 예증으로 들 수 있는 것이 〈잡병편〉의 최생부(催生符)와 옥추단(玉樞丹)이다. 최생부는 출산에 관계되고 옥추단은 귀신 씌움[鬼祟]과 무고(巫蠱)의 치료에 사용되는데, 이런 것들에는 다소

---

27) "是故醫者, 可以通神明而權造化, 能使夭者壽, 而壽者仙. 醫道其可廢乎."

미신적인 색채가 없지 않으나 현재의 안목에서 보면 일종의 정신적 치료요법에 해당하는 것이라고 할 수 있고, 여기서 열악한 조선 시대 의료 현실에 대한 허준의 사려 깊은 대응 자세를 엿볼 수 있다.

허준은 《동의보감》을 완성하고 난 뒤, 무의(巫醫)들의 영역인 온역(瘟疫) 치료에까지 의학의 영역을 확대하여 만년에《신찬벽온방(新纂辟瘟方)》·《벽역신방(辟疫神方)》·《언해두창집요(諺解痘瘡集要)》등의 저술을 남겼다. 한국의학사에 나타난 그의 지속적인 노력과 성취의 저변에는, 도교 부주(符呪) 치병술을 혁신하려는 조선 내단학파의 영향을 받은 유의(儒醫)들의 도교 양생사상이 뒷받침된 것임을 잊어서는 안 될 것이다.

해상 사행문학과 천비신앙

1. 들머리

16세기에 나타난 포르투갈의 장편 항해 서사시 〈루지아다스
(Lusíadas)〉를 보면, 다음과 같은 흥미로운 장면을 찾아볼 수 있다.
유명한 바스쿠 다 가마가 대규모 선단(船團)을 이끌고 인도양으로
나아가는 도중에, 바다의 신 넵툰이 풍랑을 일으켜 그들이 탄 배
를 전복시키려고 한다. 이때 미의 여신으로 알려진 비너스가 해
신(海神)의 모습으로 등장하여 이들을 구원하게 된다. 넵툰이 분
노한 이유는 다름이 아니라 바스쿠 다 가마가 중세의 낡은 신화
를 무너뜨리고자 '금지된 토르멘토리오 곶 희망봉'을 넘어섰다는
사실이었고, 비너스가 이들을 구원한 것은 열린 세계에 대한 그
들의 갈망을 소중히 여겼기 때문이었다. 동아시아 문학사에서도
비너스처럼 중세의 질곡(桎梏)에서 새로운 구원자로 등장하는 여
신을 발견할 수 있는데, 바로 천비(天妃)[1]이다.

---

1) '천비(天妃)'는 통상 '마조(媽祖)'란 명칭으로 국외 학계에 널리 알려져 있고, 학술
용어로도 '마조'가 타당하다. 그러나 국내 학계에서는 아직까지 마조란 명칭에
익숙하지 않고, 조선조 사행문학에서는 마조라 불린 기록이 전혀 발견되지 않기
때문에 이 글에서는 마조를 천비로 통용한다.

요즈음 들어 해외여행이 활발해지면서 심심치 않게 논의되는 사행문학(使行文學)은,[2] 그 외교적 기능 이외에 사행 여정에서 느끼는 개인적 감회와 험난한 해상 체험을 담고 있어서 가히 기행문학의 진수(眞髓)를 보여준다고 하겠다. 특히 명·청 교체기 해상 사행의 경우는 비교적 안전이 보장된 육로 사행과 달리 사대사행(事大使行)이라는 막중한 외교적 역할을, 익숙하지 않은 해로(海路)로 수행한 것이어서 사행의 체험이 여느 사행 기록보다 생생하고, 그들이 이룩한 문학적 성취 또한 상당한 것임을 부인할 수 없다. 그러나 대명 사행문학을 놓고 기존의 연구 경향을 검토할 때 어느 정도 문제점을 내포하고 있는 것으로 보인다. 우선 지적할 것은 대다수의 논자들이, 사대사행이 갖는 본질적 의미보다 기행문학으로서의 문화적 인식과 개인적 여정(旅情)의 술회에 지나친 관심을 보여 왔지 않았는가 하는 점이다. 그러나 적어도 사행문학이란 과제를 두고 논의를 전개한다면, 사대(事大)라는 대외적 명분이 해외 체험을 통하여 어떻게 형상화 되었는가 하는 문제를 먼저 살펴야 한다고 생각한다. 더욱이 명·청 교체기 사대사행은 관념의 차원에서 소중화(小中華) 의식을 드러내는 것이 아니라, 구체적인 해상 체험을 통하여 변방 신하로서의 충신(忠信)을 구현하는 특수성이 있다. 이들이 험난한 사행 과정에서 불가피하게 취

---

2) 사행문학에 대한 주요 연구를 들면 다음과 같다. 포괄적인 연구로는 최강현의 《한국기행문학연구》(일지사, 1982)가 대표적이고, 그 뒤 소재영·김태준 편, 《여행과 체험의 문학─중국 편》(민족문화문고간행회, 1985)에서 한차례 연구 성과를 집약하였다. 최근 엄경흠은 〈한국 사행시 연구〉(동아대 박사학위 논문,1993)에서 논의의 폭을 좁혀 심도 있게 다루었다. 이 밖에 일본으로 보낸 조선 통신사절의 문학양상을 다룬 일련의 연구 성과로는 이혜순의 〈조선조 후기 사행역관의 문화적 역할과 문학세계〉(《한국고전문학연구》 6집, 1991), 〈18세기 한일문사의 교류양상〉(《대동문화연구》 26집, 성균관대 1991), 〈17세기 통신사집단의 문학과 의식세계〉(《한국한문학연구》 17집, 1994) 등이 있다.

하는 기복적인 행위의 의미까지 고려하여야 실상과 부합되는 사행문학의 양상을 온전히 파악할 수 있을 것이다.

이 글에서는 대명(對明) 사행문학의 시대적 의미와 그 문학적 성과를 민간도교신앙, 곧 중국 연안을 중심으로 전개된 해상 사행문학 속의 천비신앙(天妃信仰)을 중심으로 논구해 보고자 한다. 그런데 여기서 언급할 천비신앙은 14세기에서 17세기에 걸친 해상 사행에서 얻은 소중한 경험의 소산이나, 국내 학계에는 거의 알려져 있지 않아서3) 따로 한 장(章)을 더하여 읽는 이의 이해를 도왔다.

먼저 천비신앙이 사행문학에 수용되는 과정을 여러 문집(文集)에서 살펴보면, 대체로 다음 세 단계로 나누어짐을 알 수가 있다. 첫 번째는 여말선초에 나타나는데, 등주(登州) 묘도(廟島)와 여순(旅順)에 이르는 철산수로(鐵山水路)4)를 택하여 남경(南京)으로 왕래하던 시기이다. 이 시기에는 해상 사행의 위험과 더불어 천비에 대한 인식이 사행관들에게 점차 드러나기 시작하던 때이다. 두 번째는 명(明)이 수도를 북경으로 천도한 15세기에서 16세기 초에 이르는 시기이다. 이 시기에는 육상 공로(貢路)를 택하여 북

---

3) 천비신앙 또는 마조신앙에 대한 국내 소개는 아마도 김승혜의 〈민간신앙과 도교의 관계〉(《한국 도교사상의 이해》, 아세아문화사, 1990)가 처음인 것으로 생각되는데, 그 논문에서는 대만의 마조신앙을 중심으로 고찰하였다. 한국의 마조신앙에 대하여서는 필자가 서강대학교에서 열린 한국종교학회 춘계 학술발표대회(1995. 5. 15.)에서 처음 발표한 것 말고는 국내외 학계에 보고된 바 없다. 이 논문은 서강대에서 열렸던 한국종교학회 발표 내용을 보완한 것이다.

4) 남경으로 향하는 여말선초의 사행은 통상 육로로 산해관을 거쳐서 남경에 들어갔다가 돌아올 때는 산동반도 등주에서 배 편을 이용한다. 그리고 험난한 뱃길을 며칠씩 헤쳐 나가다가 요동반도 여순의 노철산갑(老鐵山岬)에 도착한 뒤 다시 육로로 개주(蓋州)를 거쳐서 입국하게 된다. 요동반도 남단에서 산동반도 북단 등주로 들어가는 뱃길은 신라 시대 이후로 곧잘 이용하던 이른바 철산수로(鐵山水路)였다.

경에 이르게 되는데, 해주(海州) 삼차하(三叉河) 부근의 천비묘(天妃廟)를 보고 느낀 감회를 적은 사행시(使行詩)가 주류를 이룬다. 세 번째는 17세기 초 명·청 교체기에 즈음하여 동북아시아의 정치적 질서가 재편될 무렵이다. 이 시기에는 요양(遼陽)으로 행하던 육로 사행이 사실상 봉쇄되고 다시 험난한 해상 공로를 택하던 시기이다. 이 시기는 앞선 시대와는 다른 시(詩)·제문(祭文)·일기(日記) 등의 사행문학이 다채롭게 나타나는 동시에 천비(天妃)에 대한 인식도 종전과는 달리 신앙의 차원으로 확대되어 그들의 삶과 밀착되어 표현된다.

이 글에서는 천비신앙이 뚜렷하게 드러나지 않은 두 번째 시기를 논의의 대상에서 제외하고, 첫 번째와 세 번째 시기를 중심으로 해상 체험과 관련된 천비신앙에 대한 인식과 수용태도를 살펴보았다.[5]

---

5) 참고로 이 글에서 다루는, 마조신앙에 관련된 자료들은 일부를 제외하고는 모두 민족문화추진회에서 간행한 《한국문집총간》에 수록된 사행기록을 대상으로 하였다. 사행기록물로는 대개 사행시와 조천일기(朝天日記)를 들 수 있으나, 공로가 해상일 경우는 해신제문(海神祭文) 또한 빠뜨릴 수 없는 중요한 자료가 된다. 이에 따라 대상 자료의 상한은 14세기 정몽주의 사행시이며, 하한은 17세기 중반 김육의 해신제문까지가 된다. 이해를 돕고자 자료의 성격을 간단히 설명하면, 대체로 조선 초기 남경을 내왕한 사행기록은 봉사록(奉使錄)이라 하고, 그 이후 북경을 내왕한 사행기록을 조천록(朝天錄)이라 한다. 명이 몰락한 뒤 대청(對淸) 사행기록은 연행록(燕行錄)이라 하여 구분한다. 이는 일본과의 사행기록을 동사록(東槎錄) 또는 해사록(海槎錄)이라 한 것과는 좋은 대조를 이룬다. 여기서 17세기 중반 이후의 조천록 및 여타의 대일 사행기록까지 모두 망라하여 다루는 관점도 물론 필요하다고 생각되지만, 작업의 진행과정에서 내린 결론은 17세기 중반까지의 조천록을 다루는 것이 훨씬 효과적이라고 판단했기 때문이다. 실제로 그 이후 연행록에서는 공로가 일부 변경되어 해안으로부터 멀어진 탓으로 천비신앙의 면모가 거의 발견되지 않고 있다.

2. 도교 여성신으로서의 천비낭낭

관제(關帝)와 더불어 민간도교의 주된 숭배 대상으로 널리 알려진 천비낭낭(天妃娘娘)은, 동아시아 해역을 관장하는 대표적인 바다의 수호신이다. 흔히 마조(媽祖)란 이름으로 인구에 회자되기도 하는데, 이에 대한 신앙은 중국의 절강(浙江)에서 시작하여 오키나와를 거쳐 구주(九州)로, 구주에서 동일본(東日本) 등지로 확산되어 현재까지 그 흔적이 남아 있을 뿐만 아니라,[6] 동남아시아 인접 연안국인 베트남·태국·말레이지아·싱가폴에 걸쳐 널리 분포되어 있다.[7] 일본인 도교학자의 조사에 따르면[8], 대만의 운림현(雲林縣) 북항진(北港鎭)에서는 섬 사람의 약 8할 정도가 마조를 신봉한다고 하며, 마조의 탄생일인 3월 23일이 가까워지면 조천궁(朝天宮)이라는 유명한 마조묘로 섬 안 각지에서 10여 만의 참배객이 몰리고, 홍콩에서도 깃발을 단 많은 배들이 일제히 모여들어 장관을 이룬다고 한다.

이러한 천비의 내력에는 여러 가지 설이 있고 출생연도마저 일정하지 않다.[9] 널리 알려진 《포전현지(莆田縣志)》의 기록에 따르면[10] 그녀는 송 태평흥국 4년(979년) 3월 23일에 복건성 포전현(莆

---

6) 野口鐵郎, 〈道敎의 日本 傳來와 그 殘影〉, 《신선사상과 도교》, 범우사,1994.
7) 李露露, 《媽祖信仰》, 學苑出版社, 北京, 1994, 130~131쪽.
8) 窪德忠, 《道敎史》, 山川出版社, 東京, 1977, 7~9쪽
9) 천비의 출생에 대한 여러 설은 다음과 같다(李露露, 앞의 책, 13~14쪽 참고).
　① 唐玄宗 天寶 元年(742년): 明版 《搜神源流大全》
　② 後晋 天福 八年(943년): 《東西洋考》, 《閩書》
　③ 五代末: 《福州府志》
　④ 宋太祖 建隆 元年(960년): 《林氏族譜》, 《天后聖母迹圖志》
　⑤ 宋太宗 太平興國 元年(976년): 《東西洋考》 注
　⑥ 宋太宗 太平興國 四年(979년): 《蒲田縣志》
　⑦ 宋 元祐 八年(1093년): 《揚州天妃宮碑記》

田縣) 미주(湄州)에서 도순검(都巡檢) 임원(林愿)의 여섯째 딸로 태어났다고 한다. 나면서부터 영특하여 인간세상의 미래사를 꿰뚫어 보기도 하였으며, 커서는 배를 타고 바다 위 여러 섬들을 돌아다니며 노닐곤 하여 신녀(神女) 또는 용녀(龍女)라 불렸다고 한다. 송 태종(太宗) 옹희(雍熙) 4년인 987년 2월 19일에 신선이 되어 승천하였다고 하는데, 마을 사람들이 그녀가 선화(仙化)한 그 자리에서 해마다 제사를 지낸다고 전한다.

천비는 중국 절강성을 중심으로 한 남방에서는 마조라 일컬어진다. 북방 발해만 연안에서는 천비라 불리지만, 민간 전래의 명칭은 어디까지나 마조이다. 천비로 불리게 된 내력은 송 대 이후 대대로 나라로부터 칙봉되었기 때문인데, 그래도 남방에서는 여전히 마조로 불린다. 그 이유는, 해상에서 조난을 당해 다급한 심정으로 그들의 해신(海神)을 부를 때, 천비라 불렀을 경우는 의관을 갖추고 더디게 출현하지만, 마조라 부르면 즉각 머리칼을 흩날리며 신속히 출동하여 구제하리라 믿는 데 있다고 한다.[11] 민간신앙의 신격 대상에도 관제(官製)와 사제(私製)의 구분이 주어짐을 엿볼 수 있어 자못 흥미로운 바가 있는데, 국내의 조천록(朝天錄) 등 사행문학에서는 관(官) 주도의 인식에 말미암은 탓인지 거의 전부 천비로 불리고 마조라 일컫는 경우는 전무하다.

한편, 천비신앙은 1167년 무렵 서긍(徐兢)의 《선화봉사고려도경(宣和奉使高麗圖經)》이 판각되어 널리 유포됨으로써 일반인에게 두루 알려진다.[12] 선화(宣和) 5년(1123년)에 서긍은 외교사절로 선발

---

10) 《포전현지(莆田縣志)》의 기록은 《고금도서집성(古今圖書集成)》 권28에 있는데, 여기서 다시 인용한다.

11) 《해여총고(陔余叢考)》 35권; "倘遇風浪危急 呼媽祖 則神披髮而來 其效立應 若呼天妃 則神必冠帔而至 恐稽時刻."

12) 李憲璋, 〈媽祖傳說的 展開〉, 《漢學研究》 第8期 第1卷, 臺灣, 1990, 참조.

되어 고려로 향하게 되는데, 절강성 정주(定州)를 출발하여 흑산
도 근해에 도착하고 다시 연안을 거슬러 올라가 예성강으로 북상
하여 송도(松都)에 이르게 된다. 당시 황하 이남과 양자강 이북 사
이 연안에는 모래톱이 많아서 고려로 왕래하는 선박이 항해하기
곤란한 지역이었기 때문에, 자연히 북방의 산동성 등주(登州)와
남방의 절강성 정주가 주요 항해 거점이 되었고, 서긍이 북방 항
로를 택하지 않고 따로 남방 항로를 택한 이유는 그 즈음 강성한
요(遼)의 세력권에 인접한 탓이 아니었을까 한다. 그러한 남방 항
해 과정에 다음과 같은 기록이 전한다.

　　근자의 사신 행차에 둘째 배가 황수양(黃水洋) 가운데 이르러
세 개의 키가 다 부러졌을 때, 내가 마침 그 가운데 있었다. 같
이 배를 탄 사람들과 함께 머리카락을 자르며 슬프게 간구하였
더니 상서로운 빛을 나타내었다. 복주(福州)의 연서신(演嶼神) 또
한 먼저와 같이 이적을 나타내었으므로 이날 배는 비록 위태로
웠으나 다른 키로 바꿀 수 있었다.[13]

　여기서 언급된 복주의 연서신은 물론 천비를 가리킨다. 복주의
연서신은 이와 같은 공로로 송 고종(高宗) 소흥(紹興) 병자년(1156
년)에 영혜부인(靈惠夫人)으로 봉해지고, 소희(紹熙) 연간(1190~1194
년)에는 '비' 호칭이 덧붙여진다. 원(元) 대에 들어오면, 더욱 추앙
되어 천상의 왕비에 견주어 현재와 같은 '천비'라는 칭호를 얻게
되고, 명(明) 숭정제(崇禎帝)로부터는 도교의 봉호(封號)를 부여받아

---

13) 《宣和奉使高麗圖經》, 제39권, 〈海島〉 6; "比者使事之行　第二舟之黃水洋中　三柂幷折　而臣
　　適在其中　與同舟之人　斷髮哀懇　祥光示現　然福州演嶼神　亦前期顯異　故是日舟雖危　猶能易他柂."

'벽화원군(碧霞元君)'으로 봉해지기도 한다. 그 뒤 청(淸) 강희제(康熙帝)로부터 '소령현응인자천후(昭靈顯應仁慈天后)'로 봉해져서 여러 이름을 갖게 된다. 이에 따라 그 명성도 갈수록 커지게 되어 해상 활동을 하는 여러 사람들의 마음속에 험난한 항해를 보호해 주는 위대한 수호신으로 자리 잡게 된다.14)

이러한 해상 민간신앙에서 유래된 천비는 자자한 그녀의 명성에 걸맞게 종교 신앙의 차원에서 기성 종교집단 사이의 치열한 쟁취의 대상으로 발전한다. 그래서 보는 이의 시각에 따라 불교 또는 도교에 속하기도 하고, 어떤 경우에는 유불도 삼교합일의 신격 대상이 되기도 한다. 불교 측 인사들은 그녀의 모친인 진씨(陳氏)가 남해관음보살이 주는 꽃을 삼켜서 태어났다는 태몽으로 미루어 관음보살의 현신이라는 불교신앙의 한 형태로 간주한다.15) 사실상 천비의 출생지인 복건성 포전은 해신신앙의 본거지라 할 수 있는 절강성 정해(定海)의 보타낙가산(補陀洛伽山)과 인접해 있고, 보타낙가산에서 유래한 남해관음신앙 또는 용신(龍神) 신앙은 해상 수호신으로서의 천비의 면모와 다를 바가 없다.16) 그리고 실제로 요녕성에 산재한 금주(錦州)의 천비궁(天妃宮), 장하(庄河)의 천후궁(天后宮), 청퇴자(靑堆子)의 천후궁 등은 대대로 승려가 이를 관할하고 있어서17) 어느 정도 불교신앙의 흔적을 감지할 수가 있다.

---

14) 광동(廣東) 사람들의 전설에 따르면, 매년 음력 3월 23일은 천비가 복건성에서 해남(海南)으로 오는데, 이때는 북풍이 꼭 분다고 한다. 바다에서 활동하는 사람들은 그때에 맞추어 간절히 제사를 지내고 천비의 왕림을 대대적으로 선전한다고 한다(잔 스츄앙, 《도교와 여성》, 도서출판 창해, 1993. 148쪽 참고).

15) 李露露, 앞의 책, 41쪽.

16) 王三慶, 〈四海龍王在民間通俗文學上之地位〉, 《漢學研究》 第8期 第1卷. 臺灣, 1990, 342~345쪽 참고.

17) 李露露, 앞의 책. 42쪽.

　　그러나 도교에서는 포전(蒲田)의 이름 모를 처녀를 대표적인 도
교의 여성신으로 신격화하는 등, 신앙의 대상으로 삼기에 부족함
이 없을 정도로 그 위상을 새로이 정립하였다는 점에서 불교적
관점을 압도한다. 《칙봉천후지(勅封天后志)》의 기록에 따르면, 천
비는 13세 때 도사를 만나서 '현미비법(玄微秘法)'을 전수 받는다.
그리고 다시 16세가 되던 무렵 고정(古井)에서 신인(神人)이 출현
하여 동부(銅符) 한 쌍을 전수 받아 신통력을 부렸다고 한다.[18] 비
록 천비의 출생담에 불교신앙의 잔영이 남아 있다고 할지라도,
자란 뒤 도교적 법술을 익혀 신통력을 부렸다는 대목에서는 완연
히 도교적 인물로 행세하고 있는 것이다. 뿐만 아니라 도교에서
는 《태상노군설천비구고령험경(太上老君說天妃救苦靈驗經)》[19]을 통
하여 도교신으로의 숭배 절차를 따로 안배해 놓고 있다. 이 경전
의 앞부분은 포전(蒲田)과 흥화(興化) 지역의 민간에서 천비를 칭
송하는 시(詩)와 주사(咒詞)로 이루어져 있고, 뒷부분은 천비의 신
화를 기술하고 있다. 그 내용을 보면, 천상의 주재신인 태상노군
(太上老君)이 해상에서 요괴들의 장난으로 선박이 뒤집혀 인명이
다치게 되는 것을 내려다보고 북두칠성에 자리한 묘행옥녀(妙行玉
女)로 하여금 지상의 일체 재앙을 없애게 하는데, 인간세상에 하
강하여 중생의 고난을 구제한 묘행옥녀는 이러한 공덕으로 백일
승천(白日昇天)했다고 한다. 여기서 천상의 존재가 하강하여 지상
계의 재앙을 일소하고 승천한다는 이러한 신화는 널리 알려진 허
진군(許眞君)의 일화처럼 전형적인 도교의 영웅담이다. 천비의 출

---

18) 李露露, 앞의 책. 15~16쪽.
19) 《道藏》에 들어있는 이 경전을 보면 '명 영락 7년 1409년에 천비로 칙봉하였다'
　　는 기록이 있는데, 이로 미루어 《태상노군설천비구고령험경》은 명(明) 초에 간행
　　된 것으로 여겨진다.

생담이 이와 같은 도교적 신화로 탈바꿈 되었다는 사실은 곧 재래의 민간신앙이 도교신앙으로 발전되었음을 말해 준다.

도교적 색채로 윤색된 천비는 현재 저명한 지방 도관(道觀)에서 숭배의 대상으로 추앙되고 있는데, 천비의 탄생지인 복건성 미주(湄州)의 마조묘(媽祖廟)를 비롯하여 천진(天津) 천후궁·천주(泉州)의 천후궁·절강성 초강(椒江) 대진도(大陳島)의 천후궁 등이 모두 그러한 곳으로서, 한결같이 도사가 상주하며 운영하고 있다.[20] 이로 미루어 천비의 내력에 비록 전래의 민간신앙과 불교신앙의 흔적이 짙게 남아 있다고 할지라도 현재로서는 도교 여성신으로서의 면모를 가릴 수 없을 것으로 여겨진다.

이러한 민간도교의 여성신이자 항해 수호신인 천비가, 그 성격상 해상 체험과 밀접하게 관련이 있음은 불문가지인데, 다음에서 다룰 사행문학 속에 나타나는 천비의 모습은, 유교 이데올로기가 지배하던 시대에 정통 유학자들이 받아들인 민간도교신앙의 한 형태라는 점에서 눈길을 끈다.

3. 해상 사행 체험과 천비신앙

16세기 말에 국내에서 간행된 《전등신화구해(剪燈新話句解)》의 한 구석에 다음과 같이 천비에 대한 기록이 남아 전해지고 있다.

송 대 흥화부(興化府) 포현(莆縣)의 도순검(都巡檢)인 임원(林愿)에게 딸이 있었는데, 나면서부터 신이(神異)하여 다른 사람들의

---

20) 李養正, 《當代中國道敎》 (北京: 中國社會科學出版社, 1993). 39~42쪽.

길흉을 예언하기도 하였다. 죽은 뒤에 마을 사람들이 미주(湄州) 섬에 묘당(廟堂)을 세웠다. 선화(宣化) 연간에 노윤적(路允迪)이 고려로 사행할 때 바다에서 풍랑을 만나 뭇 배가 모두 뒤집어졌는데 유독 윤적이 탄 배에는 돛대에 신이 내려와서 드디어 온전할 수 있었다. 원(元) 천감(天監) 연간에 천비(天妃)라 가봉(加封)했다. 지금 여순(旅順) 하구에도 천비묘가 있다.[21)]

위에 인용한 글은 전거를 어디에서 구하였는지 밝히고 있지 않으나, 천비신앙의 내력에 대한 기록은 비교적 정확하다. 당시 여순 하구에도 천비가 있었다는 말로 미루어, 아마도 누군가가 철산수로(鐵山水路)의 기점에 해당하는 여순에 들러서 거기에 있는 천비묘(天妃廟)의 존재를 언급한 것으로 여겨진다. 그러나 일부 사행집단을 제외하고는 국외 견문의 기회가 극히 제한되어 있었던 사정을 감안하면, 위와 같은 자세한 기록은 아무래도 대외 사행의 경험을 지닌 일부 인사들의 도움에 기댄 것으로 보인다.

이에 여순을 거쳐 간 역대 사행관들의 문집을 조사해 보면, 고려 말 정몽주(1337~1392)의 사행시인 〈사문도(沙門島)〉에서 천비신앙에 대한 최초의 기록이 발견된다. 《포은집(圃隱集)》 〈연보고이(年譜攷異)〉에 따르면 정몽주는 공민왕 21년(1372년) 3월에 서장관이 되어 지밀직사(知密直司事)인 홍사범(洪師範)과 함께 남경에 들어갔다고 한다.[22)]

---

21) 滄洲(尹春年; 1514~1567) 訂立·垂胡子(林芑; 1599년 발문) 集釋, 《剪燈新話句解》 〈水宮慶會錄〉 가운데 "王母調金鼎 天妃捧玉盤"이란 구절의 주석은 다음과 같다. "宋興化府 莆人 都巡檢 林愿之女 生而神靈 言人禍福 歿後鄉人立廟於湄州嶼 宣化中 路允迪使高麗 在海風作 諸船皆覆 獨允迪所乘船 神降於檣 遂獲安 元天監中加封天妃 今旅順口亦有天妃."
22) 명나라 영락제가 남경의 토호 세력을 무력화하기 위하여 1421년에 그의 근거지인 북경으로 천도하기 이전 명의 수도는 금릉(金陵), 곧 남경이었기 때문이다.

그런데 귀국길에 오른 정몽주 일행은, 해상에서 뜻하지 않게 회오리바람에 휘말려 난파하게 된다. 이때 홍사범 등 수십 명이 수몰되었다. 물론 명 태조가 보낸 회사품(回賜品)은 모두 잃게 되었고, 정몽주는 표류하다가 간신히 생명만 보전하였다. 명에서도 이 사건을 중시하여 《명사(明史)》〈조선전(朝鮮傳)〉에 당시의 사정을 자세히 기록하여 전한다. 이에 따르면 홍무 5년(1372년)에 고려의 자제들을 남경에 있는 태학(太學)에 입학시켜 주기를 청하고 돌아가다가 공사(貢使) 홍사범, 정몽주 등 150여 명이 귀로에 풍랑을 만나서 그 가운데 39명이 익사하였다고 적고 있다.[23]

〈사문도(沙門島)〉[24]는 이처럼 참혹한 사행 체험을 겪은 정몽주가 홍무제의 배려로 다시 귀국길에 오르면서 사행의 안전을 위하여 천비에 의지하는 심정을 드러낸 시인데, 시의 제목인 '사문도'는 등주 앞바다에 위치한 묘도(廟島)를 가리킨다. 묘도라 불린 까닭은 천비를 모신 천비묘가 있기 때문이었다. 묘도의 천비묘는 송(宋) 선화(宣和) 4년에 복건의 해상(海商)들이 창건하였다고 하는데,[25] 홍사범의 익사 사건이 있던 바로 그해 홍무 5년에 '효순순천부제감응성비(孝順純天孚濟感應聖妃)'로 칙봉(勅封)되었다.[26] 이러한 정몽주의 해상 사행체험에 수반하는 등주 천비묘의 존재는 이후 중국으로 파견되는 사신들에게는 빠뜨릴 수 없는 주요한 사행 정보로 전해진다.

조선 시대에는 동료가 머나먼 이역으로 사행을 떠날 때 대개

---

23) 같은 기록을 《명 실록》 홍무 5년 8월조와 《고려사》 공민왕 21년 3월조에서도 찾아볼 수 있다.

24) 논의의 편의를 위하여 이 시의 내용은 다음 장에서 소개한다.

25) 李露露, 앞의 책, 120쪽.

26) 《閩書》, "洪武初　天妃有護海運舟之功　五年封孝順純天孚濟感應聖妃."(《古今圖書集成》 권 28에서 인용)

주위의 많은 사람들이 모여 시를 지어 송별하는 자리를 마련한
다. 그런 자리에는 앞서 사행의 경험이 있는 이들이 반드시 참석
하여 자신이 체험한 사행의 정보를 일러주기도 한다. 1628년 명
(明) 숭정제(崇禎帝) 즉위식에 진하부사(進賀副使)로 파견된 민성휘
(閔聖徽)가 남긴 《무진조천별장첩(戊辰朝天別章帖)》[27]을 보면, 다음
과 같은 오숙(吳䎘)의 송별시가 눈에 드는데, 바로 그러한 사실을
입증하고 있다.

> 황성도(皇城島)는 마름처럼 떠 있고 철산취(鐵山嘴)는 험난해라
>
> 파도는 고래등같이 덮쳐오고 조각배는 머뭇머뭇
>
> 용왕굴에 구슬 던져 원한도 달래보고
>
> 성녀사(聖女祠)에 향 피워 몇번이나 빌었던고
>
> 오로지 충신(忠信)만 믿고 의지하였으니
>
> 하늘의 신명을 의심치 않았도다
>
> 밤들어 동모성(東牟城)에 정박하여 잠자리 옮기니
>
> 망망한 나그네 시름 저 달은 알겠지

> 皇島如萍鐵嘴危　拍天鯨浪片帆遲
>
> 且應投璧龍王窟　幾度燒香聖女祠
>
> 忠信由中良足恃　神明在上不須疑
>
> 東牟夜泊移衾枕　客思茫茫月楬知

　　이 송별시에서는 '황성도(皇城島)', '동모성(東牟城)'과 같은 낯선

---

27) 이 자료는 최근 국내에 반환된 데라우찌문고 소장 도서 가운데 일부로서, 경남
　　대학교 박물관의 호의로 그 가운데 일부분을 살펴볼 수 있었다.

땅의 지명이 열거되어 있고, '철산취(鐵山嘴)'의 험로라든지 '성녀
사(聖女祠)' 등의 존재가 부각되어 있다. 여기서의 성녀사는 곧 천
비묘를 가리킨다. 아마도 송별연에서는 자연스럽게 이러한 생소
한 시어의 해명을 통하여 항해 수호신으로서 천비의 존재를 인식
하게 되었으리라 짐작한다.

　실제로 오숙은 여러 해 해상 사행에 참여한 인물로서, 많은 사
행시를 남기고 있다. 1624년 8월 15일 서장관 홍익한과 더불어
가는 길에 등주에서 남긴 시를 보면, 당시 그는 천비의 존재를 다
음과 같이 분명히 의식하고 있다.

　　　봄 물결은 비단이라 좋은 바람 더디고
　　　곳곳에 돛을 달아 옛 사당으로 모여든다
　　　어느 밤에사 떠드는 소리 그칠꼬
　　　뱃머리에 향 피워 천비에게 절하는 것이

　　　春波如練好風遲　處處移帆近古祠
　　　何夜悄然人語靜　船頭香火禮天妃[28]

　여기서 '옛 사당'이라 함은 천비묘를 가리킨다. 이 시의 세주(細
注)에 "천비낭낭묘(天妃娘娘廟)가 있는데, 바다를 지나는 배는 여기
서 반드시 바람이 불기를 기원한다"[29]고 한 데서 이를 확인할 수
있다. 그리고 뱃머리에서 천비에게 향을 피워 빌었다는 사실로
미루어 해상 사행 활동의 안전을 위하여 천비에 의존하는 당시

---

28) 《天坡集》 권2, 〈泊廟島〉
29) "有天妃娘娘廟　過海船必祈風於此."

정경을 그려볼 수 있다.

안전한 해상 사행을 바라는 사신들에게 항해 수호신으로서 천비의 존재는 지속적인 관심의 대상이 될 수밖에 없다. 다음과 같은 천비에 대한 기록도 그러한 관심의 소산이라는 데 눈길이 머문다.

> 묘도(廟島)에 머물다. 새벽에 사당 앞으로 옮겼다. 한(漢)나라 임온(林蘊)의 딸이 죽어서 수신(水神)이 되어 천비로 칙봉되었다. 묘도라 불리는 것은 이 때문이다.[30]

위의 기록은 1623년에 이민성(李民宬)이 주문사(奏聞使) 서장관으로 철산수로를 거쳐 조천(朝天)할 때 남긴 것으로, 이민성의 사행은 한동안 잊혀졌던 해상 사행의 재개라는 점에서 의미가 각별하다. 명(明) 성조(成祖)가 북경으로 천도한 뒤 사행길은 육로였다. 그런데 1619년 3월 살이허(薩爾滸) 대전 이후 심양과 요양이 잇따라 함락되어 요동은 후금(後金)의 누르하치가 장악하게 되었다. 자연히 육로를 통한 종전의 북경 사행이 불가능하여 광해군 13년(1621년)부터 해로(海路)로 사신을 보내게 되었다. 그러나 그해에 사행관인 류간(柳澗), 박이서(朴彛叙; 1561~1621), 정응두(鄭應斗), 윤창립(尹昌立) 등이 익숙하지 않은 해로에서 풍랑을 만나 표류하다 익사하는 참사가 일어났다.[31]

신유년의 대참사 이후에 이루어진 이민성의 사행은 여섯 척의

---

30) 《敬亭集》 續集 권1, 〈朝天日記〉 6월11일 庚午條; "留廟島 曉移泊于廟前 漢林蘊之女歿爲水神 勅奉天妃 名以廟島者以此也."

31) 《愚伏先生文集》 권3, 〈請復登州舊路奏文〉; "辛酉以後 陪臣柳澗朴彛叙鄭應斗尹昌立等相繼淪沒."

배에 도합 341명을 싣고 철산수로를 거쳐 등주에 도착하게 된다. 그의 《조천일록》에는 사행이 순조로웠던 탓인지 초월적 존재에 대한 기대가 그렇게 강하게 드러나지 않으나, 그 과정에서도 위와 같이 천비에 대한 정보를 남기고 있어 주목된다. 물론 위의 기록처럼 천비가 한(漢) 대의 인물이라든지 부친이 임온(林蘊)이라고 하는 것들은 사실과 다르며, 입증할 자료 또한 여느 문헌에서도 발견되지 않는다. 이민성의 이 기록은 뱃사람들 사이에서 전승되는 사실을 그대로 적은 것으로 보이는데, 앞서 정몽주의 경우와는 달리 묘도(廟島)의 유래에 대한 상세한 설명을 시도하고 있다는 점에서 해상 사행에서 어느 정도 민간도교 신앙의 필요성을 인식한 것으로 여겨진다.

그러나 17세기 초 명·청 교체기에 동북아시아의 정치적 상황이 급박하게 변하면서부터는 새로운 양상을 띠게 된다. 후금의 대두와 함께 명에 대한 조선의 미묘한 태도가 줄곧 외교의 초점으로 떠오르자, 이의 해명을 위하여 해상 사행이 빈번하게 이루어진다. 이에 따라 단편적인 천비에 대한 관심은 이국 풍속에 대한 단순한 호기심에 그치지 않고 차츰 해상 안전을 도모하는 신앙의 대상으로 전이되었던 것이다.

이 무렵 천비신앙은 '용왕(龍王)'과 '소성(小聖)' 등의 민간신을 포괄한 삼신(三神) 신앙의 형태로 나타나는데, 이러한 삼신신앙의 성립은 대략 1624년 무렵부터 비롯된다. 1624년에 남긴 홍익한(洪翼漢; 1586~1637)의 《화포조천항해록(花浦朝天航海錄)》을 살피면, 평안북도 정주(定州) 선사포(宣沙浦)에서 출범하여 등주로 가다가 장산도(長山島)를 지나면서 모진 바람을 만나 구사일생으로 광록도(廣鹿島)에 도착하여 쉬고 있을 적에, 어떤 중이 와서 다음과 같이 항해 수호신으로서 삼신을 모실 것을 청하는 대목이 보인다.

정오에 중이 책 한 권을 가지고 와서 보이니, 모문룡 도독부의 나타(陀那) 응모문인데, 곧 우리나라 불교도들의 권선문이었다. 섬에 사당을 창건한다는 빌미로 굳이 시주를 청하며 바닷길의 평안을 빌어주겠다고 간청하였다. 부득이 각각 쌀 말을 희사하였는데 이 어찌 복리를 구하고자 그러했겠는가? 상사(上使)가 곧, "바다에 제사를 어떻게 지내는 것인가?" 하고 물으니, 중이 대답하기를, "바다에 제사 지내는 데는 천비낭낭신이 가장 소중하고 그 다음은 용왕신이요, 그 다음이 소성신(小聖神)입니다."라고 한다. 상사가 말하기를, "이른바 삼신은 어떤 신인가?" 하니 대답하기를, "천비는 옥황의 따님인데 사해를 주관하고, 용왕은 천비를 보좌하며, 소성은 곧 용왕의 사위입니다. 삼신이 기뻐하면 모든 일이 길하고, 노하면 모든 일이 흉하므로, 무릇 항해하는 자들은 그 기쁨을 얻기 위하여 정성을 다합니다."라고 한다. 상사와 부사(副使)가 그 말에 따라 홍단 소축에 이금(泥金)으로 신의 이름을 써서 위차(位次)를 정해 독에 넣어 구석에 안치한 다음, 술과 고기 및 향과 폐백 등을 갖추어 삼신께 제사를 올렸다.[32]

이와 같은 시기인 1624년에 비슷한 내용이 작자 미상의[33] 《슈

---

32) 《花浦朝天航海錄》 권1, 8월19일 辛丑條; "午有緇髡手持一卷來示 乃毛督府募令陀那 而卽 吾東浮屠者 所謂勸善文也 新創神宇于島中云 而固請捨施回令祈海甚懇 不獲已 各出斗米遣之 玆豈求福田利益哉 上使仍問祭海事何如 僧曰 祭海莫重於天妃娘娘之神 次龍王之神 又次小聖 之神 上使曰 所謂三神何神 對曰 天妃者 玉皇之女 主玆四瀆而龍王佐之 小聖者卽龍王牛子 三神喜則諸事吉 怒則凶 故凡行于海者 欲其喜而不欲怒 致敬盡禮 上副使卽依其言 具紅段小 軸 以泥金書神號定其位 次藏于櫝置諸座 隅備酒牲香幣祭三神."

33) 최강현은 〈수로조천록에 대하여〉(《국어국문학》 87집,1982)에서 학계에서 처음으로 자료를 소개한 황희영의 주장을 논박하여, 작자가 홍익한으로 볼 수 없고 동행한 인물 가운데 한사람이 지은 것으로 보아야 한다고 하였다.

로됴천녹》에도 기록되어 있다.

> 한 사람이 길가의 울며 심히 설워하거날 연고를 물으니 대답하되, "이에 머무런지 여러 날히라, 진실로 근심이 도저도 하여라." 이 중이 닐오대 "비록 제사하기를 백번을 하나 마땅이 제사한 곳의 못하면 무엇이 유익하리오. 천비낭낭(天妃娘娘)의 신령과 용왕의 신령과 토성의 신령이 이시니, 이 셋 신명게 지성으로 제사하면 즉시 좋흔 바람을 얻으리라." 하고 제사할 규식(規式)을 가라치고 가거날, 이날 상해(上下ㅣ) 다 목욕하고 폐백과 향을 갖초와 오경(五更)의 한 말과 같이 중의 가라친대로 셋 신위를 배설하고 지극 공경하야 제사한 후, 각각 배에 돌아와 잠들었더니, 문득 바람소래 들리거날 즉시 니러나 보니 과연 순풍이 크게 일어나되 하날이 새지 못하였더라. 일시에 배에 올나 돗글 달고 바로 삼산되(三山島ㅣ)라 하는 섬으로 배 절로 향하야 가니 신령 영험함을 칭찬하고 기이히 여기더라. 그 중의 성명과 종적을 너비 무로대, 섬의 있는 사람도 아는 이 없으니 실로 고이한 일이더라.[34]

당시의 상사(上使)는 한성판윤 이덕형(李德泂)이고 부사(副使)는 병조참의 오숙(吳翻)이었다. 상사와 부사가 직접 나서서 홍단 소축에 이금(泥金)으로 삼신의 이름을 써서 위차를 정하여 독(櫝)에 넣어 자리 구석에 안치하였다[35]고 한 점으로 미루어, 해상 사행

---

34) 황희영, 〈17세기 바다기행 한글 필사본 슈로됴천녹〉, 《신동아》 184호, 1979, 195쪽.
35) 김육이 남긴 기록에 따르면 이러한 위판은 하륙제(下陸祭)를 행하고 난 뒤에 불살랐다고 한다(《潛谷先生遺稿》 권14, 〈朝京日錄〉; "十二日 朝陰 晚晴 早起行下陸祭 燒五神位版.").

의 절박한 심정을 이해할 수 있다. 그리고 천비를 다른 두 신과 함께 항해수호신으로 선박 안에 봉안하여 제사를 올리고 있는 사실에서, 천비에 대한 관심이 이미 신앙의 차원으로 변화된 점도 간과할 수 없다. 여기서 민간도교의 여성신은 이제 음사(淫祀)의 대상이 아니라, 사대사행(事大使行)의 성패를 결정짓는 국가대사의 주요한 구실을 담당하고 있는 것이다. 계속하여 홍익한이 묘도 부근에 이르러 남긴 기록에서 그러한 면모가 여실히 드러난다.

> 이른 아침에 천비묘에 나아가 분향하였다. 섬사람들의 말에 따르면, 이 날 3월 23일은 성모(聖母)의 탄신이라 하여, 상사가 특별히 제사를 올렸다.[36]

> 첫닭이 울 때, 상사와 부사가 함께 선소(船所)에 나아가 천비·풍신(風神)·용왕·소성에게 제사를 지내고, 이어 죽은 사신들인 우참찬 류간, 참판 박이서, 정언 정응두에게 제사를 지냈다.[37]

두 기록 가운데 앞의 것은 1624년 3월 등주에 도착하여 남긴 것이고 뒤의 것은 이듬해 3월 사행 임무를 마치고 등주에서 귀국할 무렵에 남긴 것이다. 앞서 광록도에서 얻은 해신에 대한 정보기 등주 근해에서 재확인되고, 천비에 대한 제사에 사행관의 수장인 상사(上使)가 참례하였다는 사실은 민간도교신이 유학적 교양을 갖춘 사대부의 신앙적 대상이 되었다는 뜻이다.

---

36) 《花浦朝天航海錄》 권1, 3월 23일조; "早朝進天妃廟焚香 島人云 是日卽聖母誕辰 故上使特擧祀事."
37) 《花浦朝天航海錄》 권2, 3월 19일조; "十九日 丁卯晴 鷄初鳴 與上副使往船所 祭天妃風神龍王小聖訖 因祭故使臣右參贊柳澗參判朴彜叙正言鄭應斗."

한편, 위험한 바닷길을 거쳐 사행에 나서는 데서 출발과 도착을 전후하여 개양제(開洋祭)와 하륙제(下陸祭)를 지내기 마련이다. 이러한 제사는 통칭하여 해신제라 한다. 특히 외교적 임무를 띠고 중국으로 파견되는 경우에는 발선지(發船地)에서 각 관아(官衙)의 수령들이 집결하여 해신제를 엄숙하게 거행하는데, 이러한 정경은 한글본 《슈로됴천녹》에 잘 묘사되어 있다.

이십 사일(1624년 7월 24일) 선사포의 이르니 이는 배 띄우는 곳이라. 지공채사(支供差使) 원귀성 부사 조서준 용천부사(龍川府使) 이희건(李希建)과 동변관(東邊官) 연사 출신 임시오와 서변관(西邊官) 연사 전(前) 만호(萬戸) 강귀룡이 이미와 대령하였더라. 사신들이 관사의 든 후 즉시 당상(堂上)할 군관 황박(黃珀)과 전 만호 박정제(朴廷濟)와 훈련봉 유경우 등을 배에 보내어 모든 배 짐대와 놀대 격군과 꾸민 것을 보라 하니, 꾸민 배 여섯 척의 배가 온대 온갖 즙물(汁物)과 격군이 태반이나 허술한지라. 상새 주관(舟官)을 뜰헤 꿇리고 꾸짖어 물은대 대답할새 "감새(監事 ㅣ) 풀어지고 인약(人弱)하야 호령이 행치 아니하니 처관(處官)이 급히 재촉하와도 할 길이 없다."하는지라. 바다희 배 띄우기는 날이 이미 다다랐고, 온갖 일이 이렇닷 허수하니 진실로 한심한지라. 마지못 이 사연을 나라헤 갖초 주하고, 또 감사의게 체문(帖文)을 놓아 재촉하야 꾸짖고, 바다희 배 띄우는 날 마땅히 제사할 것이니, 바다 두둑의 가장 높은 데 단을 무우며 장막을 베푸라 하고, 이십오일 상새 부시와 일행을 거나려 고기와 술을 갖초아 향과 폐백으로서 제문 지어, 미혼전의 바다헤 빠져죽은 사람 우참찬(右參贊) 유관(柳澗)과 이조참판 박이서(朴彛敍)와 정언(正言) 정달(鄭應斗)와 참의 신위를 꾸며 위로하야 제(祭)하고, 또 역관

을 분부하야 여섯 배에 각각 배 맡은 귀신의게 제(祭)하다. 이 날
나조해 바람과 비 극히 불순하더니, 밤중 후 구름이 네녘으로
걷고 하날 기운이 청명하야 한 점 바람이 없더라.[38]

여기서는 구체적으로 천비신앙의 흔적을 지적해 낼 수 없으나,
마지막 부분에 "여섯 배에 각각 배 맡은 귀신의게 제(祭)하다"란
말이 있는 것으로 미루어 해신제를 거행하는 과정에 은연중 천비
신앙이 묻어왔으리라 상상하기란 그리 어려운 일이 아니다. 대명
(對明) 주청사행(奏請使行)을 떠나기 직전에 평양 석다산(石多山)에
서 해신제를 올린 이안눌(李安訥; 1571~1637)의 기록에서 그러한
증거가 발견된다.

이안눌은 숭정(崇禎) 5년(1632년)에 각화도수로(覺華島水路)를[39]
택하여 북경에 입조(入朝)하게 되는데, 출범하기 직전 그해 7월 16
일에 "7월 16일 임자(壬子) 새벽에 일어나 상사와 서장관 및 일행
들과 함께 삼신제를 행하다"[40]라는 긴 제목의 시를 지었다. 시의
제목만으로도 해신제가 삼신제의 형태로 거행되고 있음을 알 수
있다. 상사(上使)가 직접 참여하는 제례는 지방관도 반드시 참석
하는 것이 상례이고 보면[41] 당시 해신제가 국가 제례의 격식을

---

38) 황희영, 〈17세기 바다기행 한글 필사본 슈로됴쳔녹〉, 앞의 책, 189쪽.
39) 인조 6년(1629년)에, 명이 공로(貢路)를 개정하여 요서(遼西) 각화도를 경유하도록
　　강요한 이른바 각화도수로는, 여말선초에 자주 이용하던 철산수로가 평안북도
　　정주 선사포를 기점으로 한 데 비하여, 평양 부근의 석다산 포구를 기점으로 하
　　였다.
40) 《東岳集》 권20, 〈朝天錄〉; "七月十六日壬子 晨起 與上使 書狀官 暨一行員役 行三神祭"
41) 조선 초의 사전(祀典)에 대한 규정을 보면, 악(嶽)·해(海)·독(瀆)에 대한 제사는 중
　　사(中祀)로 취급되어 기내(畿內)에는 조관(朝官)을 파견하고 기외(畿外)는 소재지 감
　　사(監司)나 각 관의 수령이 제사하고 이를 보고하도록 되어 있다(김해영, 〈朝鮮初
　　期 祀典에 관한 硏究〉, 한국학대학원 박사학위논문, 1993, 참조).

갖추고 있었음을 입증한다.[42] 그런데 석다산 해신제의 대상이 되는 삼신은 앞의 시 세주(細注)에서 다음과 같이 언급하고 있다.

평양성 석다산 아래 해변의 높은 언덕 위에 땅을 깎아 제단을 만들었는데, 곧 대해·용왕·소성의 삼신을 모시고 제사지내는 곳이다. 서울 가는 사신들이 배를 타고 바다로 나가는 날이면 반드시 몸소 제사를 행하며 정성껏 기도를 올린다고 한다.[43]

석다산은 평양의 서북쪽 120리에 있는 산이다. 암석이 많은 산으로서, 인조(仁祖) 때 물길로 조천(朝天)할 때면 이곳에서 배를 띄워 등주(登州)에 이르렀다고 전한다.[44] 위의 인용을 보면 삼신을 '대해신(大海神)'·'용왕(龍王)'·'소성(小星)'이라 밝히고 있는 바, 앞서 홍익한의 기록에서 삼신이 천비·용왕·소성인 점을 감안하면 대해신은 간접적으로 항해수호신인 천비를 지칭하는 것임을 어렵지 않게 알 수 있다.[45]

---

42) 광해 14년(1622년)에 오윤겸(1559~1636)이 명 황제 즉위식 축하 사절로 북경에 들어가게 되었을 때 선사포에서 행한 해신제의 경우에서도, 출발에 앞서 "4월 30일 새벽에 서해신에게 제사를 지냈다. 제사에 쓰는 향과 제문, 폐백은 조정에서 내려왔다."(《楸灘先生文集》, 〈海槎朝天日錄〉; "三十日曉行西海神 祭香及祭文幣自京下來也")고 한 것으로 보아 이 무렵 해신제가 관 주도로 행해지고 있었음은 더 이상 의심할 수 없다.

43) "平壤石多山下 海岸高崗之上 除地爲壇 乃大海龍王小星三神設祭之所也 赴京使臣 乘舟下海之日 例必躬行祀事 潔誠祈禱云."

44) 《大東地志》 권21, 平壤條, "石多山; (平壤) 西北一百二十里 山多岩石 仁祖朝 水路朝天時 發舡於此到登州界."

45) 그런데 '소성'은 앞서 《수로조천록》에서 언급된 '소성(小聖)'인 듯한데, 구체적으로 어떠한 신격을 가리키는지 분명하게 드러나지 않는다. 《시경》〈국풍〉에 "嘒彼小星 維參與昴"라 한 것을 보면, 소성은 28숙의 하나인 묘성(昴星), 곧 견우성으로 간주되기도 하지만, 《제왕세기(帝王世紀)》에는 "(鯀) 納有莘氏女曰志 是爲修己 山行見流星貫昴 夢接意惑 又吞神珠 臆圮胸拆 而生禹于石紐"라고 하여 견우성이 곤(鯀)의 출생과 관련이 있는 농사신으로 널리 알려져 있고(王紅旗, 《神秘的星宿文化和遊戲》,

그런데, 그 뒤 해상 사행노선이 철산수로에서 각화도수로로 바뀌게 됨에 따라 천비신앙의 수용 양상도 삼신(三神)에서 오신(五神)의 형태로 변화된다. 김육(1580~1658)이 1637년 윤4월에 각화도에서 올린 〈개양제문(開洋祭文)〉에는 삼신신앙의 형태가 다음과 같이 ‘천비’·‘해신’·‘용왕’·‘풍백’·‘소성’ 등의 오신(五神) 신앙으로 드러난다.

> 엎드려 생각컨대 천비성모께옵서 이미 자애로운 인(仁)을 드러내셨고, 해약존신(海若尊神)께서도 또한 관용의 덕을 베푸셨습니다. 구만리를 날아 험난한 바다를 건너는 것은 오직 용왕의 처분에 따를 뿐이며, 대붕처럼 삼천리를 치고 나는 듯이 순조롭게 가는 것은 실로 풍백께 의존하였습니다. 하물며 소성께서도 도움을 주시니 또한 큰 공이 능히 온전하다 이를 것입니다.[46]

거듭되는 해상 사행에서 천비신앙의 형태가 이처럼 삼신에서 오신의 모습으로 변모되는 이유는 삼신제에 대한 불신의 탓[47]도 있지만, 17세기 이후 급변하는 국제 정세에 따라 다급해진 사행관들의 불안한 심리 때문이 아니었을까 한다. 그들은 천비를 숭배하는 것을 사행의 목적으로 삼지 않았다. 오히려 화급한 사행

解放軍文藝出版社, 北京, 1991, 47쪽 참고), 《박불시》에서는 해신으로 숭배되기도 하였다(앞의 책, 151쪽.). 1629년에 각화도수로로 입조한 이흘(1568~1630)의 〈제필이성문(祭箕畢二星文)〉(《雪汀集》 권5, 〈祭文〉)에서는 각각 풍백과 우사로 알려진 기성(箕星)과 필성(畢星)을 가리키기도 한다.

46) 《潛谷遺稿》 권9, 〈覺華島開洋祭文〉; "惟天妃聖母 旣著慈愛之仁 海若尊神 又含寬容之德 騰九萬以利見濟險 惟仰於龍王 擊三千而如飛助順 實賴於風伯 矧玆小星之垂祐 亦曰大功之能全."

47) 《東岳集》 권20, 〈朝天錄〉에 있는 〈八月十四日己卯 夜坐對月 戲占一律 阻風長山島 時已十日 廣鹿島在於西南間 東南東北風 可以張帆進抵 而西北西南風 連日大吹 舟逆不得行 同來各船 屢設祭三神祭 禱祝無驗故篇末云〉란 제목에서 이를 미루어 헤아릴 수 있다.

에서 막중한 외교적 임무를 완수하고자, 지푸라기라도 잡는 심정으로 항해 수호신의 도움을 원하였기 때문에 위와 같은 다신적(多神的) 신앙 형태를 드러내었다고 생각한다.

그러나 이러한 과정에서 외래의 신앙인 천비신앙이 재래의 민간신앙과 별다른 마찰을 빚지 않고 나란히 해신제의 신앙 대상이 되었다는 사실은 가벼이 지나칠 수 없는 중요한 의미를 지닌다. 천비의 경우는 중원의 천자가 칙봉했다는 명분에 근거하였지만, 여타의 민간 신에 대해서는 마땅한 명분을 어디에서도 제공하지 못한다. 더욱이 이러한 해신제는 민간에서 행하는 용왕제와는 달리 음사(淫祀)를 막기 위하여 국가에서 주관한다. 그럼에도 명분이 없는 여러 민간 신을 해신제란 국가 공인행사에서 숭배의 대상으로 삼았다는 사실은 유학적 이념으로 지탱해 온 중세의 질서가 일대 변혁의 기로에 서 있었음을 알려준다.

4. 천비신앙 수용의 의식 층위

여말선초에서 조선 중기에 이르는 사행문학의 주된 영역은 사행시(使行詩)와 조천일기(朝天日記) 및 해신(海神) 제문 등이다. 이 가운데 천비신앙의 수용 문제를 놓고 당시 사행관들은 그들의 의식 내부에서 서로 다른 수용 태도를 내비치기도 하는데, 주로 사행시와 해신제문에서 그러한 흔적이 발견된다. 그것은 바로, 음사(淫祀)의 귀신이면서 칙봉된 신이라는 점과, 항해의 수호신이자 중세 이념의 수호신이라는 점 등의 네 가지 의식 층위에서 전개되는 갈등 양상이다.

먼저 천비의 존재가 조선조의 사전(祀典)에 공식적으로 전혀 언

급되지 않았다는 사실에서 짐작할 수 있듯이, 신유학의 논리로
무장한 사대부가 천비와 같이 생소하기 짝이 없는 민간 도교신을
바라보는 시선은 고울 리가 없었고, 기껏해야 민간에서 숭앙하는
음사의 대상 정도에 머물러 있기 마련이었을 것이다. 설령 해신
에 대한 제례의 격식이 갖추어져 있다고 하여도 시초에는 천비라
는 민간 도교신에 대한 관심을 겉으로 드러내지 않았다. 천비는
본래가 중국의 민간에서 숭배하던 외래의 신일 뿐 아니라, 사전
에 있지도 않는 신을 숭앙하여 기복을 일삼는 행위는 신유학적
합리를 앞세우는 조선조 사대부에게는 금기 사항이었기 때문이
다. 사행의 위험이 그리 심각하지 않은 육로사행에서 이주(李胄;
1468~1504)가 보여주는 천비에 대한 인식은 바로 그러한 사실을
반영한다.

> 허물어진 성곽은 저녁 햇빛에 물들고
> 변방의 길손은 하늘가에 시름겹다
> 긴 둑 한편으로 오랑캐땅 나뉘고
> 심차하(三叉河) 강물은 바다에 인접했네
> 줄줄이 배를 엮어 뱃길을 열었는데
> 천비묘를 남겨서 상군(湘君)을 욕보이누나
> 음사(淫祀)의 풍속 묻고자한들 말이 서로 다르니
> 말에 기대 지나치며 옛 비문을 훑어본다

> 廢壘殘城向夕暉 塞邊愁思草連雲
> 長墻一面分胡地 河水三叉接海門
> 蘆綷維舟開木道 天妃留廟辱湘君
> 風淫欲問邦音異 倚馬行看古碣文[48)

이 칠언율시는 그가 해주(海州) 서편에 있는 '삼차하'를 지나면서 남긴 것으로서, 그 부근에 있는 천비묘를 보고 읊은 사행시이다. 마지막 줄에 옛 비문을 훑어본다고 한 대목에서 중국의 천자가 천비라 칙봉한 비석이 세워져 있는 듯하지만,[49] 여섯째 줄에서는 대담하게도 이러한 천비묘의 존재가 상군(湘君)을 욕보이게 하였다고 말한다. 여기서의 상군은 굴원의 〈구가(九歌)〉에 나오는 상군으로, 순(舜)에게 시집간 요(堯)의 두 딸인 아황과 여영을 이른다. 상군의 이름은 순 임금이 창오(蒼梧)에서 죽자 두 왕비가 통곡하고 슬픔을 이기지 못하여 상강(湘江)에 투신한 옛이야기에서 말미암은 바, 일명 강비(江妃)라고도 하는 강의 신이다. 이주는 천비가 이러한 전래의 수신(水神)인 이비(二妃)의 자리에 대신 들어서서 욕을 보인다고 하였다. 욕을 보이는 이유는 사전(祀典)에 없는 음사(淫祀)의 대상이었기 때문이다.

그러나 사전(祀典) 자체는 대명 사대 명분론에 근거한다. 중국의 천자가 칙봉한 천비는 그런 점에서 어느 정도 명분이 있다고 하겠는데, 이주는 이를 수긍하지 않고 차라리 상군을 모시는 것만 못하다는 인식을 드러내어, 일곱째 줄에서 이를 아예 '풍음(風淫)'이라 단정해 버린다.

그러나 사행노선이 해로에 두어지면 천비에 대한 눈길은 달라진다. 이주보다 일백 년 먼저 중국에 들어간, 동방 성리학의 조종(祖宗)인 정몽주에게서 의외로 사전에 없는 천비를 숭앙하는 태도를 발견하게 된다. 앞서 한차례 언급한 바 있는 〈사문도〉라는 시

---

48) 《忘軒遺稿》, 〈三叉河途中〉
49) 중종 28년(1533년)에 진하사(進賀使)로 북경에 들어간 정사룡(1491~1570)의 《조천록》에 실린 〈삼차하〉라는 시의 주석을 보면, "河卽遼水 東爲遼左 西爲遼西 珠子袋子 二河合流 幷河爲三汊 列大艦爲浮橋 河左 有天妃娘娘之廟 盖水神 勅封有碑."라 하여 삼차하의 천비묘가 칙봉된 것임을 알 수 있다.

는, 바로 그 정몽주가 해상 조난사고를 당한 뒤, 다시 철산수로로
귀국길에 오르는 도중에 남긴 것이다.

> 신녀의 사당은
> 사문도 앞바다 봉우리에 있는데
> 짐 실은 수레는 학야(鶴野)로 이어지고
> 조공길은 계림(鷄林)에 닿아있다
> 무사한 바닷길은 신령의 힘으로 이루어지니
> 천자께서 아름다운 이름을 봉했구나
> 여기 배를 대고 잔을 올리나니
> 머리를 조아려 흠향하길 빌 뿐이라

> 神女祠何處　沙門海上岑
> 戎車連鶴野　貢道接鷄林
> 利涉由靈貺　徽封自聖心
> 泊舟來酌酒　稽首冀來歆

위의 시에서 천비란 어휘는 보이지 않으나 첫 줄의 '신녀 사당'
은 곧 천비묘를 이른 것이다. 여섯째 줄의 내용으로 미루어 천비
는 이즈음에 나라로부터 칙봉된 존재임을 짐작하게 한다. 정몽주
가 위 시에서처럼 사전에 없는 낯선 땅의 민간 도교신에게 머리
를 조아려 흠향하기를 빌 수 있었던 명분은 중원의 천자가 칙봉
하였다는 사실에 있다. 그러나 신령의 힘에 의지하여야 안전한
항해를 할 수 있다는 다섯째 줄의 의미를 되새겨보면, 그가 애써
확보한 그러한 명분은 어디까지나 해상 사행이란 현실적 필요에
따른 것이었음이 드러난다. 그래서 음사의 귀신을 불가피하게 수

용할 수밖에 없는데, 천자가 칙봉하였다는 명분을 보인 것은 내면의 갈등을 무마하려는 의도가 아니었나 생각된다. 비록 칙봉되었다고 하지만 앞서 이주처럼 과감하게 풍음(風淫)이라고 단정하지 못하는 이유는, 어느 정도 안전이 보장된 육로 사행과는 달리, 항상 조난 사고의 위험이 뒤따르는 해로 사행의 특수성으로 말미암기 때문이다.

그러나 해상 사행의 경우일지라도 조난의 위험에 대한 불안감이 다소 가셔지면, 천비에 대한 명분도 대폭 약화된다. 이숭인(1347~1392)은 1386년 12월에 하정사(賀正使)로 남경에 들어갔다가 다시 철산수로를 거쳐 귀국하게 되는데, 다음은 등주 사문도에 위치한 천비묘에 들러 지은 두 편의 시 가운데 하나이다.

> 바닷가에 목을 빼고 서 있을 때 하도 많아
> 깨끗한 경치 보며 시를 짓는구나
> 산은 삼문산이라 물결치는 소리 웅장하고
> 하늘은 사방에 아득하여 해가는 것 더디도다
> 신비(神妃)께 빌면 응당 보응하겠지만
> 숨은 물귀신이사 엿볼 수가 없구나
> 먼 여행길 긴 바람에 미끄러지듯 나아갈까나
> 하물며 같은 배로 다시 건너는 바에야

> 沙汀矯首立多時　霽景撩人欲賦詩
> 山作三門潮勢壯　天垂四面日行遲
> 神妃享祀應須報　海若潛形不敢窺
> 政擬長風吹送柂　同舟況復濟川資50)

이숭인의 해로 사행이 별다른 사고 없이 순조롭게 이루어진 탓인지는 몰라도, 이 시에서는 정몽주의 경우처럼 절박한 느낌은 찾아볼 수 없다. 다섯째 줄에 나오는 '신비(神妃)'는 천비이다. 정몽주가 '신녀'라 한 것을 '신비'로 격상한 점에서는 칙봉된 신으로서 천비의 존재를 높이고 있지만, 칙봉된 신의 보응력은 그대로 인정하지 않은 듯하다. 아래 부분을 보면, 올 때처럼 같은 배를 타고 순풍에 의지하여 귀국할 것임을 믿고 있어서, 칙봉된 신이란 명분을 굳이 내세워야 할 필요를 느끼지 못한다. 나아가 여섯째 줄에서 숨은 물귀신[海若]은 감히 엿볼 수 없는 존재라고 하여, 일면에서는 수신(水神)에 대한 경건한 마음을 드러내는 듯하지만, 은연중에 천비의 보응이 별로 소용되지 않는다는 인식을 내비친다.

이숭인은 이와 같이 칙봉된 신의 명분을 내세워 항해의 안전을 도모하려는 의식을 보이지 않는 동시에, 이주처럼 천비에게 비는 행위를 당장 음사로 단정하지도 않는다. 그의 내면세계에는 사전에 없는 음사의 귀신이자 칙봉된 신이라는 천비신앙에 대한 두 가지 의식 층위가 서로 공존하되, 어디까지나 실제 사행의 체험으로 이를 시험하고자 하는 것이다.

그러나 17세기 초, 명·청 교체기에 이르면, 천비신앙에 대한 유학자들의 수용 의식은 뚜렷한 변화를 보이게 된다. 이 무렵에는 후금이 북방에서 대단한 세력을 떨치면서 남하하여 중세 동북아시아의 질서가 일대 변혁의 위기를 맞게 되었던 것이다. 누르하치가 요동반도를 장악함에 따라 육로사행이 거의 불가능한 가운데, 조선 정부는 급박하게 전개되는 주변 동북아시아의 정세에

---

50) 《陶隱集》 권2, 〈奉使錄〉, 〈留沙門島奉呈同行評理相君〉.

대응하여 위험을 무릅쓰고 대명 의리의 외교적 역할을 수행하여
야 했다. 이에 따라 험난한 해상 사대(事大) 사행은 명분에 기댄
대명(對明) 의리의 발로이면서, 한편으로는 국록을 먹는 사대부가
지켜야 할 충(忠)의 본분으로 간주되었다. 그러나 주어진 임무가
막중한 만큼 해상 사행의 위험 역시 높아져 음사의 대상과 칙봉
된 존재 사이에 놓여있던 천비의 존재는 이 시기에 이르러 항해
의 수호신이자 중세 이념의 수호자로서 새롭게 조망되었다.

　숭정 2년(1629년) 무렵, 변무사(辯誣使) 이흘(1568~1630)은 진하
사(進賀使)를 겸하여, 조선이 청(淸)과 강화하였다는 소문에 불안해
하는 명(明) 조정(朝廷)을 무마하기 위하여 중국으로 파견된다. 다
음 오언시는 사행 출발 직전에 지은 시인데, 당시 해상 사행의 비
장한 광경을 보여 준다.

어젯밤은 같은 방에서 잠들었지만
문득 아침 되니 다른 배에 서있네
무릎대고 말 나누길 바랄 수 있으랴만
아쉬운 듯 서로를 바라보고 섰구나
돛을 달 땐 목소리 가까이 들리더니
포성이 울리자 길은 이미 갈라섰네
어느 때 바닷가에 상륙하여
말채찍 휘둘러 앞뒤를 다툴꼬[51]

昨夜曾同枕　今朝忽異船
晤言寧可得　相望各依然

---

51) 《雪汀集》 권1.

掛席聲初近 鳴砲路已懸

幾時登海岸 爭着祖生鞭[52]

　　이 시는 동지사(冬至使)의 임무를 띠고 다른 배에 타고 있는 윤안국(1569~1630)을 생각하며 지은 것이다. 이흘은 윤안국과 같은 날 대동강에서 출발하였다. 윤안국이 탄 배는 천신만고 끝에 각화도 앞바다까지 이르렀으나 풍랑에 휘말려 침몰하게 되고, 이흘은 이러한 참사를 지척에서 목격하지만 쪽배를 내어 단신 상륙하여 변무사로서의 소임을 다하였다. 그리고 이듬해 1630년 6월 9일에 북경 인근의 옥하관(玉河館)에서 병사하여 앞서 간 윤안국과 함께 불귀의 객이 되었다.

　　시인은 시참(詩讖)을 두려워하는데, 이 시는 그 두 사람의 운명을 예고하는 듯하다. 각각 동지사와 변무사의 임무를 띠고 같은 날 출발하였지만, 하늘은 그 둘을 나란히 뭍에 상륙시켜 북경에 먼저 입조하려고 다투어 말채찍을 휘두르는 모습을 보이게 하지 않았던 것이다.

　　이흘은 각화도수로를 따라 항해하면서 열여섯 편의 해신제문을 남기고 떠났다. 그 가운데 천진(天津) 연안에서 천비에 제사를 올린 제문이 두 편 전해지는데, 그 가운데 하나인 〈망해정제천비문(望海亭祭天妃文)〉을 보면 다음과 같다.

　　생각하건대 신께서는 저 옛날 당조(唐朝)에 계셨는데 어릴 적부터 신령한 이적을 보이셨고, 돛대 위에 강림하여 중화의 사신을 구하였도다. 이제 오랑캐의 변란을 당하여 이처럼 예물을 갖

---

52) 《雪汀集》 권1.

추어 항해하나니 신께서는 지극한 정성을 굽어 살피시고 우리
를 보호하여 바다를 무사히 건널 수 있게 하소서.[53]

제문의 격식을 갖춘 위의 글은 교술적 성격을 살려 천비에 대
한 진지한 의식을 보여준다. 돛대 위로 '산녀(神女)'가 강림하여
'중화의 사신'을 구하였다는 말은 송(宋) 선화(宣和) 5년에 고려로
사행한 노윤적의 일을 이른 것이다. 그리고 천비가 당조(唐朝)에
있었다는 말은 아마도 《수신원류대전(搜神源流大全)》의 기록에 따
른 것으로 추측된다.[54] 이 해신제문은 각화도 앞바다에서 가까운
동료인 윤안국의 죽음을 눈앞에서 지켜본 얼마 뒤에 지은 탓인지
천비를 항해 수호신으로서 믿고 의지하려는 의식이 여느 사행시
(使行詩)와는 다르다. 비록 이국(異國)의 민간 도교신이지만 성공적
인 사행을 위하여서는 이를 적극 받아들여 사행의 목적을 성취하
여야 하는 절박한 심정이 깔려있기 때문이다. 그래서 과거 단순
한 보응의 효과에 의지하려는 시각에서 벗어나 사대사행이란 현
실적 필요에 따라 항해의 수호신으로서 천비의 존재를 해신제문
이란 교술(敎述) 갈래로 공식적으로 인정한 것이다.

해신제문에 나타나는 이러한 의식의 변화는, 비록 유교의 의례
에 따라 제문을 지어 절하는 격식을 갖추었지만, 사전에 없는 귀
신을 섬긴다는 음사의 의혹에 대하여 더 이상 주저하는 태도를
취하지 않았다는 근본적인 의미가 주어진다. 해신제문이란 형식
에 기대 민간 도교신인 천비의 존재를 긍정하는 행위는, 16세기

---

53) 《雪汀集》 권5, 〈望海亭祭天妃文〉; "惟神昔在唐朝 夙著靈異 神臨檣上 以濟華使 今値虜警
航此玉帛 神監至誠 護我利涉."
54) 《수신원류대전》 권4에는 천비가 당 천보 원년(742년) 3월 23일에 탄생한 것으로
기록되어 있다. 李露露, 앞의 책, 13쪽 참조.

까지 신유학적 질서를 확립하고자 소격서(昭格署)를 음사(淫祀)라
고 비판하여 혁파했던 추세에 역행한 것으로, 위축된 도교신앙을
활성화하는 전기가 되었던 것이다.

천비신앙을 중심으로 한 또다른 의식의 변화는 김상헌(1570~1652)
에게서도 나타난다. 김상헌은 1627년에 선사포를 출발하여 신의
주 남쪽 장산도를 거쳐 등주에 이르는 철산수로를 항해하는 도중
에, 다섯 편 남짓의 해신제문을 남기고 있다. 천비와 관련된 그의
해신제문을 보면 종전의 사행시에서 드러나던 천비에 대한 소극
적인 태도가 적극적인 자세로 전환하였을 알 수 있다. 이러한 절
박한 사신의 심정을 꾸밈없이 드러내는〈장산도천비제문(長山島天
妃祭文)〉은, 당시 유행한 천비신앙이 해상 안전을 위한 기복의 차
원에서 중세 이념의 수호자란 인식의 차원으로 끌어올려져 수용
되었음을 말해 준다.

0년 0월 0일에 천비신께 경건하게 제를 올리나이다. 대저 작은
것으로서 큰 것을 섬김은 천지의 떳떳한 도리이며 음으로써 양
을 구제함은 귀신의 성한 덕입니다. 이에 우임금께서 도산(塗山)
에서 제후들을 소집하여 나중에 도착한 자를 주살함은 실로 천
자의 위엄을 보인 것이며, 휴수(睢水)에서 모래를 날려 유방을
구한 것은 참으로 신명의 힘을 빌은 것입니다. 생각컨대 예전에
적벽에서 하루 동인 주유를 도와 주셨으며 남창(南昌)에서는 왕
발(王勃)에게 바람을 불어주어 등왕각으로 나아가게 하셨습니다.
후대로 내려오면서 이 같은 자취가 더욱 뚜렷하시니 하물며 우
리 대명(大明)에는 말할 것이 없습니다. 덕은 하후씨(夏后氏)에 짝
하고 위엄은 한(漢)의 종실을 능가하여 사해(四海)와 육합(六合)이
모두 봉토에 들었으며 구이(九夷)와 팔만(八蠻)에 길을 트지 않음

이 없사오니, 더욱 신명을 공경함은 어찌 신첩(臣妾)의 백성들뿐이겠사옵니까. 오직 이 신을 높임은 태음(太陰)의 원정(元精)으로서 순양의 큰 세계에 주장함이니 현성(顯聖)들이 역대 오래도록 칭송되는 바이요, 좋은 날 총애를 받음이 갈수록 융성함이옵니다. 곤(坤)의 덕으로 건(乾)을 계승하여 이치가 하나로 돌아가 어그러지지 않으며, 하늘과 짝하여 존귀함이 백 가지 신령과 비할 바가 없사옵고, 그 숭상해 받드는 의(儀)를 밝히심은 실로 그 차이가 멀지 않사옵니다. 엎드려 생각컨대 삼한의 늙은 신하가 한낱 심부름꾼으로 바람과 파도에 시달려 본래 품은 커다란 뜻을 잃었으나 해를 보고 구름을 따르는 것은 오직 조종의 마음이 간절한 탓이옵니다. 조각배를 타고 아득히 왔으나 외로운 섬에서 곤액을 당하여 나아가기 어렵사옵고, 파도를 보고 놀란 가슴은 약수의 천 리 길을 믿게 되었사오나, 몸에는 날개가 없어 진실로 봉래산의 만 겹을 깨달았사옵니다. 감히 어설픈 예를 갖추어 옅은 정성을 바치나니, 다시 한 번 밝게 살피시어 자비로운 은혜를 내려주소서. 바라옵건대 좋은 날에 성스러움을 축복하게 하시고 저희 임금의 명을 폐하는 일이 없도록 하소서. 아무개가 감히 재계하지 않고 마음으로 기도하고 머리를 조아려 귀의하옵니다. 황릉(黃陵) 이비(二妃)의 신묘한 말을 닮음에 그윽이 문장의 필법을 부끄러워하오나, 삼가 청구의 무리가 자비를 입어 신령의 감응을 받았다는 말이 영원히 전해지도록 하소서.

상향55)

---

55) 《淸陰集》권9, 〈長山島　天妃祭文〉; "年月日　敬祭于天妃之神　夫以小事大　天地之常經　由陰
濟陽　鬼神之盛德　是以塗山執玉　寔嚴後至之誅　雎水揚沙　允籍冥佑之力　惟彼周郞赤壁　與便一
日之中　王勃南昌　借勢半帆之上　叔世以降　斯迹愈彰　況我大明　德侔夏后　威增漢家　四海六合
盡入提封　九夷八蠻　罔不通道　豈但臣妾億兆　尤極敬禮神祇　恭惟尊神　以太陰之元精　主純陽之
大界　顯聖久稱於歷代　鷹寵邃隆於昌辰　用坤承乾　理不爽於一致　與天作配　尊無對於百靈　昭玆

　　여기서 천비의 존재에 대한 의심스런 태도는 발견되지 않는다. 앞부분의 "작은 것으로서 큰 것을 섬김은 천지의 떳떳한 도리이며, 음으로써 양을 구제함은 귀신의 성한 덕입니다"란 말은 사대 사상과 민간 도교신앙이 중세의 보편적 질서를 옹호하여 서로 결합하고 공존하고 있는 것으로 이해된다. 사대의 행위가 '천지의 떳떳한 도리[天地之常經]'로서 의심할 수 없는 대의명분이라면, 음으로써 양을 구제하는 것은 초월적 존재의 현실적 역할에 대한 기대를 표현한 것이다. 이에 따라 천비는, '태음의 원정으로서 순양의 대계(大界)에 주장하는' 존재로서, '하늘과 짝하여 존귀함이 백 가지 신령과 비할 바가 없기' 때문에 유학자의 명분에 합당하다. 무엇보다도 천비의 위상을 '곤덕(坤德)'에 빗대어, '곤의 덕으로서 건을 계승하여, 이치가 하나로 돌아가 어그러지지 않는다'고 하는 언명은 바로 귀신의 이치나 양계(陽界)의 이치가 하나라는 사실을 말해 준다.

　　비록 음양의 두 기운으로 현실계와 초월계가 나누어져 있지만, 지향하는 이념적 가치는 하나라고 하여[56] 중세 이원적 질서에 대한 신념을 제시하였다. 이에 따라 음사(淫祀)로 치부되는 항해 수호신에 대한 신앙의 필요성은 음계와 양계가 하나의 이치를 지향한다는 당위론적 발상에서 비롯되어 천비의 존재를 항해의 수호신에서 중세 이념의 수호자로 신봉하게 하는 근거를 마련하였다. 그리고 이러한 빌상은 유가의 논리로 민간 도교신앙을 수용하는 근거로 작용하는 동시에, 후금의 침입으로 어지러운 중세 동북아

崇奉之儀　實無遠邇之間　伏念某三韓老臣　一介行李　乘風波浪　素乏奇偉之志　望日就雲　祇切祖宗之心　駕扁舟而逃來　阨孤島而難進　目駭波濤　信逾弱水千里　身無羽翼　直覺蓬山萬重　敢具薄禮　冀薦菲誠　倘蒙淵鑑回明　亟霈慈恩　庶幾令節祝聖　無廢君命　某敢不齋心頌禱　稽首歸依　修黃陵之妙辭　窃愧文章之筆　聳靑丘之群聽　永傳靈應之符　尙饗."
56)《淸陰集》권9,〈祭海神文〉; "神人殊途　理則惟均."

시아의 질서를 회복하기 위한 도덕적 당위로서의 이(理)가 절대적 가치를 지니게 됨을 뜻한다.

김상헌(1570~1652)에 이르러서는 더 이상 음사의 귀신이냐 칙봉된 존재냐 하는 논란은 별다른 의미를 갖지 못한다. 사대사행이란 대의명분에 따라 귀신의 음우(陰祐)는 당연한 것이었고, 이를 통하여 위기에 처한 지상계의 질서를 바로 잡고자 하였다. 천비의 존재는 이제 칙봉된 신이기 때문에 음사의 대상에서 예외적으로 인정되어야 하는 존재가 아니라, 중세의 질서가 위협 받고 있는 상황에서 사대사행의 성패를 결정짓는 불가결한 존재로 떠오른 것이다.

그러나 양계(兩界)에서 개인의 심성을 바로잡아 천리를 구현하는 데 역부족이기 때문에 같은 이치를 추구하는 귀신의 음우를 구한다는 김상헌의 발상은 두 세계를 지배하는 이치가 하나라는 생각에서 비롯된다. 이에 견주어 김육(金堉)은 다음의 〈석다산개양제문(石多山開洋祭文)〉에서 두 세계가 하나인 것이 이치라며 민간신의 존재와 권능을 중원의 천자와 같은 사대의 명분으로 인정한다.[57]

만방의 인민이 천자의 덕화에 귀의하여 복종하는 것은 신하로서 임금을 섬기는 지극한 정성이요, 백 갈래 물줄기가 동쪽으로 모이는 것은 바다가 만물에 있어서 가장 크기 때문이오니, 진실로 이치에 순응할진대 어찌 위험함을 걱정하겠습니다. 엎드려

---

57) 기일원론에서 흔히 음양의 이치가 하나라고 하지만, 두 세계를 지배하는 이치가 하나라는 주장과 두 세계가 하나인 것이 이치라는 주장은 구분이 필요하다. 해석에 따라 후자는 현상 밖에 또 다른 세계가 없다는 논거로 작용하고, 전자는 음양의 두 세계가 하나의 이치를 지향하기 때문에 음계의 논리로 양계의 문제를 해결하고 양계의 논리로 음계의 문제를 해결하는 근거가 된다.

생각컨대, 어리석고 몽매한 사람이 요행히도 밝은 성군을 만나 대대로 가문에 유가의 경전을 전하여 훈계하는 말을 잃어버리지 않을 것을 기약하였고, 나라에 몸을 바쳐 분주히 돌아다니며 일의 어렵고 쉬움에 마음을 바꾸지 않을 것을 맹세하였습니다. 이제 변방의 공물을 높이 받들어 멀리 천자의 뜰에 조회하온 즉 오로지 뱃길의 통행은 수신의 도움과 보살핌에 놓여 있습니다. 추 칠월 기망(旣望)에 감히 소자(蘇子)의 선유(仙遊)를 흉내 내었습니다. 삼 년 동안 파도가 치지 않음은 다만 주왕(周王)의 성화(聖化)에 의지할 것이오니, 삼가 보잘것없는 제물을 갖추어 미천한 정성을 공손히 보입니다. 생각컨대 우리 천비께옵서는 옥황상제의 곁에 계시도다. 어질고 자비로운 덕이 탁월하시며 모든 배의 어머니가 되시도다. 마음을 재계하여 고기와 술을 받치옵나니, 제발 불쌍하게 여기시어 처음부터 끝까지 신령스런 도움을 베풀어 주소서. 대해의 존귀하신 신께서는 저 너른 바다를 주재하시도다. 도량이 넓고 넓으시고 미미한 만물을 거두어 주시도다. 경건하게 몸을 깨끗이 하여 큰 복을 비옵나니, 느낀 즉 필히 감응하시어 이 자리에 신령이 내려오소서. 물밑에 계시는 왕은 그 덕이 바르고 고르시도다. 교룡과 고래를 단속하시고 천둥과 바람을 거두어 주시도다. 광대한 물바다에 똑같이 사랑해 주실 것을 바라나니, 신령의 위엄을 공경하여 법식을 베풀어 정갈하게 제사를 지냅니다. 내가 가고 내가 오는 것은 실로 풍백께 의존함이온지라. 빠르지도 느리지도 않게 순풍을 주시어 새가 날듯이 눈 깜짝할 사이에 천 리를 가게 하시도다. 따뜻한 입김을 불어 주실 것을 간절히 바라나니 이에 흠향하소서. 저 반짝 반짝 작은 별은 위에 계시도다. 환하게 비추어 돌면서 빛을 떨치시니 온 천하가 앙모하는 바입니다. 헤아려 도와주는 조화

의 공이 우뚝 빼어나시니 미미한 정성을 비추어 굽어보시고 내
려와 흠향하시길 바랍니다. 엎드려 바라옵건대 개양(開洋)한 뒤
로는 상서로운 바람이 돛을 불어, 밝은 태양과 빛나는 바다에
저 종각(宗慤)처럼 씩씩하게 파도를 헤치고, 장건(張騫)의 배를
탄 것처럼 가슴 속을 후련하게 하소서. 별자리가 일찍 떠오를
제 드디어 네 척의 배에 영(令)을 내리니, 모든 사람들이 다섯 신
의 공덕을 고루 입게 하옵소서.58)

여기서 김육은 사대(事大)의 근거가 신하로서 임금을 섬기는 지
성(至誠)에 있다고 말했는데, 이러한 사대의 당위성을 만물에 있
어서 가장 큰 바다의 존재까지 연결 지어 두 세계가 하나라는 인
식을 드러내었다. 그리고 이에 대한 숭배가 바로 이(理)에 순응하
는 것이라 하였다. 곧 큰 것을 섬기는 '성(誠)'은 신하로서 임금을
섬기는 '지극 정성'이자 대해를 관장하는 바다의 신에 대한 숭배
의 근거가 된다. 따라서 김육은 유교의 교양과 충신(忠信)에 대한
열의가 '성(誠)'에 근거한 것임을 밝혀서 해신(海神)에게 도움을 받
을 것을 의심치 않았다.

이러한 김육의 새로운 논리는, 하나를 지향하는 중세의 이념과
무관하게 사대사행이라는 당면 현실을 타개할 제반의 처세를 합

---

58) 《潛谷遺稿》 권9, 〈石多山開洋祭文〉; "萬方拱北 臣事君之至誠 百川朝東 海爲物而最鉅 苟
順於理 何慮其危 伏念愚蒙 幸逢明聖 傳家詩禮 期不墜於訓辭 許國驅馳 誓無改於夷險 今擎
地産之幣 遠入天子之庭 惟木道之通行 在水神之扶護 秋七月旣望 敢擬蘇子仙遊 波三年不揚
只恃周王聖化 謹具薄奠 恭伸賤誠 惟我天妃 在帝左右 德著慈仁 萬舶爲母 齋心潔慮 薦之牲
酒 冀垂矜憐 終始靈祐 大海尊神 鎭彼溟渤 宇量弘廣 包涵庶物 虔誠薰沐 祈爾景福 感則必應
茲惟降格 王居水府 其德正中 約束蛟鯨 收戢雷風 浩浩蕩蕩 一視同仁 敬共威靈 式陳明禋 我
去我來 寔賴風伯 不疾不徐 有順無逆 如鳥斯飛 一瞬千里 惠以吹噓 歆茲享祀 嘒彼精光 臨之
在上 昭回揚彩 率土所仰 參助造化 功無與讓 俯鑑微悃 尙或來饗 伏願開洋之後 祥飆送帆 瑞
日明海 破宗慤之浪 快豁心胸 乘張騫之槎 早上星漢 逐令四船 人衆均蒙 五位神功."

리화 하였다는 데 근본적인 의미가 있다. 그래서 천비로 대표되는 도교신앙뿐만 아니라 재래의 민간신앙과 유교 이념을 모두 인정하게 된다. 김상헌이 천비의 존재를 천리 구현의 매개자로서 그 의의를 부여했다면, 김육은 그 자체 항해의 수호신으로서 본연적인 색채를 중시하여 중세 이념의 수호라는 명분에 그다지 관심을 두지 않고 있는 것이다. 사행의 현실적 필요에 따라 천비신앙을 받아들이고, 여타의 항해신까지 망라하는 그의 다신적(多神的) 경향59)은 충신(忠信)의 지성(至誠)으로써 여러 민간 신을 받아들였기 때문이다.

그러나 사대 사행의 목적 성취를 위하여 귀신의 음우가 당연하다면, 조선조 신유학에서 내세운 음사 타파의 논거는 이미 철회된 것이라 보아 마땅하다. 김육은 사대의 지성으로 해신의 보응을 기대하는 가운데 이(理)가 주재하는 유교의 명분을 돌보지 않았다. 그는 이질적인 신을 다섯씩이나 섬기면서 위기에 놓인 중세의 질서를 수호하고자 머나먼 바다를 항해하였지만, 임금을 섬기는 명분과 귀신을 섬기는 명분을 동일시하여, 결과적으로 중세적 질서를 지탱하던 유교의 명분을 나른 방향으로 돌려놓았던 것이다.

천비신앙의 수용에 따른 김육의 이러한 변화된 의식은, 하나의 중심과 질서를 고집하는 중세의식에서 이탈하는 조짐을 드러낸다는 점에서 주목을 요한다. 그의 사행이 이른바 중세 중심권을 보지(保持)하는 마지막 해상 사행이 되었다는 사실은, 그 자체로 의미심장한 여운을 남긴다.

---

59) 위의 〈石多山開洋祭文〉에는 천비·대해존신·풍백의 이름이 나타나고, 본문에 직접적으로 명시되지는 않았지만 '물밑에 계시는 왕〔王居水府〕', '저 반짝 반짝 작은 별〔嘒彼精光〕'이란 글귀에서 용왕(龍王)과 소성(小星)도 포함된 것임을 알 수 있다.

기존의 유교문화권에 새로운 의식의 변화를 가져다 준 천비신앙은, 1636년 12월에 병자호란이 일어나고 1637년 1월에 삼전도에서 치욕을 겪게 된 이후로 더 이상 역사의 무대에 등장하지 않는다. 새롭게 일어난 청(淸)이 중원을 점령한 뒤, 안보상의 이유로 해로(海路) 사행(使行)이 금지되고, 요양(遼陽)에서 해주(海州)를 거치던 종전의 사행 노선조차도 청의 강권에 따라 내륙으로 우회하게 되었기 때문이다. 발해를 가로지르는 마지막 해상 사행문학으로 남은 김육의 해신제문은 그래서 더욱 소중하다.

5. 마무리

지금까지 대명 사행기록을 통하여 중국의 민간 도교신앙인 천비신앙의 수용 양상에 대하여 검토하고 그 사상사적 의의까지 살펴보았다. 이 글은 본래 해상 사행문학에 나타난 천비신앙의 수용 양상을 중세 세계관의 변모 과정과 결부시켜 다루어봄으로써 중세 후기 문학사상에 대하여 새로운 시야를 제공하려는 의도에서 시도된 것인데, 논의의 과정에서 자료가 부족한 조선조 민간 도교신앙의 초기적 양상을 부분적으로나마 그려볼 수 있었을 뿐만 아니라, 해상 사행 체험으로 유교문화권 상층 지식인들의 명분론이 해체의 위기에 직면하게 됨을 엿볼 수 있었다.

두루 아는 바와 같이 동아시아는 명·청 교체기에 즈음하여 중세 이념과 질서가 일대 위기 국면에 놓이게 된다. 조선 초기 이후 한동안 뜸하던 해상 사행 활동이 이 시기에 이르러 외교적 필요에 따라 재개되고, 이에 해상의 조난 사고가 빈발하여 항해 수호신으로서 천비 또는 마조라 일컫는 민간도교의 여성신을 중국으로 파견되는 유학자들이 암암리에 신봉하는 현상이 나타난다. 민간 도교신앙이 민간에서 전승되어 온 것이 아니라, 오히려 유가적 교양을 갖춘 관각문인들이 적극적으로 받아들였던 것이다. 명분을 중시하는 유학자들이 음사(淫祀)로 치부해야 마땅할 이러한 민간 도교신앙을 받아들여 의지하였다는 사실은 당시 사행문학이 안고 있는 모순된 의식의 형태를 드러내는 데 그치지 않는다.

개국 초기부터 신유학을 지배 이념으로 삼은 조선조의 사대부에게는 사전(祀典)에 실리지 않은 귀신을 섬기는 일은 유학자의 본분을 저버리는 행위에 해당한다. 이러한 명분을 앞세우면, 항해 수호신으로 숭배되는 천비의 존재는 한낱 민간신앙의 차원에서 거론될 음사의 대상에 지나지 않는다. 그러나 이 시대의 해상 사행은 개인의 안위 이전에 국가의 중대사로서, 성공적인 외교 임무의 수행은 국록을 먹는 신하로서 유가의 본분을 다하는 길이 된다. 따라서 사행은 유교의 윤리 덕목인 충신(忠信)을 신앙화하는 과정이며 이러한 신앙적인 맥락에서 민간 도교신앙과 조우하게 되는 것이다.

그러나 이 과정에서도 조선조 관각문인들은 개인의 기복적인 차원에서 민간 도교신앙을 무절제하게 수용하지는 않았다. 천비의 존재를 중국의 천자가 칙봉하였다는 사실을 근거로 삼아 새로운 명분을 발견하고 이를 사대의 논리에 결합시켰던 것이다. 이는 단순히 당면한 현실적 요구에 순응한 것이라기보다 신유학의 체제 안에서 주변의 이질적인 사상을 포용하는 새로운 근거를 모색한 결과라고 할 수 있다.

적강형 애정소설의 형성과 민간도교사상

1. 들머리

일반적으로 알려진 고소설의 주된 특징 가운데 하나는 작품 내용의 전개가 천상계와 지상계라는 이원적 구조로 이루어진다는 사실일 것이다. 대표적인 예가 《유충렬전》이나 《조웅전》같은 영웅소설이다. 지상계에서 이루어지는 주인공의 삶의 역정은 대개 천상계에서 예정되어 있으며, 영웅의 행적은 어떤 면에서 천상계의 질서를 지상계에 구현하는 과정에 지나지 않는다.

조선시대 애정소설도 이와 비슷하게 이원적 구조로 사건이 전개되는 작품이 더러 발견된다. 이들 작품 속의 남녀 주인공은 애정의 시련을 겪고 난 뒤 행복한 결합에 이르게 되는데, 그 전체 과정이 천상계의 율법에 따라 예정되어 있다. 시종일관 남녀 주인공의 애정 문제에 천상계기 개입하여 시련을 부여하기도 하고, 어떤 경우에는 애정 문제를 해결하는 데 도움을 주기도 하여 남녀의 결합 문제가 개인이나 지상계의 문제에 국한되지 않음을 보여준다.

애정소설은 대개 주인공의 신분에 따른 혼사 장애나 남녀 이합의 문제가 주된 특징이 된다. 하지만 이러한 작품들은 천상에서 적강(謫降)한 남녀 두 주인공이 겪는 시련의 의미를 천상계에 두고 갈등을 해결하고자 하는 독특한 양상을 드러내어 일반 애정소설과 성격이 다를 뿐만 아니라, 그 나름의 일정한 유형을 이루고 있는 사실도 주목할 필요가 있다.[1] 적강형 애정소설은 바로 이러한 작품군을 가리킨다. 이와 같은 유형의 소설은 적강소설과 애정소설의 두 가지 속성을 모두 갖추고 있음은 부인할 수 없는 사실이지만, 주인공이 천상의 존재이면서도 신이한 능력을 발휘하여 지상계의 고난을 타결하지 못함에 영웅적 활약에 초점을 둔 여느 적강소설과 다른 특징이 있다. 또한 천상적 존재가 죄를 짓고 지상계에 내려오는 것을 일러서 적선(謫仙)이라고 할 때, 민간 도교사상에서 유래된 '적선'이 애정의 문제와 결부되고, 다시 불교의 인과응보 사상의 영향을 받아서 변용되어 나타나는 현상은 신화적 존재의 하강(下降)과 엄연히 구별된다. 이러한 까닭으로 적강형 애정소설의 근간 구조는 구비문학이 기록문학으로 상승하면서 나타난 신화구조의 변주로 인정하기 어렵다.

이 글에서는, 설화에 나타난 적강화소(謫降話素)가 민간 도교사상을 배경으로 한 적강구조로 수용되어 조선 후기에 일정한 유형을 이루었던 사실에 주목하여, 적강형 애정소설의 형성 문제를

---

1) 일찍이 이들 작품에 대한 포괄적인 연구는, 적강소설로 다룬 성현경의 〈적강소설 연구〉(《한국소설의 구조와 실상》, 영남대학교출판부, 1981)와 애정소설로 다룬 김일렬의 〈고전소설에 나타난 효와 애정의 대립〉(서울대학교 박사학위 논문, 1983)을 들 수가 있다. 이 가운데 성현경의 연구는 적강화소(謫降話素)에 초점을 두고 작품을 분석하여 고전소설의 근간구조가 적강구조로 이루어져 있음을 밝혀서 적강소설의 독자적인 연구방향을 제시한 점에 있어서 그 성과가 크다고 생각한다. 한편 성현경의 연구가 거시적인 안목에서 고전소설의 일반적인 유형을 설정하려고 시도한 데 비추어, 김일렬의 연구는 《숙영낭자전》 이본군(異本群)을 대상으로 하여 개별 이본의 독자성을 인정하는 한편, '효와 애정의 대립'이란 관점에서 작품의 실상을 파악하여 여타 애정소설과의 유기적인 관련까지 검토한 바가 있다.

우선 비교문학과 민간 도교사상이란 두 측면에서 조명해 보고자 한다. 적강형 애정소설의 형성 문제를 설화 구조로 충분히 설명할 수 없는 이유는, 전대 서사문학의 전통이 임진왜란 이후 17세기에 성행한 민간 도교사상과 접촉하면서 계승·발전된 측면을 무시하지 못하기 때문이다. 여기서 임진왜란 뒤 한국문학사상사에 새로이 등장한 민간 도교사상의 의미를 소설사적 관점에서 눈여겨 살펴보지 않을 수 없다. 이와 아울러 비교문학의 관점에서 인접한 중국문학의 영향을 받아서 형성되었을 가능성을 재검토하는 일도 간과되어서는 안될 것이다. 적강형 애정소설에 나타난 천상계는 기존의 노장사상이나 불교철학과는 성격이 다른 민간 도교사상을 배경으로 하는데, 명(明)·청(淸) 시대 중국 민간문학과도 어느 정도 연관이 있기 때문이다.

2. 보권(寶券), 탄사계(彈詞系) 소설과 적강형 애정소설

고려 시대에 사대부들에게 널리 읽혀진 《태평광기(太平廣記)》에도 천상의 선녀가 지상의 애정을 갈구하는 내용이 더러 발견된다. 그런데 〈양평적선(陽平謫仙)〉이나 〈조욱(趙旭)〉 등에서 발견되는 적강화소는, 우리나라의 적강형 애정소설처럼 작품의 구조와 긴밀하게 결합하면서 사건이 전개되지 않아 조선 시대 적강소설과의 관련성은 일단 유보된다. 그러나 중국의 민간문학 쪽을 가만히 더듬어 보면, 보권(寶卷)에서 탄사계 소설에 이르기까지 작품의 구조와 적강화소가 긴밀한 관련을 가지고 전개되는 작품을 상당수 발견할 수 있다.

일반인에게 낯설게 느껴지는 보권이라는 중국 민간 도교문학은

돈황에서 발견된 변문(變文)을 모태로 전승된 강창문학(講唱文學)
의 한 갈래이다. 당(唐) 대에 유행한 속강(俗講)에서 비롯되었다고
이르기도 한다. 처음에는 불교에서 종교적인 권화(勸化)의 방편으
로, 낯설고 딱딱한 종교적 가르침에 친근하고 부드러운 민간문학
의 당의(糖衣)를 입혀서 시작하였다. 어려운 불교 경전을 일반 서
민의 언어로 쉽게 풀이한 탓으로 일반 대중에게 많은 인기를 얻
었다. 송 대에 와서 이러한 변문이 탄압을 받아 그 열기가 수그러
들었지만, 오히려 민간에 파고들면서부터 다양한 방식으로 재생
산되어 새로운 문체를 낳게 되었다.[2] 보권이 민간 종교와 다시
결합하여 새로운 경전으로 대거 등장하게 되는 시기는 대체로 명
정덕(正德) 연간(1506~1521)으로 추정된다.[3] 그리고 유불도 삼교사
상을 흡수하면서 명 말 청 초 무렵에는 백련교 등 여러 민간 도
교의 경전으로 정착되기도 하였다. 그러나 후대의 보권은 일반
대중의 폭발적인 인기에 영합하면서 점차 종교적인 기능보다 문
학적인 기능이 비중을 더하게 되었는데, 탄사계(彈詞系) 소설 등
중국 민간 통속소설의 바탕에 보권의 영향이 거의 절대적이라고
이를 만큼 중국 민간문학의 토양으로서 작용하였던 것이다.

　보권(寶卷; bǎojuàn)은 달리 보전(寶傳; bǎozhuàn)이라고 이를 만
큼 서로 발음이 비슷하다. 전(傳)이란 글자 뜻에서 드러나듯이 주
인공의 일대기를 서술한 전기와 비슷한 서사구조를 가지고 있다.
또한 보권의 문체는 판소리처럼 소리[唱]와 아니리[白]로 이루어
져 있어서 낭송에 적합하며 민간 속어를 대폭 수용하여 백화문
투의 소설식 문장의 대표적인 예를 보여준다. 최초의 보권은 송

---

2) 鄭騫, 《中國俗文學史》 上卷, 商務印書館, 臺北, 1981, 252쪽.
3) 王兆祥, 《白蓮敎探奧》, 陝西人民敎育出版社, 西安, 1993, 108쪽.

대에 출현한 〈향산보권(香山寶卷)〉으로 알려져 있다. 보권은 명 말에 종교적 색채가 짙은 교파보권(敎派寶卷)의 유행으로 전성기를 누리다가 청 대 이후 차츰 쇠퇴하고 19세기로 접어들면서 신보권(新寶卷) 시대를 맞이하게 된다. 신보권은 비종교적인 보권류를 가리키는 것으로 민간 설화를 중심으로 권선징악의 주제를 즐겨 다루면서 새로운 주류를 이루었다.[4]

　　그런데 이러한 보권에서는 민간 도교사상을 배경으로 한 천상계가 나타나고, 이를 바탕으로 애정 문제를 다루고 있음이 주목된다. 우리나라의 적강형 애정소설과 같이 남녀 주인공이 인간세상에 내려와서 서로 헤어져 시련을 겪다가 다시 만나 나중에 승천한다는 내용의 보권은 〈현세보권(現世寶卷)〉〈맹강선녀보권(孟姜仙女寶卷)〉〈용봉배보권(龍鳳配寶卷)〉〈영대보권(英台寶卷)〉등이 있다. 이 가운데 먼저 〈현세보권〉을 소개하면 다음과 같다

　　〈현세보권〉
　(1) 월영전의 옥영낭자와 천봉원수가 세속의 정을 일으킨 죄로 인간세상에 태어난다.
　(2) 옥영은 절강성 가흥부 평호현에 사는 하백인의 딸로 태어나 일찍 부모를 사별하고 숙부에 의해 은자 열 냥에 팔리는 신세가 된다.
　(3) 김영의 부인 부씨의 동정으로 구원을 받지만, 김영이 부인 몰래 옥영을 첩으로 삼으려고 한다.
　(4) 한편 천봉원수는 평호현 단명인의 아들 혜선으로 태어난다.

---

4) 이상의 논의는 鄭篤, 《中國俗文學史》 하권(商務印書館, 臺北, 1981, 306~308쪽), 邱鎭京, 《돈황변문술론(敦煌變文述論)》(商務印書館, 臺北, 1974, 102쪽) 및 澤田瑞穗, 《寶卷の硏究》(國書刊行會, 東京, 1975, 24~97쪽)를 참고하였다.

부씨가 옥영과 함께 이들의 가게에서 옷을 주문하다가 단명인 부자와 만난다. 혜선과 옥영이 여기서 만나 부씨의 주선으로 결혼한다.

(5) 둘이서 천보란 아들을 낳고 살다가 혜선의 부모가 죽고 난 뒤에 김영의 돈을 빌려서 옷가게를 낸다.

(6) 성안에 사는 토호(土豪)인 전도대가 옥영의 미모를 탐내어 간계를 꾸며 마침내 혜선을 모함한다. 그러한 가운데 전복이란 자가 전도대를 독살하고 죄를 혜선에게 뒤집어 씌워 투옥시킨다.

(7) 혜선의 아들 천보가 장원급제하여 혜선의 사면을 청하고 옥영은 남편인 혜선을 찾아가다가 길에서 죽고 만다.

(8) 옥영은 지옥을 편력하고 다시 인간 세상으로 돌아와 가족과 만난다.

(9) 옥영과 혜선이 승천하여 천상계로 돌아간다.[5]

위와 같이 (1)이 적강 대목이라면, (2)·(3)·(5)·(6)·(7)이 시련이 되고, (4)가 만남, (8)이 재회, (9)가 승천 대목이 된다. 적강형 애정소설의 기본 단락을 고루 갖추고 있음으로 미루어 중국의 보권과 우리나라 적강형 애정소설과의 관련에 새삼 주의를 기울이지 않을 수 없다.

애정 문제를 다룬 대표적인 보권인 〈맹강선녀보권〉의 경우도 천상에서 죄를 짓고 인간세상에 내려와 시련을 겪다가 승천하는 적강 구조를 잘 보여준다.

---

5) 澤田瑞穗, 앞의 책, 234~235쪽 참고. 이 책에는 1879년 항주(杭州) 마노경방(瑪瑙經房) 각본(刻本)을 해제한 내용만 실려 있고, 원문이 실려 있지 않다. 위의 내용은 해제의 내용을 참고하여 필자가 정리하였다.

〈맹강선녀보권〉

(1) 하늘나라의 선관 선녀인 망동과 칠고가 사사로이 천궁을 벗
    어난 죄 때문에 인간세상에 귀양 간다.

(2) 망동은 소주(蘇州) 원화현 만천심의 외동아들 만희량으로 태
    어나고, 칠고는 송강성 화형현 맹륭덕의 무남독녀 맹강녀로
    자란다.

(3) 맹강녀가 열다섯이 되어 혼기에 이르자 주위에서 혼담이 오
    가지만, 그녀는 평범한 남자와 혼인하기를 거부하고 오로지
    부처만 믿는다.

(4) 만리장성을 견고하게 하려면 만희량을 그 속에 묻어야 한다
    는 동요가 천하에 퍼진다. 진시황은 만희량을 붙잡고자 곳곳
    에 방을 붙이고, 만천심은 희량을 피신시킨다.

(5) 만희량은 계속 도망치다가 송강성에 이르러 맹강녀의 집 안
    꽃밭에 숨고, 여기서 맹강녀와 만나 결혼하기에 이른다.

(6) 몰래 결혼식을 올리다가 관가에 발각되어 만희량은 멀리 만
    리장성으로 압송된다. 그리고 그곳에 도착하자 병들어 죽는다.

(7) 한편 만희량이 잡혀간 뒤 맹강녀는 슬픔에 잠겨 있다가 꿈속
    에서 만희량이 죽게 된 사실을 알아차린다. 울면서 만리장성
    에 이르러 희량의 시신을 찾아내고 혼절한다.

(8) 진시황은 이 소식을 듣고 노하여 맹강녀를 잡아들이지만, 맹
    강녀의 미모에 혹하여 후궁으로 삼고자 한다. 맹강녀는 만희
    량의 혼을 모시는 만왕묘가 건립된 뒤에 몸을 허하겠다고 약
    속한다. 그리고 만왕묘가 다 지어진 뒤 자결한다.

(9) 두 사람이 함께 천상으로 올라가서 사사로이 천궁을 벗어난
    죄를 용서받는다.[6]

이 맹강녀 설화는 전(全) 편에 걸쳐서 애절한 사랑의 이야기가 주류를 이루며 전개되지만, 막상 지상계에서 시련을 겪는 이유는 천상에서 세속적인 애정을 나눈 죄 때문이 아니다. 사사로이 천궁을 벗어나 인간세상의 일에 간여한 잘못으로 사건이 전개된다.

그러나 우리나라 적강형 애정소설인 《숙향전》·《숙영낭자전》·《삼생록》등이 천상에서 애정문제로 적강하여 이를 지상에서도 꾸준히 추구하며 성취하려 애쓰는 데 견주어, 중국의 보권은 적강을 하되 애정의 무대는 지상계로 한정하는 차이가 있다. 또한 〈현세보권〉이나 〈맹강선녀보권〉은 결혼을 쉽게 하여 혼사 장애가 거의 없다는 점도 우리나라 적강형 애정소설과의 두드러진 차이라고 볼 수 있다.

그런데 중국의 보권 가운데 〈영대보권〉만큼은 특별한 관심을 가지고 살펴볼 만하다. 〈영대보권〉은 흔히 〈양산백보권〉이라고 하는데, 우리나라의 《양산백전》과 구조나 내용에서 거의 동일한 작품이다. 다만 〈영대보권〉의 설화적 단계인 '양축설화(梁祝說話)'에서는 비극적 결말을 맺고 있지만, 두 주인공인 양산백과 축영대가 재생하여 부귀영화를 누린다는 내용은 〈영대보권〉뿐만 아니라, 〈양산백가(梁山伯歌)〉·〈신편동조대쌍호접(新編東調大雙蝴蝶)〉·〈신편금호접(新編金蝴蝶)〉·〈모란기(牡丹記)〉·〈유음기(柳陰記)〉 등의 이본(異本)에서도 흔하게 발견할 수 있다.[7] 〈양산백가〉의 한 대목을 보기로 한다.

---

6) 《맹강녀만리심부집(孟姜仙女萬里尋夫集)》, 명문서국, 1981[1912년 상해 익화당(翼化堂) 각본(刻本) 교정본], 219~240쪽. 이본(異本)인 〈장성보권(長城寶卷)〉에서는 용궁에서 다시 만나 승천하는 대목이 추가되어 있다.

7) 《양축고사설창집(梁祝故事說唱集)》, 명문서국, 대북(臺北), 1981, 참고.

(마홍이) 염라대왕 앞에서 큰소리로 아뢰기를, "양가란 놈이 제 처를 빼앗아 갔기로 제가 지금 지옥까지 끌려 왔습니다. 용서하지 못할 놈은 생사부를 한번 보면 자연 누구인지 알 것입니다." 생사부를 가져다가 펼쳐보니 양산백과 축영대가 본래 천정배필로서 백년해로의 인연이 정해져 있었다. "마홍이 괜한 소란을 떨었으니 어서 길한 날을 잡아 영대를 시집보내도록 하여라!"[8]

마홍이 신행 도중 양산백의 무덤 앞에 이르러 그만 축영대를 잃어버리자 저승까지 축영대를 따라가서 염라대왕 면전에서 야료를 부리는 대목이다. 그러나 도리어 여기서 양산백과 축영대가 결합되어야 할 이유가 드러나서 둘은 다시 살아나고, 나중에는 과거에 급제하여 부귀영화를 누리게 된다.

이와 같은 양산백과 축영대 이야기는 중국 안팎에서 맹강녀 설화와 더불어 가장 널리 알려진 설화에 속한다. 멀리 태국에서도 일찍이 《따오 싸른 렁(Tao Sarn Lewrng)》이라고 불리는 《양산백전》 유형과 비슷한 소설이 읽혀졌다고 하며,[9] 우리나라의 경우는 《양산백전》으로 알려진 것 마로도 함경도 지방의 서사무가 〈문굿〉[10]과 경상도 지방의 설화 〈수영대와 양산복〉 등으로 알려지기도 하였다. 중국학자 고힐강(顧頡岡)의 전언에 따르면, 중국인 마형(馬衡)이 1920년대에 봉천(奉天; 지금의 요녕성 심양) 부근에 와서 한글로 표기된 《양신백 창본(唱本)》을 구입하였다고 한다.[11]

---

8) 《梁祝故事說唱集》, 〈梁山伯歌〉, 50~51쪽; "閻君面前稟一聲 强占生妻姓梁人 我今拿入地牢內 生死簿上不饒人 自然一看便知情 翻開生死簿來看 梁山伯與祝英台 二人原是星和斗 宿是因緣百年偕 馬洪平空來作鬧 卽揀吉日娶英台."
9) M. L. Manich Jumsai, *History of Tai Literature*, Bangkok: Chalermnit Press, 1973, p79.
10) 임석재, 《관북지방 무가》, 문화재관리국, 1965, 137~148쪽.
11) 고힐강, 《맹강녀고사연구집》, 상해고적출판사, 1984, 45쪽.

여기서 말하는 창본이 우리의 무가(巫歌) 대본을 가리키는 것인지 또는 소설 《양산백전》을 가리키는 것인지 명확하게 알 수는 없지만, 중국의 속문학과 어느 정도 교류가 있었을 가능성을 시사한 점이 눈길을 끈다.

한편, 19세기 이후 본격적으로 대두하는 중국의 탄사계(彈詞系) 소설에서도 남녀의 애정이 문제되어 적강하는 유형을 상당수 찾아볼 수 있다. 적강 구조를 가진 대표적인 탄사계 소설로는 《경화연(鏡花緣)》을 비롯하여 《옥섬연(玉蟾緣)》·《필생화(筆生花)》·《재생연(再生緣)》등이 있다. 이 작품들은 각각 전생의 업보, 꽃을 잘못 피운 죄, 막연한 득죄, 애정 표시 등의 잘못으로 남녀 주인공이 인간 세상에 적강하여 온갖 시련을 겪게 된다. 이러한 탄사계 소설 가운데 《경화연》은 일찍부터 국내에 유입되어 홍희복(洪羲福; 1794~1859)이 1835년에 《제일기언(第一奇諺)》이란 제목으로 번역한 바가 있다.[12] 번역자 홍희복은 《숙향전》·《장풍운전》 등의 수많은 국내 고소설과, 《삼국지》·《수호지》·《서유기》 등 중국소설을 독파한 경험을 바탕으로 십삼 년 만에 번역을 끝마쳤다고 한다. 이러한 《제일기언》은 그 시대 국내 독자의 취향과 풍속에 맞추어 번안에 가까울 정도로 의역을 하고 있어서 당시의 번역 수준을 가늠할 수 있을 뿐만 아니라, 중국 소설이 국내 적강형 애정소설에 미친 영향을 검토할 수 있는 중요한 실마리가 된다.

또한 낙선재본 《재생연전》으로 번역된 바 있는 《재생연》은 서두에서부터 천상의 두 선관 선녀가 사사로이 애정을 표시하여 적강하게 된 내력을 소상하게 서술하고 있다. 이는 적강형 애정소설의 전형적인 면모를 드러내어 보이는데, 낙선재본 《재생연전》

---

12) 정규복, 〈제일기언에 대하여〉, 《중국학논총》 제1집, 고려대학교, 1984, 73~76쪽.

에서 같은 대목을 찾아 대비해 보면 아래와 같다.

話說 一日王母娘娘 千秋壽誕 玉皇遣十洲三島神仙 三十三天星主 同向
瑤池慶祝良辰 王母娘娘設壽筵 蟠桃大會待群仙 …… 東斗星 凝眸候久想
塵凡 但見諸妻均在席 人人端肅正雲冠 前生恩愛爲夫婦 今日相逢無一言
…… 有何不足忽思凡 旣然私語姻緣事 謫向人間走一番 再及焚香芳素女
原因悲怨故修仙 今朝並謫人間去 滿却前生夙世緣 ……13)

　　화설 일일은 낭낭 쳔츄탄일이 되어 십쥬삼도 신션과 삼십삼텬
셩군을 보내여 흠긔 요지로가 길일을 경츅게홀시 왕모낭낭이
슈연을 베푸러 반도로 모든 션인을 졉딕ᄒ미 …… 동두셩군이
졍신을 낭구히 모흐다가 홀연 진셰를 싱각흔지라 당긱의 보미
모든 쳐첩이 모다 셕상의 이시딕 긔긔히 엄슉ᄒ고 의관을 졍졔
히 ᄒ여시며 젼싱의 부뷔되여 은익지졍이 간졀ᄒ다가 금일 셔
로 만나미 일언도 업다ᄒ다가 …… 무어시 부족ᄒ건딕 홀연 진
셰를 싱각ᄒᄂ뇨 임의 ᄉ담으로 혼인인연을 의논홀진딕 한번
인간의 젹강ᄒ여 단녀올거시오 또 분향녀ᄋ 진방쇼도 원릭 원
통흔 ᄉ졍이 이시므로 슈도셩션ᄒ여시니 금일의 아으로 인간의
가셔 젼싱인연을 치우게 ᄒ라ᄒ시고 ……14)

　　왕모낭낭이 베푸는 '반도대회'가 반도(蟠桃)를 대접하는 대회인
지는 중국본 《재생연》에서는 자세하게 알아 볼 수 없다. 원래 반
도대회는 왕모낭낭이 한 무제에게 삼천 년 만에 열매 맺는 반도

---

13) 《繡像繪圖　再生緣》　第1卷과　楊家駱　編,　《再生緣與陳寅恪論再生緣》,　正文書局,　臺北,
　　1975, 13쪽 참고.
14) 장서각 소장 필사본 《재생연전》 권1.

를 네 개 주었다는 《한무제내전(漢武帝內傳)》의 이야기에서 유래한다. 후세 호사가들이 이런 고사를 소설 속에 끌어들이면서, 반도가 한 번씩 익을 때마다(그것도 삼천 년 만에) 왕모낭낭이 각처의 신선들을 초빙하여 수연(壽宴)을 크게 열었다는 반도대회로 각색하였다. 아무튼 중국본 《재생연전》과 대조해 볼 때, 《재생연전》의 번역자는 이처럼 미세한 소설의 전고(典故)까지 정통하여 거의 완벽에 가까울 정도로 충실히 직역하고 있음을 엿볼 수 있다.

그런데 《재생연》은 앞에서 든 〈용봉배보권〉의 줄거리와 등장인물의 이름이 거의 일치하는 사실로 미루어, 〈용봉배보권〉을 모태로 탄사계 소설로 발전된 작품으로 추측된다. 하지만, 낙선재본 《재생연전》이 〈용봉배보권〉보다 탄사계 소설인 《재생연》을 그대로 번역하였다는 사실은 적강형 애정소설에서 중국문학의 영향이 보권 단계에서보다 탄사계 소설의 단계에서 비로소 가능하였으리라는 심증을 갖게 한다.

이렇게 보면 《경화연》과 《재생연》 등 탄사계 소설의 국내 번역이 부분적으로나마 적강형 애정소설의 형성과 변모에 영향을 끼쳤을 가능성이 어느 정도 인정된다. 같은 적강 구조라도 《재생연》에서 윤회전생하는 유형이라든지 책머리에 천상계가 장황하게 묘사되고 있는 대목은 적어도 국내 적강형 애정소설의 창작에 소설적 경험을 제공했을 여지가 충분히 있는 것이다.

그러나 여기서 면밀히 검토되어야 할 사실은, 보권을 비롯하여 탄사계 소설로 이어지는 중국소설의 영향이 우리의 적강형 애정소설의 형성 단계까지 소급될 수 있는가 하는 문제이다. 중국의 보권은 앞서 〈현세보권〉과 〈맹강선녀보권〉 등에서 확인할 수 있듯이 분명히 적강 구조를 가진 문학 갈래이고, 그 가운데 〈영대보권〉은 국내 방각본 국문소설인 《양산백전》과 밀접한 관련이 있음을 앞에서 살펴보았다. 시간적 질서를 무시하면 중국문학의 영향은 충분히 인정되지만, 영향의 선후 관계를 따지면 그렇지 않다.

국내 적강형 애정소설에 적강화소가 구체적인 모습을 보이기 시작한 것은 17세기 소설인 《구운몽》에서이다. 《숙향전》처럼 전형적인 적강형 애정소설은, 1754년 〈만화본 춘향가〉의 한 대목에 "二仙瑤池 淑香是"라 한 것처럼 18세기 중반 이전에 이미 나타났다. 이에 견주어 구체적인 적강화소를 드러내 보이는 중국의 보권이나 탄사계 소설의 출간 시기는 대체로 이보다 후대라고 알려져 있다. 〈맹강선녀보권〉보다 비교적 연대가 앞서는 〈현세보권〉의 경우는 초간본이 현재 전해지지 않고 1879년에 중간된 작품만 전한다. 보권 자체가 거듭 개작되어지는 속문학의 속성을 지니고 있다 하더라도, 18세기 중엽에 이미 널리 알려진 《숙향전》의 형성에 보권 계열의 중국소설이 직접적인 영향을 주었다고 보기는 어렵다. 더욱이 중국의 보권이 국내로 유입되었음을 증명하는 자료도 현재까지 알려지지 않고 있다. 다만 중국의 '양축고사'를 바탕으로 형성된 〈양산백보권〉의 내용에 비운의 두 주인공이 재생하여 다시 결합하는 대목이 있는 것으로 미루어 국내 방각본 소설인 《양산백전》은 〈양산백보권〉의 한국판이 아닌가 생각된다. 그러나 중국의 '양축고사'는 우리의 《양산백전》과 얼마간 다른 부분이 있다. 적강화소를 놓고 견줄 때, '양축고사'는 축영대의 전 남편인 마홍이 양산백의 혼령에게 축영대를 빼앗기자 뒤따라 염라대왕에게까지 가서 생트집을 잡는 데 초점이 두어져 있고, 염라대왕은 영대와 산백의 결합이 타당함을 입증하는 구실에 그친다. 이와 달리 우리의 《양산백전》은 남녀 두 주인공이 천상계의 인물로서 애정 때문에 적강하게 되었음을 다음과 같이 자세히 서술한다.

> 젼일 그디 삼신산 신션으로 더부러 풍경을 완샹ᄒ여 세월을
> 보니더니 이월 회일은 영본노군의 탄일이라 샹제 잔치를 비셜
> ᄒᄉ 질기실시 이씩 낭ᄌ 반도ᄎ지로 참예ᄒ엿다가 일시 츈졍
> 을 이긔지 못ᄒ여 그디로 더부러 외통ᄒᆯ믈 샹제 아르시고 그디
> 냥인을 젹강ᄒ미라 ᄒ더라[15]

위에서 인용한 《양산백전》은 남녀 두 주인공이 신성한 천상에
서 애정표현을 하여 벌을 받고 있음을 강조한다. 이와 달리 중국
의 '양축고사'에서는 생사부나 신부(神簿)에 기재된 전세의 인연
을 주로 부각시킨다. 이러한 점은 중국의 보권이 국내 적강형 애
정소설의 유행 시기에 일정한 영향을 주었다는 사실에 그치고,
형성 단계의 문제로까지 그 의미를 확대할 수 없는 증거가 된다.
무엇보다도 맹요(孟瑤)의 《중국소설사》에 따르면, 탄사계 소설
은 《옥섬연》이 1872년, 《경화연》이 1828년, 《재생연》이 1850년,
《필생화》가 1857년에 각각 간행되었다. 모두 19세기 이후의 소
설이라 할 수 있다. 이러한 까닭으로 국내 적강형 애정소설의 형
성 단계에서 중국소설의 영향은 일단 부정된다고 보지 않을 수
없다. 다만 후기의 변모 단계에 접어들면서 〈양산백보권〉과 《재
생연》이 각각 《양산백전》과 《재생연전》에 직접 영향을 준 점은
부인할 수 없는 사실로 여겨진다.

---

15) 《양산백전》, 한남서림, 1920, 27쪽.

3. 민간 도교사상과 적강형 애정소설

적강형 애정소설은 무엇보다도 천상에서 죄를 짓고 적강한다는 민간 도교사상과 남녀 사이의 애정이 사회도덕에 우선한다는 애정인식이 복합적으로 나타나는 소설이다. 둘 다 기존의 유교사회 질서를 위협하는 이단사상이라는 데 공통점이 있고 이러한 경향은 조선 후기 사회의 변혁과 밀접한 관련이 있다.

조선 후기에 유행한 민간 도교사상은 임진, 병자년 이전까지는 척결되어야 할 이단사상에 지나지 않았다. 기화(己和; 1376~1433), 보우(普雨; ?~1565), 휴정(休靜; 1520~1604)으로 연결되는 삼교융합 사상은 유불선 삼교의 근본이 같다는 데 논지의 초점을 두고 유교와의 화합을 꾀하였지만, 조선은 유교를 중심으로 도학정치를 구현하고자 1516년에 주요 불교행사인 기신재(忌晨齋)를 혁파하였다. 또한 그 여세를 몰아 1518년에는 도관(道觀)에서 일개 부속관청으로 격하되었던 소격서(昭格署)마저 폐지하였다. 1536년 중종 31년에 도교계 선서(善書)의 하나인 《선음즐서(善陰騭書》마저도, 백성 교화의 수단으로 《삼강행실도》와 함께 출간이 거론되다가 기복의 원리가 신유학의 정신과 상치된다며 제외시켰다. 그러다가 임진왜란 이후부터 그전까지 무시당했던 도교사상이 민간에서 서서히 호응을 얻기 시작하였다.

임란 이후 17세기 무렵 조선사회는 기해복제(己亥服制) 논쟁으로 조야(朝野)가 들끓었고, 이로 말미암아 파당이 형성되어 정계는 혼란을 거듭하고 있었다. 한편으로 현종 12년(1671년)에는 대규모 기근과 질병이 발생하고, 숙종 21년(1695년)부터 이후 5년 동안 끊이지 않고 흉년이 들어서 사람이 사람을 잡아먹는 사태까지 벌어졌으며, 대낮에 도적이 횡행하여 중앙에서 파견된 토포관(討

捕官)이 피살될 정도로 치안이 마비되었다. 곳곳에 도적떼가 설치고 굶어죽는 사람이 속출하여서 나라에서 진휼청과 동서의 활인원을 운영하였지만, 결과는 별로 소득이 없어서 기존의 통치체제는 붕괴의 위협에 맞닥뜨렸다.[16] 초월적인 실체에 대한 신앙을 부정하고 합리적인 명분에 바탕을 둔 유교의 통치 이념은 천재지변으로 일어난 혼란 속에서 일반 대중을 설득할 만한 호소력을 지니지 못하였던 것이다.

그러나 황폐할 대로 황폐한 농촌을 떠나 도시로 몰려든 굶주린 농민들로 말미암아, 17세기 이후에는 도시의 시전(市纏) 상인보다 비(非)시전 상인이 증가하는 현상을 보여서 상업경제의 발달을 촉진하는 계기가 되었다. 상업인구의 증가는 상인들 사이의 경쟁을 격화시키면서 상업자본을 대규모화하였고, 이에 따라 금속화폐가 전국적으로 유통되고 대외무역도 발달하게 되었다.[17] 그리고 어느덧 대도시의 실질적 주역은 대청 사무역(私貿易)으로 부를 축적한 역관이나 의원(醫員) 등의 중인 계층과 비교적 큰 규모로 자본을 축적한 상공인 층으로 바뀌어 갔다.[18] 하지만 변화된 시대에 새로운 주역으로 떠오른 중인과 상인들은 여전히 사대부 계층과 신분상으로 격리되어 있었고, 그들의 입지를 뒷받침해 줄 사상적 기반을 기존의 성리학에서 그대로 얻어 올 수밖에 없는 처지에 있었다.

주변의 상황이 이러한 가운데 역관들은 국가 정책에 따라 전란으로 유실된 서적을 충당하는 임무를 맡게 되었으며, 이들의 손으로 각종 서적이 국내에 유입되었다는 사실을 눈여겨볼 필요가

---

16) 정석종, 《조선후기 사회변동연구》, 일조각, 1983, 133~142쪽.
17) 강만길, 《조선후기 상업자본의 발달》, 고려대학교출판부, 1974, 157쪽.
18) 손정목, 《조선시대 도시사회 연구》, 일지사, 1984, 161~165쪽.

있다.[19] 역관들은 언어의 장애가 없었기 때문에 통역이란 본래의 구실보다 중국을 무대로 한 사(私)무역의 실질적 주역이 되어 막대한 재산을 모을 수 있었고, 이들은 청조(淸朝)의 금서와 여타 패관잡서를 몰래 수입하기도 하였다. 정주학(程朱學) 위주의 사상계에 민간 도교사상을 새롭게 부각시키는 계기는 바로 이렇게 마련되었다고 볼 수 있다.[20]

또한 임란 이후 서울 외곽에 설치한 관제묘에는 촉나라 장수인 관우를 관성제군(關聖帝君)이라 하여 봉안하였다. 전국에 통용할 엽전을 찍어내는 법령인 설주령(設鑄令)이 시달되면 관제묘에서 '남묘별치성(南廟別致誠)'이라 하여 관성제군에게 제사를 지내는 등 신앙의 대상으로 숭배하였던 것이다.[21] 이러한 민간 도교신앙

---

19) 강혜영, 〈조선후기 對中서적수입정책 연구〉(《도서관학논집》 11집, 한국도서관정보학회, 1984), 11~12쪽을 참고하기 바란다.

20) 또한 사농공상(士農工商)이란 서열이 말해주듯이 유교의 명분은 어디까지나 사대부의 권익을 옹호한다. 이에 명분보다 실리를 추구하는 상인들은 비록 새 시대의 주역으로 부상하였다고 하지만 그들의 위상을 새로이 조명해 줄 명분을 더 이상 유교적 분위기에서 얻을 수 없었다고 여겨진다. 재물에 대한 남다른 집착을 자신의 운수와 결부시켜서 스스로 위안을 얻고자 한 그들은, 제도권 밖의 사상적 동향을 예의 주시하고 민간도교와 접촉함으로써 시대의 제약에서 벗어나려고 한 것이다. 명(明) 대에 성행한 관제신앙을 국내에 수용한 곡절도 이와 무관하지 않을 것이다.

21) 유원동, 《한국근대경제사연구》, 일지사, 1981, 451~455쪽. 이러한 관성제군은 약칭으로 관제라 하며, 달리 '탕마진군(蕩魔眞君)' 또는 '복마대제(伏魔大帝)'라고도 불린 도교의 호법신이다. 관제신앙에 따르면 관제는 본래 천상의 존재로서 충성과 의리 및 용맹을 두루 갖춘 삼국시대의 뛰어난 장수인 관운장으로 화신하여 지상계에 내려왔다고 한다. 당(唐) 대까지는 민간에서의 영향력이 그리 대단하시 않았지만, 송 대 이후 신격화되기 시작하여 명 만력 42년(1614년)에 현재와 같은 '삼계복마대제신위원진천존관성제군(三界伏魔大帝神威遠震天尊關聖帝君)'으로 칙봉되었다. 청 대에는 무묘(武廟)의 주된 신으로 봉하여 공자의 문묘(文廟)와 나란히 문무의 두 성인으로 숭앙되었다. 명·청 이후에 관제는 국가제례의 대상이면서 민간신앙의 대상이 되기도 하여 인간의 수명, 과거 합격, 병 치료, 상거래, 잡귀 제거, 반란 진압 등의 운수를 관장하게 되었다. 이에 선비들은 그의 충의와 정직을 흠모하여 도덕군자의 우상으로 받들고서 자신의 과거 합격을 빌었고, 장수들은

은 사회적 신분이나 지나간 일들의 시비를 가리기에 앞서, 당장의 신앙심을 요구하고 그에 따라 보응을 약속하므로 상인들의 실리추구 의식과 일치된다. 이들이 숙종조 갑술환국에서 드러나다시피 《정감록》 등의 도불계 민간신앙에 의지하여 거사한 점 등으로 미루어 민간 도교사상이 중인과 상인 계층의 당면 출세욕구와 서로 무관하지 않음을 알 수 있다.

17세기 무렵의 이러한 사상계 동향은, 도학을 빙자한 도불사상(道佛思想)의 폐해가 "마음이 곧 이치이다[心卽理]"라고 주장하는 왕양명이나 진백사로부터 비롯되었다는 신흠(1636~1699)의 말에서도 헤아려 볼 수 있다.

중국의 근세 학술은 비록 성리학의 현인을 본받아 밝힌다고 일컫지만, 그 말하는 바를 살펴보면 태반이 도교나 불교와 같이 잡스러운 것들이니 어찌 왕양명이나 진백사가 끼친 폐해가 아니겠는가?[22]

그러나 신흠은 말은 그렇게 하면서도 정작 잡스러운 도교 경전을 내심 탐독하고 양생에 주력하지 못함을 아쉬워하였다. 15세에 유염(兪琰)이 주해를 붙인 《참동계》를 얻어 그 법을 시험해 보았지만 세상사에 얽매이고 변란이 일어나는 바람에 뜻을 이루지 못하고, 정선고(鄭仙姑)가 소철(蘇轍)에게 연단의 시기가 늦었음을 선

천신과 같은 무예와 뛰어난 위용에 감복하여 군신(軍神)으로 숭배하고 진중(陣中)의 안위를 빌었다. 그러나 무엇보다도 예측하기 어려운 상거래를 일삼고 있는 상인들은 관제를 그들의 재운을 관장하는 복신(福神) 또는 재신(財神)으로 절대적인 숭배의 대상으로 삼았다.

22) 《象村集》 卷52, 〈求正綠〉 上; "中朝近世學術 雖名祖述濂洛 而考其言論 太牛雜於仙佛 豈陽明白沙之流弊耶."

언하는 대목을 날마다 읽으며 한탄스러움을 금치 못한다고 《구정록》에서 언급하였다. 또한 그의 〈야언(野言)〉은 태반이 도교 경전에서 인용한 구절로 이루어져 있어서 도불사상의 폐해를 걱정한 앞의 말이 자신에게는 헛말이 되어버렸다.

그러나 이에 앞서 이수광(1563~1628)은 이미 민간 도교사상을 수용하여 시대의 혼란을 수습하는 대책을 마련하는 데까지 나아갔다. 그는 《지봉집》에 같이 묶인 〈설문청독서록해(薛文淸讀書錄解)〉에서 선뜻 "사람 마음 속의 신은 곧 하늘의 신이다[人心之神卽天之神也]"라고 하면서 인간의 선악이 곧바로 하늘과 상통하여 우주의 변화를 야기한다고 하였다. 이러한 이수광의 말은 명 대에 간행된 민중도교의 주요 경전인 《관성제군각세진경(關聖帝君覺世眞經)》의 글귀와 비슷하여 그 무렵 민간 도교사상의 유행을 가늠하게 한다. "사람 마음속의 신은 곧 하늘의 신이다"란 이수광의 말은, 인심을 긍정하는 면모를 드러내고 있는 바, "무릇 사람 마음은 곧 신이고 신은 마음이다[凡人心卽神 神卽心]"라는 《각세진경》의 구절과 맞아 떨어지기 때문이다.

인간의 길흉화복이 천상의 변화와 상응한다는 이수광의 생각은 이처럼 민간 도교경전의 말을 재론한 느낌이 없지 않다. 그러나 천재지변으로 피폐해진 당시의 상황과도 결코 무관하지 않음에 시야를 넓혀 생각해 볼 필요가 있다. 그의 발상은 천상과 지상의 감응 관계를 통하여 기복적인 풍조를 조장하였다고 비판할 여지도 있지만, 한편으로 중세의 이원적 세계관을 다시금 강화하면서 인심을 중심으로 양자의 조화를 도모하고자 함은, 천재지변 앞에서 한계를 드러난 유교이념에 대한 자구책으로 강구되었다고 볼 수 있는 것이다.

더구나 이 시기에 나타난 민간 도교사상의 유행은 조선 초기

불교 승려들 사이에서 조심스럽게 개진된 삼교조화론과는 그 성격이 다른 점이 있다.《각세진경》에 드러난 민간 도교사상의 기본 시각은 유학의 인욕(人欲)과 천리(天理)를 인심(人心)과 천신(天神)으로 굴절시켜, 유교적 세계관을 주변의 민간신앙에 접목시키고자 함에 있기 때문이다. 곧 조선 초기의 불교가 유교와의 공존을 꾸준히 모색한 것과는 다르게 이 시대의 민간 도교사상은 쇠락한 불교 세력과 연대하여 파국에 직면한 유교적 사회체제를 재구축하려고 의도하였던 것이다.

그러한 노력의 흔적은 임진왜란 이후로 부쩍 많이 간행된 도불계열(道佛系列)의 민중경전에서도 발견된다.[23) 조선 전기 소격서에서 읽혀진 바 있는《태상현령북두본명연생경(太上玄靈北斗本命延生經)》을 비롯하여,《주생연사묘응진경(注生延嗣妙應眞經)》·《경신록(敬信錄)》·《태상감응편도설(太上感應篇圖說)》·《관성제군오륜경(關聖帝君五倫經)》 등은 모두 유불선 삼교사상을 융합하면서 이구동성으로 권선징악을 내세운다. 민간 도교신앙을 바탕으로 한 이들 책은 흔히 선서(善書)라고 일컬어지는데, 대부분 한글로 언해된 점과, 복천사(福泉寺; 1714년에《태상현령북두본명연생경》을 판각함), 불암사[佛巖寺; 1795년에《경신록》을 개간(改刊)함] 등의 사찰에서 간행된 사실에 비추어 불공(佛供)을 올리려고 절에 자주 출입하던 당시 부녀자들 사이에 널리 유포되었을 가능성이 있다.

그러나 무엇보다도 이러한 선서류가 의미하는 바는, 초월적 존재와 감응한다는 기복(祈福)의 원리를 통하여 유교의 도덕률을 수

---

23) 이에 대한 자세한 논의는, 차주환,《한국의 도교사상》, 동화출판공사, 1986, 92~93쪽; 최혜영,〈도교와 민중윤리사상의 연구〉, 한국정신문화연구원 석사논문, 1988; 김낙필,〈조선후기 민간도교의 윤리사상〉,《한국도교의 현대적 조명》, 아세아문화사, 1992; 정재서,〈한국 민간도교의 계통 및 특성〉,《한국도교문화의 위상》, 아세아문화사, 1993을 참고하기 바란다.

렴하고자 함에 있다고 할 것이다. 기존의 성리학에서 제시하는 어렵고 막연한 천리(天理) 대신, 선불(仙佛)처럼 쉽고 확실하게 의지할 수 있는 신앙의 대상을 따로 설정함으로써 사회 질서의 구축이란 당대의 문제에 적극 간여하고자 하였고, 이러한 점이 시대의 과도기적 현상을 여실히 드러낸다고 생각한다.

한편, 재력이 있는 중인 계층과 상인들의 성장으로 말미암아 17세기 후반부터 현세 기복과 불로장생 등을 주장하는 민간 도교 사상이 문화의 기층에 자리 잡기 시작함을 눈여겨 볼 필요가 있다. 당시 부쩍 성행한 신선도(神仙圖)가 바로 그 전형을 보여준다. 그 이전까지는 도석인물화(道釋人物畵)에 대한 일반인의 관심이 별로 없었고, 신선세계를 자세히 묘사한 그림은 안견이 남긴 〈몽유도원도〉 외에는 거의 찾아보기 힘들었다. 그런데 17세기로 접어들면서 고소설에 흔히 등장하는 서왕모의 반도대회를 그대로 묘사한 〈군선경수반도회도(群仙慶壽蟠桃會圖)〉라든지 〈군선도(群仙圖)〉 등이 유행하였다.24) 특히 이 무렵에 적강형 애정소설에서 찾아볼 수 있는 남녀상희(男女相戲) 적강화소와 내용이 같은 민화가 나타나고 있음이 눈길을 끈다.

오계환이 소장하고 있는 〈천왕도(天王圖)〉25) 두 폭을 보면, 화폭의 공간 구성은 모두 세 부분으로 나뉜다. 상단 부분은 중년의 선관들이, 중단 부분은 노년의 옥황상제가, 하단 부분은 애정 표현을 은밀히 하는 이른바 신세대로 분할되어 있다. 두 그림의 공통된 특징으로 근엄한 옥황상제 아래에 앳된 두 선관 선녀가 옆으로 나란히 서 있는 장면을 지적할 수 있다. 그런데, 아래에 시립

---

24) 박은순, 《17·18세기 조선왕조 시대의 신선도 연구》, 홍익대학교 석사학위논문, 1984.
25) 김호연 엮음, 《한국민화》, 경미출판사, 146~147쪽.

한 선관 선녀의 눈동자를 자세히 관찰하면 각각 상대방 쪽으로 눈자위가 치우쳐 있어서 바로 윗자리에서 정면을 응시하고 있는 옥황상제의 눈길과 다르다. 서로에게 눈길을 보내는 이 선관 선녀가 금기로 되어 있는 애정을 은밀히 주고받고 있음은 의심의 여지가 없다.

민화에 나타난 이와 같은 애정 표현은, 인심(人心)의 상위에 도심(道心)을 두고 인간 본연의 감정을 절제하는 당시 유교사회에서는 공개적으로 인정하기 어려운 부분이다. "예의라는 것은 인욕을 억제하고 하늘의 이치를 보존하는 법칙이다"고 선언한 김집 (1574~1656)의 말처럼, 사사로운 남녀 사이의 애정은 종통(宗統)을 문란하게 하고 윤기(倫紀)를 어지럽히는 최대의 경계 대상이었다. 중세 사회에서 남녀의 애정은, 두루 알고 있는 바와 같이 유교뿐만 아니라 불교에서도 '색욕(色慾)'으로 규정한다. 바람직한 도덕 군자는 이의 극복을 인생의 과제로 삼는다. 그러나 한편에서 정 (情)의 진솔한 표현을 심성의 도야보다 상위에 두어야 한다는 반권위적 시경론(詩經論)이 17세기 말에 이미 대두하여 애정에 대한 새로운 인식이 점차 싹트고 있었다.[26] 이와 때를 같이하여 '마음이 곧 신이다' 또는 '마음이 곧 부처이다'라는 도불계열의 비유교적 사상의 침투는 절제해야 될 인심을 풀어놓아 가뜩이나 어지러운 당쟁의 여파 속에 미묘한 도심(道心)의 존재를 크게 위협하였다. 이러한 상황에서 천리(天理)나 도심(道心) 대신에 인간의 욕망에 적극 야합하는 기복적인 성격을 띤 신불(神弗)이 새롭게 부각되기 시작한 것이다.

---

26) 김홍규, 《조선후기의 시경론과 시의식》, 고려대학교 민족문화연구소, 1982.

4. 마무리

조선 후기 사회에 만연한 민간 도교사상은, 옥황상제나 부처 등의 초월적 존재에 대한 민간의 숭배의식이 도교나 불교라는 종파의 문제를 넘어서 신앙의 대상을 상호 교류하며 이의 공존을 인정하는 민간신앙이다. 흔히 말하는 유불선 삼교 합일사상은 이러한 민간 도교사상을 가리키는 것으로서, 초월적 존재에 기대어 중세 이원적 질서를 구현하려고 하면서 세속적인 욕망을 일정한 선에서 긍정하는 면이 있다. 적강형 애정소설의 출현은 유가적 세계관이 대세를 주도하던 시대에 역행하는 풍조라 할 수 있으나, 근대로의 이행기에 종교문화와 세속문화가 합류하여 새로운 가치관을 잉태하여 대중에게 친근한 읽을거리를 제공하였다는 데 그 의의가 있다. 그리고 이러한 읽을거리를 통하여 인간 근본의 욕망인 애정을 재해석하고 새로운 사상에 대한 잠재적 갈증을 해소하고자 한 노력의 일환으로 보지 않을 수 없다.

적강형 애정소설은 중세적 질서의 몰락을 예고하는 사회적 상황을 배경으로 하여 애정의 근거를 지상계에서 구하지 아니하고, 인격을 갖춘 천상의 옥황상제를 따로 상정하여 지상의 질서보다 우위에 있는 천상의 질서를 통해 만남의 근거를 보장받고, 나아가서 애정의 성취까지 도모하려 한 소설이다. 민간 도교사상을 배경으로 한 천상계는 남녀의 애정을 억제하는 구실보다 이들의 세속적인 욕망에 동조하면서 한편으로 사회질서를 유지하게 하는 양면성을 보여준다. 민간도교 계열의 소설에서 설정된 천상계는 유학자들에게 외면당한 괴력난신(怪力亂神)의 허황된 세계를 대폭 인정하면서 설화적 상상력의 폭을 확대하는 데 그치지 않고, 이를 통해 국문소설 창작의 여건을 조성했다는 사실에도 중

요한 의미가 있다. 앞서 논구한 바와 같이, 17세기 말 이후 상업
의 발달과 더불어 민간 도교사상을 선호하는 계층이 등장하면서
국문소설의 독자층을 새롭게 형성했을 가능성이 충분히 짐작되
기 때문이다. 더군다나 명화적(明火賊)의 출현이나 어린애를 유기
(遺棄)하는 사건이 잦은 17세기 말의 사회 상황은, 적강형 애정소
설의 전범으로 여겨지는 《숙향전》의 내용과 상통하는 면이 있다.
또한 민간 도교사상이 권선서와 민화에 등장하는 시기를 고려한
다면 17세기 말 무렵에 적강형 애정소설이 형성되었을 가능성이
있다고 여겨진다. 적강형 애정소설이 당시 널리 퍼진 민간 도교
사상을 배경으로 이 시기에 이르러 형성되기 시작하였다고 보아
도 무리가 없는 것이다.

소태산 일원상의 도교적 고찰

1. 들머리

도(道)를 도라고 하면 이미 도가 아니라고 일찍이 노자가 말한 바 있거니와, 본래 큰 도는 형상이 없기 때문에 형상에서 진리를 밝히려는 시도에는 한계가 있다. 원불교의 창시자 소태산(小太山)의 일원상(一圓相)이 종단 자체에서 중요한 의미를 갖는 점은 말할 나위가 없고 이에 대한 연구도 상당히 이루어진 바가 있다.[1] 그러나 이들 연구는 대체로 교리에 대한 관념적 이해나 설명 쪽으로 관심이 집중되어서 정직 일원상이 지니는 종교적 현상에 대한 논의에는 충분하게 접근하지 못하였다고 여겨진다. 물론 불교적 측면에서 일단의 성과가 이루어졌으나, 일원상이 가지는 구체적 진리에 접근하는 데 포괄적인 관점을 배제한 한계가 있다.

일원상은 깨달음의 싱징이므로 사변적인 접근으로는 이해가 쉽지 않다. 그러나 한편으로는 이러한 것이 오히려 종교적 진실에 근접한 현상이라고 생각할 수도 있다. 이 점을 감안한다면, 일원

---

1) 《일원상 진리의 제 연구》(원불교사상연구원 편, 1989) 상·하권 참조. 이 책은 일원상에 대한 기존의 연구 성과가 집대성되어 있는 대표적인 저술이다. 그러나 본고에서는 도교적 관점에서 새로이 접근하고자 한다.

상의 진리를 해명하기 위하여 신비적 요소가 많이 포함되어 있는 도교적인 측면에서 접근함이 의외의 성과를 낼 수 있다. 도교는 그 민간신앙적인 특색으로 말미암아 기존의 불교나 유교처럼 체계적이고 조직적인 교리를 갖추고 있지 않다. 체계화한 교리 이전의 생생한 종교적인 체험이 도장(道藏) 등에 상당한 분량으로 축적되어 있다. 특히 그러한 신비적 요소를 전문적으로 다루는 분야를 흔히 선학(仙學), 선도(仙道) 또는 단학(丹學)이라고 하여 식자층에 전하여지고 있는데, 여기에 원형 상징의 표출과정과 의미가 비교적 잘 정리되어 있다. 일원상에 대한 도교적 조명은 불교와 유교에 치중한 연구사의 균형을 이루는 데 중요한 기여를 하겠지만 실질 내용의 측면에서는 일원상에 숨겨진 의미를 밝혀내는 구실이 되기도 한다. 도교는 여타의 종교와는 다르게 진리의 관념적 측면을 그렇게 중시하지 않는다. 대외적으로 신앙의 대상이 주는 구체적인 효과나 실체를 적극 요구하며, 대내적으로는 종교의 신비적 요소에 따른 경험 내용을 축적하여 종교현상에 대한 구체적인 이해를 도모하고자 하는 특징이 있는 것이다.

이 글에서는 일원상의 상징성에 따른 철학적 토대나 이론적 근거를 해명하는 데 큰 비중을 두지 않는다. 물론 그러한 시도가 아주 소중하고 얻어진 성과도 상당하다는 점을 인정한다. 그러나 여기서는 종교적 신비현상에 역점을 두어서 일원상의 의미를 재검토하며, 이러한 일원상이 교리화하면서 어떻게 받아들여져 온 것인가 하는 문제에 관심을 기울여 살펴보고자 한다. 기존의 연구에서 지나쳐버린 도교적인 관점의 접근 태도는 종교를 종교답게 이해하는 방편으로서 그 의의가 있다고 믿는다.

2. 소태산의 도교에 대한 관심
— 《수양연구요론》을 중심으로

한국 고유의 사상은 대체로 유불선 삼교를 바탕으로 형성되어
왔는데, 삼교의 하나인 도교는 일찍이 유교나 불교와 같은 본격
적인 교단조직을 가지지 못한 채 항상 역사의 이면에서 면면히
전승되어 왔다. 조선조에 들어와서는 종교적 기능을 거의 상실한
형태로 남아있던 소격서마저 1518년에 폐지되고 말았다. 그러나
조선 후기와 구한말에 이르기까지 도교에 대한 일반인의 관심이
상당하였다는 사실은 동학이나 증산교 등 신흥종교의 경우에서
잘 드러난다.[2] 19세기 말에 대거 나타나기 시작한 한국 신흥종교
가 유불선 삼교를 바탕으로 삼아 발전한 이면에는, 시대를 걱정
하고 이에 대한 탈출구를 모색하는 사상적인 방황기에 민간신앙
을 밑바탕으로 도교가 새로이 관심을 끌게 되었던 사실이 중요한
축으로 작용하고 있는 것이다.[3] 특히 도교의 경우는 전래의 신선
숭배사상과 밀접한 관련을 맺고 있어서 서학(西學)을 중심으로 한
외래사상이 범람하는 시기에 전통사상을 토착화하는 기능을 아
울러 수행하기도 하였다. 최제우, 강일순 등 여타의 신흥종교 교
조들과 같이 소태산 박중빈(朴重彬; 1891~1943)의 경우도 예외로
볼 수 없다.

소태산은 일찍이 11세의 어린 나이에 우주의 자연현상에 대한
모든 의심을 풀기 위하여 산신이 크게 신령하다는 친족의 이야기
를 듣고 산신을 만나려고 정성을 쏟기도 하고, 16세에 고대소설

---

2) 김홍철, 〈한국 신종교에 나타난 도교사상〉, 《도교사상의 한국적 전개》, 아세아
   문화사, 1989, 311~325쪽; 윤석산, 〈동학에 나타난 도교적 요소〉, 같은 책, 327~343쪽.
3) 이능화(이종은 역), 《조선도교사》, 보성문화사. 1977, 318~346쪽.

의 영향을 받아 그 뒤 6년 동안 도사를 찾기도 하였다고 한다.[4] 비록 그러한 과정에서 산신과 도사를 만나지는 못하였더라도 견문을 통하여 자연스럽게 어느 정도의 도교적인 지식을 몸에 익히게 되었으리라는 것을 어렵지 않게 짐작할 수 있다.

소태산이 불교연구회 시절에 찬술한 《수양연구요론(修養硏究要論)》(1927.5.28)이라는 저술을 보면, 소태산의 도교에 대한 지식의 정도와 관심의 흔적을 잘 살펴볼 수 있다. 대표적인 대목을 들면 다음과 같다.

坎과 離가 사괴여 通하고 물과 불이 이미 건낸뒤에 造化가 다우로 泥丸에 朝會하나니 나의 한 點 神靈한 빗을 運轉한 즉 化하야 南昌上宮에 불방울이 되야 우로 泥丸玄宮을 뜰어셔 이마 門이 微微하게 움직기나니 因하야 精誠으로 行한즉 이마 門이 豁然하야 처음에는 一萬 개암이가 모이고 모이난 形像과 가쇼터셔 甚히 가렵고 가려워 지나니 삼가히 글고 만지지말고 精神과 精神을 이마우에 뫼인즉 忽然히 맑은 雨雷한 소래에 이마 門이 큰 돌이 벌어진 것과 갓터셔 한몸에 一萬神靈이다 이 門으로 出入하면 形貌의 光明이 보름달과 갓고 三界天眞이 구름갓치 泥丸에 모여서 깁버하고 질거함이 한몸 至親과 갓나니 이것은 이에 黙黙히 上帝님게 朝會하난 法으로 實相한 理致니라[5]

《수양연구요론》이 어떻게 편찬되고 사용되었는지는 문헌상으로 알려진 바가 없지만, 이 글에는 수도하는 방법과 과정이 아주

---

4) 《원불교전서》 1,035~1,036쪽. 〈교사〉 제1편 제2장.
5) 《修養硏究要論》(1927. 5. 28) 第一 定靜要論 上, 敎故叢刊 제4권. 원불교정화사, 1970, 36쪽.

자세하게 서술되어 있다. 그리고 일견하여 이환, 상제 등 도교의 용어와 연단의 기법이 자세하게 표현되어 있어서 도교 경전의 일부를 번역해 놓은 느낌을 받는다. 앞에 나온 감(坎)과 이(離)는 도교 연단법에서 물과 불로 상징되는 기운을 말한다. 또한 이환은 상단전의 별칭으로 정신을 단련하는 자리이기도 하다. 상제에 조회한다는 말은 감리(坎離)의 기운을 모아 상단전으로 끌어올린다는 단학의 전문용어이다. 또한 이러한 현상은 도교 연단의 측면에서 본다면, 바로 대단(大丹)을 형성하는 도태(道胎) 과정을 가리킨다. '불방울'은 성태(聖胎)를 생성하는 화주(火珠)를 말하고, '일만(一萬) 개암이가 모이고 모이난 형상(形像)과 가쇼터셔 심(甚)히 가렵고'란 말은 조피진(趙避塵)의 《성명법결명지(性命法訣明指)》란 단학서에서는 성태가 완성되기 전에 일어나는 육근진동(六根震動) 과정 가운데 한 현상으로 다루고 있다.[6]

한편 《수양연구요론》 후반부 〈정정요론 하(定靜要論 下)〉에는 정통 교단 도교의 경전이 상당한 분량으로 인용되어 있어서 이를 이해한 소태산의 도교에 대한 식견을 엿볼 수 있게 한다.

(1) 世尊이 左玄眞人의게 말삼하여 가라사대 大凡 道를 닥고져할 진댄 몬져 能히 번거한 일을 노을지니라 밧그로 번거한 일이 모도 다―끈어지고 …… 自云慧覺이라 하니 實은 道求하난 理致가 處所난 始捨하고 …….[7]

(2) 世尊이 가라사대 큰 道가 形像이 업스나 天地를 생하고 기르며 …… 大凡 道란者난 맑은 것도 있고 濁한것도 잇스며 …… 衆

---

6) 趙避塵, 《성명법결명지(性命法訣明指)》, 342쪽과 347쪽을 참조.
7) 같은 책. 第二 〈정정요론(定靜要論) 하〉, 41~42쪽.

生을 爲해서 敎化하난 것을 道 엇엇다고 이럼하나니 …… 참되고 떳떳한 道를 깨다른 者는 스사로 어들 것이요 어더 깨달난 者는 恒常 淸淨하나니라 8)

　(3) 大凡 움직임이 잇서서 동(動)한 것이 동(動)하지 않한 대에서 나며 …… 천지(天地)로 더부러 하나가 되나니라9)

　인용된 대목은 도교에서 중요시하는 경전인 《통현령보정관경(洞玄靈寶定觀經)》·《태상노군설청정경(太上老君說淸靜經)》·《태상적문통고경(太上赤文洞古經)》 등의 일부분을 그대로 풀이해 놓은 것이다.10) 여기서 소태산의 도교에 대한 지식과 이해의 정도가 상당한 수준에 이르고 있음을 잘 드러내고 있다. 인용된 원전의 출처는 순서대로 다음과 같다.

　(1) 天尊告左玄眞人曰 夫欲修道 先能捨事 外事都絶 …… 自云慧覺 又稱成道者 求道之理 實所未然(《洞玄靈寶定觀經》).11)

　(2) 老君曰 大道无形 生育天地 …… 夫道者 有淸有濁 …… 爲化衆生 名爲得道 …… 眞常之道 悟者自得 得悟道者 常淸靜矣(《太上老君說淸靜經》).12)

---

8) 같은 책. 42~43쪽.
9) 같은 책. 43쪽.
10) 吉岡義豊, 《道敎經典史論》(五月書房, 東京, 1988)에 따르면 《동현령보정관경(洞玄靈寶定觀經)》은 도장(道藏) 이외에 1030년에 張君房의 《운급칠첨(雲笈七籤)》 인용서목에 비로소 등장한다. 따라서 이 책은 위·진 시대 신선도교의 경전이라기보다 수련도교가 생겨날 무렵 출현한 것으로 여겨진다. 송 대 이후 대거 나타나기 시작하는 수련도교의 경전과 어조나 용어 면에서 얼마간 구분됨으로 미루어 《태상노군설청정경》과 《태상적문통고경》도 이과 비슷한 시기의 저작물로 간주된다.
11) 《정통도장(正統道藏)》 제11권, 법인문화사 영인본, 8,237~8,240쪽.
12) 같은 책. 제28권, 22,746~22,748쪽.

(3) 有動之動 出於不動 有爲之爲 出於無爲 無爲則神歸 神歸則萬物云 寂 不動則氣泯 氣泯則萬物無生 神神相守 物物相資 厥本歸根 黙而悟之 我自識之 入乎無間 不生不死 與天地爲一(《太上赤文洞古經》 操眞章 上).[13]

이능화의 《조선도교사》에 따르면 19세기 후반에는 〈공과격(功過格)〉과 〈태상감응편(太上感應篇)〉 등의 민간 도교의 선서류(善書類)나 《옥추경》 등이 유행하던 시대였다. 그런데 소태산의 초기 저술에서 이처럼 도교의 중요 경전을 참고한 것은 득도를 전후하여 소태산이 도교에 상당한 관심을 보였음을 알려주는 증거라고 하겠다.

그런데, 여기서 나타나는 특이한 사실은 천존(天尊), 노군(老君) 등의 도교적 신에 대한 호칭이 세존이라 하여 불교적 호칭으로 바뀌어 있는 점이다. 도교적인 호칭이 불교의 호칭으로 바뀌어 나타나는 이러한 이유는 현 단계에서 자세하게 알기 어려우나, 대체로 《정정요론》에서 참고한 책에 이미 그러한 호칭으로 바뀌어져 있든지 아니면, 당대 도교에 대한 가치 평가가 불교에 미치지 못하여 불교의 권위에 가탁한 결과 등 두 가지 각도에서 고려해 볼 수 있다. 어찌하든지 간에 일반 대중에게 익숙하지 못한 도교의 용어를 사용하게 됨에 따라 가지게 되는 불이익을 극복하려는 의도가 암암리에 작용하고 있는 사실을 지나칠 수 없다고 생각된다. 나중에 경전으로 모아질 때에는 이러한 도교적 요소가 전부 삭제되어 있음을 원불교 교전 〈의두요목(疑頭要目)〉과 그 모태가 된 《수양연구요론》의 〈각항연구요목(各項硏究要目)〉을 비교해 보면 잘 알 수 있다. 도교적 성격을 지닌 요소 중 누락된 연구

13) 같은 책. 제3권, 2,431쪽.

요목은 다음과 같다.

四九, 天上에 上帝님이 잇서 風雲雨雷霜雪과 衆生의 吉凶禍福을 判
    斷한다 하니……

八六, 陰符經에 가라사대 天地는 萬物의 盜賊이라 하엿으니……

八七, 陰符經에 가라사대 萬物은 사람의 盜賊이라 하엿으니……

八八, 陰符經에 가라사대 땅이 殺機를 發하면 별과 별이 옮긴다하
    엿으니…….

八九, 음부경에 가라사대 하늘이 살기를 발하면 龍과 배암이 陸
    地에 이러난다 하엿으니……

九○, 物件의 形體를 鍛鍊하여 氣運을 만드럿다 하엿으니……

九一, 氣運을 鍛鍊하야 鬼神을 만드럿다 하엿으니……

一二○, 陰符經에 가라대 하날의 道를 보와서 하날의 行함을 잡
    으라 하엿으니……14)

이 가운데 49번 항목은 도교의 사가신앙(司過信仰)을 드러내고,
90번과 91번 항목은 도교수련의 원리인 연정화기(鍊精化氣)와 연
기화신(鍊氣化神)을 말하는 것이다. 《음부경(陰符經)》에 인용된 부
분의 원문은 다음과 같다.

　　　觀天之道 執天之行 …… 天發殺機 龍蛇起陸 地發殺機 星辰隕伏 ……

　　　天地萬物之盜 萬物人之盜15)

---

14) 《修養研究要論》. 第六 各項研究要目. 앞의 책, 45~48쪽.
15) 《黃帝陰符經》, 正統道藏 제3권, 법인문화사 영인본, 2445~2448쪽. 《음부경》은 이
    본(異本)이 몇 종류 된다. 위에 인용된 부분은 통상, "…天發殺機, 移星易宿. 地發殺
    機, 龍蛇起陸. 人發殺機, 天地反覆…"으로 알려져 있다.

이상과 같이 〈각항연구요목〉은 《음부경》을 중심으로 한 도교적 요소를 부분적으로 수용하였다고 볼 수 있으나, 경전을 만든 시기가 일제 강점기였음으로 미루어 불교의 인지도를 빌리고자 이러한 요소들을 삭제한 것으로 생각할 수 있다. 그러나 도교에 대한 소태산의 적극적인 관심은 일원상의 진리를 체득하고 교리화하는 데, 불교 이상으로 큰 영향을 주었으리라고 추측된다.

3. 도교에 나타나는 원형 상징

원형상징을 도교의 경전에서 찾아보면 몇 가지 재미있는 현상을 마주하게 된다. 수련의 경지에서 나타나는 원형의 상징은 추상적인 형태로 표상됨과 동시에 달, 꽃, 거울, 수레바퀴 등 구체적인 형상으로 제시되기도 한다. 심지어 《태을금화종지(太乙金華宗旨)》 같은 도교의 서적은 순전히 황금꽃[金華]으로 발현한 원형 상징에 대한 수련으로 일관하고 있는 경우도 있다. 그렇다면 수련의 결과로 얻어지는 신비현상으로서의 일원상을 과연 도교수련자들은 어떻게 파악하고 있을까? 원형의 상징은 도교에서는 원불교의 일원상과 대동소이하게 득도의 상징으로 제시된다.

가) ○ 此是無爲妙道[16]

나) ○ 混沌生前混沌圓 箇中消息不容傳[17]

다) ○ 功夫到此 一句說不得 一字用不着[18]

---

16) 邱處機, 《大丹直旨》 卷下, 〈棄殼升仙初凡入聖訣圖〉
17) 陳虛白, 《規中指南》, 〈內丹三要〉
18) 陸西星, 《方壺外史》, 〈金丹大旨圖〉. 〈還元圖〉

라) ○ 道本無爲法自然 聖人立像假名圈 平常日用全彰露 打破方知象
帝先[19]

마) 其大無外 其小無內 大包天地 小入毫芒 上無復色 下無復淵 一物圓
明 千古顯露 不可得而名者 聖人 以心契之 不獲已而 名之曰 道[20]

가)에서 마)에 이르기까지 도교에 나타난 원형 상징은 대체로
득도의 경지를 설파하고 있음에는 이론의 여지가 없다. 가)는 무
위이화(無爲而化)로 알려지는 도(道)의 내밀한 작용을 말하고 있고,
나)는 그러한 상태를, 다)는 언어명상을 초월한 궁극의 자리를 말
하고 있다. 라)에서는 그 자리가 바로 일용생활 가운데 있음을 강
조하고, 마)에 이르러 성인(聖人)이 마음으로 전할 수밖에 없는 일
원상에 담긴 도(道)의 정체를 밝히고 있다.

그러나 도교에서는 이와 같은 도(道)의 추상적인 실체로서 원형
상징이 金華·皓月·明月·蟾光·金光·金錢·金星·一輪鏡·心鏡·寶鏡·蓮花·
聖胎·車輪·混沌圓·太陽·神光·無極神光 등의 형상으로 드러나는 점
이 흥미롭다. 중요한 몇 대목을 원전에서 찾아보면 다음과 같다.

가) 精神相溝含光華 恍恍惚惚生明月[21]

나) 旣而萬賴俱寂 皓月中天 覺天地俱是光明境界 此爲心體開明 金華
正放也[22]

다) 心華燦然 靈光現形[23]

라) 寶鏡本無相 傳燈發慧光 眞如元瑩淨 法體本熒煌[24]

---

19) 李道純, 《中和集》, 〈金丹妙訣〉, 〈返丹〉
20) 《群仙要語纂集》 卷下, 〈白玉誓玄關顯秘論〉
21) 張全一, 《玄機直講》 卷3, 〈鉛火歌〉
22) 《太乙金華宗旨》. 回光徵驗 제6.
23) 尹眞人, 《性命圭旨》 貞集, 第7節口訣 〈煉形說〉

마) 人能常淸靜 天地悉皆歸 則太虛空中自然現出一輪太陽[25]

바) 丹光湧出 明如金錢 赤如火珠 從大眼角流出[26]

사) 一切莫認 一切莫染 只死心不動 絶慮忘情 不睹不聞 以定以待 頃刻
之間 自己身中卽透出一道金光 (或白光) 大如車輪 現於面前[27]

이와 같이 주로 달, 해, 별, 동전, 수레바퀴, 꽃, 거울 등의 형상으로 나타나거나 그렇지 않으면 圓光·金光·慧光·性光 등으로 나타난다. 모두 빛의 형상으로 둥그런 원형을 상징하고 있음을 알 수 있다. 그런데 한편으로 이러한 원형 상징이 도교에서는 각각 다른 원천에 근거한 신비현상으로 나타난다. 크게는 정신적 수련의 결과로 드러나는 순수한 이성의 발현 현상으로 나타나기도 하고, 육체 수련의 결과 순수한 생명의 현현으로 드러나기도 한다.

다음에 드는 자료는 원형 상징이 결코 동일한 근원에서 나타나는 것이 아니라는 사정을 뒷받침해준다.

가) 欲識本來面目 未生身處一輪明[28]

나) 性之初見 如星大 圓陀陀光灼灼[29]

다) 先天眞一之氣 自虛無中來 結成一粒寶珠 如圓滿之月[30]

라) 身中自有眞鉛現 一顆紅光似月明[31]

---

24) 李道純, 《中和集》. 〈詩集〉 〈鏡中燈〉
25) 楊靑藜, 《大成捷徑》 卷下, 〈五氣朝元與三華聚頂〉
26) 楊靑藜, 같은 책 卷中, 〈眞陽發生〉
27) 楊靑藜, 같은 책 卷下, 〈身外有身收金光〉
28) 尹眞人, 《性命圭旨》 元集, 〈太極圖〉
29) 張平叔, 《玉淸金司靑華秘文金寶內鍊丹訣》 卷中, 第13.
30) 劉一明, 《悟眞直旨》 卷2.
31) 張全一, 《玄機直講》 卷3, 〈金丹歌〉

여기서 자료 가)와 나)는 본래 면목 또는 성(性)의 발현 등으로
이성 곧 본래의 성품을 가리키고, 다)와 라)는 先天眞一之氣, 眞鉛
등의 생명현상을 뜻한다. 단학의 수련에서 본래의 성품은 성광(性
光)으로 나타나고, 생명의 실상은 명광(命光)으로 나타난다. 다),
라)는 모두 원형의 상징으로 달을 내세웠는데, 엄밀한 의미에서
도교에 나타난 달은 흰색과 노란색으로 구분하여 백색은 본래의
성품을 표시하고 황색은 생명현상을 나타낸다.

이러한 구체적인 형상으로 나타난 도교의 원형 상징은 궁극적
인 경지에서는 본래의 성품인 성(性)과 순수 생명현상인 명(命)의
합일에서 이루어진다. 성명의 합일과정을 도교에서는 일월합벽(日
月合璧)이라고 한다. 이 과정에서 성태(聖胎)가 나타나며, 초기의
형상을 현빈(玄牝) 또는 현관(玄關)이라 부르며 태극과 같은 의미
로 통칭한다. 음양의 분리 상태에 있는 성광(性光)이나 명광(命光)
은 이러한 의미에서 진정한 원형의 발현으로 인정하지 않는다고
볼 수 있다. 생명현상과 본래 면목이 융화되어 금강불괴의 영원
성을 획득할 때 비로소 도교의 궁극 목표인 금단(金丹)이 성취되
며, 이것이 바로 불교의 진여(眞如)이자 유교의 태극인 것이다.

본래의 참된 성품은 영겁에 걸쳐 무너지지 않는다. 금강석처럼
단단하고 단(丹)처럼 둥글어 단련할수록 빛이 나니, 불가에서는
둥근 이 모양을 진여(眞如)라 하고 유가에서는 태극(太極)이라 하
지만, 우리 도교에서는 이를 금단(金丹)이라 한다.[32]

---

32) 李道純, 《中和集》. 〈問答語錄〉 〈趙定菴問答語錄〉; "本來眞性永劫不壞　如金之堅
　　如丹之圓　愈鍊愈明　釋氏曰　○此者　眞如也　儒曰○此者　太極也　吾道曰　○此乃　金
　　丹也."

〈정정요론 상(上)〉에서 살펴본 바와 같이 원불교의 원형 상징도 결국 도교적 관점에서 볼 때, 성명합일의 결과로 나타나는 성태를 가리킨다고 하였다. 이러한 성태는 도교가 지향하는 궁극의 목표인 금단의 다른 한 모습이기도 하다.

4. 도교적 관점에서 본 일원상의 의미

1) 무극이태극(無極而太極)과 무무역무무(無無亦無無)

도교의 금단과 원불교의 일원상의 관계는 면밀한 고찰 없이는 실로 납득하기 어려운 문제라고 하지 않을 수 없다. 존재의 근원적 상징으로서 일원상이 가지는 의미를 도교의 금단이 가지고 있을까? 깨달음의 궁극을 도(道)라고 하거니와 도교의 금단에서 이러한 면모를 발견하기란 어지간히 어려운 일일지도 모른다. 그러나 그러한 의문이 제기되는 이유는 너무도 단순한 곳에 놓여 있다. 도교는 종교의 신비적 색채를 가장 많이 포용하고 있음에도, 그와 같은 유산이 정리되어 연구의 대상이 되지 못하였다는 데 결정적인 원인이 있다.

도교에서 일원상은 수련의 과정에 나타난 현상으로서, 일원상을 얻는 과정과 정도에 따라 의미가 달라진다. 원불교와는 달리 일원상은 신앙의 내상이 아니라 도달해야 할 궁극의 경지인 것이다. 곧 금단을 연성하고 불사(不死)의 경지에 이르는 것이 최종 관심사이다. 따라서 금단은 추상의 실체로서 관념적인 존재가 아니라 형이하학적인 요소가 형이상적인 무엇으로 변화하는 과정에 나타나는 현상인 것이다. 물론 궁극은 형이상적인 것마저 초월한 무극의 경지에 도달하는 것이다. 무극의 경지는 언어와 형상을

초월한 자리에 있다. 그 자리는 일원상의 형상조차 사라진 자리
이며, 인간이 가야할 고향으로 환원한 자리이기도 하다. 소태산은
이러한 일원의 상징을 다음과 같이 말하고 있다.

> 이 원상(圓相)의 진리를 각(覺)하면 시방 삼계가 다 오가(吾家)의
> 소유인 줄을 알며, 또는 우주 만물이 이름은 각각 다르나 둘이
> 아닌 줄을 알며, 또는 제불·조사와 범부·중생의 성품인 줄을 알
> 며 ……33)

도교에서도 이와 거의 대동소이하게 무극의 한 면인 태극을 놓
고 다음과 같이 말하고 있다.

> 이러한 도심(道心)은, 드러나서 참된 지혜의 오묘한 존재가 되
> 고, 감추어져서 정기가 순일한 참 허공이 되니, 사람마다 다 갖
> 추고 있으며 모두가 원만하게 이루었으니, 성현이라 더한 것이
> 없고 범부라고 덜한 것이 없다.34)

> 대개 사람의 한마음은 본디 하늘 이치를 갖추고 있으므로 사
> 람 마음은 곧 하늘 마음이니, 하늘에 태극이 있으면 사람 마음
> 에도 또한 태극이 있다.35)

---

33) 《圓佛教全書》 25쪽. 〈정전〉 제2 교의편, 제1장 제5절 일원상의 법어.

34) 劉一明, 《悟眞直旨》 卷2; "這箇道心 發而爲眞知之妙有 藏而爲精一之眞空 人人具足 個個
圓成 處聖不增 處凡不減."

35) 《呂祖全書》 卷18, 〈參同妙經〉 하권, 〈天人理一章第二十三〉; "蓋人一心 本具有天理 人心
卽是天心 天有太極 人心亦有太極." 이 대목은 동학의 인내천(人乃天)과 밀접한 관련
이 있으므로 주목하지 않을 수 없다. 《여조전서(呂祖全書)》는 당 대의 도사인 여
동빈의 글을 모은 것이다. 여동빈은 7세기 후반의 인물로 신앙의 대상으로 신격
화하기 시작한 것은 10세기 후반에 이르러서이다.

이와 같이 도교에서는 본래의 하나가 성인(聖人)에게나 범부에게나 구별 없이 똑같이 있고, 차별 없이 태극을 가지고 있는 그 자리에 갔을 때 천인합일의 목표를 성취할 수 있다고 본 것이다. 결국 소태산이 본 것과 도교에서 주장하는 것과의 차이는 깨달음의 결과냐 아니면 수련의 결과인가 하는 데서 주어질 뿐, 근본의 의미는 별로 차이가 없다고 할 것이다.

도교에서 일원상은 본래 깨달음의 상징이라기보다 수련의 결과 나타나는 신비현상이다. 원형의 상징은 그 자체 본래의 성품이자 생명의 실상으로 나타나는 것이다. 그런데 이와 같은 일원상의 성격이 종교의 교리로서 체계화하고 정착해 감에 따라 본래와 다르게 변화된다고 생각해 볼 수 있다. 곧 소태산의 일원상도 처음에는 진리의 표상에 그치지 않고 신비한 경험의 실체로서 무한한 의미와 작용을 말하고 있는 것이다.

> …… 혹은 나도 모르는 가운데 적묵(寂黙)에 잠기기도 하였는데, 우연히 한 생각을 얻어 지각(知覺)이 트이고 영문(靈門)이 열리게 된 후로는, 하루에도 밤과 낮으로, 한 달에도 선후 보름으로 밝았다 어두웠다 하는 변동이 생겼고, 이 변동에서 혜문(慧門)이 열릴 때에는 천하에 모를 일과 못 할 일이 없이 자신이 있다가도 도로 닫히고 보면 내 몸 하나도 어찌할 방략이 없어서 ……36)

이 대목은 도교적 관점에서는 현빈이 열리는 과정과 상통하는 현상이라고 할 수 있다. 영문(靈門)과 혜문(慧門)은 도교적 수련의

---

36) 《원불교전서》 169쪽. 〈대종경〉 수행품 제44장.

현상으로서 나타나는 영광(靈光) 또는 혜광(慧光)의 다른 표현으로
볼 수 있다. 다음 대목의 인용과 대조하면 그러한 사정이 비슷함
을 알 수 있다.

> 이 구멍을 알려면 육안(六根)이 닿지 않는 자리요 오행이 이르
> 지 못하는 곳에 있다. 그 가운데 있는 구멍은 어리둥절하고 그
> 안에 있는 문은 아득하여 절로 열리고 절로 닫힌다. 부르면 호
> 응하고 추키면 신령하니 밝디 밝고 또렷하다.[37]

여기서 차규(此竅)는 바로 현빈을 말한 것으로 달리 태극이라
하기도 한다. 도교의 이러한 태극은 단순히 진리의 표상이 아니
고 수련의 결과로 얻어지는 그 자체 무한한 묘용을 지닌 실체이
다. 도교의 관점에서 고찰하면, 소태산의 일원상은 바로 그러한
실체를 불교에 가탁하여 종교적 교리로 정착시키고자 한 것이다.
다시 말하면, '一圓은 法身佛이니 宇宙 萬有의 本源이요 諸佛 諸聖의
心印이요 一切 衆生의 本性이다.'[38] 라고 하여 불교적인 면모를 부
각시켰다고 하겠다.

이러한 일원상에 대한 규정은 교리도(敎理圖)에 명시되면서 신
앙의 대상이 된다. 원불교의 교리도는 《육대요령(六大要領)》(1932.4.1)
부터 시작되는데, 일원상 신앙의 체계는 여기서는 아직 나타나지
않는다. 일원상을 신앙의 대상으로 모시는 본격적인 모습은 《조
선불교혁신론》(1935.4.29)에서 발견된다.

---

37) 劉一明, 《修眞辨難》 권상; "要知此竅 在六根不着之地 五行不到之處 恍兮惚兮 其中有竅
   杳兮冥兮 其內有門 自開自闔 呼之則應 敲之則靈 明明朗朗 現現成成."
38) 《원불교교전》 7쪽과 《원불교전서》의 교리도

佛性의 形像을 그려 말하자면 곳 一圓相이요 一圓相의 內譯을 말하자면 곳 四恩이니 이 佛性一圓相을 崇拜하기로 하면 各自의 形便을 따라 左記와 같은 模型으로 나무에 金으로 刻字를 하든지? 그렇지 못하면 비단에 수(繡)를 놓든지? 그렇지도 못하면 조희에나 普通 베(布)에 붓으로 쓰든지? 하야 壁上에 淨潔히 奉安하고 心告와 祈禱를 行할 것이다[39]

이와 같은 원불교의 일원상은 하나의 둥근 원으로 나타난다. 그런데 이러한 원의 궤적은 검은 색 혹은 금빛으로 표시되는 바, 이러한 색깔이 지닌 의미는 과연 무엇인지 궁금하지 않을 수 없다. 《원불교교전》에는 여기에 대한 특별한 설명이 없고, 다른 경전에서도 뚜렷하게 그 의미를 밝혀놓은 것을 찾을 수가 없다. 그러나 《불교혁신론》과 《불교정전》에서 원형 상징을 법신불로 모시고, 이에 대한 조성법을 자세히 밝히고 있어서 이의 고찰이 새삼 요구되지 않을 수 없다.

소태산 일원상의 경우에는 둥근 고리(圓環)로 나타내고 있는데, 도교의 연단과정에서 나타나는 명광 단계의 황금 원판과는 다르다. 도교에서 원환은 현빈을 말하고 완성된 상태의 것을 성태라고 한다. 도교에서는 원형이 수련의 결과로 얻어지는 참된 성품의 발현으로 제시된다. 물론 깨달음의 궁극 자리는 언어와 형상을 떠나 있으므로 그려질 수도 없고 말로 표현할 수도 없다. 그러나 이러한 법신불로 조성된 일원상을 도교의 관점에서 볼 때 선천일기(先天一氣)로 표상된 무극이태극(無極而太極)의 한 단면으로 나타난다고 볼 수 있다. 일원상의 형상에 대한 것은 권극중의

---

39) 《朝鮮佛敎革新論》, 佛法硏究會, 1935, 33~34쪽.

《참동계주해》의 태극도설에 있는 설명이 비교적 명쾌하다. 여기서는 태극과 무극을 따로 표시하지 않고 원상의 동정 유무에 따라 구분한다.

> 說에 말하기를, 오른편은 無極 太極의 그림이다. 색깔을 칠할 수 없어서 둘레를 동그랗게 그렸는데, 이 또한 그려내지 못한 것이 잘 형용된 것이다. 밖의 검은 테두리는 타고난 한 기운이고 안쪽의 흰 바탕은 無極의 참 허공이다. 한 기운은 비롯됨이 없으니 검은 테두리에 출발점이 없고, 참 허공은 모습이 없으므로 흰 바탕에 사물을 들이지 않는다.[40]

○를 설명하면서 밖의 테두리를 선천일기라고 하며, 그 안쪽을 무극진공(無極眞空)이라고 한다. 선천일기라고 함은 음과 양의 기운이 나누어지기 이전의 기운으로서 생명의 실상이기도 하다. 이러한 이유로 선천일기는 시작도 없고 끝도 없는 본래의 자리에서 나타나기 때문에 일기무시기(一氣無始氣)로 파악하고 있으며, 안쪽 진공무상(眞空無象)은 언어의 길이 끊어진 백지불수물(白地不受物)의 본래 면목으로 이해하고 있다. 결국 ○은 무극과 태극의 복합체로서 형상된 것이라 할 수 있다.

한편, 밖의 선천일기는 음양의 이기를 혼용한 순수한 기운이므로 태초의 시작이란 의미에서 하나(一)를 상징한다. 이 하나는 오행상의 방위로 볼 때 북방이며 그 빛깔은 검은 색이다. 원불교 일원상의 흑권(黑圈)은 도교의 관점에서 볼 때 바로 선천진일지기(先天眞一之氣)를 나타낸 것이라고 말할 수 있다.

---

40) 權克中, 《參同契註解》 卷5, 〈太極〉〈太極之圖〉

그런데 한편으로 음양 합일의 자리는 도교에서 본원의 중궁(中宮)이며, 곧 진토(眞土)인 황색 또는 황금빛으로 표현된다. 황색은 음양이 조화를 이룰 때 나타나는 색깔로 단(丹)의 기초가 되는 금정(金精)을 가리키기도 한다. 《참동계》에서 이 점을 잘 설명하고 있다.

> 흰 것을 알고 검은 것을 지키노라면 신명이 스스로 온다. 흰 것은 황금의 정기이고, 검은 것은 물의 터전으로 물은 도(道)의 중심이고, 그 수효는 하나이며 음양의 시초이며 원래 황금의 싹을 품고 있다.[41]

이와 같이 흑색이나 황색은 선천일기를 표현한 것으로서 흑색은 수리적인 측면을 상징하였고, 황색은 음양조화의 극점을 상징한 것이라 볼 수 있다.

한편으로 이러한 일원상은 도교의 관점에서 볼 때 정지된 형상이 아니라 끊임없이 움직이고 있는 태극을 표상한 것이다. 왜냐하면 원형의 가운데가 본성의 자리이고 외곽선이 선천일기로 나타날 경우에, 드러낸 선천의 기운 속에 본래의 성품은 감추어져서 혼돈의 기운만 나타나기 때문이다. 따라서 일원상 안쪽의 본성은 옴도 없고 감도 없기 때문에 적연부동(寂然不動)하다고 할 수 있다.

> 지극히 둥글어 막힘이 없는 것이 기운이요, 지극히 텅 비어 끝

---

41) 《참동계(參同契)》 상권; "知白守黑 神明自來 白者金精 黑者水基 水者道樞 其數名一 陰陽之始 元含黃芽."

이 없는 것이 이치이다. 이치는 기운의 기미 위에 타고서 움직이고 고요함에 다함이 없으니 이것이 바로 본디 모습이다. 내가 일찍이 이치와 기운이 서로 떨어지지 않아 움직일 때는 이치가 기운 가운데 있고 고요할 때는 기운이 이치 가운데 있다고 생각한 적이 있다. 이 본디 모습은 움직일 때는 밖이 검고 안이 희며 이치가 기운 가운데 있는데, 고요할 것 같으면 기운이 이치 가운데 있어서 그릴 수가 없다. 그릴 것 같으면 이미 움직인 것이니 곧 이것이 본디 모습이다.[42]

태극에서 정중동(動中靜)의 자리는 바로 이러한 본래 성품을 가리키는 것이며 그 과정은 무극이태극(無極而太極)이라고 할 수 있다. 일원상에서 무극은 검은 테두리 안에 있는 흰 바탕으로 나타나 있다. 흑중백(黑中白)이 바로 동중정(動中靜)의 세계이며 태극이무극(太極而無極)의 과정이다. 《참동계》의 '지백수흑(知白守黑)'이나 소태산의 게송에 '有는 無로'란 구절은 바로 이러한 소식을 전하는 것이라고 할 수 있다.

외곽 검은 테두리를 중심으로 할 경우는 일원상이 둥근 고리로서 도(道)의 움직이는 형상을 전한다고 살펴보았다. 내부 백지(白地)를 중심으로 할 때, 정지된 무극을 가리킨다. 무극은 본성의 자리이면서 생명의 귀결처인 까닭으로 선천의 기운을 감싸고 있을 경우에는 겉으로 표현되지 않는다. 표상된 무극은 곧 태극이며 정중동을 말하며 무극이태극(無極而太極)의 과정인 것이다. 게송에 '無는 有로'란 구절은 이 경우에 해당된다고 할 수 있다.[43]

---

42) 權克中. 같은 책. 같은 곳, "至圓無滯者 氣也 至虛無極者 理也 理乘在氣機上 動靜無窮 此原象 是也 愚嘗謂理氣不離 動時理在氣中 靜時氣在理中 此原象卽動時也 外黑內白 理在氣中也 若夫靜時 氣在理中 不可畵也 若畵則已會動了 卽此原象也."

여기서 무(無)에서 유(有)로 전환되는 과정은 소태산의 경우에 부정과 부정을 통하여 성취된다.

변산 아홉 구비 길에서
돌이 서서 물 떨어지는 소리 듣는구나.
없는 것이 없음이 또한 없고 없으니
아닌 것이 아님이 또한 아니고 아니구나.

邊山九曲路 石立聽水聲
無無亦無無 非非亦非非[44]

돌이 서서 물소리를 듣는 그 자리는 식신(識神)으로서 자아가 소멸되고 적연부동한 가운데 감이수통(感而遂通)하는 현상을 지적한다고 볼 수 있다. 그것은 '無無'라 하여 곧 '無'를 부정하고, 다시 '無無亦無'라 하여 부정한 그 자리 역시 부정하고, 마지막에는 그러한 의식조차 사라진 '無無亦無'를 부정한 경지에서 일원의 상이 성취된다고 볼 수 있다. 도교에서는 이를 심사신활(心死神活)이라고 한다. 육근(六根)이 진동할 때 육신은 타버린 재처럼 죽어버리고 신명이 나타나서 혼돈 속에 음양의 기운을 변화시킨다.

고요힘은 성품이 되니 마음이 그 가운데 있고, 움직임은 마음이 되니 성품이 그 가운데 있다. 마음이 일어나면 성품이 죽고 마음이 사라지면 성품이 나타나서, 마치 허공에 모습이 없는 것

---

43) 有는 無로 無는 有로/ 돌고 돌아 至極하면/ 有와 無가 俱空이나/ 俱空 亦是 具足이라 ─ 《圓佛敎全書》〈敎理圖〉
44) 《원불교전서》 260쪽. 〈대종경〉 성리품 제11장.

같이 조용히 둥글고 가득하다.[45]

그러나 소태산의 일원상은 무극을 가리키는 데 끝나지 않고 무극에서 다시 태극으로 부정의 부정의 귀로를 제시하는 특징이 있다. 일원의 성취는 언어명상이 완연한 유(有)의 세계에서 이루어진다고 보고 있다. 게송에서 '俱空이 具足이라'는 의미를 여기에 빗대어 짐작할 수 있다. 그것이 바로 진공묘유(眞空妙有)의 조화이면서 우주의 실상이라고 본 것이다.

이처럼 부정의 부정을 통하여 일원상이 성취되는 순간을 소태산은 다음과 같이 시를 통하여 나타내고 있다.

맑은 바람이 불어 보름달이 떠오를 때
삼라만상은 저절로 밝구나

淸風月上時 萬象自然明[46]

여기서 달은 단순한 자연의 달이 아니며, 또한 관념의 달도 아니다. 본래 면목의 발견으로 나타나는 일원의 표상이며, 이것이 다시 부정과 부정의 과정을 거쳐 진공묘유의 순수한 진리로 드러나는 것이다. '수도인의 마음 하늘에는 욕심의 구름이 걷혀야 지혜의 달이 솟아올라서 만세 중생을 비쳐주는 거울이 되며…'[47]라는 말은 수련의 경지에서 드러나는 원형의 상징이 진리의 실체로

---

45) 《太上大通經》. 〈玄理章〉; "靜爲之性 心在其中矣 動爲之心 性在其中矣 心生性滅 心滅性現 如空無象 湛然圓滿."
46) 《원불교전서》 258쪽. 〈대종경〉 성리품 제1장.
47) 《원불교전서》 296쪽. 〈대종경〉 천도품 제24장.

서 일원상으로 종교화해 제시되었다고 볼 수 있다.

소태산 일원상의 특징을 도교의 관점에서 한마디로 정리하면, 일원상을 태극 또는 무극의 어느 한 면에 고정하지 않고 태극과 무극의 교호작용에 의미를 부여하였다고 할 수 있다.

2) 법신불의 출현과 정신개벽

후천개벽사상은 조선 후기에 이르러 신흥종교를 통하여 부각된 대표적인 사상이라고 할 수 있다. 소태산의 경우도 개교의 표어에 "물질이 개벽되니 정신을 개벽하자"며 정신개벽을 주장하고 있으나, 그 구체적인 실상은 동학이나 증산교에 견주어 뚜렷하지 않다. 그러나 일원상을 도교의 관점에서 자세하게 조명해 볼 때, 그 속에 정신개벽의 내용들이 관련되어 나타난다. 어느 면에서 일원상은 정신개벽과 관련되지 않고는 무의미한 표상에 그칠지도 모른다.

일원상이 개벽과 밀접한 관련을 가지고 있음은, '천지만물 허공 법계를 다 부처님으로 숭배하기 위하여 법신불 일원상을 숭배하자는 것이니라'[48]라는 구절에 잘 나타나 있다. 법신불 일원상의 숭배를 처처불상(處處佛像)을 지향하는 하나의 운동으로 파악할 때, 이 점은 일차로 개개 인간에 내재한 일원상 곧 태극의 발견과 직결된다. 태극은 물질을 생하는 자리를 가리키며, 생하는 그 지리는 만법귀일처(萬法歸一處)이다. 따라서 태극의 발견을 거쳐 원융구족한 불국토에 대한 개안이 시작된다고 볼 수 있고, 그것은 처처불상(處處佛像)이란 세계의 새로운 인식과 아울러 그에 따른 사사불공(事事佛供)이라는 일정한 행위를 요구하는 점에서

---

48)《원불교전서》 119쪽. 〈대종경〉 교의품 제14장.

곧 물질의 개벽이라고 볼 수 있다.

그러나 소태산이 주장하는 개벽의 내용은 대상의 변화에 따라 성취되는 물질의 개벽에 그치지 아니하고, 이러한 태극 곧 일원상의 발견을 통한 도덕문명의 건설에 있음을 다음과 같은 구절에서 잘 지적하고 있다.

> 그대가 어찌 강산과 인물만 말하는가. 고금 천하에 다시없는
> 큰 도덕이 이 나라에 건설되는 줄을 그대는 모르는가[49]

여기서 개벽의 주체는 일원상을 성취한 소태산 자신이며 그 대상은 한반도라고 볼 수 있다. 강증산과 같이 천지공사를 통한 한 순간의 개벽이 아닌 본래 성품인 일원의 진리를 발견함으로써 양(陽)의 세계로 나아가는 정신개벽이라고 볼 수 있다.

소태산이 주장하는 이러한 개벽은 한편으로 다른 신흥종교의 개벽과는 달리 양의 세계를 말하는데, 이는 곧 도교에서 말하는 양신(陽神)의 세계라고 할 수 있다.

> 계룡산이라 함은 곧 밝아오는 양(陽)세상을 이름이요, 정도령이
> 라 함은 곧 바른 지도자들이 세상을 주장하게 됨을 이름이니,
> 돌아오는 밝은 세상에는 바른 사람들이 가정과 사회와 국가와
> 세계를 주장하게 될 것을 예시(豫示)한 말이니라[50]

여기서 말하는 양(陽)의 세계는 성태(聖胎)가 완성된 세계이며,

---

49) 《원불교전서》 343~344쪽. 〈대종경〉 실시품 제44장.
50) 《원불교전서》 255쪽. 〈대종경〉 변의품 제33장

정도령은 곧 도교의 양신을 가리킨다고 할 수 있다. 양신은 순양의 본체로서 색신과 구별되는 법신이다. 도교에서 승선(昇仙)은 순양의 몸으로 되돌리는 것을 말하는데, 소태산의 정신개벽은 법신불 곧 일원상에 자리한 진정한 자아의 탄생으로부터 시작된다고 볼 수 있다.

일원상 법신불의 조성은 일원의 형상에 집착하여 신앙의 대상 차원에서 그치는 것이 아니라, 일원상 가운데 자리한 본래의 성품과 여래장을 깨치는 것이며, 각자의 노력에 따라 원융본체를 발견 체득해야 하는 과제를 제시한 것이라 볼 수 있다. 일원상 법신불의 발현은 그러한 점에서 물질의 개벽이 아닌 정신의 개벽이며, 일원상 속의 자신을 재발견하는 점에서는 인간의 개벽이라고 할 수 있다. 그러한 점에서 도교에서 말하는 양신의 출현은 곧 진인의 출현이며 미륵불의 출현이자 개개 인간에 내재한 법신의 출현이다. 일원상의 금빛 속에는 법신이 자리하여 일원상과 법신을 구분하여 논의할 수 없듯이 소태산의 정신개벽은 일원상을 통하여 인간 개개의 법신불이 밝게 드러나는 것으로 해석된다.

> 미륵불이라 함은 법신불의 진리가 크게 드러나는 것이요,용화 회상이라 함은 크게 밝은 세상이 되는 것이니, 곧 처처불상(處處佛像) 사사불공(事事佛供)의 대의가 널리 행하여지는 것이니라[51]

여기서 일원상과 미륵불의 관계는 미륵신앙이 가진 민중적 성격에 충실하여 영웅주의를 배제한 곳에 있다. 곧 미륵불은 처처불상 사사불공처럼, 하나로 고정될 수밖에 없는 피라밋의 정점과

---

51) 《원불교전서》 390쪽. 〈대종경〉 전망품 제16장

같은 지배적 존재가 아니라 '개체 하나가 전체이고 전체가 개체 하나인' 관계로 어울리는 유기적 실체로 파악된다.

원불교의 개벽은 일원의 세계를 제시하는 것으로 시작한다. 정신개벽은 개개의 인간에 내재된 일원상의 발견을 통하여 천지인 삼재로서 자각하는 과정이기 때문에 소태산 본인의 경우에도 '지금 차차 되어지고 있나니라'[52]고 하여 그러한 과정을 일시적인 것으로 보지 않는다. 물론 진정한 의미의 개벽은 암시나 예고에 따른 점진적 실현에 있는 것이 아니라 동시적 실현에 있다고 볼 수 있다. 견성으로서 개벽은 암시나 예고에 그치지만 솔성의 경지를 성취한 요성(了性)의 자리에서는 허공의 타파로서 개벽이 실현된 궁극의 세계를 보여야 할 것이다. 또한 그 실현에서 점진적인 방법을 택하느냐 일시적 방법을 택하느냐 하는 문제도 있다. 이 문제는 결국 기존의 여러 기성종교의 교조들이 안고 있는 한계요, 새로운 종교의 창시자가 지닌 사명이라고 할 것이다. '물질이 개벽하니 정신을 개벽하자'는 개교의 표어는 이 점에서 진정한 개벽을 아직도 실현하고 있지 못하다는 현재의 사태를 적절히 지적하고 있다고 할 수 있다.

5. 마무리

깨달음의 본래 자리를 언어로 표현한다는 시도부터 잘못된 것임을 머리말에서 밝힌 바와 같이, 소태산이 얻은 일원상의 진리를 분별에 기대어 밝히려는 의도는 애초부터 버마재비가 수레바

---

52) 위와 같음.

퀴에 대드는 광경과 견주어도 손색이 없을 것이다. 따라서 형상으로 그려내지 못하는 일원의 진리를 여기서 충분히 논의하지 못할 뿐 아니라 논의의 결과로 얻은 단편적인 지식을 가지고 소태산이 얻은 진리의 실상을 자세하게 드러내었다고도 말할 수 없다. 소태산이 아니고는 소태산을 알 수 없는 것처럼 산재한 소태산의 언어를 수습한다고 하더라도 여전히 달을 가리키는 손가락에 집착할 뿐인 것이다.

여기서는 다만 이제까지 주목하지 않은 도교의 관점에서 일원상의 실상을 구명해보려고 하였다. 도교의 측면에서 일원상은 수련에 나타나는 구체적인 생명현상으로서 주목되고, 철학적 의미의 깨달음과는 어느 정도 거리가 있다고 보았다. 도교에서는 '일원상을 통하여 무엇을 얻기'보다 '무엇을 얻은 결과'로서 일원상이 드러난다. 이러한 측면에서 일단 기존 불교의 해석과 원불교 교단의 관점과는 입장을 달리하고 있음을 밝혔다. 그럼에도 도교적인 이해가 소중한 까닭은 일원상을 단순한 관념의 차원에서만 다룰 수 없는 종교의 본질적인 면을 계속 문제 삼고 있기 때문이다. 종교적 신비현상의 경험으로서 가지는 일원상의 진면목은 이러한 인식의 전환 없이는 내실을 기하기 어렵다고 여겨진다.

도교에 나타난 일원상을 고찰하기 위하여 인용한 서적은 대체로 단학 수련가들의 경전을 택하였다. 주로 송 대 이후에 편찬된 이들 시적은 구결로 표현된 일원상의 신비를 비교적 체계적이고 적나라하게 밝히고 있어서 일반인의 이해를 쉽게 해 준다. 본래 도교에 나타난 일원상의 원리는, 언어로는 접근하지 못하는 차원의 것으로서, 구결로 전해져 오고 있다. 이러한 구결을 이해하고 해석하는 과정에 연구의 어려움이 있는데, 무엇보다도 객관적 준거를 제시할 만한 도교경전이 많지 않은 현실의 여건에서 논지의 타당성 여부는 앞으로의 연구 성과를 지켜보지 않을 수 없다.

《수심정경》의 도교적 연원

1. 들머리

  원불교 단전주 선법의 연원을 고찰하는 데 도교보다 불교적 측
면이 우선 고려되어야 하고, 《정심요결》을 보완·편정한 《수심정
경(修心正經)》은 참고 교서 정도로 보아야 한다는 기존의 설[1]에
약간의 수정을 더할 필요를 느낀다. 물론 현행 단전주 선법이 불
교의 색채를 지닌 점은 충분히 수긍되지만, 그렇다고 원불교 교
단 안에서 '극절(極切)한 수양법'으로 알려진 《정정요론》 또는
《수심정경》의 영향력은 과소평가되지 않는다.[2] 대산종법사는
"나는 사람을 보고 발심난 것보다도 정명도 선생 시(詩)하고 《정
정요론》에서 발심이 났다."[3]고 언명한 바가 있고, 〈삼가수행도(三
家修行圖)〉에서 《수심정경》의 내용을 도해하여 제시하고 있다. 이
로 미루어 대산종법사는 《수심정경》의 수련법이 중요함을 인정

---

1) 김영두, 〈원불교 선의 형성과정고찰〉, 《원불교사상》 제14집, 1991.
2) 이에 《정정요론》과 《수심정경》 등의 초기 교서가 선가적 성격을 띠고 있어서
   단전주 선법의 연원을 도교에서 찾아야 한다는 주장이 제기되었다. 박병수, 〈교
   리형성 과정에서 본 단전주선의 위상〉(원불교사상연구원, 《원불교사상》 17·18
   합집, 1994. 12) 참고.
3) 대산종법사 법문집 5집 《여래장》, 원불교출판사, 1994, 257~258쪽.

한 것으로 여겨진다. 또한 이인의화(李仁義華)의 견성(見性)을 정산 종사가 은밀히 인허하는 편지글을 보면, "잃었던 집을 찾는 것은 우리 불법 공부하는 자의 일대 사명인 바 인의화 씨의 설명하신 집 도면이 대체로 이치에 합당하고 법에 어긋남이 없사오니, 보는 자의 마음에 자연중 정신적 위안을 많이 얻었나이다. 그 집의 이름은 영보도국(靈寶道局)이요 그 형체는 일원상(一圓相)인 바 그 집을 아는 것은 견성(見性)이요, 그 집을 수호하는 것은 양성(養性) 이요, 그 집을 사용하는 것은 솔성(率性)이라"4) 하였듯이 《수심정경》의 영보도국을 원불교 교단 안에서는 견성(見性)의 소식으로 풀이한다. "도가에서 공부하는 데에 있어 혹은 큰 집을 짓고 혹은 작은 집을 짓는다 하는데 어떠한 것이 큰 집이고 어떠한 것이 작은 집입니까?" 하고 질문하니 정산종사가 못 들으신 듯 답을 하지 않는 소식이고,5) 대산종법사는 친절하게 그 소식이 성태장양(聖胎長養)이라고 일렀다.6)

지금부터 9년 전인 1990년 늦여름에 필자는 우연히 소태산 일원상이 도교 수련 가운데 나타나는 원광(圓光)과 비슷함을 발견하고, 〈소태산 일원상의 도교적 고찰〉이란 논문을 발표하였다. 그 원고를 탈고하여 학계에 알린 이후 증산교 계열의 삼덕교 경전인 《생화정경(生化正經)》을 뒤적이다가 〈영보국정정편(靈寶局定靜篇)〉을 발견하고, 원불교의 도교 수용 역사가 그렇게 간단한 문제가 아님을 깨닫게 되어 다시 1991년에 〈정정요론의 성립과정과 그 성격〉이란 논문을 엮어서 소태산 대종사 탄생 백주년 기념 국제 학술회의 논문집에 발표하게 되었다. 다행스럽게도 그 논문이 발

---

4) 박정훈 편, 《한울 안 한 이치에》, 원불교출판사, 1987, 420쪽.
5) 박정훈, 앞의 책, 167쪽.
6) 대산종법사, 앞의 책, 281쪽.

표된 2년 뒤에 박용덕의 〈정심요결 유행에 관한 연구〉가 나와 세간에 전설로 남은 《정심요결》의 정체가 드러나게 되었고, 〈영보국정정편〉에서 《정심요결》을 거쳐 《수심정경》으로 이어지는 원불교 수련법문에 대한 시빗거리가 일단락되는 듯이 보였다. 그럼에도 필자의 마음 한 구석에는 미진한 느낌이 남아 있었다.

조선조 단학파 수련법문은 유불선 삼교사상을 융해한 것으로서 조선 말기에 일어난 신종교운동의 유불선 합일 사상과 일정한 관계를 유지하고 있음은 자명한 사실로 알려져 있다. 《수심정경》의 수행법도 '중국 도교의 일파인 전진교의 도불 융회적인 시각과 조선조 단학파의 수련법을 계승한 것이다'라는 설[7]에 반론의 여지없어 필자도 수긍한 바가 있다. 그 무렵에는 《용호비결》과 함께 내단 수련의 법문으로 비전되는 〈현관비결타좌식(玄關秘訣打坐式)〉을 염두에 두고 있었기 때문이다. 〈현관비결타좌식〉은 《용호비결》의 하수처(下手處)를 상세히 밝히고 있을 뿐더러 계속되는 그 구결에서 '공정정정(空正定靜)'과 '의관신심(意關神心)'은 선성후명(先性後命)의 단전주 선법과 유관한 측면이 있고, 그 과정에서 수승화강(水昇火降)의 현상을 보여주어서[8] 《수심정경》 또는 〈영보국정정편〉의 하수처가 〈현관비결타좌식〉에 있는 것으로 생각하고 있었다.

그러나 〈현관비결타좌식〉은 북창(北窓) 정렴(鄭磏)의 저술로 알려진 《용호비결》과는 달리, 나부산(羅浮山) 도사 고공섬(古空蟾)의 내단결(內丹訣)이었다. 일명 고선생타좌식(古先生打坐式)으로 알려

---

7) 김낙필이 〈수심정경의 선가적 성격〉(《원불교사상》 제8집, 1984)에서 처음 제기하였고, 박병수의 〈원불교 교의에 수용된 도교사상의 연구〉(원광대 박사학위논문, 1996)에서 그 논지가 계승되었다.

8) 〈玄關秘訣打坐式〉; "定靜之時 以舌輕輕頂住上齶 使升淸降濁 如滿 咽下丹田."

진 이 비결은, 현빈도인(玄牝道人) 전병훈(全秉薰)이 1910년 봄에 광동성 나부산 충허관(冲虛觀)에서 고공섭을 만나 그 문하에서 수련하면서 얻은 것으로, 1920년 북경에서 《정신철학통편(精神哲學通編)》을 간행하면서 그 속에 수록하여 세상에 공개하였다.

전병훈에 따르면 이 내단 수련 비결은 여섯 차례 진화하여 가장 최근에 혁신된 것이라고 하였다.[9] 1910년 무렵 수십 판을 찍을 만큼 대륙에서 널리 유행한 일본인 저술의 《강전식정좌법(岡田式靜坐法)》과, 이에 대한 중국적 자존심의 발로로 저술된 장유교(蔣維喬)의 《인시자정좌법(因是子靜坐法)》(1914)이 양생법문에 지나지 않음을 지적하고 그 대안으로 정통 선가수련의 하수처를 제시한 것이다.[10] 〈현관비결타좌식〉은 간단명료하면서도 빠르고 깊은 성취를 도모하고 있어서 근세 내단사상의 중요한 저작으로 여겨진다. 아쉬운 점은 저작자 고공섭과 전병훈의 내력이 명확하지 않다는 것이다. 나부산 충허관 도사 고공섭의 성(姓)인 고씨(古氏)는 본관을 광주(廣州) 증성현(增城縣)에 두고 있는 토착 성씨이다. 본명이 성명(誠明)으로 알려져 있으나 그 사승관계(師承關係)를 현재로서는 살펴볼 길이 없다.

전병훈은 관향은 정선(旌善)이고, 평안북도 출신임이 밝혀져 있으나, 역시 자세한 고향과 생몰연대는 알려져 있지 않다.[11] 금장태 교수의 고증에 따르면, 1860년 이전에 출생하여 1926년 이후에 사망한 것은 확실하다고 한다. 현재까지 알려진 그의 가계를 보면, 여말선초에 절의를 지킨 두문동(杜門洞) 72인의 한 사람인

---

9) 전병훈, 《정신철학통편》, 1983년 명문당 간행본, 70쪽; "此爲第六番進化 最今維新."
10) 전병훈, 앞의 책, 69~70쪽; "近閱引(因)是子靜坐法 以正呼吸 導引爲主旨 至論日本岡田虎二郎 創設靜坐法風行 — 重板已數十次 — 有聯合會 而加入學課 則其爲却病延年之益 無疑也 然必非玄關神秘者也."
11) 금장태, 〈曙宇 全秉薰의 精神哲學〉, 《한국근대사상의 도전》, 전통문화연구회, 1995.

전오륜(全五倫)이 그의 방조(傍祖)이고, 그의 조부는 전익하(全翼厦)이며, 아버지는 전경(全璟)이다. 전병훈은 화서(華西) 이항로의 문인인 운암(雲菴) 박문일(朴文一)의 문하에서 수업하였다고 하며, 구한말 대한제국 정부에서 감리서(監理署) 감리(監理)와 중추원 의관(議官) 및 도사(都事) 등의 관리 생활을 하였다고 전한다. 그는 1907년 무렵 대한제국의 몰락을 지켜보면서 중국으로 망명하여 광동성 나부산에 은신하였다.[12] 입산의 동기는 《주역참동계(周易參同契)》를 연구하다가 스스로 깨우칠 길이 없었는데, 마침 나부산 도사 고공섬이 백발을 흑발로 바꾸는 환로반동(還老返童)의 이적을 보이자 곧바로 도교의 가르침을 구하여 10년 동안 2천여 권의 도장(道藏)을 섭렵하고 정진하였다. 그 무렵 〈현관비결타좌식〉을 익혀서 7~8개월 만에 현관(玄關)을 타통시키기도 하였다고 이른다.

이러한 〈현관비결타좌식〉은 구한말 내단 수련 구결로서, 《용호비결》과 함께 천도교 등 신흥종교 교단 안에서 현재까지 유전된다. 그 내용이 실린 《정신철학통편》이 1920년 북경에서 간행되었음을 상기한다면, 정산종사가 《수심정경》을 편찬하는 데는 1915년에 강증산의 제자인 김형국으로부터 전수받았다고 하는 《생화정경》의 〈영보국정정편〉, 또는 1917년에 입수된 《정심요결》보다 나중에 참고 되었을 여지가 있다.

---

12) 전병훈에 대한 이상의 논의는 금장태, 앞의 책, 73~74쪽을 참고하기 바란다.

2. 구한말 수련 비결서의 전수 과정

동학을 창시한 수운 최제우는 1855년 을묘년 봄 울산 유곡(裕谷)의 삼간초옥에 기거할 무렵 금강산 도승으로부터 천서(天書)를 받았다고 한다. 《도원기서(道源記書)》에서는 이듬해 양산 천성산(千聖山)의 도통 수련은 이 책에 근거하였다고 적고 있다. 그러나 책은 이후 종적을 감추고 수련법의 행방을 알 수 없게 된다. 그 책의 내용은 현재로서는 자세하게 알기 어렵다. 다만 유교, 불교, 도교와 비슷한 듯하지만 다른 것이라는 언급에서[13] 곧 유불선 삼교를 융해한 서적이 아닌가 여길 뿐이다.

19세기 말 신흥종교에서 비서(秘書)를 주고받는 양상은 동학 이후 증산교에서도 보인다. 증산 강일순도 1895년 을미년 봄 고부(古埠) 두승산(斗升山) 시회(詩會)에서 한 노인으로부터 소책자를 얻는다.[14] 그 6년 뒤에 전주 모악산 대원사에서 수도하여 5개월 만에 도통하였다. 이 또한 그 책자의 내용이 무엇인지 현재로서는 알 도리가 없고, 강증산의 도통 수련이 그 책자에 따른 것인지도 좌단(左袒)할 수 없는 문제이다. 다소의 추측이 허락된다면, "항상 종도들을 돌려앉치시고 몸을 요동하지 못하게 하시고 잡념을 떼고 정심(正心)하라"[15]는 내용과 "매양 종도들을 태좌법(胎坐法)으로 늘여앉치시고 조금도 움직이지 말라"[16]는 내용에 비추어 현전하는 태을주(太乙呪) 수련과 다른 정좌수련법문이 한편으로 전해지고 있는 사정을 짐작할 따름이다.

---

13) 《侍天敎宗繹史》 제1편 제2장; "似儒似佛似仙而非者也."
14) 《普天敎誌》 천사편 제1장.
15) 《普天敎誌》 천사편 제2장 61절.
16) 《普天敎誌》 천사편 제2장 61절.

그런데 이러한 신흥종교의 수련비서 수수(授受) 과정에서 내밀한 수련법문의 정체가 드러나는 획기적인 계기가 원불교 2대 종사인 정산(鼎山) 송규(宋奎)에서 마련된다. 정산종사가 소태산의 문하에 들기 전 1917년 늦가을에 정읍 객망리 강증산 생가에서 증산교 비전의 수련법문을 입수하게 된다.[17] 그리고 그 즉시 강증산이 수도하였던 모악산 대원사를 찾아 석 달 동안 수련한다. 정산종사를 시봉하던 범산(凡山)의 기억으로 정산종사가 수련한 그 책자의 이름이 《정심요결(正心要訣)》로 밝혀졌다.[18] 물론 《정심요결》이 최수운이 받은 천서나 강증산이 입수한 소책자와 어떠한 연관이 있는지는 현재까지 의문으로 남는다. 하지만, 《정심요결》의 존재가 드러남으로써 과거 원불교의 극절(極切)한 수련법문인 《수심정경》과의 관계가 풀리게 되었다.[19] 그리고 증산교 수련법문을 원불교에서 차용하였다는 시빗거리는 《정심요결》이 부안(扶安)의 은사(隱士)인 이옥포(李玉圃)의 〈영보국정정편〉에 연원한다는 필자의 추단(推斷)으로 해결 국면을 맞이하게 되었다.[20] 비록 강증산의 제자인 김형국의 손에서 〈영보국정정편〉이 출현하였지만 그 작사가 강증산이 아닌 이옥포 임이 밝혀짐으로써 자연히 《정심요결》의 수련법은 증산교 계열에서 독점할 수 없는 것임을 밝힌 것이다.[21] 나아가 이옥포의 추종자인 김형국의 지도로 삼덕

---

17) 박용덕, 〈정신요결의 유행에 관한 연구〉, 《한국도교문화의 위상》, 아세아문화사, 1993, 412~415쪽 참고.
18) 이공전, 〈수심정경에 대하여〉, 《원광》 137호, 1986년 1월.
19) 박용덕, 앞의 논문 참고.
20) 필자의 〈정정요론의 성립과정과 그 성격〉 참조.
21) 이옥포가 그를 추종하는 제자에게 자신이 장차 출세할 강성인(姜聖人)을 지로(指路)하는 자라고 언급한 사실에 미루어, 이옥포는 강증산의 계열에 도교적 영향력을 일정하게 끼친 인물로 추정할 수 있다(《生化正經》, 삼덕교 교화부, 1955, 2쪽 참고).

교(三德敎)의 교주 허욱(許昱)이 〈영보국정정편〉의 수련법을 익혀서 도통하였다는 사실은, 강증산의 모악산 수련법문도 이옥포의 〈영보국정정편〉이 아닌가 하는 중요한 암시를 던져준다. 앞서 언급한, "항상 종도들을 돌려앉치시고 몸을 요동하지 못하게 하시고 잡념을 떼고 정심(正心)하라"는 내용과 "매양 종도들을 태좌법(胎坐法)으로 늘여앉치시고 조금도 움직이지 말라"는 수련법은, 무엇보다도 〈영보국정정편〉에서 제시한 정정수련(定靜修煉) 법문과 맥락이 서로 통하기 때문이다. 이옥포의 제자인 김형국이 강증산 계열로 흘러들어간 사실에 비추어 〈영보국정정편〉이 강증산 계열의 수련법문으로 수용되었을 가능성이 있고, 그 수련법문이 다시 《정심요결》로 제목이 바뀌어 정산종사에게 흘러들 여지가 있는 것이다. 그렇다면 정산종사가 강증산 생가에서 입수한 《정심요결》은, 다름 아닌 〈영보국정정편〉일 가능성이 있다.22) 그리고 박용덕이 공개한 《정심요결》의 내용이 〈영보국정정편〉의 완역본임이 이를 뒷받침한다. 설사 이러한 사실이 추측의 부산물에 지나지 않는다고 하더라도 《수심정경》의 연원 문제는 이제 원불교에 국한되지 않고, 증산교까지 포괄하는 구한말 신종교의 사상적 기저를 해명하는 문제와 맞물려 있음을 보여준다.

그러나 〈영보국정정편〉에서 《수심정경》으로 이어지는 수련법은 도교적 성격의 수련법임에는 틀림없으나, 그러한 수련법의 성격을 구명하는 문제는 여전히 남아 있었다. 필자는 《수심정경》의 도교적 연원 문제를 새로이 고찰하고자 묵혀두었던 〈현관비결타좌식〉을 다시 꺼내어 살펴 본 결과 새로운 수확이 쉽게 거두어

---

22) 〈영보국정정편〉이 강증산 생가에 비장되어 있을 가능성에 대하여 박용덕의 주장(앞의 논문, 415쪽)이 참고 된다.

질 것 같지 않음을 뒤늦게 깨달았다. 부닥친 난관은 《용호비결》
이나 〈현관비결타좌식〉 모두 폐식(閉息)을 강조한 수련법이라는
데 있다. 물론 소태산이 구도 행각할 때에 단전호흡으로 몸 안에
생긴 적을 없앴다는 말에서[23] 치병 효과가 탁월한 폐기수련의 증
거를 찾을 수 있고, "선(禪)의 강령은 식망현진 수승화강(息妄顯眞
水昇火降)이며, 자세는 긴찰곡도 요골수립(緊紮穀道 腰骨竪立)이다"[24]
라는 대산종법사의 말을 〈현관비결타좌식〉의 '폐기요정(閉氣腰
挺)' 구결과 연관 지어 해석하지 못하는 바가 아니나, 《수심정경》
과 현행 원불교 단전주 선법의 수행법이 약간의 거리가 있는 것
은 부정하기 어려울 것이다. 또 다른 이유는 전진교 계열의 내단
수련법을 중심으로 살펴 본 방법론상의 오류에 기인한다. 널리
알려진 전진교 내단 수련법은 영적 현상에 대한 체계적인 설명이
될지도 모르지만, 《수심정경》에서 언급한 영보수련(靈寶修鍊)은
결코 전진교의 수련법으로 설명될 성질의 것이 아니다. 시야를
넓혀 제의도교(祭儀道敎)인 정일교(正一敎) 수련법을 눈여겨본 까닭
은 이러한 이유에서이다.

3. 《태극제련내법》과 〈영보국정정편〉

남송의 영보파 수련법이 구한말에 유입되어 암암리에 유행하다
가 《수심정경》에까지 영향을 미치고 있다는 새로운 사실은, 송말
원초의 인물인 정사초(鄭思肖; 1241~1318)가 남긴 《태극제련내법

---

23) 송천은, 〈원불교 단전주 선의 방법〉, 원불교신문 1985. 10. 6.
24) 《대산종법사법문집》 제3집, 172쪽.

(太極祭鍊內法)》에서 드러난다. 《태극제련내법》은 지원(至元) 7년
(1270년)에 편찬된 것으로, 지정(至正) 7년(1347년)에 왕도규(王道圭)
가 중각(重刻)하고 명(明) 영락(永樂) 4년(1406년)에 다시 원정화(袁
靜和)가 중각하였다. 지금은 《도장(道藏)》의 통현부 방법류(洞玄部
方法類)에 수록되어 전한다. 여기서 제련내법(祭鍊內法)이라고 함은
곧 도교의 영보재법(靈寶齋法) 가운데 하나를 이르는데, 죽은 자를
위하여 음식과 부주(符呪)로써 그 영혼을 제도하는 의식의 일종이
다. 《태극제련내법》은 모두 3권으로 이루어져 있다. 상권은 《태
극제련내법》으로서 귀신을 제련(祭鍊)하는 의식(儀式)과 부주(符呪)
가 실려 있고, 중권과 하권은 《태극제련내법의략(太極祭鍊內法議
略)》이라 하여 제련법사(祭鍊法事)에 대한 편찬자의 견해를 기술하
였다.

　《태극제련내법》이 《수심정경》의 연원 문제를 해명하는 데 시
사하는 바는 무엇보다도 〈영보국정정편〉의 모본(母本)이라는 데
있다. 살펴보면 〈영보국정정편〉의 주된 내용은 《태극제련내법》
을 발췌하여 구성한 것임을 알 수 있다. 《태극제련내법》의 순서
대로 이를 제시하면 다음과 같다.

(가) 大抵鍊度是鍊自己造化以度

(나) 心火下降則腎水上升　口中眞水滿口　甘潤香美者　即腎中眞水也 ……

　　　坎離交遘　水火既濟之後　造化皆上朝泥丸 ……　運我一點靈光　化爲火

　　　鈴　上透泥丸 ……　苟力行之則　頂門微動 ……　頂門當豁然　初如萬蟻

　　　集而甚痒　後如巨石裂而大開 ……　此法與默朝上帝法　實同一理

(다) 默朝上帝法　當先注意下丹田　良久　水火交媾　玉池水生　至滿口嚥下

　　　…… 泥丸頂門　若不運玉池水嚥下 ……　則炎上 ……　以雙眼當我胸

　　　前　低垂乎臍下 ……　後高升乎頂上　自然水火循環而轉　久行則　精神

皆朝於泥丸 …… 日日半夜淸晨 常行內鍊法之後 仍想火鈴上透泥丸

(라) 則耳目俱淸 身心俱忘 神炁俱爽 內外俱空 泯於深定 湛然至一 是先
全我太一之天而後 …… 老子曰歸根曰靜 …… 神炁冷冷然而淸 神光
炯炯然而明 …… 無地不燭 …… 喧動則神炁憒憒然而昏 神光黙黙然
而晦

(마) 綿綿密密 念而無念 一心不動 百脉歸源 自然火降水升 炁定神淸 泰
宇發光 虛室生白 上透天界 下破地獄 空空洞洞 光明無邊 勤而無間
久而不瞥 鬼神境界 洞視徹見

(바) 夫初學靜坐 必苦於心不定 繁雜之念 一時頓作 切不得急欲定之 若
急欲定 反不得定 惟寬寬慢慢 任之自然靜定 譬如濁水待其淸則自淸
急欲澄則難澄 是故定觀經以束心太急爲戒 或心不定 或惡境 或別境
出現 當回心泯意 多多密念 太一救苦天尊聖號 自然靜定

(사) 萬象森然 不可怠忽 …… 幽冥境界 只在我一念轉移間 竟以一點眞
心 反歸玄妙精誠之極 鐵石俱開

　　여기서 ㈎에서 ㈐까지는《태극제련내법의략》중권에서, ㈑ 이
후는《태극제련내법의략》하권에서 취한 것이다. 이를 보면 〈영
보국정정편〉의 대부분이 정사초의《태극제련내법》을 발췌한 것
임은 두말할 나위가 없다.25) 그리고 〈영보국정정편〉과《태극제련
내법의략》을 대조하여 보면, 이옥포가 단순히 영보파 수련법을
답습하지 않고 유교의 솔성수도(率性修道) 차원으로 변용하여 저
술한 것임을 알 수 있을 것이다.《태극제련내법의략》은 본디 제
련혼백(祭鍊魂魄)을 지향하는 연도수련서(鍊度修鍊書)이다. 그런데

---

25) 〈영보국정정편〉의 자세한 내용은, 필자의 〈정정요론의 성립과정과 그 성격〉(《인
　　류문명과 원불교사상》, 소태산대종사탄생백주년성업봉찬회, 1991)을 참고 바람.

이옥포는 연도(鍊度)에 관련된 장황한 부분을 대폭 축약하고 《중용》의 지성(至誠)을 서두에 내세워[26] 솔성명덕(率性明德)하는 새로운 수련법문으로 개편하여 〈영보국정정편(靈寶局定靜篇)〉이라 명명한 것이다.

이는 원불교의 정산종사가 다시 《수심정경》으로 개편하여 불교적 색채를 띤 수진양성(修眞養性)의 하수처로 변용한 것과 좋은 대조를 이룬다. 다만 남창상궁(南昌上宮)의 해석에 있어서는 이를 문리(文理)에 따라 이해하여 영보파(靈寶派)의 견해와 다른 점은 고려되어야 할 것이다. 번역본 《정심요결》에서는 남창상궁(南昌上宮)을 상단전 이환궁으로 이해하였는데, 실은 중단전 강궁(絳宮)이다.[27] 원불교 초기 교단사에서 "남창상궁은 눈썹새라"(《정심요결번역》)고 하여 남창상궁을 상단전으로 본 실수는 아마도 번역과정에서 소태산의 견성(見性) 체험이 밑그림으로 전사(轉寫)되어 불구슬(火鈴)을 혜광(慧光)으로 간주한 것 같다. 원문은 "運我一點靈光化爲火鈴 上透泥丸"이라 되어 있는 바, 이옥포가 곡진하게 불구슬이 남창상궁에 일어남을 강조하여 "運我一點靈光則化爲火鈴於南昌上宮하야 上透泥丸玄宮이니(〈靈寶局定靜篇〉)"라고 부연하였지만, 불교의 연성(鍊性) 과정에서 나타나는 성광(性光)을 중시한 탓에 이를 간과하고 남창상궁과 이환궁을 동일시한 것으로 보인다. 《정정요론》과 《수심정경》에서 이처럼 중단전을 간과한 것은 하단전의 명광(命光)과 상단전의 성광(性光)을 이 남창상궁에서 합일하는 도교 영보파의 내단 수련법과 그 궤를 달리한 불교적 관점을 견지하기 때문인 것으로 보아야 할 것이다. 참고로 영보파에서는 영

---

26) 《靈寶局定靜篇》; "夫定靜之法은 懷至廣至大之願하며 發至誠至信之心."
27) 《태극제련내법의략》 下卷; "南昌上宮又曰朱陵火府 卽自己絳宮也."

(靈)을 성(性)이라 하고 보(寶)를 명(命)이라 하고 성명합일(性命合一)의 상태를 영보(靈寶)라 이른다[28][참고로 이 글을 발표한 7년 뒤인 2007년 6월에 중국의 합조산(閣皂山) 숭진궁(崇眞宮)의 영보파 도사 오대혜(吳大慧)와 이 문제에 대해 토론하였는데, 그의 말에 따르면, 남창상궁(南昌上宮)은 상단전을 가리키는 것이 맞다고 한다. 내단 수련 현상을 쉽게 설명하려고 인근 도회지인 남창부(南昌府)의 거리와 집을 빗대어 표현한 것이라고 한다].

삼산부록파(三山符錄派)의 하나로 알려진 영보파는《영보경(靈寶經)》의 전승으로 말미암아 형성된 도교의 교파이다. 상청영보천존(上淸靈寶天尊)을 받들고 제세도인(濟世度人)을 종지(宗旨)로 내세우는데 일명 합조산파(閣皂山派)라고도 불린다. 후한 이후 갈현(葛玄)에서 정은(鄭隱), 정은에서 다시 갈홍(葛洪)으로 이어지는 중국 도교의 대표적인 부록파이다. 갈소보(葛巢甫) 대에 이르러 교단을 형성하고 송 대에 강서성 합조산을 중심으로 포교활동을 전개하여 세간에 널리 알려지게 된다. 남송 이후 남종(南宗)의 내단법(內丹法)을 채용하여 독특한 뇌법(雷法)을 만들었으며, 이로써 혼백을 제도하는 제련법(祭鍊法)이 대표적인 도술로 알려져 있다. 그러나 영보파는 본래 재초(齋醮)와 제련(祭鍊)에 능하지만 대다수 영보파 도사들이 민간 활동에 주력하여 조정의 부름을 받아 봉호(封號)를 받은 인물은 거의 없었다. 자연히 그 영향력이 천사도나 모산파에 비치지 못하고 원 대 이후 세력이 대폭 약화되어 13세기에 용호산(龍虎山) 천사도에 흡수된다.

그러나 송말원초에 정사초(鄭思肖; 1241~1318)가 나타나 실전된

---

28) 《태극제련내법의략》下卷; "天靈者性也 寶者命也 靈而不寶則不足以壽無窮之命 寶而不靈則不足悟本來之性 離而性命 合而靈寶."

영보파의 비법을 계승하게 된다. 정사초는 남송의 시인이자 화가로서, 복건성 연강(福建省 連江) 출신이다. 널리 알려진 이름이 사초(思肖)이고 자(字)는 억옹(憶翁)이며, 자호(自號)는 소남(所南), 삼외노부(三外老父) 또는 삼외야인(三外野人)이다.29) 정사초의 사승관계(師承關係)는 뚜렷하게 드러나지 않으나, 휘(諱)가 기(起)이고 자(字)가 숙기(叔起)라고 하는 국산선생(菊山先生)의 도맥(道脈)을 계승하여 마행지(馬行之), 심지아(沈之我) 등 제자를 두었다고 전한다.30) 그는 본래 남송의 태학생(太學生)으로 있었는데 원군(元軍)이 남침할 때 조정에 저지 대책을 상소하였으나 받아들여지지 않았다. 그 뒤 송이 망하자 벼슬길을 포기하고 강남 지역을 떠돌며 유랑 생활을 하였다. 도교와 선(禪)에 심취하였으며, 남송(南宋)의 신하로 원(元)에 출사하는 무리를 비웃기도 하였는데 본명은 전해지지 않고 있다. 임종에 앞서 자신의 비문에 "大宋不忠不孝鄭思肖"라 써 달라고 당부할 만큼 도사로서는 드물게 사회의식이 강한 인물이었다. 송이 망한 뒤에 이름을 바꾸어 사초(思肖)라고 하였는데 초(肖)는 조(趙)에서 취한 것으로서, 송을 끝까지 사모한다는 사송조(思宋朝)의 뜻이 담겨 있다. 조(趙)는 송조(宋朝)의 성(姓)이기 때문이다. 자인 억옹(憶翁)도 고국을 잊지 않고 생각하고 있음을 암시하며, 호 소남(所南)을 통하여 원과 거리가 먼 강남에 살 것을 다짐하고 있는 것이다. 또한 그가 머무는 거처에 "本穴世界"라는 편액을 걸어 놓고 시종일관 송조에 대한 열망을 표명하였다. 본(本)자의 열 十자를 穴字 안에 옮겨 놓으면 곧 '大宋'이 되기 때문이다. 그는 자리에 앉거나 누울 적에도 반드시 북쪽을 등졌고, 일품

---

29) 卿希泰 編 《中國道敎史》 제3권, 四川人民出版社, 1993, 333~334쪽 참고.
30) 《太極祭鍊內法議略》 卷下, 참조.

으로 알려진 그의 묵란(墨蘭)에 결코 뿌리를 그리는 법이 없어서 세간에 알려진 이른바 ‘정사초의 난(蘭)에 뿌리가 없다’는 말은 곧 망국의 한과 슬픔을 상징하는 것이 되었다. 널리 인구에 회자되는 〈한국(寒菊)〉이라는 시 구절에도 고국을 향한 변함없는 충절이 나타나기도 하는데, “차라리 가지 끝에 향기를 머금은 채 죽을지언정 어찌 북풍에 휘말려 꽃잎을 떨구겠는가(寧可枝頭抱香死 何曾吹落北風中)”라고 하였다.[31]

이러한 정사초의 두드러진 업적은 《태극제련내법의략》 3권을 지어 쇠락한 영보파의 도망제련(度亡祭鍊) 술법을 부흥시킨 데 있지만, 그의 새로운 제련술법(祭鍊術法)은 유교의 경전인 《맹자》나 《중용》까지 인용하여 삼교합일적인 성격을 드러내면서, 원에 항거한 망귀(亡魂)를 제도하는 연도법(鍊度法)을 펼쳐 멸망한 고국에 대한 충정의 뜻을 기탁한 점이 무엇보다도 눈길을 끈다.[32]

영보파의 재초제련법(齋醮祭鍊法)에 대한 자세한 내용은 《상청영보대법(上淸靈寶大法)》이나 《영보옥감(靈寶玉鑑)》 등에 있는데, 상청파나 영보파 전통의 존상법(存想法)에 송 대 유행한 내단법(內丹法)과 뇌법(雷法)을 채용하여 내단 수련을 기본으로 부록법(符籙法)을 시행하는 것이 그 특징이다. 그리고 망귀(亡魂)와 음기(陰鬼)를 제도하기 위해서는 반드시 법술 시행자의 철저한 내련(內鍊)을 먼저 요구한다. 정사초는 《태극제련내법의략》 중권(中卷) 서두에 “若欲行祭鍊者當熟看此說 不自打坐內鍊者非吾道侶”라고 적어 먼저 내련법을 익히지 않으면 자신의 도려(道侶)가 아니라고까지 극언한 바가 있다.

---

31) 《宋詩紀事》 권 80에 인용된 《輟耕錄》, 《遺民錄》 참고.
32) 陳兵, 〈宋元符籙派道敎〉, 任繼愈編 《中國道敎史》, 上海人民出版社, 1990, 참고.

정사초가 제시한 영보파의 수련법은, 내단 수련을 통하여 개인의 득선(得仙)을 목표로 하는 내단파의 수련과는 사상적 기저가 다르다. 그의 내단 수련은 인간을 소우주라 하였듯이 수승하강으로 음계의 망혼을 제도하여 이들의 원통한 마음을 풀어주는 데 근본 목적이 있다. 그는 인신(人身)이 정화되는 것이 곧 천지가 정화되는 것으로 간주하였던 것이다. 재초부록(齋醮符錄)을 시행하기에 앞서 내련(內鍊) 수양을 강조한 것도 재초가 곧 내련임을 내다본 것이다.

4. 영보파 수련법문의 국내 수용 배경

도교 영보파의 수련법문이 어느 시기에 국내에 수용되었는가 하는 의문은 간단히 해결될 과제로 생각되지 않는다.《경국대전》권3〈취재조(取才條)〉를 보면 조선 초기에 소격서에서 여러 제의도교(祭儀道敎)의 경전과 함께《영보경》이 읽혔다고 하고, 허균의 〈남궁선생전〉에《도인경(度人經)》의 이름이 엿보이나 직접적인 증거로 삼기에는 부족하다. 그보다 설득력 있는 증거는, 이능화가 백백교에 대해 언급한 최남선의 말에 기대어, 고종 광무 연간 (1897~1907)에 지운영(1852~1935)과 최시명이 중국 강서성 용호산에서 장천사상(張天師像)을 모시고 와서 양평 용문산에 봉안하였다고 전하는《조선도교사》의 기록에 있다.

이에 고종이 지운영과 최시명 등을 중국에 파견하였는데 강서성 용호산에 가서 장천사상(張天師像)을 얻어서 돌아와 양근군(현 양평군) 용문산(龍門山)에 도관을 짓고 봉안하였다. 이는 중국의 도관이 용호산에 있는 것을 본받아 또한 용문산을 택한 것이다.
이는 광무(光武) 연간에 있던 일인데 도관은 지금 폐지되었다.[33]

지운영[34]이 다녀간 용호산은 대표적인 도교 부록점험파인 정일
교(正一敎)의 진산(鎭山)이다. 정일교는 원래 오두미교에서 출발한
천사도를 가리킨다. 천사도의 본거지는 사천성 성도(成都) 부근의
학명산(鶴鳴山)이었는데, 13세기에 장성(張盛)이 강서성 용호산으
로 옮겨와 이 지역을 중심으로 세력권을 넓혀서 모산(茅山)의 상
청파(上淸派)와 합조산(閤皁山)의 영보파(靈寶派)를 통합하여 삼산부
록파(三山符錄派)를 대표하게 되었다. 그 무렵 대륙의 북방에는 전
진교가 크게 세력을 확장하고 있던 탓에 정일교는 부득이 남방
도교의 중심이 되어 장강을 사이에 두고 전진교와 남북으로 대치
하게 된다. 위의 인용처럼 지운영과 최시명이 왕래한 중국 강서
성 용호산은 남방 도교의 성지로서 널리 알려져 있었다.[35] 정사
초의 《태극제련내법의략》에 천사도 제43대 천사(天師)인 장우초

---

33) 이능화, 《조선도교사(朝鮮道敎史)》, 동국문화사 영인본, 1959; 〈第二十八章 自謂儒佛
   仙合宗之敎〉, 白白敎條, "於是高宗資遣池運英及崔時鳴等於支那 往江西省龍虎山 得張天師像
   來 搆道觀於楊根郡之龍門山 以奉之 蓋倣支那道觀之在龍虎山 亦必擇龍門山 是屬光武年間之
   事 而道觀今廢矣."
34) 지운영은 본명이 운영(運永)인데 종두법으로 유명한 지석영의 형이다. 1880년대
   초반에 통리군국사무아문의 주사(主事)로 개화정책의 구현에 일익을 담당한 바
   있었고, 갑신정변 뒤에 고종의 밀명을 받아 김옥균을 암살하고자 특차도해포적
   사(特差渡海捕賊使)란 직함으로 도일하였으나 미수에 그치고 강제 귀국 당하여 유
   배되기도 하였다. 유배생활에서 풀려나 1895년 3월에 상소를 올려 재기를 도모
   하였지만, 뜻을 이루지 못하자 운영(雲英)으로 이름을 고치고 은둔하여 시·서·화
   (詩·書·畵)의 삼절(三絶)로 이름난 백운거사(白蓮居士)로 자처하였다(정옥자, 《조선
   후기 문학사상사》, 서울대학교 출판부, 1990, 136쪽 참고).
35) 그런데, 용호산과 비슷한 용문산을 택하여 그곳에 장천사상을 봉안하였다고 하
   는 이능화의 전언은 일리가 있지만, 천사도(天師道) 제1치소(第1治所)로서 양평치
   (陽平治) 용문산(龍門山)이 있음을 상기한다면 용문산은 이능화가 생각한 것 이상
   의 의미를 지닌다.

(張宇初; 1359~1410)의 서문이 있는 점으로 보아서, 이 영보파 경전은 명 대 이후 천사도에서 전승되었음을 짐작할 수 있고, 지운영이 천사도의 조정(祖庭)인 용호산 천사부(天師府)에서 장천사상과 함께 손쉽게 입수하였을 가능성이 있다. 추측을 허락하면, 지운영이 천사도 교단에 보관된 《태극제련내법의략》을 입수하여 국내에 들여오고, 그것이 부안의 이옥포에게로 전달된 것으로 여겨진다. 그러나 결정적인 증거는 현재까지 발견되지 않는다.

다만, 1910년대 서울에 있었던 이문회(以文會)의 정신적 지도자인 설봉(雪峯) 선생이 바로 용호산을 다녀온 지운영인데, 권태훈 옹의 말에 따르면 최남선을 비롯한 회원들에게 구곡시(九曲詩)라는 관법(觀法)을 가르쳤다고 하는 말을[36] 음미해 볼 필요가 있다. 이 구곡시는 곧 주자(朱子)의 〈무이구곡시(武夷九曲詩)〉를 가리키는데, 일명 〈무이도가(武夷櫂歌)〉라 하여 조선조 선비들 사이에는 유가의 도법을 전하는 시로 전해진다. 그리고 강서성 용호산은 복건성 무이산의 북쪽 사면에 인접하여 〈무이구곡시〉의 도법이 유전될 수 있는 위치에 있는 바, 유가적 소양을 갖춘 지운영이 여기서 〈무이구곡시〉의 새로운 해석을 얻었을 가능성이 있다. 여기서 권태훈 옹이 전하는 말이 사실이라면, 이능화의 기록은 설봉 지운영의 도교적 위상을 재검토해야할 만큼 의미가 깊다. 왜냐하면 지운영이 전수한 〈무이구곡시〉 수련법은 정산종사의 관법(觀法)일뿐 아니라, 다음과 같이 삼덕교 허욱(1887~1939)의 구곡도방과도 관련이 있기 때문이다.

1924年 3月에 三棟을 朱子의 武夷九曲詩의 九曲을 따라 九曲道房

---

36) 정재승, 《민족비전 정신수련법》, 정신세계사, 1993, 103~108쪽 참고.

으로 三棟道房을 再編成하였다. 이 組織(九曲道房)은 布敎地域을 一
曲에서 九曲까지 확정하여 每曲에 敎人數를 八十名 以上으로 한 組
織體이다.[37]

포교를 위하여 조직체를 두는 전형적인 사례는 천사도에 있다.
천사도는 중국 곳곳에 24치(治)를 두어 교단조직을 관리해 왔다.
증산교 계열의 삼덕교는 1921년에 포교를 위하여 도방 조직을 결
성하고 경상도·전라도·충청도 일대에 많은 신도를 확보하였다.
도방 조직은 태백산을 중심으로 상동도방(上棟道房)·중동도방(中棟
道房)·하동도방(下棟道房)이 있어 이를 삼동도방이라 불렀는데,
1924년에 무이구곡을 본떠 구곡도방(九曲道房)으로 개칭하였다.

그런데 여기서 영보파 계열의 경전인 《태극제련내법》이 이옥
포의 〈영보국정정편〉으로 나타나고, 〈영보국정정편〉이 삼덕교와
원불교에 수용된 사실이 주목된다. 우연의 일치인지는 모르나,
〈무이구곡시〉의 경우에서도 공통점을 보이기 때문이다. 앞서 삼
덕교에서 무이구곡을 구곡도방으로 변용한 것처럼, 원불교에서도
〈무이구곡시〉는 소태산의 〈변산구곡로시(邊山九曲路詩)〉와 이춘풍
의 〈변산가(邊山歌)〉[38]로 개작되어 나타난다. 그리고 소태산이 변
산 월명암과 봉래정사에 있으면서 〈무이구곡시〉를 즐겨 읊고 이
를 영광의 제자들에게 적어 보내 읊게 하였다는 말로 미루어,[39]
〈무이구곡시〉의 도법이 소태산에서 정산을 거쳐 대산[40]으로 은
밀히 전해 옴은,[41] 영보파의 도법과 구한말 선도 수련파와의 도

---

37) 한국종교학회, 《한국 신종교 실태조사보고서》, 1985, 839쪽.
38) 이춘풍, 《산중풍경(山中風景)》 邊山歌, 《원불교사상》 12집, 월불교사상연구원,
    1988년 참조.
39) 박정훈·손정윤, 《개벽계성 정산 송규종사》, 원불교출판사, 1992, 120~121쪽.
40) 대산종법사의 〈삼가수행도(三家修行圖)〉 가운데 유가편(儒家篇)을 참고 바람.

통 계승 문제와 관련해 주목을 요하는 사실이 아닐 수 없다

하지만 정일교로 수렴된 영보파의 수련법문이 구한말에 국내로 유입되었을 가능성은 그저 추측해 보는 것이지 단정을 내리기에는 이른 느낌이 있다. 몇 해 전 경복궁 연못을 준설하는 과정에서 구리로 만든 거대한 용(龍)을 발견하여 들어내었다는 언론보도는 제의도교의 유입 사실을 간접적으로 시사하는 바가 있다. 그러나 그 동룡(銅龍)의 존재로 말미암아 국태민안을 도모하는 전통적 도교의식 가운데 하나인 투룡의식(投龍儀式)이 경복궁과 관련하여 시행되었음은 입증한다 하더라도, 남아 있는 문헌자료가 없어 대원군 시절 또는 그 전후에 제의도교가 유입되었다고 단정하기에는 무리가 따른다.

호풍환우하는 강증산의 도술이 정일뇌법(正一雷法)과 비슷하기는 하여도 반드시 영보파 수련법에 근거하였다는 자료를 어디에서도 찾을 수가 없다. 다만 이옥포의 〈영보국정정편〉이 강증산의 주변인들에게 전승되었다고 하는 사실과 그의 종도에게 태을주 수련에 앞서 정좌수련을 강조한 사실을 바탕으로 어느 정도 관련된 맥락을 더듬어볼 수는 있을 것으로 생각한다.

---

41) 대산종법사가 다음과 같이 말한 바에서 그 증거를 찾을 수 있겠다. "무이구곡을 너희들이 지니고 다닌다. 창자가 있는데 단전주를 해서 거기에 정력을 모을 것 같으면 허령이 열리는 수가 있다. 그런데 옛사람들은 영리해서 그림만 그려놓았다. 그런데 대종사님이나 정산종법사님은 그것을 알으셨다. 무이구곡 거기에 綿綿若存 用之不勤하면 허령이 열리는 것이다"(대산종법사 법문집 5집 《여래장》, 원불교출판사, 1994, 218쪽과 279쪽 참고).

5. 남은 과제

  이제까지 논구한 사실을 중심으로 《수심정경》의 연원을 정리
하면 다음과 같다. 곧 영보파 계열의 《태극제련내법》이 어떤 경
로를 거쳐 부안 출신 이옥포 도인에게 흘러들어 재편집되어 《생
화정경(生化正經)》의 〈영보국정정편〉으로 세상에 알려지게 된다.
이 〈영보국정정편〉이 1923년에 《정정요론》이란 이름으로 회원의
훈련 교재로 사용되다가,[42] 1924년 5월 13일에 봉래산인 이춘풍
이 《정심요결》이란 이름으로 번역하였으며, 그 번역의 저본은
《정정요론》으로 알려졌다.[43] 그리고 번역된 《정심요결》이 《수양
연구요론》에 실린 〈정정요론 상〉의 저본이 되었다. 그러나 《수
심정경》을 《수양연구요론》에 실린 〈정정요론 상〉과 비교하면 첨
삭한 부분이 대폭 나타나서, 소태산의 《정정요론》이 《수심정경》
의 저본이 되었다는 것은 인정되지 않는다. 《수심정경》의 저본
은, 이공전의 진술 그대로[44] 한문본 《정심요결》이거나 〈영보국
정정편〉일 가능성이 있는데, 《수심정경》의 주요 특징 가운데 하
나가 《정정요론》과는 다른 한문 투의 문장이기 때문이다. '光明
이 無邊하고 動而無間하야', '我旣有此明德하니 豈不修煉而 明之乎아',
'大抵定靜煉度之法은 乃煉自己 造化道하야 苟力行之하면 心火下降하
고 腎水上昇하나니', '此乃黙朝上帝法으로 實同一理也라' 등의 한문

---

42) 필자의 논문, 609쪽 참고.
43) 이춘풍의 《산중풍경(山中風景)》의 원본에는 '정심요결(正心要訣)'로 적혀있었으나,
    나중에 이를 일제히 '定靜要論'으로 고쳐 놓았다는 점(박용덕, 앞의 논문 참고)으
    로 미루어, 1923년 당시 원불교 교단에서 훈련 보조교재로 사용한 《정정요론》은
    사실상 《정심요결》이었다고 볼 수 있다.
44) 이공전, 앞의 논문, "필자가 정산종사를 시봉 당시 모시고 열람한 바에 따르면
    《수심정경》의 원본은 빛바랜 양지, 이른바 해묵은 백로지에 보통 정도의 필치로
    순한문으로 된 선거풍의 글이 겉장에 씌어진 원명은 《正心要訣》이었다."

투는 〈영보국정정편〉에 그대로 드러난다.

《정심요결》은 〈영보국정정편〉을 가감 없이 이춘풍이 번역한 것이고, 번역을 마친 뒤에 그 제목을 《정심요결번역》이라고 명기한 점으로 미루어, 정산종사가 1917년에 입수하여 이듬해 입교할 당시 소지한 《정심요결》은, 〈영보국정정편〉을 그대로 필사한 한문본일 가능성이 있다. 이 한문본 《정심요결》이 1923년 훈련 교재로 채택되면서 《정정요론》으로 알려진 바, 1924년에 이춘풍이 번역한 《정심요결》은 사실상 〈영보국정정편〉을 번역한 것이었다고 하겠다. 이 《정심요결》은 1924년에 나타난 《정정요론》이었고, 1927년 《수양연구요론》이 발간되면서 삽입되어 주요 어휘가 한자로 바뀐 〈정정요론 상(上)〉으로 세상에 알려지게 된다. 그리고 한편으론 한문본 《정심요결》이 1951년에 다시 편집되어 《수심정경》으로 나타나 훈련 교재로 사용된다.[45] 이춘풍이 번역한 《정심요결》이 《수심정경》의 편찬에 참고된 것이 아니라, 한문본 《정심요결》이 참고된 것이다.[46]

그러나 당시 은밀히 전해지던 한문본 《정심요결》이 〈영보국정정편〉과 이름만 다르고 내용이 같은 책이라고 볼 수 없는 부분도 있다. 현전하는 《정심요결번역》의 뒷부분에 〈영보국정정편〉에 없는 내용이 앞과 다른 글씨체로 번역되어 실려 있기 때문이다. 그리고 그 내용이 〈정정요론 하〉 대목과 《수심정경》의 제6장과

---

45) 박도일은, "《정정요론》이 정산종사가 입수했던 《정심요결》을 훈산 이춘풍 선진이 번역하여 《수양연구요론》에 산입한 것이라면, 《수심정경》은 그로부터 30여 년 후 정산종사가 직접 《정심요결》을 산정현토(刪定懸吐)하고 분장(分章) 첨삭가필(添削加筆)하여 재편한 것이다."라고 하였다(박도일, 〈정산종사의 수심정경 연구〉, 《정산종사의 경륜과 사상》, 신룡교학회 제32차 학술발표회 발표문, 1997. 10. 11, 참고).

46) 박도일, 앞의 논문, 28쪽 참고.

제7장의 일부 내용으로 연결된다. 문제는 인용된 경전의 구절이, 〈영보국정정편〉과 《태극제련내법》에도 없는 도교경전이라는 점이다. 이들 경전은 《정관경》·《통고경》·《청정경》·《대통경》으로 《해동이적》 계열의 조선조 단학파의 주요 경전이었다.[47] 번역된 《정정요론》과는 달리, 《수심정경》에서는 한문 원문을 그대로 싣고 있는 사실로 미루어 《수심정경》이 한문본 《정심요결》을 직접 저본으로 삼았다는 점을 거듭 확인할 수 있다. 한문본 《정심요결》을 정산종사가 강증산의 생가에서 입수하였다는 사실에 근거하여 추측하면, 당시의 한문본 《정심요결》은, 이옥포의 〈영보국정정편〉에 강증산 계열이 다시 조선조에 유전되는 단학파의 주요 경전을 덧붙여 편찬한 것이 아닌가 짐작한다.

그런데 이옥포의 〈영보국정정편〉과 《정심요결》의 편찬 의식이 도교적 색채를 청산하지 못한 채 삼덕교로 이어지는 데 견주어, "평소에 단전주를 하되 심단(心丹)을 할지언정 기단(氣丹)은 말라"는 가르침에서도 드러나듯이,[48] 정산종사는 수도의 방편으로 《정심요결》을 수용하여, 이를 손보아 다듬은 뒤에 도교적 색채를 지우고 오늘날 《수심정경》으로 새로이 펴낸 점이 주목된다. 《수심정경》과 《정정요론》은 모두 〈영보국정정편〉을 모본으로 하는 점에서는 공통점이 있다. 그러나 《정정요론》이 초기에 〈영보국정정편〉과 조선조 단학파 경전의 내용을 번역하여, '太乙救苦天尊', 또는 '天尊', '老君' 등의 도교적 신격의 명호만 삭제 또는 수정한 것 외에는 대체로 그 내용을 그대로 수용한 것과 달리,[49] 《수심

---

47) 필자의 논문, 617~619쪽 참고.
48) 박정훈, 《한울 안 한 이치에》, 원불교출판사, 1987, 68쪽.
49) 물론 소태산의 경우는 《정심요결》을 가지고 수련하였다고 볼 수 없고, 다만 득도(得道)의 증적(證迹)으로서 다른 종교의 경전들과 마찬가지로 《정심요결》을 참고했으리라 여겨진다. 양은용, 〈수양연구요론의 구조와 성격〉(《원불교사상》 14,

정경》은 이를 번역하여 싣지 않고, 원불교 교리가 체계화해 감에 따라 정산(鼎山)의 관점에서 주체적으로 편집하여 수용한 차이를 보인다. 대표적인 예가 《수심정경》 제8장 총명강요(總明綱要) 대목이다. 《대종경》의 '外定靜 內定靜' 법문 등은 《수양연구요론》보다는 《수심정경》의 교리체계와 관련이 있지만,[50] 정산종사가 손보아 다시 펴낸 《수심정경》의 이와 같은 내용은 현행 원불교의 교리와 크게 어긋나지 않는다. 이러한 점은 이옥포가 《태극제련내법》을 다듬어 잘 정리하였지만, 널리 중생을 구제한다는 영보파의 도교적인 의식을 계승해, 이를 〈영보국정정편〉으로 개찬한 의식과는 크게 구분된다.

도교적 수련법문인 《정정요론》이 실려 있는 《수양연구요론》은 1927년에 발간되어 초기 원불교인들의 필독서가 되었지만, 1932년에 《육대요령》을 발간한 뒤에는 초심자들에게 이의 접근을 허락하지 않고 상당한 공부길로 들어선 이에게만 소태산이 친히 한 권씩 내려주었다. 그 뒤 《불교정전》을 편찬할 때 《정정요론》의 수련법을 좌선법과 단전주법으로 대체하면서부터 《수양연구요론》은 절판되어 다시 중간하지 않았다.[51] 1951년에 유인판으로 나온 《수심정경》이 《수양연구요론》의 수요를 대체하였다고 하니, 이른바 《정심요결》의 수련법이 '극절한 수양법'으로 세간에 알려지게 된 것은 이러한 배경에서 이해된다. 그러나 무엇보다도 원불교 교단 안에서 극절한 수양법으로 비전된 《수심정경》이 멀리 영보파의 제련연도(祭鍊鍊度) 수련법에서 비롯한다는 사실은 그냥 지나칠 수 없는 부분이다. 《태극제련내법의략》에서

1991), 332~333쪽 참고.
50) 박정훈·손정윤, 앞의 책, 312쪽.
51) 박도일, 앞의 논문 참고.

〈영보국정정편〉으로, 〈영보국정정편〉에서 《정심요결》과 《수심정경》으로 이어지는 계보는 모두 유불선 삼교합일 사상을 바탕으로 하였지만, 다시 각각 도교와 유교와 불교를 주조로 내세우고 있다. 이러한 편찬 의식은 어떤 면에서는 신도교, 신유교, 신불교를 겨냥하고 있다는 점에서 단순히 영향을 주고받는 관계의 계보만을 의미하지 않는다. 그것은 바로 구시대 종교의 사명이 다했음과 신시대 종교의 지향점이 어디인가를 암시하고 있는 것이 아닌가 한다. 각각의 종교가 색채를 달리하지만 궁극에는 개인의 안위보다 도탄에 빠진 중생을 구제한다는 대사회적 목표를 지향하고 있으며, 방법론상으로는 개인의 수양과 사회의 정화가 별개의 것이 아니라 그 자체가 하나라는 일련의 의식을 보여주는 것이다. 그러한 의미에서 《수심정경》과 정산종사의 〈삼동윤리(三同倫理)〉의 관계도 재조명되어야 할 것이라고 여겨진다.

도교의 우언적(寓言的) 사유와
기술복제 시대의 문화론

1. 들머리

도가의 우언(寓言)은 《장자》로부터 시작되는 데 비추어, 도교의 우언은 일반적으로 널리 알려져 있지 않다.[1] 그런데 일찍이 팽효 (彭曉; ?~955)는 《주역참동계통진의서(周易參同契通眞義序)》에서 위 백양의 《참동계》가 대부분 우언으로 이루어진 것이라 했고,[2] 조선 시대 김시습도 〈용호〉 편에서 내단(內丹)의 술어를 우언으로 파악했다.[3] 팽효와 김시습이 거론한 우언이 도교 우언이라면, 과

---

1) '도가(道家)'와 '도교(道敎)'는 'taoism' 또는 'daoism'으로 통칭되지만, 이 글에서는 두 개념을 서로 구분해서 사용한다. '도가'는 춘추 시대 사상가인 노자로부터 시작된 하나의 학파 또는 학설을 일컫는데, 후한 시대에 등장한 종교로서의 '도교'와 일정한 거리가 있다. 또한 《노자》와 《장자》는 종교 경전으로 도교 교단에서 채택되기 이전부터 일반인들에게 개방된 사상적 저술이기 때문에, 전통적으로 당대 지식인의 노장(老莊) 해석과 도교인의 노장 해석은 그 입지점부터 다르다. 그래서 '도가'의 철학은 도교철학의 종개념(species)으로 폭넓게 수용하는 것은 가능할지 모르지만, 결코 '도교'의 철학을 통칭하는 개념으로는 사용될 수 없다. 더군다나 '도가'의 구성 인물은 도교 교단조직과 무관할 뿐만 아니라, 종교신학에서 요구하는 신앙적 바탕을 결여하고 있다는 점에서도 도가는 종교로서의 '도교'와 구분하여 논의할 필요가 있다고 생각한다.

2) 彭曉, 《周易參同契通眞義序》; "乃約周易, 撰參同契三篇, 演丹經之元奧, 多以寓言借事, 隱現異文."

3) 안동준, 〈김시습 문학과 도교사상〉, 《국문학과 도교》(고전문학연구 별집7), 태학

연 도교에서 말하는 우언과 도가에서 말하는 우언은 어떻게 같고 다른가?

널리 알려진 바와 같이 도가의 우언적 사유 전통은 장주(莊周)에서 왕필(王弼; 226~249)로 이어지고, 그 사상의 핵심은 이른바 '득의망상론(得意忘象論)'으로 집약되는 '상(象)'에 대한 논란이다. 우언이 뜻을 가탁한 언어적 형상이라면 상(象)은 말이 뜻을 다할 수 없다는 관점에서, 말이 뜻을 다할 수 있도록 보충·대리하는 위치에 있다. 그런데 말을 보충·대리하는가, 아니면 뜻을 보충·대리하는가에 따라 상(象)의 위상 설정이 다르고, 이에 따라 우언의 양상도 다르게 전개된다.

득의망상론은 노(老)·장(莊)·역(易)이라는 삼현학(三玄學)의 기본 사상으로 자리 잡게 될 뿐만 아니라, 후대 위진현학(魏晉玄學)에 지대한 영향을 미친다. 이와 아울러 노자의 언어철학이 언명(言明)의 한계를 밝힌 점에서 고대철학의 전환점이 되지만, 주술적인 색채를 띤 물명(物名)의 시대에서 합리적 사고에 바탕을 둔 사상(事象)[4]의 시대로 전환하게 된 계기가 왕필이 《노자》와 《역전(易傳)》의 해석을 시도하는 가운데 가능하게 되었다는 사실도 간과할 수 없다.[5] 왕필이 명상론(明象論)을 전개하면서 상수파(象數派)

사, 1998. 2, 162~169쪽.

4) 이 글에서는 '구체적인 물건을 지시하는 기호'를 물상(物象)이라고 하고, 사상(事象)은 '특정한 사건을 환기시키는 상징적 기호'를 가리키는 용어로 사용한다. 예를 들어 사슴의 형상을 그려 '사슴'이라고 이름 붙이는 것이 '물상'이라면, 사슴을 사냥하는 일련의 현상을 기호로 표시한 것을 '사상'이라고 한다. 《역전》에 대한 의리파의 전통은 일찍이 《史記》, 〈司馬相如列傳〉, 太史公讚에 언급된 "春秋推見至隱, 易本隱之以顯."라는 구절에서도 발견된다. 이러한 관점에서 보면 역의 괘효는 사상(事象)으로 춘추 역사를 우의(寓意)한 것이 된다(潘雨廷, 〈論易學〉, 《易老與長生》, 復旦大學出版社, 上海, 2001, 10~19쪽).

5) 高晨陽, 〈王弼的崇本息末觀易學革命〉, 《道家文化研究》 第12輯, 三聯書店, 北京, 1998, 352~368쪽 참고.

의 해석을 부정하고 의리파(義理派)의 입장을 취해 결과적으로 사상(事象)의 언어철학을 심화시켰다고 볼 수 있기 때문이다. 이에 견주어 도교에서 우언은 상수파의 전통을 이어 위(魏)·진(晉)의 현학과 다른 방향에서 전개되었다는 점에서 주목된다. 곧 수·당(隋唐) 시대에 접어들어 위·진의 현학을 부정적으로 계승한 중현파(重玄派)6)가 등장하면서 도교 우언의 사상적 기초를 다졌던 것으로 알려져 있다. 그러나 기존의 연구에서는, 위·진 현학의 우언적 사유가 사상(事象)에 바탕을 둔 것과는 달리, 도교 내부에서 사물 중심의 우언적 사유를 전개했던 사실에는 별다른 관심을 표명하지 않았다. 우언으로 집약되는 도가의 언어철학을 도교에서 수렴할 때에 이 문제는 결코 소홀히 다룰 수가 없을 것이다.

흔히 도가와 도교의 개념을 혼동하는 것과 마찬가지로 도가의 우언과 도교의 우언은 그 변별적 요소가 뚜렷하지 않다. 이 글에서는 도가 우언과 도교 우언을 먼저 구분하여 서술하고, 도교 우언의 특징을 해명하는 가운데, 디지털 혁명이라고 명명할 수 있는 본격적인 기술복제 시대에 전통적인 도교 우언이 어떠한 함의를 가지는가 하는 문제까지 검토해 보고자 한다. 무엇보다도 현대 예술의 주류인 영상미학이 전체적 사상(事象)으로서의 상(象)보다 개별적인 기호가 결합된 물상(物象)으로서의 상(象)을 구현하고 있다는 점에서, 도교 우언 양식과 관련지어 논의할 가치가 충분하다고 여겨지기 때문이다.

---

6) 중현파는 중현학(重玄學), 중현종(重玄宗), 중현도(重玄道), 중현철학 등으로 일컫는데, 이를 도가로 볼 것인가 아니면 도교로 볼 것인가 많은 논란이 있다. 노장 사상을 발전시킨 도교철학의 한 유파로서 도가로 볼 수 있지만, 대체로 수(隋)·당(唐) 시기 도사들을 중심으로 전개된 학술 유파로서 당시 도교 교단 내부에서 사상적 주류를 이루었다는 점에서 '도교'로 보는 것이 일반적인 견해이다.

2. 도가 우언과 도교 우언

양주(楊州) 경화관(瓊花觀)은 남송 시대 도교 내단시를 집대성한 장백단(張伯端)과 연고가 깊은 도교 사원이고, 장백단을 그린 도교 그림에는 꽃을 들고 서 있는 모습을 흔히 발견할 수 있다. 여기에 얽힌 일화는 다음과 같다.

일찍이 한 스님이 있었는데, 계(戒)·정(定)·혜(慧) 삼학(三學)을 수련하여 자기 나름대로 최상승 선지(禪旨)를 터득했다고 여겼다. 선정에 들어 출신(出神)하면 수백 리 떨어진 곳도 잠깐 동안에 도달할 수 있었다. 어느 날 장백단과 조우하게 되었는데 고상한 뜻이 서로 맞았다. 장백단이 말했다.

"선사께서는 오늘 저와 함께 먼 곳으로 나들이하실 수 있는지요?"

"있지요."

"그럼, 말씀대로 따르겠습니다."

장백단이 이르자, 스님이 말했다.

"양주(楊州)에 같이 가서 경화(瓊花)를 구경하는 것이 어떨까요?"

"좋습니다."

이에 두 사람은 깨끗한 방에 같이 앉아 마주하여 눈을 감고 가부좌했다. 같이 출신(出神)하여 날아갔는데, 장백단이 겨우 그곳에 이르니, 스님은 이미 먼저 도착해서 꽃 주위를 세 바퀴나 돌았다. 장백단이 말했다.

"오늘 선사와 같이 이곳에 이르렀으니, 각자 꽃 한 떨기를 꺾어 기념하지요."

스님과 장백단은 각기 꽃 하나씩을 꺾어 돌아왔다. 얼마 뒤 장백단과 스님이 기지개를 켜고 하품을 하면서 깨어났다. 장백단이 선사에게 일렀다.

"선사의 경화는 어디 있나요?"

스님은 소매를 뒤져보았지만 아무 것도 없었다. 장백단은 손바닥 안에서 한 떨기 경화를 집어 선사에게 건네며 미소를 지었다.[7]

이는 우언적 사유방식과 밀접한 관련이 있는 상(象)에 대한 불교와 도교의 인식 차이를 드러낸 일화 가운데 하나이다. 격의(格義)불교에 많은 영향을 끼친 도가와, 교파를 형성하며 발전한 도교와의 관계에서도 이 문제에 대한 서로의 견해 차이를 볼 수 있을 것이다.

우선 도가와 도교는 모두 노자의 《도덕경》을 어떻게 해석할 것인가 하는 문제를 놓고 철학적 사변을 전개했다는 데 공통된 특징이 있다. 그들은 먼저 "道可道 非常道 名可名 非常名"[8]이란 구절을 놓고 실마리를 풀어나갔다.

"말할 수 없는 도"를 말한 것은 논리적 모순이다. 그렇다고 "말할 수 있는 도[道可道]"를 부정한다면 언설에 의지한 종교적 가르침의 토대는 무너진다. 여기서 도가 또는 위(魏)·진(晉) 현학파를

---

7) 趙道一, 《歷世眞仙體道通鑑》 卷49, 〈張用成〉條; "嘗有一僧, 修戒·定·慧, 自以爲得最上乘禪旨, 能入定出神, 數百里間頃刻輒到. 一日與紫陽相遇雅志契合. 紫陽曰, 禪師今日能與同遊遠方乎? 僧曰, 可也. 紫陽曰, 唯命是聽. 僧曰, 願同往楊州觀瓊花. 紫陽曰, 諾. 於是紫陽與僧, 處一淨室, 相對瞑目趺坐. 皆出神遊, 紫陽纔至其地. 僧已先至, 遶花三匝. 紫陽曰, 今日與禪師至此, 各折一花爲記. 僧與紫陽各折一花歸. 少頃, 紫陽與僧欠伸而覺. 紫陽云, 禪師瓊花何在? 僧袖手皆空. 紫陽於手中拈出瓊花, 與僧笑翫."

8) 《노자》 제1장. 이하 《노자》의 인용은 별다른 언급이 없는 한, 朱謙之의 《老子校釋》(中華書局, 北京, 1984)에서 취한다.

대표하는 왕필이 제기한 '득의망상론(得意忘象論)'이 설득력을 얻는다. 그의 논리에 따르면 '得意'의 '意'는 이른바 '常道'이고 '忘象'의 '象'은 '言→象→意'의 관계에서 비추어 볼 때 '言→意'를 소통시키는 '可道'의 형상으로 해석된다. 이를 그의 주된 사상인 '崇本息末論'과 관련지어 말하면 형상과 의미, 곧 '可道'와 '常道'는 체용(體用)의 관계로 이해된다.9) 형상으로 뜻을 밝힐 수 있지만, 목적한 바의 뜻을 얻으면, 뜻을 얻기 위한 방편인 형상에 집착할 필요가 없다는 것이다. 왕필은 《역전(易傳)》에 대해 의리파의 해석을 견지하고 있는 점에서10) '忘象'의 '象'은 실체를 은유하는 사상(事象)으로 간주될 수밖에 없고, '得意'의 '意'와 대립되는 관계에서 언어의 형상적 측면을 부각시킨 시니피앙(Signifiant)으로서 그 의미를 갖는다. 그러나 '得意忘象論'은 비록 노자의 언어철학에서 발견된 논리적 모순을 해결했다고 보이지만, 방편으로서 언어의 필요성을 전제한 점에서 "道可道 非常道"의 반대 명제인 "道不可道 是常道"를 지시하지 않는다. 그렇다면 여기서 노자의 가장 충실한 해설자로 인정받는 장주(莊周)의 시각에서 이 문제를 어떻게 다룰 수 있을까?

장주는 시니피에(Signifié)와 시니피앙(Signifiant)의 관계를 "得魚忘筌 得兎忘蹄"11)로 표현했다. 이러한 사유 양식을 노자의 언어관에 적용하면 물고기와 토끼가 시니피에의 '意'이면서 '常道'이고,

---

9) 왕필의 '用本體末說'에 대해서는 정세근, 〈王弼用體論: 崇用息體〉(《도교문화연구》 제18집, 동과서, 2003. 4)를 참고하기 바란다.

10) 일반적으로 《역전》의 해석에는 의리파와 상수파의 두 유파로 나뉜다. 왕필은 널리 알려진 바와 같이 의리파의 선구적인 위치에 있어서 상수파의 전통에 근거해서 발전한 도교 역학(易學)과 구별된다(盧國龍, 〈道敎易學論略〉, 《道家文化研究》 第11輯, 三聯書店, 北京, 1997, 7~13쪽 참고).

11) 《장자》 〈외물편〉 참조.

통발과 올무는 시니피앙의 '言'이면서 '可道'이다. 도가와 도교의 우언은 장주의 이 구절에서 비롯되었다는 것은 두루 아는 바와 같다.[12] 장주는 '言'과 '意'의 관계를 통발과 물고기의 관계로 설정했다. 언어 기호인 형상은 뜻을 담을 수 있기 때문에 뜻을 얻고자 하면, 뜻을 얻기 위한 방편인 형상에 의지해야 한다는 것이다. 여기서 장주는 무용(無用)의 용(用)으로서 언(言)을 중시하고 있음을 엿볼 수 있다. 왕필이 귀무론(貴無論)에 입각해서 '象'의 작용에 무(無)의 용(用)을 강조한 것과 장주가 무용(無用)의 용을 강조한 것은 그래서 서로 다르다.[13]

왕필은 "상(象)이란 뜻을 표출하는 것이고 말은 상(象)을 밝히는 것이다[夫象者, 出意者也, 言者, 明象者也]"라고 하면서, "언어란 형상의 올무요, 형상은 뜻의 통발이다[言者, 象之蹄也, 象者, 意之筌也]"고 했다.[14] 곧 '言·象·意'의 관계를 새로이 규정했다고 볼 수 있는데, 여기서 '象'은 언어와 의미를 매개하는 중간자이다. 그런데 장주가 '得魚忘筌'과 '得兎忘蹄'의 논리를 '得意忘言'에 그대로 적용하고 있는 점으로 미루어[15] 의(意)와 언(言)을 똑같이 '象'으로 비유했지 결코 중간 매개체로 상(象)을 드러내어 밝히지 않았다는 것을 알 수 있다. 장주의 득의망언론과 왕필의 득의망상론은 실

---

12) 《장자》 〈우언편〉에서 말한 바에 따르면 장주의 우언은 간접화법이다. 중언(重言)이 권위에 의존하는 말이라면 치언(卮言)은 사심이 깃들지 않고 이치를 따지는 밀이 된다. 다시 말해 우언이 문학언어라면 중언은 도덕언어이고, 치언은 논리언어인 셈이다. 여기서 장주가 도의 세계를 언급하면서 논리언어나 도덕언어를 취하지 않고 문학적 간접화법을 택한 데는 언어적 논리나 외부의 권위로 도의 실체를 드러낼 수 없다는 사정을 암시한다.

13) 장세근, 《제도와 본성》, 철학과현실사, 2001, 146~163쪽 참고.

14) 王弼, 《周易略例》, 〈明象〉에서 인용했다. 이하 왕필의 말은 별도의 언급이 없는 한 이 글에서 취한다.

15) 《장자》, 〈외물편〉; "筌者所以在魚, 得魚而忘筌. 蹄者所以在兎, 得兎而忘蹄. 言者所以在意, 得意而忘言."

제로 다른 것이었다.[16] 말을 잊어야 뜻을 얻는다는 점에서는 같지만, 왕필의 경우 '得象忘言'의 과정을 한차례 더 거쳐야 한다는 차이가 있다. 그래서 '忘象→得意'와 같은 왕필의 논리로는 '忘筌→得魚'가 성립되지 않는 것이다.

왕필은 《주역》〈계사전(系辭傳)〉의 "立象以盡意"에 근거하여 가상의 형상을 통해 뜻을 밝히고자 했는데, 말과 뜻 사이에 '상(象)'을 따로 설정해서 양자의 소통을 가능하게 했다는 측면에서 《주역》의 '言不盡意'라는 관점을 적극적으로 부정하지 않았다. 장주는 '言不盡意'라는 관점과는 별도로, 말과 뜻의 관계에서 뜻을 얻게 되면 말에 집착할 필요가 없다고 했다. 말이 뜻을 다하지 않는다는 문제는 별개의 과제로 남겨둔 것이다.

여기서 왕필은 "상은 뜻에서 생겨나 상이 존재하는 것이니, 존재하는 그 자체는 상이 아니다."[17]라고 했다. 이와 같이 그에게서 통발은 그림자처럼 그 자체로 존재 가치가 없고 오직 물고기를 잡는 데 사용하려고 존재하지만, 장주에게 통발은 실체가 있는 형상으로 그 자체 존재가치가 있고 나아가 물고기를 잡을 수도 있다. 통발에서 물고기가 필요조건이라는 것이 왕필의 견해라면, 장주의 통발은 물고기가 충분조건에 지나지 않을 가능성을 열어두고 있다. 왕필의 논리는, 뜻이 형상으로 표현될 수 있다면 그 형상도 모두 언어로 설명될 수 있어서[18] 형상 자체의 독자적 존

---

16) 이 밖에 왕필의 '득의망상론'과 장자의 '득의망언론'은 그 본질에서 다음 두 가지로 구별된다. 첫째는 왕필의 '意'가 《주역》의 상징적 의미인 데 견주어 장자의 '意'는 도가의 현리(玄理)이고, 둘째는 왕필의 '象'이 《주역》의 괘상(卦象)을 가리키는 데 견주어 장자의 '言'은 외재적 언어현상을 가리킨다(張善文, 〈論王弼易學之時代精神與歷史意義〉, 《道家文化研究》 第12輯, 三聯書店, 北京, 1998, 342~343쪽 참고).
17) 王弼, 앞의 책, 〈明象〉; "象生於意而存象焉, 則所存者乃非其象也."
18) 王弼, 앞의 책, 〈明象〉; "意以象盡, 象以言著."

재 가치를 부정하는 주장이다. 여기서 '형상이란 중간 매개를 통해 뜻을 다한다'는 것과 '형상 자체로 뜻을 드러낸다'는 것에 인식의 차이가 있다는 점을 주목할 필요가 있다.[19] 전자가 의리파의 상에 대한 인식이라면 후자는 상수파의 상에 대한 인식이다. 그러나 상(象)의 인식 문제에서 장주는 직접적으로 통발과 올무를 그 어느 쪽으로도 해석하지 않았다.

그런데 도교에서 중현파(重玄派)가 등장하여 '삼일설(三一說)'을 주장하면서[20] 상(象)의 인식 문제는 다른 국면으로 접어들었다. 우언적 현상을 '언(言)·상(象)·의(意)'로 삼분(三分)하여 하나의 도(道)로 귀결하는 사유양식을 모색할 수 있게 되었던 것이다.

널리 알려진 바와 같이 중현파는,《노자》 제1장의 "玄之又玄"에 근거해서 하안(何晏)·왕필의 귀무론(貴無論)과 배위(裴頠)·곽상(郭象)의 숭유론(崇有論)을 동시에 비판하면서 등장했다.[21] 보이는 세계를 유(有)라 하고, 보이지 않는 세계를 무(無)라 할 때, '非有非無'의 세계를 다룬 것을 현학(玄學)이라고 한다면 중현파는 '非有非無'를 다시 부정하여 긍정한 세계를 다룬다.[22] '非非有非無'의 세계는 이른바 '得意而不忘象'의 세계이다.

수·당 시대 중현파 도사들이 저술한 것으로 알려진 《청정경(淸靜經)》[23]은 《노자》를 도교 신학 체계에 따라 재해석한 경전이다.

---

19) 이 점은 물고기가 본(本)이리면 통발은 말(末)로 보는 왕필의 체용(體用) 관점과 구별된다.

20) 李剛,〈道教重玄學之界定及其所討論的主要理論課題〉,《道家文化研究》 第19輯, 三聯書店, 北京, 2002, 103~109쪽 참고.

21) 湯一介,〈論魏晉玄學到初唐重玄學〉,《道家文化研究》 第19輯, 三聯書店, 北京, 2002.

22) 이러한 사유양식을 불교 중관파(中觀派)에서 차용했다는 것은 도교학계에서 공인된 사실이다. '老·莊·易'의 삼현(三玄)에서 '儒·佛·道'의 삼교 회통으로 나아간 것은 중현사상의 대표적인 특징이다.

23) 《태상노군설상청정묘경(太上老君說常淸靜妙經)》을 이른다. 《내관경(內觀經)》과 《정

이 책에서는 도교적 사유양식을 다음과 같이 드러낸다.

> 안으로 그 마음을 바라보되 마음에 그 마음이 없으며, 밖으로
> 그 형체를 바라보되 형체에 그 형체가 없으며, 멀리 그 물건을
> 바라보되 물건에 그 물건이 없다. 세 가지를 이미 깨쳤으면 오
> 직 허공을 볼 따름이나, 허공을 바라보는 것 또한 공하니 공한
> 바 없는 공이요, 공한 바가 이미 없으면, 없다고 하는 것 또한
> 없다고 하지 못하고, 없는 것을 이미 없다고 하지 않으면 깊고
> 고요한 적멸의 경지에 이른다.[24]

여기서 마음(心)·형체(形)·물건(物)의 삼자(三者)는 이중부정을 거
쳐 '湛然常寂'이란 대긍정의 세계로 나아간다. 인식은 인식대로의
의미를 지니고 형상은 형상대로의 의미를 지니며 도(道)의 세계를
펼쳐 보이는 것이다. '안으로 바라보는 그 마음[內觀其心]'이 주관
적 인식이라면, '밖으로 형체를 바라보는 것[外觀其形]'은 객관적
인식이고, '멀리 그 물건을 바라보는 것[遠觀其物]'은 주관과 객관
을 넘어선 물화(物化)의 세계이다. 물화의 세계는 바로 장주(莊周)
의 '나비 꿈'이란 우언으로 설명된다.

종전의 도가적 우언은 '象'이란 중간 매개를 설정해서 '言→象
→意'로 진행하는 역추(逆推)의 사유 양식을 보여준다. '意'가 형이
상자인 점에서 이러한 사유 운동은 관념적 실체를 지향하고, 상
(象)은 중간 매개체로서 말과 뜻 사이에 번역 기제로 작용한다. 그

관경(定觀經)》 등과 함께 중현사상을 잘 드러낸 도교 경전이다(任繼愈 主編, 《中國
道敎史》, 上海人民出版社, 上海, 1990, 260~261쪽).

24) 원문은 다음과 같다. "內觀其心, 心無其心. 外觀其形, 形無其形. 遠觀其物, 物無其物. 三
者旣悟, 惟見於空. 觀空亦空, 空無所空. 所空旣無, 無無亦無. 無無旣無, 湛然常寂."

런데《청정경》에서 드러낸 중현적 사유를 살펴보면, 도교 우언은 도가의 사유 양식을 다시 뒤집어 '心(意)→形(象)→物'로 진행하면서 궁극적으로는 물화의 세계를 구축한다.[25] 물화의 세계에서는 '可道'와 '非可道'는 모두 상(象)이다. 곧 도교 우언에서는 '표현된 말'과 '표현되지 않는 뜻'을 모두 물화의 영역에서 다루었다는 측면에서 '言·象·意'는 결국 '象→言/意'의 관계로 이해된다. 여기서의 상(象)은 '말'과 '뜻'을 생산하는 매트릭스(matrix)의 기능을 갖는다. 중현적 사유는 이러한 상(象)의 개념에 근거하여 주관의 객관화와 객관의 주관화를 동시에 추구하며 양자의 상호조응에 따른 현존성을 획득하고자 하는 것이다.

도가적 사유로서 우언은 형상의 '象'과 인식의 '意'이란 두 측면을 포괄한다. 이를 위(魏)·진(晉) 현학파의 이른바 '귀무론(貴無論)'에 비추어 보면, 보이지 않는 인식은 근본이고 드러난 형상은 곁가지이다. 일단 인식을 얻고 나면 형상에 대한 집착은 아무런 의미가 없다. 이른바 "명교를 초월하여 자연에 맡긴다[越名敎而任自然]"는 죽림칠현의 문학적 경향은 이와 결코 무관하지 않다.[26] 그들이 추구하는 '선취(仙趣)'는 형상에서 인식으로 나아감을 뜻하기 때문이다. 위·진 현학이 가상의 형상에 집착하지 않는 대신 관념적 세계에 몰입하여 '현언시(玄言詩)'나 '유선시(遊仙詩)' 등에서 의경(意境)을 따로 마련했던 이유는 그래서 수긍이 된다. 그러나 무엇보다도 이 무렵에 탁물우의(托物寓意)의 도가 우언이 창작되기 시작했다는 사실에 주목할 필요가 있다. 육기(陸機; 261~303)

---

25) 수·당 대에 이르러 내단학이 흥기할 때 중현사상이 상수학(象數學)을 수용하여 물화(物化)의 논리를 더욱 정교하게 발전시킨 것에 대해서는 별도의 논의가 필요하다.
26) 湯一介, 앞의 논문, 5~7쪽 참조.

의 〈유인부(幽人賦)〉와 양(梁) 간문제(簡文帝) 소강(蘇綱; 503~551)의 〈현허공자부(玄虛公子賦)〉, 왕적(王績; 586~644)의 〈무심자전(無心子傳)〉 등에서 허구의 인물을 빌어서 노장(老莊)의 현리(玄理)를 표현했고, 왕표지(王彪之; 305~377)의 〈수부(水賦)〉에서는 아예 자연 사물을 인격화해서 현학의 뜻을 우의했다.[27] 이러한 도가의 우언 형상은 '象'을 차용해서 현학의 이치(理趣)를 드러내었던 것이고, 위·진 현학의 '언부진의(言不盡意)'에 근거하였음은 말할 나위가 없다.

반면에 위·진 시대 상청파의 연단사상과 갈홍의 신선가학론(神仙可學論)이 대두되는 시점에 중현학의 집대성자인 두광정은 "언어의 도움 없이 도를 깨닫지 못한다. 언어로 말미암아 널리 전한다"[28]라고 선언하여, '말할 수 없는 도'를 말하는 것이 도교 교리의 전파에서 소중하다고 했다. 허황되다고 지식인들 사이에 인식된 도교 신선사상을 전파하는 과정에서 도교인들이 중언을 버리고 우언을 택한 곡절도 의미의 소통보다 경험의 소통을 중시한 결과로 여겨진다.

두루 알다시피 오늘날 모산파(茅山派)로 알려진 상청파는 《황정경》과 《청정경》을 중심으로 우언적 사유를 도교 수양론과 결부시켰다. 갈홍은 세속의 지식인들이 도교 신선사상의 허황됨을 비판하자 이를 반박하고자 《신선전(神仙傳)》 등을 저술하여 그 논리적 정합성을 보완하고자 노력했다. 당 말 오대(五代) 시대 두광정(杜光庭)은 '杜撰'이란 비난을 무릅쓰고 도교 설화를 대거 편찬하여 민간에 유포시켰다.

---

27) 盧盛江, 《魏晋玄學與中國文學》, 百花洲文藝出版社, 南昌, 2002, 223~237쪽.
28) 《道德眞經廣聖義》 卷20; "道不可無言以悟, 因言以宣之."

이러한 사실들을 미루어 보면, 우언적 사유 양식이 도가에서 언어적 현상의 해석에 필요한 독법(讀法)으로 계승·발전되었던 것에 견주어, 도교에서는 포교와 심성(心性) 수양론을 표현하는 데 필요한 방편으로 발전되었던 것임을 알 수 있다.

3. 도교 우언의 특징

중현파로 말미암은 도교적 우언이 위·진의 현학파에서 보여준 우언과 근본적인 차이를 보이는 것은 앞서 논의한 바와 같이 '象'에 대한 해석의 차이이다. 위·진 현학에서 '象'은 언어와 의미를 매개하는 기능을 맡고 있어서 '意'에 종속되어있고, 관념적인 사상(事象)을 그려낸다. 이와 달리 중현파의 상(象)은 내면의 심리적 기제에 따라 개개의 상징물 또는 기호가 조합되어 현실 세계에서 구현할 수 없는 물상(物象)을 그린다.

이러한 '象'에 대한 해석의 차이로 도가의 우언이 의미의 전달에 중심을 두고 있다고 한다면, 도교의 우언은 경험의 전달에 치중한다. 위·진 현학의 유선시(遊仙詩)와 도교의 내단시(內丹詩)는 넓은 범주에서는 모두 우언시(寓言詩)로 분류되지만 그 의사소통의 차원에서는 지향하는 바가 서로 다르다. 유선시는 대상과 일정한 거리를 유지한다. 신선의 세계를 시각적인 이미지로 그리면서 인간적 욕망을 투사시켜 신선과 인간의 거리를 자연스럽게 유지하고 현실세계의 모습을 우의(寓意)한다. 이에 견주어 내단시는 신선 세계라는 비물질적 이미지에 깊숙이 침투해서 구체적인 수련경험의 세계를 다루고 있다. 이러한 경험세계는 일반인과 공유할 수 없는 세계이다. 그 점에서 내단시의 언어적 형상은 의미가 아니라 내면적 경험을 표현한다.

따라서 형상에 따른 인식도 달라진다. 도가 우언에서 우의하는 바가 사회의 부조리한 현실에 대한 소외감과 상대적 가치 개념이라고 한다면, 도교 우언에서는 종교적 경험세계에 대한 탐닉이며 절대적 가치임을 내세운다. 양자는 똑같이 '득의망상(得意忘象)'을 우언적 사유양식으로 내세웠지만, 도가에서는 전체 사상(事象)에서 사회적 가치를 발견하고 이를 음미하는 쪽이라면, 도교에서는 개개의 기호로 배열된 물상(物象)을 내단 수련의 경험으로 읽어낸다. 도교에서 '득의(得意)'는 물화(物化)의 세계에서 경험된 절대적인 현존성이다. 이를 보다 세밀히 검토하기 위해 다시 《노자》의 언어관을 살펴보자.

> 늘 무욕(無欲)함으로써 그 묘함을 지켜보고 늘 유욕(有欲)함으로써 그 언저리를 바라본다. 이 두 가지는 같은 데서 나오나 이름은 다르다. 같이 현(玄)이라 일컫지만 현(玄)하고 또 현(玄)하니 중묘(衆妙)의 문(門)이다.[29]

도교에서는 무명(無名)과 유명(有名)에 대응하여 무욕(無欲)과 유욕(有欲)을 풀이한다.[30] 그래서 무욕은 무위(無爲)이고 유욕은 인위

---

29) 《老子》 제1장; "常無欲以觀其妙, 常有欲以觀其徼. 此兩者, 同出而異名. 同謂之玄, 玄之又玄, 衆妙之門."

30) '無欲'과 '有欲'으로 해석하는 관점은 《老子道德經河上公章句》에서 비롯되었는데, 왕필과 중현파의 핵심인물인 成玄英, 李榮, 陳景元(1035~1094) 등이 이러한 관점을 취한 뒤 원말명초의 何道全(1319~1399), 명 대의 陸西星(1520~1601), 청 대의 黃元吉 등 도교 인물들에게 계승되었다. 현재 도교학계에서도 '常無'와 '常有' 설을 취하지 않고 "常無欲以, 觀其妙; 常有欲, 以觀其徼."로 끊어서 읽는다. 이에 대한 보다 자세한 논의는 許抗生의 〈再解'老子'第一章〉(《道家文化硏究》 第15輯, 三聯書店, 北京, 1999, 70~77쪽)과, 김현수의 〈도덕경의 '欲'의 의미에 관한 고찰〉(《도교문화

(人爲)이다. 무위를 부정한 세계는 물화의 세계이고 인위를 부정한 세계는 관념의 세계이다. 관념과 물화의 세계를 도교 수련법으로 구별하면 좌망(坐忘)과 존상(存想)이다. 무욕과 유욕이라는 두 인식의 세계는 동전의 양면처럼 존재한다. 무욕의 좌망으로 수렴하여 나타난 것이 묘(妙)이고, 유욕의 존상으로 두 세계를 수렴한 것을 요(徼)라 한다.[31] '묘'와 '요'를 다시 수렴한 것을 현(玄)이라 한다.[32] 중현파에서는 이러한 '현'의 경지를 거듭 부정한 '非非有非無'의 세계를 중현묘경(重玄妙境)이라고 한다.

이를 우언과 관련지어 논의하면 위·진 현학의 '득의망상'은 무욕의 세계로 나아가고자 '象'을 버리는 것이 되고, 중현파의 '尋象得意'는 '有無'를 통합하고자 '象'의 작용을 긍정하는 것이 된다.

이러한 '象'을 긍정하면서 본격화한 도교 우언은 신도들의 교화에 널리 이용되었는데, 그 대표적인 설화가 〈백골진인(白骨眞人) 서갑(徐甲) 이야기〉이다. 이야기 대강의 줄거리는 다음과 같다.

(가) 노자가 함곡관을 떠나올 때, 길 가에 버려진 서갑의 백골을 도술로 화생시켜 사람으로 만들고 하루 품삯으로 금전 1백 냥씩 계산해 준다고 약속하여 종자로 삼아 데리고 왔다.

(나) 누관대에 도착한 노자는 약속한 품삯을 주기 전에 서갑의 뜻을 시험했다. 화녀천 주위에 있는 풀을 뽑아 법력을 불어넣어

연구》 제21집, 동과서, 2004. 11, 217~248쪽)을 참고하기 바란다.

31) 이기(理氣) 이론을 차용해서 설명하면, '妙'는 판단 행위를 중지하고 움직임을 잊을 때 기(氣)가 이(理)에 갈무리되어 있는 상태를 말하고, '徼'는 대상 판단이란 인식 작용이 일어날 때 이가 기 속에 들어있는 상태를 이른다. 중현학의 심성론과 이기철학에 관한 논의는 崔珍晳, 〈成玄英的理學和宋明理學〉(《道家文化硏究》 第19輯, 三聯書店, 北京, 2002)을 참고하기 바란다.

32) 成玄英, 《道德經義疏》 第1章 注; "玄者, 深遠之義. 亦是不滯之名. 有無二心, 徼妙兩觀, 源乎一道, 同出異名, 異名一道, 謂之深遠."

아리따운 미인을 만들고, 자신의 분신으로 그녀의 아버지인 시골 노인을 만들었다. 노자의 분신인 시골 노인은 딸과의 혼인을 미끼로 서갑을 유혹했는데, 함곡관에서 이곳까지 소를 몰고 온 품삯을 결혼자금으로 돌려받으라고 부추겼다.

　(다) 미인에게 현혹된 서갑은 노자를 찾아가서 품삯을 내놓으라고 막무가내로 대들었다가 다시 백골이 되었다.

　(라) 곁에서 이 광경을 지켜본 윤희가 애걸하여 서갑은 다시 사람으로 돌아왔다. 그 뒤 서갑은 용맹정진하여 백골진인이란 신선이 되었고, 지금 운남성 백족(白族)의 시조로 받들어졌다.[33]

(가) 단락이 황당하지만 구체적인 이야기라면 (나)는 설화적 개연성을 지닌 보편적인 이야기이며 현실성을 띤다. (가)에서 백골에게 내건 품삯이란 허상이 (나)에서 마땅히 지불해야 하는 실상이 되고, (다)에서 허상과 실상이 겹치면서 우의를 품는다. (가)와 (나)에서 백골이 인간으로 된 것은 역리로서 허상을 의미한다면 (다)에서 순리로 역전하여 실상을 회복하고, (가)와 (나) 이야기의 모순은 배은망덕이란 우언적 교훈을 남긴다.

여기까지가 일반적인 우언이라면 도교의 우언은 (라)에서 다시 시작한다. 노자가 서갑에게 주려고 한 품삯은 세속의 돈이 아니라 금단(金丹)의 비법이었고, 서갑의 항의와 배은망덕한 행위에도 약속을 지켜 신선으로 만들었다. 더군다나 그러한 이야기가 허상이 아니라 실제로 운남성 백족에게 숭배되고 있다는 실상이 되었다. 미인에 대한 인간적인 욕망 때문에 서갑은 실패했지만 윤희의 인정어린 간청으로 신선이 되는데 성공했다. 인욕으로 실패한

---

33) 趙道一, 앞의 책 권8, 〈尹喜〉條 참고.

것이 인욕으로 재기한 것이다.

그런데 (라)의 이야기를 도교인의 관점에서 다시 검토하면 (가)의 이야기가 허상인 듯하지만 금전(金錢)이 금단(金丹)을 우의한 점에서 실상이었고, (나)의 이야기는 실상인 듯하지만 수도의 의지를 시험하는 환상에 지나지 않는 허상이다. 그러나 (나)의 허상이 없다면 (라)에서 용맹정진하여 신선이 되었다는 성공담은 존재하지 않는다. 전체 이야기가 허상처럼 보이지만 도교인에게는 백골관(白骨觀)이란 초기 도교 수련 방법과 운남성 도교 신앙의 현주소를 알려주는 실상이고, 외부적 현실의 증거로 누관대 화녀천 노자묘에 노자를 중심으로 서갑과 윤희를 함께 모시고 있다. 그러나 일반인에게 이 모두는 허상이다. '서갑 이야기'는 일반인이 허황된 것이라고 간주할 때 그 내막이 다 드러나지 않는 종교적 신비를 간직하는 '象'으로서, 이중 부정을 통해 '常道'를 발견한다.

이처럼 표현된 언어와 형상을 긍정하고 그에 덧붙는 시니피에에 집착하지 않은 도교 우언은, 인정과 물화의 세계를 폭넓게 열어 도교 설화를 풍부하게 수용하고 개작하면서 소설 창작의 기반을 마련해 주기도 했다.

상(商)·주(周) 교체 시기를 시대적 배경으로 하는 《봉신연의(封神演義)》의 작가는 일반인에게 허중림(許仲琳)으로 알려져 있지만, 새로운 고증에 따라 명 대 전진교 도사인 육서성(陸西星)으로 밝혀졌고, 《봉신연의》는 인물의 형상과 상징 수법 면에서 큰 진전을 보인 작품으로 평가된다.[34] 또 다른 전진교 도사 유일명(劉一明)은, 일반 문학사의 주장과는 달리 《서유기(西遊記)》를 용문파

---

34) 楊建波, 《道敎文學史論稿》, 武漢出版社, 武漢, 2001, 483쪽; 齊裕焜, 《明代小說史》, 浙江古籍出版社, 杭州, 1997, 187~198쪽 참고.

(龍門派) 조사 구장춘(丘長春)의 저술이라고 주장하면서 '삼교일가
(三敎一家)'의 이치를 천명하고 '성명쌍수(性命雙修)'의 진리를 전한
것이라 했다.[35) 여기서도 "象→言→意"라는 도교적 우언 독법이
제시되어 있는데, "言→象→意"의 도가적 우언 독법과는 뚜렷한
차이를 보인다.[36)

일반적으로《서유기》나《봉신연의》와 같은 명 대 신마소설(神
魔小說)은 유(儒)·불(佛)·도(道) 삼교 합일사상의 영향 아래 발전한
것으로 알려지고 있는데, 특히 수(隋)·당(唐)의 중현파로 말미암아
삼교합일론이 본격적으로 대두되었고, 이를 전진교에서 계승·발
전시켰다는 사실은 중국소설사에서 주목해야 할 부분이다.[37)

이와 같은 도교계 소설은《장자》의 우언을 발전시켜 도교 심
성 수양론을 우의(寓意)하는 면도 있지만, 민간에 도교신앙을 전
파하는 세속의 경전이면서 일반인에게는 허구의 문예물이라는
이중적 속성을 지닌다. 작품의 내부에서 허상과 실상이 상호 소
통하는 것에 그치지 않고, 작품 외부에서도 허상과 실상에 대한
시비를 도교인과 일반인의 소통과정으로 간주, 다시 작품의 내적
요소와 작품의 외적 요소를 상호 조응하게 하는 다중적(多重的)
우언을 생성한다.

---

35) 劉一明,〈西遊原旨序〉,《精印道書十二種》, 新文豊出版公司, 臺北, 1975; "西遊記者, 元初
龍門敎祖長春丘眞君所著也. 其書闡三敎一家之理, 傳性命雙修之道." 이러한 견해를 수용
해서 李安綱,〈孫悟空與金丹大道〉(《道家文化硏究》第1輯, 書目文獻出版社, 北京, 1995)
113~151쪽에서는《서유기》가 구처기의《대단직지(大丹直指)》를 우의한 작품임을
밝힌 바가 있다.
36) 劉一明, 앞의 책,〈西遊原旨〉에 백도루(白道樓)의〈敍〉가 있는데, "筌者所以得魚, 得魚
而忘筌. 蹄者所以得兔, 得兔而忘蹄."라고 하는 장주의 말에 "盖欲得魚兔, 舍筌蹄知無所
藉手."이라 하여 부언하고,《서유기》를 읽을 때 "由象以求言, 由言以求意" 한 다음
에 "得意而忘言, 得言而忘象" 할 것을 주문했다.
37) 唐大潮,《明淸之際道敎三敎合一思想論》, 宗敎文化硏究所, 北京, 2000, 95~122쪽 참고.

위·진의 현학과 같은 도가의 우언은 두 가닥의 이야기로 이루어져 있고, 그 가운데 한 가닥의 이야기는 속이야기를 하기 위해 중간 매개물로 작용하는 가상(假像)이다. 참과 거짓의 경계가 모호하여 묘한 감흥을 주지만, 그 근본에서는 궁극의 실체에 대해 일정한 거리를 둔다. 이에 견주어 중현파의 도교 우언은 세 가닥의 이야기로 이루어져 있다. 주체에 대한 이야기[我言], 객체에 대한 이야기[物言]에 덧붙여 위·진 현학에서 객관화하지 못한 '주제와 객체의 관계에 대한 이야기[象言]'로 짜여 있다.

이 세 이야기는 서로 대등하게 고리를 연결해 '무용'의 영역에서는 모두가 참이자 거짓이고, '유용'의 영역에서는 한 가닥의 이야기가 참이면 다른 두 가닥의 이야기는 거짓이 되기도 한다. 참과 거짓의 구분과 경계가 위·진 현학의 우언처럼 모호하지만 한 차원을 더 고려한 것이 주목된다. 다시 말해 '주체에 대한 이야기'는 주관적 언설로 말할 것이 있으면서도 말하지 않는 무언(無言)이라고 한다면, '객체에 대한 이야기'는 말할 수 없으면서 말하는 유언(有言)이 된다. 우리가 우언의 언어적 특징 가운데 하나로 들 수 있는 것은 자체 시니피에가 없는 시니피앙으로서의 유언(有言)이다.

우언 양식에서 유언은 허상이고 무언의 시니피에를 지향하는 표지이다. 그런데 도교의 우언은 말할 수 없는 것을 말하는 '유무언(有無言)'이고 상언(象言)이다. 유무언은 무언과 유언이 결합된 사상(事象)의 우언을 다시 물화한 것으로서, 무언의 실체와 유언의 가상적 존재를 긍정한 현존성의 언설행위를 이른다. 무언과 '긍정된' 유언을 구분하면 언어의 정체성이 소실되어 떠도는 기호에 지나지 않지만, 양자의 포섭 관계를 긍정한 것을 '중현묘경'이라 이른 것과 같다.

4. 기술복제 시대의 우언적 사유

발터 벤야민(Walter Benjamin; 1892~1940)은 1930년 대에 기술복제 시대의 문제점을 거론한 바 있다. 예술이 어떻게 사회·정치와 관련을 맺어왔으며 기술과 인간을 어떻게 매개했는지 거론하는 과정에서 아우라(Aura)의 몰락을 지적하고, 기술복제 예술의 가능성을 예고했다. 그렇다면 세상이 종교적 질서가 지배하던 상태에서 정치·사회적 질서가 지배적인 상황으로 나아감에 따라 대량생산된 복제품에는 과연 아우라가 존재하지 않는 것일까?

현대사회의 복제 기술은 작품의 일회적 출현 대신에 대량생산을 가능하게 한다. 이에 견주어 '아우라'는 비록 그것이 아주 가까이에 있는 것이라 할지라도 어느 정도 거리를 지닌 채 발현하는 유일한 현상으로 정의된다.[38] 그러나 논리적으로 어떤 예술품이 온전히 복제될 수 있다면 아우라도 재생산된다. 만약 복제될 수 없는 것이 아우라라고 정의하고 대중 유통 문화물에 그 아우라가 없다고 한다면, 이는 아우라의 개념을 선별적으로 적용하여 기술복제 시대 문화물의 아우라를 인정하지 않는 것이 된다. 먼저 선험적인 아우라가 있고 예술형상이 존재한다면 그러한 논리가 옳다고 하겠지만, 대중에게 주어진 복제 예술품에서도 아우라가 발견된다면 논의의 각도를 달리할 필요가 있다.

과거 복제 문화물은 원본을 온전히 복제하지 못한다고 그 기술적 한계를 토로했다. 그래서 벤야민은 기계를 통한 복제는, 원본 자체가 놓일 수 없는 상황에 원본의 복제물을 옮겨 놓는 것이라

---

38) 발터 벤야민(이태동 옮김), 〈기계복제 시대의 예술작품〉,《문예비평과 이론》, 문예출판사, 1987, 264쪽.

고 말한다. 그러나 원본에 가까이 다가가려고 수용자가 움직이는 것은 옛날의 일이다. 오늘날 복제기술 시대에 움직이는 것은 수용자가 아닌 원본이다. 현대 대중들은 비물질적 이미지를 복제하면서 감성적 지각의 차원에서 그에 합당한 아우라의 존재를 요구하게 되었다. 이는 아우라의 쇠퇴에 중요한 요인으로 작용하는 전시가치가 숭배가치로 전환될 수 있음을 시사한다. 이미 낡은 매체가 되었지만, 벤야민이 기술복제 시대의 대표적인 예술로 손꼽은 은염사진에서도 아우라의 존재를 인정함에 따라 복제물도 전시가치보다 숭배가치가 더 큰 의미를 부여받게 된 것이다.[39]

루게릭병으로 널리 알려진 사진작가 김영갑(1957~2005)의 경우, 투병 생활을 하는 가운데서도 제주도의 아우라를 담아낸 사진을 모아 두모악 갤러리를 열었는데, "사진에 있어서 전시가치는 전면에 걸쳐서 숭배가치를 추방하려 한다"[40]는 벤야민의 말을 무색하게 만들 만큼 그의 작품들은 전시가치보다 숭배가치에 더 큰 비중을 두고 있다. 김영갑이 보여준 영상 이미지는 프레임 안에 있는 풍경을 아스라이 뒤로 밀어내면서 주춤거리는 수용자를 사진 속으로 끌어들인다. 풀잎같이 미세한 사물과 지평선같이 거대한 풍경, 바람처럼 잡을 수 없는 형상 등이 자연스럽고 평화롭게 어울려 있어서 단순히 말의 부족함을 메우고자 이미지를 사용한 것이 아님을 느끼게 한다. 말과 뜻이 피사체가 되어 영상 이미지 안에 다소곳이 안겨있는 것이다. 그의 사진에 녹아있는 유욕(有慾)의 절대 고독과 무욕(無慾)의 편안함은, 인화된 이미지와 독자의

---

39) 수전 손택은 사진이 가질 수 있는 아우라와 회화가 지닌 아우라 사이의 진정한 차이는 시간과 맺는 관계의 차이에 있다고 주장하면서 복제물의 아우라를 긍정하는 태도를 보였다(수전 손택,《사진에 관하여》, 시울, 2005, 202~203쪽 참고).
40) 발터 벤야민, 앞의 책, 269쪽.

만남, 작가와 풍경의 만남, 제주도 바람과 안개와 오름의 만남, 독자와 작가의 만남 등이 교차하는 가운데 발견된다. 그래서 보이지 않고 들리지도 않지만 보는 사람으로 하여금 편안함을 느끼게 하는 그 무엇을 준다. 이를 영상 이미지에 숨어 있는 생명력이라 해도 좋고, 상(象)이면서 상(象)이 아닌 그 어떤 것이라 해도 좋지만, 언어로 번역되지 않는 비물질적 이미지인 점은 분명하다.

또한 기술복제 시대를 대표하는 백남준의 예술작품인 〈TV 부처〉에서는 단지 불상 하나와 텔레비전 한 대를 서로 마주 보게 놓았다. 이에 대한 문자적 해석이 없음은 물론이다. 물건을 설치했다는 점에서는 사상(事象)이 아니라 물상(物象)이며, 단순한 시각적 이미지와 구분된다. 〈TV 부처〉에서는 불상이 텔레비전을 들여다보고, 텔레비전은 텔레비전을 보는 불상을 보며, 불상은 다시 '텔레비전을 보고 있는 불상을 보는 텔레비전'을 지켜본다. 그리고 관객은 불상과 텔레비전이 서로 마주보는 관계를 지켜보며, 작가는 관객이 불상과 텔레비전의 관계를 진지하게 지켜보는 상황을 보며 즐긴다. 불상과 텔레비전의 관계는 텔레비전 화면에 나타난 허상이다. 그러나 디지털아트를 감상하는 관객에게는 그것이 실상이고, 작가에게는 그 모든 것이 허상이다. 그러나 디지털아트의 구매자에게는 그 시대의 매체로써 그 시대의 정신을 우의(寓意)한 점에서 실상이다. 여기서 개개의 물상(物象)은 '뿌리 없는 나무[無根樹]'[41]처럼 허상이면서 실상이 된다. 의미의 소통이 아니고 경험의 소통이고, 말장난이 아니고 사물의 유희이다.

김영갑과 백남준의 경우에서처럼, 기술복제 시대의 문화물도

---

41) 자크 데리다는 이를 "Arbre sans racine"라고 《La Dissémination》에서 언급했는데, '뿌리 없는 나무'의 개념은 원말명초 도사 장삼봉(張三丰)의 〈무근수사(無根樹詞)〉에 처음 나온다.

정치·사회적 의미에서 벗어나 심미적 가치로 전환될 수 있는 것이다. 이는 기술복제 시대의 초기에 문화비평가로 활약한 발터 벤야민도 미처 예상하지 못한 변화였다.[42]

본격적인 기술복제 시대에 접어들어 영상 이미지는 현대미학의 중요한 탐구대상이 된다. 이와 관련해서 도교의 우언적 사유 양식은 이미지와 실체의 관계를 새로운 시각에서 살펴보는 데 중요한 기여를 한다. 도교의 우언적 사유에서 상(象)은 영상 이미지처럼 사물의 이미지이면서 동시에 비물질적 이미지이다. 그런데 오늘날 디지털 기술은 복제와 반복을 거쳐 비물질적인 이미지를 가시화함으로써 시뮬라크라(Simulacra)를 창조했다. 시뮬라크라는 실체가 없는 허상이고 허상으로서의 디지털 이미지는 곧 실체를 대신한다.[43] 그래서 새로운 예술 형식은 대상에 종속된 이미지를 전달하는 것이 아니라, 이미지 그 자체만으로 존재한다. 이러한 대상이 없는 이미지가 끊임없이 진행되는 영상들의 흐름과 운동이 바로 '비물질성'으로 말해지는 오늘날 현대 예술의 특징이다.[44]

모흘리 나기(Moholy Nagy; 1895~1946)가 주창한 매체미학의 발전에 힘입어 오늘날 기술복제 시대의 문화물은 각각의 매체가 각각의 질감과 아우라를 표출한다는 인식이 일반화되었다. 고전적

---

42) 발터 벤야민에게 아우라의 몰락은 부정적 계기로서의 예술 일반의 몰락이 아니라 특권화된 예술의 몰락만을 의미할 뿐이라는 주장도 있다. 이에 대해서는 심혜련의 〈발터 벤야민의 아우라 개념에 관하여〉(《시대와 철학》 제12권 제1호, 한국철학사상연구회, 2001)를 참고하기 바란다.
43) 장 보드리야르(하태환 옮김), 《시뮬라시옹》, 민음사, 1992, 27쪽에서 "이미지는 그것이 무엇이건 간에 어떠한 사실성과 무관하다. 이미지는 자기 자신의 순수한 시뮬라크라가 되는 것이다."라고 한 바가 있다.
44) 심혜련, 〈새로운 매체시대의 예술에 대한 고찰〉, 《기호학과 철학 그리고 예술》, 철학아카데미 엮음, 소명출판, 2002, 199쪽 참고.

인 매체에서 아우라의 발현이 가능한 것처럼 비물질적 이미지에서도 그것이 가능하게 되었다. 아우라는 실체가 없는 허상을 실체가 있는 그 무엇보다 더 사실적이고 정신적이며, 절대적인 것으로 평가하는 어떤 것일 뿐만 아니라, 그 없는 실체로 말미암아 자신의 가치를 확보하기 때문이다.[45] 더욱이 현대 대중의 일상성은 이념적 종속을 거부하면서 평범한 가운데 자족(自足)을 구한다. 대중 개개인의 아우라에 대한 갈망은 일상적 아우라의 성취와 더불어 해갈된다. 대중문화층들이 게임을 게임아트로 승화시킨 당면 현실이 대표적인 증거가 된다. 과거 고전적인 예술품이 아우라의 보존에 주력했다면, 오늘날 복제 예술품은 적극적으로 아우라를 소비한다는 차이점만 있을 뿐이다.

자끄 데리다는 음성적 언어 이전에 '그려진 이미지'로서 최초의 글쓰기가 존재했다고 말한다. 이제 현대 영상 이미지도 언어에 앞서 존재하며, 언어를 보완하는 매개체로서 그 소임을 다하라는 요구를 거부한다. 주어진 이미지에서 다층적 해석이 자유롭게 된 것도 언어적 사유의 틀을 포기한 대가로 얻어진다.[46] 나아가 영상 이미지는 '言→象→意'의 종속 관계를 떠나 상호텍스트의 맥락에서 언어의 의미와 형상을 모두 담아낸다. 그 점에서 현대 영상 이미지는 언어적 실체를 전제로 하는 사상(事象)으로서의 상(象)이 아니라, 개별적인 기호가 디자인된 물상(物象)으로서의 상

---

45) 신방흔, 《시각예술과 언어철학》, 생각의 나무, 2001, 106쪽.
46) 참과 거짓의 구분은 대개 언어의 시니피에와 시니피앙의 결합 관계로 이루어지는데, 영상 이미지는 참과 거짓의 경계를 해체한다. 예를 들어 사슴을 놓고 말이라 말하면 시니피에와 시니피앙의 결합 관계가 무너지고 거짓말이 된다. 그러나 사슴 그림을 놓고 물어보면 시니피에는 상황에 따라 다르게 나타난다. 사슴을 사슴으로 그렸을 수도 있고, 말을 사슴처럼 그렸을 수도 있다. 경주 천마총의 그림을 최근에 기린으로 해석하는 경우가 대표적인 현상이다.

(象)이다. 그래서 기술복제가 일상화된 디지털 시대의 매체미학을 상수파의 전통을 발전시킨 도교의 우언적 사유 양식과 밀접한 관련이 있다고 여기는 것이다.

5. 마무리

우언(寓言)은 자끄 라깡(Jacques Lacan; 1901~1981)이 〈도난당한 편지〉를 분석하면서 보여준 것처럼 의사소통의 측면에서 시니피에와 시니피앙의 결합이 불안하며, 우언 현상은 그 자체로 부조리한 형상이다. 불안정함을 담보로 얻어진 불안한 이야기로서의 우언은 떠도는 시니피에와 결합하면서 의미의 균형을 유지한다. 그런데 두루 알다시피 말과 글이 범람하는 현대에는 다언(多言)이 무언(無言)으로 대체되고 그 자리에 이미지가 들어섰다. '言→象→意'의 관계에서 빚어지는 우언적 사유양식도 현대에 이르러 언어 이미지·영상 이미지·음향 이미지로 바뀌면서 '象→意'의 관계로 전환되고 있음을 직시할 필요가 있다. 시각언어 또는 영상언어의 중요성이 강조되는 이유가 여기에 있을 것이다. 그러나 영상언어의 범람이 자연언어의 절멸로는 나아가지 않는다. 자연언어가 이미지화해 텍스트의 형태로 영상언어와 결합하게 된 것이라고 말할 수 있다. 그런데 여기서 의사소통 매체의 주된 요소가 자연언어에서 가시적인 영상 이미지로 전환되었다는 사실은 중대한 변화이다. 기술복제 시대의 예술적 특징을 이러한 이미지와의 관계에서 살펴보면, 현대 영상 이미지가 대체로 물상(物象)의 특징을 잘 드러내고 있다는 점에서, 이제 '이미지의 복제'보다 '이미지의 변형'이 주된 과제로 떠오른다.[47]

또한 과거 자연언어를 바탕으로 이루어진 우언이, 디지털 시대에서는 디지털 기술로 가상적 실체를 기반으로 우언을 생성할 수 있게 된 것은 필연적인 현상이 아닐 수 없다. 여기서 도교의 우언은 가상적 실체를 인정하면서 이루어진 것이기 때문에 오늘날 영상언어를 바탕으로 구현되는 우언 양식과 서로 상통하는 점이 있다. 하지만 가상적 실체와 현실의 양면에 대한 이중적 부정을 통해 중현묘경(重玄妙境)으로 나아갔는가 하는 문제에 있어서는, 우언의 종교적 사유양식과 대중문화의 사유양식에서 비롯되는 차이점을 직시하고 그 관계를 신중히 검토해야 할 것이다.

---

47) 심혜련, 앞의 논문, 196~197쪽 참고.

찾아보기

ㅈ

ㅊ

진주 옛 이야기

안동준 글 · 정현표 사진

국판 / 반양장 116쪽 / 값 7,000원

'진주문화를 찾아서' 시리즈의 다섯 번째인 이 책은, 진주를 배경으로 한 옛 이야기 29편이 관련 사진과 함께 실려 있다. 〈진주 지맥을 끊은 무학대사〉, 〈의적 강목발이〉, 〈아기장수 이야기〉 등 진주 지역에서 옛날부터 내려오는 민담과 설화 등 옛이야기들을 친숙하게 담아내고 있다. 앞으로 총 33권의 책으로 완결될 예정인 '진주문화를 찾아서' 시리즈는, 지역문화에 대한 폭넓고 깊이 있는 연구와 공유에 기여할 것이다.

고대에도 한류가 있었다

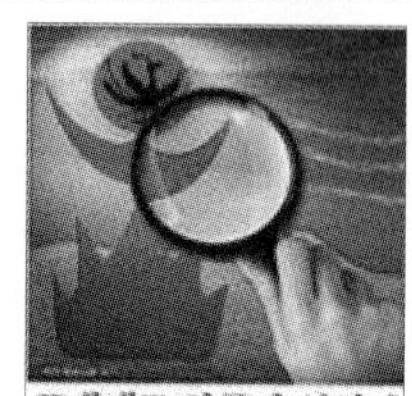

임재해 외

신국판 / 반양장 560쪽 / 값 23,000원

고대 기록과 유물들을 들어 우리 고대 문화도 지금의 한류 못지않게 눈부셨다는 사실을 논증하고 있는 이 책은, 아사달이나 삼족오(三足烏) 문양과 같은 우리 고대 문화의 유산들이 이웃나라 문화 속에 생생하게 살아 있음을 일깨워 준다. 그러므로 우리 문화를 우리의 시각에서 창조적으로 해석하고, 더욱 더 주체적으로 만들어가려는 노력이 필요하다고 저자들은 한목소리로 힘주어 말하고 있다.

몸과 우주 ── 東洋과 西洋

유아사 야스오 지음, 이정배 · 이한영 옮김

신국판 / 반양장 420쪽 / 값 20,000원

일본에서 융(C. G Jung) 연구가의 일인자로 손꼽히는 유아사 야스오(湯淺泰雄)의 《身體の宇宙性》을 번역한 이 책은, 신화시대 '몸과 우주'라는 주제 아래 동·서양의 사상을 비교하여 흥미롭게 서술한 책이다. 인간과 자연을 철저하게 이분법적으로 보아 온 서양의 근대적 자연관과 인간관에 대한 반성은 오늘날 우리들에게 매우 중요한 과제라고 할 수 있다.

현대 과학으로 풀어낸 精·氣·神

도영진 지음

신국판 / 반양장 372쪽 / 값 15,000원

생명체는 무엇으로 이루어졌으며, 살아 숨쉬게 하는 원리는 무엇인가? 저자는 다양한 현대 과학이론과 에너지밀도체라는 낯선 개념을 끌어들여 이 물음에 답하고 있다. 저자는 사람을 비롯하여 모든 생명체는 精과 氣와 神으로 이루어져 있다고 말한다. 그리고 이 셋은 서로 통하면서 하나로 작용한다는 것이다. 더 나아가 생명을 구성하는 정·기·신은 자연의 산물이며, 따라서 정·기·신은 자연을 따른다고 말한다.